Das große Buch vom Skilanglauf

Eine Anmerkung zum Sprachgebrauch: Aus Gründen der besseren Lesbarkeit haben wir uns entschlossen, durchgehend die männliche (neutrale) Anredeform zu benutzen, die selbstverständlich die weibliche mit einschließt.

Kuno Hottenrott/Veit Urban

DAS GROSSE BUCH VOM SKILANGLAUF

mit Beiträgen von
Georg Neumann und Christine Ostrowski

Das große Buch vom Skilanglauf

Bibliografische Information der Deutschen Nationalbibliothek
Die Deutsche Nationalbibliothek verzeichnet diese Publikation in der
Deutschen Nationalbibliografie; detaillierte bibliografische Daten sind im Internet
über http://dnb.d-nb.de abrufbar.

© 2004 by Meyer & Meyer Verlag, Aachen
2. überarbeitete Auflage, 2011
Auckland, Beirut, Budapest, Cairo, Cape Town, Dubai, Indianapolis,
Kindberg, Maidenhead, Sydney, Olten, Singapore, Tehran, Toronto
Member of the World
Sport Publishers' Association (WSPA)
Druck: B.O.S.S Druck und Medien GmbH
ISBN 978-3-89899-697-6
E-Mail: verlag@m-m-sports.com
www.dersportverlag.de

INHALT

VORWORT

Skilauf ist eine uralte Fortbewegungsform. Beschwerliche Umweltbedingungen führten bereits sehr früh in der Menschheitsgeschichte zur Entwicklung von Geräten, die ein Sichbewegen auf dem Schnee ermöglichten. So wird die Existenz von Trittlingen, schneereifenartigen Geräten und die vielfältige Formensprache der Ski durch Moorfunde und Felszeichnungen belegt. Mit dem Aufkommen des modernen Sports differenzierte sich der Skilauf in viele einzelne sportive Disziplinen (Alpin, Nordisch). Heute finden wieder Bewegungsformen Zulauf, die Langsamkeit, Naturverbundenheit und Abenteuer ansprechen. Kapitel 1 begleitet die bewegende Geschichte des Skilaufs, die auch in Zukunft spannend bleiben wird.

Der Leser erfährt viel über das Equipment des Skiläufers, der sich wandernd, sportiv oder abenteuerlich fortbewegt. Nicht nur alles über Ski, Schuh und Stöcke, sondern auch die funktionale Bekleidung werden vorgestellt (Kap. 2). Skilaufen macht Spaß, wenn der Ski optimal gleitet und im Anstieg eine gute Griffigkeit aufweist. Voraussetzung hierfür ist eine entsprechende Präparation. Diese sieht für den Freizeitläufer anders aus als für den Wettkampfsportler, für die klassische Technik wiederum anders als für das Skaten. Die Vielfalt von Schnee, die Art des Skis, seine Belagsvariablen und das Wachsen selbst sind anschauliche Praxishilfen (Kap. 3).

Für das Skilaufen ist eine aktiv-dynamische Beweglichkeit hilfreich. Verschiedene Dehnmethoden werden vorgestellt, um ein Optimum zwischen Stabilität und Mobilität, zwischen Elastizität und Spannkraft in der Gelenkkette zu erreichen (Kap. 4).

Die zauberhafte Winterwelt wird uns im Kapitel Lehr- und Lernwege als Naturraum für Umwelterfahrungen, als Atelier im Outdoor, als vielfältiger Bewegungsraum, als Abenteuerraum für Bewährungsproben sowie als Raum für Gesundheit als Selbstsorge aufgeblättert. Kulturarbeit, Erlebnispädagogik, Umweltbildung, Lebenskunst und Sport sind Eckpfeiler einer Bildungskonzeption, die allen Interessierten Lust auf eigene Entwürfe machen soll. Es werden Methoden an die Hand gegeben, um im Adventure-Umfeld mit Vertrauen, Kommunikation, Kooperation und Fun zum Team zu werden. Individuelle Zielsetzung, Wertevereinbarungen in der Gruppe, Auswahl der Aktivitäten inklusive Vor- und Nachbereitung, Ablaufsteuerung, Leitungsrolle usw. kommen zur Sprache.

Die Methodik des Skilaufs umfasst den umfangreichsten Teil des Buches. Lehrende und Lernende erhalten Praxishilfen für das Erlernen und Festigen aller Skilauftechniken. Alle klassischen und Skatingtechniken sowie die wesentlichen Abfahrtstechniken werden praxiserprobt vorgestellt. Der Lernprozess beginnt mit einer Elementarschule, in der Fundamentalbewegungen thematisiert werden. Dies ist ein vielseitiger und spielerischer, auf Spaß und Freude ausgerichteter Basisunterricht. Die Aufgabe besteht darin, einerseits die vorhandenen Bewegungserfahrungen des Anfängers aufzugreifen und auf Langlaufski zu transferieren, andererseits mit verschiedenen Gewöhnungsübungen und Skispielen umfassende Bewegungsgrundlagen zu schaffen. Parallel und daran anschließend werden die Basistechniken Diagonalschritt, Doppelstockschub, Schlittschuhschritt und Pflugfahren erlernt. Aus den Fundamentalbewegungen und Basistechniken werden alle weiteren Skitechniken (Klassisch, Skating und Abfahrt) entwickelt (Kap. 5).

Der zweite Schwerpunkt des Buches richtet sich vor allem an die Praktiker, die ein Skilanglauftraining durchführen, planen, organisieren und leiten; also an Trainer, Übungsleiter und Aktive. In den Kapiteln 6 bis 10 werden sie vertraut gemacht mit den dahinterstehenden theoretischen Erkenntnissen, mit der komplexen Leistungs- und Trainingsstruktur, mit der Periodisierung und Zyklisierung des Trainings, mit dem langfristigen Leistungsaufbau, dem Krafttraining und der zweckmäßigen Ernährung im Skilanglauf. Ausführlich wird auf das Training in der schneelosen Zeit eingegangen. Der sinnvolle Einsatz allgemeiner und semispezifischer Trainingsmittel in den Vorbereitungsperioden wird aufgezeigt. Unter Nutzung der modernen Belastungssteuerung mit Herzfrequenz- und Laktatmessung wird das ganzjährige Training des Skilangläufers systematisch vorgestellt. Für die praktische Umsetzung werden exemplarische Trainingsprogramme ausgearbeitet und in den Jahresplan integriert.

Aus dem Bemühen, umfassend zu informieren und die mehrjährigen praktischen Erfahrungen didaktisch aufgearbeitet anzubieten, hat das Buch einen großen Umfang angenommen. Es richtet sich an Sportstudenten, Lehrer, Sozialpädagogen, Trainer und Sportler aber auch für den Anfänger, der das Skilaufen erlernen will, stellt es eine praxisorientierte Hilfe dar. Es hat Lehrbuchcharakter erhalten und kann als Trainingsbuch dem Aktiven von großen Nutzen sein.

Halle (Saale), im August 2011   *Kuno Hottenrott und Veit Urban*

1 GESCHICHTE DES SKILAUFS

W ie haben sich Menschen in schneereichen Gebieten vor tausenden von Jahren fortbewegt? Wie durchquerten sie weiße Landschaften, was ermöglichte ein Sichbewegen auf tiefem Schnee? Moorfunde und Felszeichnungen, die etwa 4.000-5.000 Jahre alt sind und hauptsächlich in Norwegen und Russland entdeckt wurden, belegen die Existenz von schneereifenartigen Geräten, Trittlingen und Skiern. Einer der ältesten und noch gut erhaltenen Ski ist etwa 4.500 Jahre alt und in Hoting (Schweden) gefunden worden. Die verschiedenen Geräte unterlagen bis in die heutigen Tage unterschiedlichster Nutzung. Bedeutung hatten die Geräte für die Jagd, als Alltagsgerät, für Reisen, Kirchgang, Postübermittlung, als Kriegsgerät. Schließlich entstand aus der Kulturtechnik Skilauf ein Spiel, ein Freizeitverhalten und Sport.

Ausgewählte Schlaglichter auf historische Bewegungsformen und die Materialentwicklung sollen Auskunft über die durchaus bewegende Geschichte des Skis und seiner Vorläufer geben.

1.1 Der Ski und seine Vorläufer

Gegen das Einsinken in den Schnee oder in ausgedehnten Sumpfgebieten behalf sich der Mensch zunächst durch die *Vergrößerung seiner Sohlen bzw. der Trittfläche*. So nutzte er angefüllte Säcke, Reisigbündel, „Schneeleitern und -körblein", Geflechte, Holzplatten, Trittlinge, tamburinartige Reifen mit Hautplatten, um diese unter den Füßen (meist durch Schnüre) zu befestigen. Prominentestes Beispiel sind die in den 80er Jahren des 20. Jahrhunderts gefundenen, einfachen Schneeschuhe der Gletschermumie „Ötzi".

Diese Lauf- und Stapfgeräte waren vor allem die Geräte der sesshaften Bauern, dienten aber auch der Jagd bei der Verfolgung des schnellen Wildes. Ob der *Tretschneeschuh* den Ausgangspunkt für die Entwicklung des Skis darstellt, der *Fellschuh* (Sumpfschuh) oder die dem Ski wortähnliche *Schlittenkufe*, ist noch ungelöst. Uns gelten die Tretschneeschuhe als die Vorläufer des Gleitgeräts Ski; sie sind bis in unsere Tage in schneereichen Gegenden existent geblieben.

Wie alt letztendlich diese Schneereifen sind, lässt sich nur vermuten. So schätzt man, dass das Gerät um 4000 v. Chr. in Sibirien bekannt war und somit die Erfindung älter als 6.000 Jahre ist. Aus der Vielfalt der Formen des Gehens, Laufens und Gleitens lassen sich zwei Hauptformen herausstellen (vgl. Mehl, 1964, S. 13-24):

Einfache Geh- und Stapfgeräte

Eine Gruppe bilden die so genannten „durchbrochenen" Formen der Geräte, bestehend aus Holzrahmen oder Reifen mit leiterartig angebrachten Holzsprossen oder aus Flechtwerk. Mit diesen Geräten ist ein Gehen und Laufen, aber kein Gleiten möglich. Am Ende dieser Entwicklung steht der kanadische Schneereif.

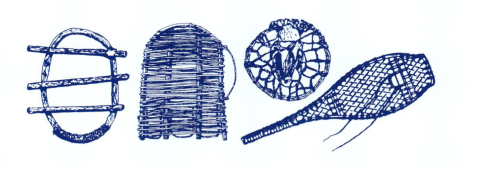

Abb. 1.1: Unterschiedliche Geh- und Stapfgeräte aus der Gruppe der „durchbrochenen" Formen (aus: Mehl, 1964, S. 17f.)

„*Schneeleitern*" sind aus Niederösterreich und Schweden bekannt und bestechen durch ihre Schlichtheit. *Geflochtene Schneereifen* findet man in der ersten Entwicklungsstufe als ein Holzflechtwerk um einen Bogen mit mittiger Strebeverstärkung in Tschechien und Südslawien, – sie stellen die einfachsten Formen von Gehgeräten dar. *Flechtwerke* aus Saiten und Schnüren in einem kreisförmigen Ring sind von den Eskimos und aus Nordamerika bekannt **(Abb. 1.1)**.

Vom Gehen zum Gleiten auf „Vollhölzern"

Abb. 1.2: Diese kreisrunden Trittlinge (Scheiben) an den Füßen von Pferd und Mensch sind simple Geräte für das Gehen auf dem Schnee und in der berühmten „Carta marina" (1539) des schwedischen Bischofs von Uppsala, OLAUS MAGNUS, dargestellt (aus: Luther, 1942, S. 19).

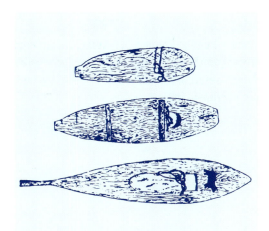

Die zweite Gruppe ist die der so genannten „Vollhölzer", wobei es sich um kreisrunde Scheiben **(Abb. 1.2)**, länglich-runde Platten (Trittlinge) oder bootsförmige Holzschuhe handelt **(Abb. 1.3)**. Der Entwicklungsprozess der Geräte leitet vom Gehen zum Gleiten über, am Ende steht der Ski.

Abb. 1.3: Verschiedene Trittlinge zeigen ihre Veränderungen vom runden zum länglichen Gerät und nähern sich in der Form dem Ski an (aus: Mehl, 1964, S. 16).

Abb. 1.4: Zwei Koreaner auf „Bootsski" (Vorstufe der Ski) und langen Einstöcken zeigen die asiatische Entwicklung der Trittlinge hin zum „Gleiter" (aus: Mehl, 1964, S. 16).

Heute, im Zeitalter der Postmoderne, zeigt sich eine Art Renaissance der Geräte zum Gehen auf dem Schnee in der unberührten Natur abseits der vorgegebenen Loipen. Der Drang, sich allein und abseits vom Massenbetrieb durch die verschneite Winterwelt zu bewegen, scheint mehr und mehr an Bedeutung zu gewinnen. Neue Bewegungsformen entstehen, auf alte bzw. bereits fast vergessene Techniken wird zurückgegriffen und unberührte Bewegungsräume werden aufgesucht. Gerade die Schneereifen (auch Schneeschuhe genannt) finden heute vermehrten Einsatz beim Wandern, Bergsteigen bis hin zu Wettkämpfen und werden bereits industriell hergestellt. Die Einfachheit der Geräte lädt allerdings gerade dazu ein, mit wenig Aufwand verschiedene Formen wie Schneeleitern, Trittlinge, Geflechte u. a. selbst nachzubauen und auszuprobieren.

1.2 Die Formen des Skis

Die hauptsächliche Verbreitung des Skis ist auf das nördliche Europa und auf Asien beschränkt. Hier entwickelte sich das Geh- und Stapfgerät zum Fellski *(Onder)* und schließlich zum Gleitski, wobei alle Geräte nebeneinander existent blieben. Die Entwicklung erfolgte aus der Notwendigkeit, dem Wild auf der Jagd zu folgen. Ähnlich der Entwicklung im sportiven Langlaufsystem des 20. Jahrhunderts, wo sich neben dem Haftski (klassische Technik) der Gleitski (Skatingtechnik) etablierte, stellte sich auch damals das Gleiten als schnellste Fortbewegungsform heraus.

Felszeichnungen und Moorfunde geben Auskunft

Die ersten Zeugnisse vom Gebrauch und der Existenz des Skis finden wir in den zahlreichen Felsbildern und Moorfunden der ausgehenden Mittel- und Jungsteinzeit (ca. 4.500-3.000 v. Chr.). In der warmen Mittelsteinzeit scheinen Menschen nach Norden dem zurückgehenden Eis gefolgt zu sein und dort die „arktische Kultur" gegründet zu haben. Diese nutzten den Ski und waren vermutlich die ersten Skifahrer, da die einwandernden Germanen den Ski um 2.000 v. Chr. bereits dort vorfanden. Das genaue Alter des Skilaufens ist nicht genau zu bestimmen. In Skandinavien lässt es sich aber zumindest über ca. 4.500 Jahre zurückverfolgen.

Abb. 1.5: Der „Ski von Hoting", ältester bisher bekannter Ski, erzeugt mit Steinwerkzeugen und gefunden in einem Moor bei Hoting in Schweden. Sein Alter wird mittels pollenanalytischer Methode auf ca. 4.500 Jahre geschätzt. Länge: 110 cm, Breite: 10 cm, Dicke: 1 cm, Stemmloch: quer

Mehr als zwei Dutzend *Felszeichnungen* und weit über 100 Moorfunde sind aus der Zeit 2.500 v. Chr. bis rund 800 n. Chr. vorwiegend in Norwegen und Russland entdeckt und untersucht worden. Die Felsbilder werden vom Jagdzauber beherrscht. Die Zeichnung des berühmten „Skihaserls" mit Hasenmaske und Wurfholz **(Abb. 1.6)** stammt aus dem norwegischen Rödöy und ist die älteste (4.500 Jahre) bekannte bildliche Darstellung des Skilaufens.

Abb. 1.6: Jahrtausendalte – mit Klopfstein gehämmerte – Felszeichnungen, wie dieses „Skihaserl" aus Rödöy in Nordnorwegen, zeigen eine uralte Nutzung der Ski als Fortbewegungsmittel (aus: Cereghini, 1955, S. 5).

Abb. 1.7: Felszeichnung: Drei Einstockfahrer mit kurzen Skiern um 1.000 v. Chr. in steinzeitlichen Verhältnissen am Weißen Meer dargestellt (aus: Cereghini, 1955, S. 6).

Bei den zahlreichen *Moorfunden* ist neben dem Hotingski einer der Bekanntesten der von „Ovreboskia" mit einem Alter von 2.500 Jahren. Die unterschiedlich langen Ski mit Aufbiegung von Skispitze und Hinterende, Verzierungen, Fußstanderhöhung, Backen für bessere Skiführung, Stemmloch, Kantenschutz, Kantleisten und Laufrillen erreichen bereits in dieser Zeit einen sehr hohen technischen Stand.

Von der Gegend um das Altaigebirge und vom Baikal zogen die finnisch-ugrischen Völker in den Norden Europas und Asiens und nahmen den Ski mit. Der Ski hat somit einen gemeinsamen Ursprung. Es liegt eine Einheit des Geräts seit der Steinzeit mit verschiedenen Höherentwicklungen bei einzelnen Völkern vor. Völker, die heute weit voneinander entfernt wohnen, benutzen deshalb gleiche und ähnliche Worte für den Ski („saan" und „suk".) Das finnische „suksi" (Ski) der uralischen Sprache entspricht dem japanischen „suki/sukari". Das indogermanische Wort „skidh" meint zunächst „Schiff" und „Gleitendes", „Ziehendes" und bezieht sich auf Scheiden und gespaltenes Holz (Scheit). Das Wort „Ski" stammt aus den Norwegischen und heißt wörtlich übersetzt „Schneeschuh".

Je nach Landschaft, Schneeverhältnissen, Bedürfnissen und Einfallsreichtum der Bewohner entstanden verschiedene Arten von Skiern. Es bildeten sich im Allgemeinen zwei Gruppen heraus: die asiatischen „Geher" (sibirische Gehfellski) mit den typisch kurzen, breiten und fellüberzogenen Skiern und die europäischen „Gleiter", wozu die Kurzski (zum Teil nur mit Fell bespannt) und der schmale „Langski" zählen. All diese Ski sind parallelkantig.

Sibirischer Ski

Der Hauptvertreter der asiatischen Form ist der fellbezogene, sibirische Gehski. Es ist ein leichter und dünner Ski aus Fichtenholz und auf die Zeit um 2.000 v. Chr. zurückzuverfolgen. Seine Länge beträgt zwischen 1,30 m und 1,80 m und seine Breite zwischen 15 und 25 cm. Tungusen, die Ureinwohner Ostasiens, und die Lappen ließen sich auf den Fellskiern von Rentieren ziehen.

Der Einsatz von Fellen ist auch im modernen Tourenskilauf beliebt. Diese werden vor längeren Anstiegen unter den Skiern angebracht, um einen leichteren, rutschlosen Aufstieg zu ermöglichen. Die Aufstiegs- oder Abstoßhilfe zur Bergbesteigung gilt als eine weitere „Wiedergeburt" vergessener Bewegungsformen.

Europäischer Fellski

Der europäische Fellski stellt eine Zwischenform vom leichten, breiten, asiatischen Gehfellski und dem felllosen, glatten, europäischen Gleitski dar. Dieser Ski ist ein schwerer Gleitfellski, welcher einen guten Beinabstoß in Ebene und Anstieg, allerdings zu Ungunsten der Gleiteigenschaften, gewährleistet. Der Ski wird allmählich (bereits im Mittelalter) vom schnelleren Gleiter zurückgedrängt.

Europäischer Gleiter

Zwischen dem breiten Kurzski und dem schmalen Langski existiert eine Vielfalt von Formen. So treten beispielsweise 3 m lange und 6 cm breite Ski für ebenes Gelände genauso wie 1,50 m lange und 9 cm breite Flachland- und Gebirgsski sowie Kombinationen aus kurzen und langen Skiern auf. Aus dem Aufbau der Geräte lassen sich keine direkten Bewegungsformen ableiten, sodass diese nur spekulativ erfassbar sind.

Zügelski – eine ungewöhnliche Findigkeit

Eine außergewöhnliche Art der Fortbewegung bietet das Laufen und Fahren mit Zügelskiern. Der Skiläufer hält in einer Hand eine Schnur, welche an den Skispitzen befestigt ist und die die beiden Ski somit verbindet.

Dabei können einerseits mittels Armeinsatz die Skier leichter aus dem tiefen Schnee herausgehoben und andererseits in Abfahrten die Skispitzen in die entsprechende Richtung gelenkt werden. Diese Art der Fortbewegung, aber nur gehend und nicht gleitend, ist auch vom Laufen mit Schneereifen und entsprechenden Hebeschnüren bekannt.

Ungleich lange Ski – eine Verbindung aus Abstoß-(Fell-) und Gleitski

Eine weitere Bewegungsmöglichkeit auf Schnee bildet die Kombination unterschiedlich langer Ski. Dafür wird ein kurzer, breiter (fellbesetzter) Abstoßski – auch „Andor" genannt – und ein langer Gleitski verwendet **(s. Abb. 1.8)**. Die Fortbewegung mit diesen Skiern erfolgte neben der Abdruckgestaltung in paralleler Skistellung auch durch einen seitlichen Abstoß vom widerstandssichernden Fellski in Richtung Gleitski, sodass der einseitige Abstoß vom Kurzski jeweils in ein Gleiten auf den Langski zu übersetzen war. Für solch eine Fortbewegung ist eine Scherstellung der Ski erforderlich, die wir heute als *Skating* bezeichnen (asymmetrische Bewegungsform).

Der mitgeführte Einstock ermöglichte dabei eine zusätzliche, vortriebswirksame Unterstützung. Die ungleich langen Ski benutzten Norweger, Schweden, Finnen und Lappen bis ins 20. Jahrhundert.

Cæte.

Abb. 1.8: Lappe auf ungleich langen Skiern mit Tellerstock und Jagdgerät (aus: Luther, 1942, S. 36)

1.3   Die Nutzung des Skis bis zur Moderne

Einstock-Katapult-Technik – eine Skatingbewegung

In chinesischen Beschreibungen über ihre benachbarten Turkvölker werden deren Ski als „Holzpferde" beschrieben, welche ca. 2,10 m lange und 15 cm breite asiatische Fellski waren. Nähere Beschreibungen von Ski und von Bewegungsformen sind aus der Zeit um 976-984 bekannt und wurden von Wilhelm Schott zusammengestellt: *„Die Unterseite überzieht man mit Pferdefell, so daß die Haarspitzen rückwärts laufen. Läuft er in der Ebene, so führt er dabei einen langen Stock, den er von Zeit zu Zeit in den Schnee stößt, um sich wie in einem Kahn vorwärts zu schnellen"* (Schott, 1865, S. 448).

Ein persischer Geschichtsschreiber um 1307, am Hofe des Mongolenchans Kublai (1259-1294), erwähnt ebenfalls die sibirischen Fellski und zudem noch die „Zügelski" (älteste Überlieferung). Über die Bewegungsform mit dem asiatischen Fellski sagt der Schreiber, was besonders einen Skatingläufer hellhörig werden lässt: *„Das Gehen unterstützen sie mit einem langen Stock, als ob sie ein Fahrzeug durchs Wasser stakten. Versucht ein Unkundiger dieses Beförderungsmittel, so gehen ihm die Beine auseinander"* (aus: Mehl, 1964, S. 64).

Auch Zdarsky (1896, S. 3) äußert sich über eine „ruderartige" Verwendung des Einstocks in der Ebene: *„Die höhere (mit Kammgriff fassende) Hand stemmt den Stock weg, die tiefere (mit Ristgriff fassende) Hand zieht den Stock an, eine Armtätigkeit, dem Rudern mit einem freien Ruder oder mit einer Schaufel nicht unähnlich."*

Das sind Beschreibungen über Bewegungsabläufe mit (An-)Deutungen einer gescherten Skistellung *(„so gehen ihm die Beine auseinander")*, bei der sich von einem auf das andere Bein mit zusätzlichem kanuähnlichen Stockeinsatz vorwärts bewegt wurde. Beim Laufen mit Einstock gibt es jeweils ein Hauptabstoß- und ein gegenüberliegendes

GESCHICHTE DES SKILAUFS

Hauptgleitbein. Die katapultartige Unterstützung des Beinabstoßes durch einen Langstock *(so genannte Einstock-Katapult-Technik)* ermöglichte hohe Laufgeschwindigkeiten und lässt die damit erzielte Dynamik erahnen. Diese Bewegungen haben eine gewisse Bewegungsverwandtschaft mit der heutigen, gesprungenen Variante der asym-

metrischen Skatingtechnik (s. Kap. 5.4.5), die ebenfalls dynamisch-raumgreifend ausgeführt wird. Die
asymmetrische Skatingtechnik hat ebenso ein
Hauptabstoß- und ein Hauptgleitbein, muss aber
laut Reglement mit zwei Stöcken gelaufen werden.
Doch gibt es auch hier einen höher gehaltenen
Führungsarm, so, als würde der Langstock beibehalten. Eine Übung in Kapitel 5.4.5 „Asymmetrische Technik" greift auf diese uralte Einstocktechnik zurück und wird dort als „Kanadierfahren" bezeichnet.[1]

*Abb. 1.9: Soldat mit Langstock und ungleich
langen Skiern (aus: Cereghini, 1955 S.)*

Neben dem Einstock zur Bewegungsunterstützung tritt der *Doppelstockeinsatz* mittels
gleich langer Stöcke vermutlich (zumindest bildlich belegt) erstmals im frühen 18. Jahrhundert auf. Im 18. Jahrhundert wird der Einsatz von zwei gleich langen Stöcken von
Scheller in seiner „Reisebeschreibung nach Lappland und Bothnien" erwähnt: *„In beiden Händen haben sie Stöcke, so unten mit Rädlein versehen sind, damit die mit denen
Stöcken den Schnee nicht durchstoßen." (Scheller, 1748).* Bis ins 20. Jahrhundert bleiben beide Varianten der Stockbenutzung, ob mit einem oder zwei Stöcken laufend, nebeneinander im Einsatz.

---

[1] Dank Gunde Svan konnte 1985 diese jahrtausendalte Einstock-Katapult-Technik mit Langstock
und ungleich langen Ski im Training einem breiten Publikum zugänglich gemacht werden und
aufgezeigt werden, welche Bewegungsformen existent waren und historisch verschüttet wurden
bzw. in Vergessenheit geraten sind. Da die Vorführung dieser historischen Fortbewegungsart in
einer Zeit stattfand, in der heftigste Diskussionen in der Logik des sportiven Systems über Verbot
oder Nichtverbot der „neuen" Skatingtechnik entbrannten, wurde sie zunächst im Zuge der kon-
fliktreichen Debatte verboten.

Altnordische Skikunst

In der Zeit der Völkerwanderung findet man in Erzählungen, wie z.B. beim oströmischen Geschichtsschreiber Procopios (6. Jhd. n. Chr.) und beim gotischen Mönch Jordanes (551 n. Chr.), den Begriff „skridfinnar", was so viel heißt wie *einer, der auf Skiern gleitet*. Nomadisierende Völker im nördlichen Europa und Asien waren hauptsächlich auf die Wildjagd angewiesen. Sie mussten dem Wild nachziehen, sodass sich auch Frauen und Kinder früh auf Ski übten. Das Skifahren der Frauen und Kinder wird durch Jordanes und die Dichtungen Sturlafsons (um 900 n. Chr.) nachgewiesen, zeigt sich aber auch in der Verehrung der Skigöttin „Skadi" in der nordischen Mythologie. Letztere weist nicht nur auf das nordeuropäische „Ska(n)di-navien" hin, sondern auch auf die enge Verbindung von Jagd und Religion und dies wiederum auf deren Verflechtung mit dem notwendigen und bedeutsamen Fortbewegungsgerät Ski.

Der Schlittschuhschritt – Grundform des Skatens

Neben den gehenden und gleitenden Bewegungen auf Schneereifen oder Skiern gab es schon sehr lange die Fortbewegung auf dem Eis. Arabische Nachrichten aus dem 10. Jahrhundert geben Auskunft über das Fahren mit Knochenschlittschuhen in Sibirien auf Hartschnee, welche wohl eine Form zwischen Schlittschuh und Ski darstellten (Markwart, 1924, S. 261). Die Nutzung von Knochenschlittschuhen aus den Gebeinen von Rentieren und Pferden im Mittelalter ist des Weiteren aus Skandinavien und England bekannt.

Waren die bisherigen Formen der Bewältigung von Schnee und Eis von lebensnotwendigen Umständen bestimmt, so zeigen sich im Mittelalter und in der Neuzeit vor allem in den Städten andere Anwendungsformen, die deutlich von existenzabhängig entstandenen Bewegungen abweichen. So sind zahlreiche bildliche Darstellungen des Schlittschuhlaufs als Verkehrsmittel, vom Schlittschuhwandern, vom volkstümlichen Schnelllauf, von Frauenwettläufen, vom Trubel und Spielen auf Eis, insbesondere aus dem klassischen Land des Eislaufs, den Niederlanden bekannt. Die Niederländer dürften wohl auch die ersten Konstrukteure der Schlittschuhe mit Holzsohle und Eisenschiene gewesen sein, welche mittels Riemen an die Schuhe gebunden wurden (Mathys, 1974, S. 14). Metallschlittschuhe tauchten erstmals im 19. Jahrhundert auf. Auch hört man bereits aus dem Mittelalter und der Neuzeit von verschiedenen Vorläufern des Eishockeyspiels (Treibballspiele wie *Bandy, Hurley oder Shinty*), die zu den beliebtesten volkstümlichen Spielen zählten und aus denen sich später der moderne Sport entwickelte.

Der Doppelstockschub als Fortbewegungsart auf Schlittschuhen ist vielerorts bekannt und erfolgte zum einen in Kisten oder auf (Knochen-)Schlitten sitzend oder aufrecht auf den Schlittschuhen stehend.

Der *Schlittschuhschritt* als Grundbewegungsform der modernen Skatingtechniken ist also schon sehr lange als Fortbewegungsform bekannt. Wie verschiedene historische Abbildungen zeigen, ist es nicht auszuschließen, dass ähnliche Bewegungen auch auf Skiern und mit Stockeinsatz vollzogen wurden, sodass durchaus neben der vorgestellten asymmetrischen Bewegungsform (Einstock-Katapult-Technik) auch die uns heute bekannten symmetrischen Bewegungsformen – wie die Skatingtechniken Schlittschuhschritt, symmetrisch 1:1/2:1 (s. Kap. 5.4) – ihre Anwendung fanden. Einen erneuten, faszinierenden Aufschwung bekommt der Schlittschuhschritt heute in der Bewegungskultur des Inlineskatings (s. Kap. 9.4).

Aus Historien entstehen Skirennen

Heute leben viele alte Erzählungen, welche von tollkühnen Rettungs- und Heldentaten zu berichten wissen, in historisierter Form in bekannten Skirennen weiter. Ein Bezug auf kulturelle Wurzeln des Skilanglaufs zeigt sich bei verschiedenen Veranstaltungen. So wird bei dem seit 1932 jährlich stattfindenden, klassischen 58 km langen Birkebeinerrennen, natürlich nur den sportiven Sinndimensionen folgend, einer mittelalterlichen Historie gedacht. Männer vom Stamm der Birkebeiner (ihre Beine waren mit Birkenrinde umwickelt) brachten so im frühen 13. Jahrhundert den bedrohten Königssohn (Håkon) auf Skiern über das Gebirge von Lillehammer in das sichere Østerdalen. Der heute als Symbol mitzutragende 3,5 kg Rucksack entspricht dem Gewicht des kleinen Håkon.

Abb. 1.10: Gemälde von Knut Bergslien von 1869, welches die beiden Birkebeinerkrieger darstellt, die das Königskind (den späteren König HÅKON HÅKONSSON) im Jahre 1206 von Lillehammer in das Østerdalen retteten.

Eine ähnliche Geschichte wie über die Birkebeiner erzählt vom schwedischen König Gustav Wasa, der im Jahre 1522 – auf der Flucht vor dänischen Häschern – fast 90 km von Mora nach Sälen vermutlich auf Schneereifen zurücklegte. Er wurde von zwei schwedischen Bauern auf Skiern eingeholt, da die Zeichen für einen Aufstand Schwedens gegen Dänemark plötzlich günstig standen, woraufhin schließlich Gustav Wasa mit einem Bauernheer die Dänen

Abb. 1.11: Streckenverlauf von Sälen nach Mora

außer Landes jagte und das neue schwedische Reich gründete. Daran erinnert bis heute der berühmte Wasalauf, allerdings in umgekehrter Laufrichtung, von Sälen nach Mora.

Skilaufen zur Nachrichtenübermittlung

Eine neue Dimension erlangte das Skilaufen durch die Nach-richtenübermittlung. Seit dem Mittelalter und verstärkt seit 1530 standen „Langläufer" im Dienste der norwegischen Post. Hier wurden zwei ungleich lange Ski mit jeweiliger Abstoß- bzw. Gleitfunktion genutzt.

Historia de gentibus septentrionalibus

OLAUS MAGNUS berichtet aus dem Norden – eine Skibeschreibung

Der durch die Reformation vertriebene katholische Bischof von Uppsala, Olaus Magnus schreibt 1555 in Rom ein kultur-geschichtlich bedeutendes Werk über die Völker des Nordens (*„Historia de gentibus septentrionalibus", aus: Mathys, 1974*).

Licht in der Dunkelheit

Die Geschichte über die Völker unter dem Sternbild des Großen Wagens bringt „Licht" in die „Terra incognita".

Die Grundlage bildet eine Reise aus den Jahren 1518/19. Das über 800 Seiten dicke Werk besteht aus 22 Teilen mit fast 770 Kapiteln und 500 Illustrationen. Die Darstellung stützt sich auf drei Pfeiler:

- der Norden als Reich der Kälte,
- als Hort der Dämonen,
- als Wiege der Kriegskunst.

Das Reich der Kälte

In einem Abschnitt werden das Können der Lappen und ihre „Hölzer" erwähnt. Die Hölzer seien lang, vorn zugespitzt und über sich in eine Krümme gezogen. Die Lappen leiteten diese an die Füße gebundenen Bretter mit einem langen Stab in der Hand (Einstocktechnik). Die Leibeslänge bestimme die Brett-länge, das eine Brett sei einen Schuh länger. Fallweise würden Felle angebracht. Erwähnt wird die Kunst der Lappen, das Fah-ren in Windungen zu beherrschen.

Verehrung böser Geister

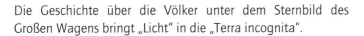

GESCHICHTE DES SKILAUFS

Ihr Können würden sie nicht nur für die Jagd nutzen, sondern auch für Läufe um die Wette. Weiterhin gibt es Aufzeichnungen über stockfreies Fahren, Geländesprünge, Einstockreiten und verschiedene Laufleistungen. Auch erwähnt er skifahrende Frauen, die er zum Teil noch besser als die Männer einschätzt, besser im Lauf, ebenbürtig in der Skijagd. Durch Magnus erfuhr man in Mitteleuropa mehr vom Skilauf in Skandinavien, was aber ohne größere Resonanz blieb. Umso kurioser sind die falschen Darstellungen von Zeichnern, die sich – ohne Kenntnis des Aussehens der Ski – von Reisebeschreibungen zu Skidarstellungen inspirieren ließen. So lasen sie nur halbherzig die schriftlichen Zeugnisse und zeichneten verschiedene Fantasieski, beispielsweise die so genannten „Schnabelski", die fälschlicherweise an der Ferse endeten und die es sicher so nie gab (**Abb. 1.12**, vgl. dazu Ulmrich, 1994, S. 5f.).

Abb. 1.12: Die mittelalterlichen Darstellungen zeigen oft „Schnabelski bzw. -schuhe". Die Zeichnungen erstellten die Künstler meist anhand von Reisebeschreibungen und schriftlichen Zeugnissen, weshalb auch manch fantasievolle Kreation herauskam (aus: Mathys, 1974, S. 1).

Militärische Nutzung des Skis

In fast allen Kriegen im Norden (Skandinavien, Russland – Polen) wurden Skiläufer eingesetzt, sei es als Späh- oder als Kampftruppe. So tauchen neben den zahlreichen Kriegsnachrichten über den Einsatz von Skisoldaten, Aufzeichnungen über russische Skiregimenter ab 1555 (für Mitteleuropa ein völlig neuer Truppenteil), ein erstes Skiexerzierreglement (1733) aus Norwegen, geschrieben von Jens Hendrik Emahusen, und die Ausbildung von Soldaten auf Skiern ab 1892 für Deutschland, auf. Gerade die militärische Wurzel des Skilaufs verhalf dem Ski auf Grund seiner militärischen Inanspruchnahme als kriegsrelevantes Gerät und der entsprechenden Ausbildung vieler Soldaten bis in das 20. Jahrhundert zu seiner weiteren Verbreitung. Einige Soldaten machten so am Ende des Ersten Weltkrieges sogar aus der Not eine Tugend und nutzten ihre militärische Ausbildung auf Skiern, um sich als Skilehrer zu verdingen.

Anleitung zum Skilaufen

Bis zum 18. Jahrhundert hat sich der Ski in Süd- und Mitteleuropa nur vereinzelt verbreitet und wurde vor allem in Sammlungen und Museen als Kuriosität bestaunt und war vielleicht noch aus verschiedenen Reisebeschreibungen bekannt (König & Berauer, 1943, S. 16).

So finden wir ein Beispiel des Skilaufs in Thüringen im *Philanthropin Schnepfenthal*. Zwei Philanthropen, Vieth und Gutsmuths, versuchten, in Deutschland im 18. Jahrhundert mit Skiern zu laufen bzw. auf deren mögliche „sportliche" (turnerische) Verwendung aufmerksam zu machen. Gutsmuths, welcher wohl durch VIETHs Beschreibung auf den Skilauf aufmerksam wurde, verfasste in seinem Buch *„Gymnastik für die Jugend"* in der zweiten Ausgabe 1804 die erste deutsche Anleitung zum Skilaufen. Er ließ sich von einem Norweger Ski beschreiben, die er mit großer Sachkenntnis übernahm und eigenhändige Zeichnungen dazu anfertigte. Ob er nun wirklich mit den ihm zur Verfügung stehenden, zwei ungleich langen Skiern gelaufen ist bzw. seine Versuche erfolgreich waren, kann nur schwer nachvollzogen werden. Seine Anleitung zum Skilaufen ist auf jeden Fall äußerst interessant und widersprüchlich zugleich, da eine *„Gleitung auf Gleitung"* mit paralleler Fußstellung – *„man setzte Fuß neben Fuß vorwärts"* von der Bauweise der Ski nicht zwingend ist. So war zumindest ein Ski fellbesetzt und kürzer, was sicher keine besondere Gleitphase ergab.

Auch die Skistellung muss nicht parallel verlaufen, da der Fellski der Abstoßski und der lange Ski der Gleitski war. Außerdem diente ursprünglich der Stock, zumindest in der Ebene und im Anstieg, der Vortriebsunterstützung und nicht, *„um den Lauf zu hemmen"*. Auch die Abfahrtsversuche sind eher vage formuliert, als dass man von einer „richtigen" Anwendung sprechen kann. Wie dem auch sei, seine Versuche hatten keine Vorbilder und sind deshalb umso beachtlicher. Die Empfehlungen zur Einführung des Skifahrens in Mitteleuropa blieben zu jener Zeit unbeachtet und der Schneeschuh weiterhin ein Museumsstück.

1.4 Der Ski wird zum Sportgerät

Die systematische militärische Nutzung des Skilaufs als auch zaghafte schulische Anstrengungen zur Etablierung des Skilaufens sind durchaus bereits moderne Phänomene. Den Durchbruch auf dem Kontinent und schließlich auf der ganzen Welt schaffte jedoch erst das Phänomen der Körperkultur als Sport und Turnen.

Die alpin-turnerische und nordisch-sportive Entwicklung

Der moderne Skisport ist ein Produkt allgemeiner Sportentwicklungen und turnerischer Leibeserziehung. Der „englische Sport" (von England ging die Entwicklung des modernen Sports aus) etablierte sich zeitversetzt und schließlich parallel zu den turnerischen Traditionen in den akademischen Kreisen Deutschlands. Es entstanden die Bergsteigerkreise der Alpinismusszene. Die alpine Entwicklung bahnte sich an und bildete sozusagen den Nährboden für die spätere Bergbesteigung mit Skiern.

Abb. 1.13: Einige alte Bindungs-
konstruktionen aus der Gründerzeit
(Polednik, 1969, S. 284)

Der in der Kultur des Nordens fest ver-
ankerte Skilauf bekam in Skandinavien,
vor allem in Norwegen in der ersten
Hälfte des 19. Jahrhunderts, neue
(sportive) Impulse und Sinndimensio-
nen. In den südnorwegischen Provinzen Telemarken und Østerdalen beschäftigten sich
verstärkt Bauern mit der Kunst des Skifahrens und insbesondere mit dem Tiefschnee-
und Geländefahren. Die Ski mit mittiger Taillierung waren jetzt drehfreudig, ermöglichten Slalom (Telemark- und Kristianiaschwung). In dieser Zeit wurden einerseits die norwegischen Skikompanien aufgelöst und andererseits staatliche Preise für Wettkämpfe
der ländlichen Bevölkerung ausgesetzt. Wahrscheinlich hat sich aus diesen Wettbewer-
ben der sportliche Skilauf von Norwegen aus ent-
wickelt. Seitdem häufen sich unterschiedliche Skiwett-
kämpfe (Skispringen, Skilanglauf und Abfahrt). Sondre
Nordheim und andere verbreiteten das Bauernskilau-
fen seither in den Städten und von dort aus in der
ganzen Welt (USA, Alaska, Australien und Neusee-
land). In den USA sahen beispielsweise allein im Jahr
1907 ca. 4 Mio. Amerikaner das Skilaufen im Zirkus
von einer künstlich errichteten Sprungschanze. Auch in
Deutschland und Österreich beeindruckten die Skiarti-
sten und gehörten damals zu den bestbezahltesten
Männern pro Sekunde (Lagerstroem, 1987, S. 13f.).

Abb. 1.14: Abfahren um 1900
(aus: 100 Jahre Alpiner Skilauf.)

Expeditionen machen den Ski bekannt

1891 brach in Mitteleuropa ein „Skifieber" auf Grund der Veröffentlichung der deutschen Ausgabe von Fridtjof Nansens *„Auf Schneeschuhen durch Grönland"* aus – die
Expedition selbst fand ein paar Jahre früher statt (Grönlanddurchquerung in 46 Tagen). Zuvor wurden auf der zweiten Grönlandexpedition (1883) – Leiter war NOR-
DENSKJÖLD – unglaubliche Leistungen von zwei Lappen auf Skiern vollbracht, welche
auf Inlandserkundung geschickt worden waren. Dabei liefen sie in 57 Stunden 460 km
und überwanden Höhen von fast 2.000 m. Hierauf ist das Nordenskjöldrennen ab

1884 über 220 km zurückzuführen. Das erste Rennen gewann einer der beiden Lappen (Tuordas) in 21 Stunden und 22 Minuten.

Etwa zu dieser Zeit (1890) wurde die Grödner Fünffingerspitze, als letzter Gipfel der Alpen, in der schneefreien Zeit zu Fuß bezwungen. Jetzt ergab sich mit dem Aufkommen der Ski eine neue Eroberung der Alpen – die zweite Geburt des Bergwanderns durch den Ski war vollzogen. Angeregt durch Expeditionen und norwegische Studenten, welche ihre Ski nach Deutschland brachten, versuchten ab den 80er Jahren des 19. Jahrhunderts, verschiedene Skipioniere mehr oder weniger erfolgreich Ski zu laufen. Um dem Gespött der Leute zu entgehen, wurde selbst nachts das Skifahren ausprobiert.

Von den Alpen und den Mittelgebirgen (und nicht vom Norden) aus trat der Ski schließlich seinen Siegeszug durch die ganze Welt an. Dies war vor allem den Tätigkeiten des Österreichers Mathias Zdarsky zuzuschreiben, der die für das alpine Gelände methodisch aufbereiteten, brauchbaren Bogen- und Schwungtechniken mit seiner *Lilienfelder Fahrtechnik* erfand, welche nach turnerisch exakten Normleistungen durchzuführen waren. Daraus entwickelte sich schließlich das Skilehrwesen. Seit Ende des 19. Jahrhunderts gab es neben den offiziellen Wettkampfregeln auch spezielle Skitechniken, welche durch ausgebildete Skilehrer vermittelt wurden. Methodische Auseinandersetzungen über Vorzüge und Nachteile des norwegischen bzw. alpinen Skilaufs prägten die Jahrzehnte. Heute hat das Telemarken starken Zulauf, stark taillierte Ski ebenso (Carving).

Vereinsgründungen und Wettkampfsport

In Norwegen wurden zahlreiche Vereine (der Erste 1813 in Oslo) und Skiklubs (1877) als Wegweiser der sportiven Ausrichtung gegründet sowie Skischulen (ab 1881) eröffnet. Der erste deutsche Skiverein entstand 1890. Die Vereinsmitglieder hatten 3,40 m lange finnische Ski und liefen mit einem Langstock. In den 90er Jahren des 19. Jahrhunderts gaben sich, angeregt durch Nansens Veröffentlichung, zahlreiche Vereine den Namen „Schneeschuh". Nationale und internationale Verbände gründeten sich in Mitteleuropa erst nach der Jahrhundertwende (Deutscher Skiverband 1905). Viele Jahre galten bei den skibegeisterten Akademikern in Deutschland jedoch die norwegischen Skiwettkämpfer als die unerreichbaren Vorbilder.

Den Norwegern ging es weniger um exakte Bewegungsausführung, sondern vielmehr um sportliche Spitzenleistungen, woraus sich schließlich der Wettkampfsport entwickelte. Skirennen lockten dabei Tausende von Zuschauern an. Bewertungsmaßstäbe im Langlauf waren vor allem in Deutschland mit seiner Tradition der Leibeserziehung neben der sportlichen Zeit auch der Stil des Läufers in der Ebene, im Anstieg und in Kurven (turnerische Kriterien). Zwei Stöcke, wie im 18. Jahrhundert in Lappland, benutzte in

Deutschland beispielsweise der Norweger Bjarne Nilssen, welcher auch um die Jahrhundertwende den Schlittschuhschritt demonstrierte. Er gewann 1900 die erste deutsche Meisterschaft im 23-km-Langlauf.

1910 wurde auf einem internationalen Skikongress ein Reglement beschlossen, was 1922 allgemeine Anerkennung fand. Schließlich kam es während der ersten Winterspiele 1924 zur Gründung des Internationalen Skiverbandes („Fédération International de Skiing" – F.I.S.), was zu einer schnellen Entwicklung des Wettkampfsports beitrug. Auch der Arbeitersport wurde, neben der Etablierung des Sports in bürgerlichen Kreisen, ab den 20er Jahren des 20. Jahrhunderts zum Massenphänomen. Man benutzte zum Laufen selbst gebaute Ski – so genannte *Fußbretter*.

Fremdenverkehr und Tourismus

Die bekannten, traditionellen Wintersportorte sind aus unterschiedlichen Entwicklungen entstanden. So waren es die Gegenden der Heil- und Luftbäder und die großen Kur- und Ferienorte in den Alpenländern (z. B. St. Moritz), die mit der Eroberung der Berge auch im Winter und nicht nur im Sommer, touristisch etwas zu bieten hatten.

Der Fremdenverkehr hat in den 30er Jahren des 20. Jahrhunderts durch den Bau von Bergbahnen großen Aufschwung erhalten, wodurch dem alpinen Fahren eine mechanische Aufstiegshilfe geboten wurde, was ihn gleichzeitig radikal veränderte. Die Skigipfel mussten nicht mehr aus eigener Kraft bezwungen werden. Lifte und Seilbahnen in den großen Fremdenverkehrsorten ermöglichten einer großen „Masse" (auch gebirgsfremden) Skifahrern den Genuss, zusätzlich angelockt durch verschiedene Werbeprospekte und vor allem Skifilme, am Massenphänomen Skisport teilzuhaben. Dies trug wesentlich zu Veränderungen des alpinen Skilaufs (Piste statt Tiefschnee), zu einer weiteren Spezialisierung der Techniken (vom Stemmen zum Schwingen) und schließlich zur Trennung der Disziplinen „nordisch" und „alpin" bei.

Materialentwicklung – vom Holzski zum Kunstoffski

Zunächst nach Eleganz und Ausführungsgeschick beurteilt, suchten die Skisportler, nachdem sich der Skilanglauf als eine der „nordischen Disziplinen" vom „alpinen" Skilauf abgespalten hatte und die Geschwindigkeit immer wichtiger und schließlich zum einzigen Kriterium wurde, nach immer besseren Ausrüstungen. Komplett hölzerne „Vollski" wurden gegen Ende des 19. Jahrhunderts durch verleimte Skier ersetzt und diese wiederum in den 60er und 70er Jahren des 20. Jahrhunderts zunächst mit Kunstoffteilen ergänzt und dann von Kunststoffprodukten abgelöst. Die Herstellung der Schuhe, Ski und Stöcke erfolgte nun nicht mehr handwerklich, sondern wurde von der industriellen Produktion übernommen, was ebenfalls die Zahl der Skisportler zunehmen ließ.

Bis Mitte der 80er Jahre des 20. Jahrhunderts unterschied man lediglich zwischen dem schmalen und leichten, aber sehr empfindlichen Renn- und dem schweren Wanderski. Wichtig war eine Einteilung des Skis in eine Gleit- und eine Steigzone. Mit dem Nowaxski, dem Schuppenski und dem so genannten *Negativstrukturski* kamen neue Entwicklungen auf den Markt, die sich aber, auf Grund ihrer schlechteren Gleit- und Anpassungsfähigkeiten, nicht für den Spitzensport eigneten und sich vor allem im Freizeitbereich durchsetzen konnten. Die Etablierung der Skatingtechnik in den 80er Jahren des 20. Jahrhunderts ermöglichte die Einführung eines kürzeren und voll paraffinierten Skatingskis, der wiederum ein noch schnelleres Vorankommen erlaubt.

Das Wachsen – ein modernes Problem

Erst um die Jahrhundertwende (1900) kam das Wachsen als Steighilfe (vorher Felle) der Langlaufski in Mode und war schon damals ein spezielles Problem. Bei Pappschnee galt es als Geheimtipp, die Ski mit feuchtem Salz, einem Salzhering oder einer Speckschwarte einzureiben. Bis 1910 nutzte man auch zum Präparieren der Ski Leinöl oder ein Gemisch aus Wachs und Teer. Schließlich tauchten die ersten speziellen Skiwachse in Deutschland auf (Oberholzer, 1935). Synthetische Wachse kamen in den 60er Jahren

des 20. Jahrhunderts auf den Markt. Seit dem Aufkommen der Skatingtechnik werden die Skatingski komplett für die alleinige Gleitfunktion mit unterschiedlichsten Gleitwachsen präpariert. Die klassischen Ski hingegen werden auch weiterhin in der Mitte des Skis (Steigwachszone) mit Haftwachs versehen (s. Kap. 3).

1.5 Olympische Winterspiele

Die Olympischen Spiele sind das weltweit größte und bedeutendste Sportereignis. Alle vier Jahre versammeln sich die besten Athleten der Welt für etwas mehr als zwei Wochen und kämpfen um Gold-, Silber- und Bronzemedaillen. Die Wettbewerbe sind unterteilt in die Olympischen Sommerspiele und die Olympischen Winterspiele. 2010 war Vancouver, der größten Stadt der kanadischen Provinz British Columbia, Austragungsort der 21.Olympischen Winterspiele, an denen über 2500 Sportlerinnen und Sportler aus 82 Nationen teilnahmen. Die Winterspiele 2014 hat das Internationale Olympische Komitee (IOC) als Dachverband der olympischen Bewegung an die russische Stadt Sotschi, einer Stadt mit 330.000 Einwohnern an der „Russischen Riviera" am Schwarzen Meer, vergeben und die XXIII. Olympischen Winterspiele sollen vom 9. bis 25. Februar 2018 in der südkoreanischen Stadt Pyeongchang stattfinden.

1924 Chamonix
1928 St. Moritz
1932 Lake Placid
1936 Garmisch-Partenkirchen
1948 St. Moritz
1952 Oslo
1956 Cortina d'Ampezzo
1960 Squaw Valley
1964 Innsbruck
1968 Grenoble
1972 Sapporo
1976 Innsbruck
1980 Lake Placid
1984 Sarajevo
1988 Calgary
1992 Albertville
1994 Lillehammer
1998 Nagano
2002 Salt Lake City
2006 Turin
2010 Vancouver
2014 Sotschi
2018 Pyeongchang

Die Idee der Olympischen Spiele geht auf das antike Griechenland zurück. Seit 776 v. Chr. fanden sie alle vier Jahre zu Ehren des Göttervaters Zeus statt. Sie galten somit als religiöses Fest und lockten Athleten wie Zuschauer aus der ganzen griechischen Welt in die Stadt Olympia. Zum vorerst letzten Mal fanden die Olympischen Spiele 393 nach Christus statt, ehe Kaiser Theodosius (379-395) sie als Teil eines heidnischen Kultes im Zuge der Christianisierung verbot.

Als internationales Friedensfest für die Jugend der Welt gründete der Franzose Pierre de Coubertin die Spiele Ende des 19. Jahrhunderts neu und schuf das IOC, das seither unter anderem über die Austragungsorte entscheidet. 1896 trafen sich zu den ersten Sommerspielen in Athen rund 300 Männer aus 13 Nationen. An eigene Winterspiele war damals noch nicht gedacht. 1908 ergänzte Eiskunstlauf das Programm der Sommersportarten, 1920 kam Eishockey hinzu. 1924 gab es im französischen Chamonix erstmals eigene Winterspiele, bei denen rund 300 Männer und Frauen in 14 Disziplinen starteten. Seither hat sich nicht nur die Zahl der Teilnehmer – seit 1952 starten nun auch Frauen – sondern auch die der olympischen Wettbewerbe vervielfacht.

Rund um die Wettkämpfe rankt sich eine reichhaltige Symbolik, die den Geist der Völkerverständigung und der Fairness transportieren soll. In den fünf olympischen Ringen, die in den Farben gelb, blau, schwarz, grün und rot für die fünf Kontinente stehen, kommt der internationale Gedanke zum Ausdruck. Das Prinzip fairer Auseinandersetzung ist durch den olympischen Eid dokumentiert, den ein Athlet jeweils während der Eröffnungsfeier spricht. Die Anlehnung an die antike Tradition kommt durch den Brauch zum Ausdruck, eine Fackel mithilfe von Sonnenstrahlen in der griechischen Stadt Olympia zu entzünden und in einem Staffellauf zum Teil über Tausende von Kilometern hinweg in den jeweiligen Austragungsort zu bringen, wo für die Dauer der Spiele ein Feuer entzündet wird. Allgegenwärtig ist zudem das 1891 vom französischen Dominikanerpater Henri DIDON geprägte olympische Motto „höher, schneller, weiter", wofür das Grundmuster Sport mit seiner methodischen Lebensführung steht. Coubertin sah darin das Streben nach menschlicher Vollkommenheit.

Der Olympiasieg gilt als das herausragende Ziel. In der Antike erhielten die Sieger einen Kranz, der aus einem Zweig des heiligen Ölbaums in Olympia geflochten war. In der Neuzeit bekommen die drei Besten Medaillen in Gold, Silber und Bronze. Erfolgreichste Athleten bei den Olympischen Winterspielen war die Russin Ljubov Jegorowa mit sechs Gold- und drei Silbermedaillen sowie der Norweger Björn Dählie mit acht Gold- und vier Silbermedaillen.

Wettkämpfe

In der sportiven Geschichte gab es zahlreiche Strecken- und Modusänderungen, sei es in den klassischen Disziplinen oder in den seit den 80er Jahren des 20. Jahrhunderts aufkommenden Freistildisziplinen, die neben dem Schlittschuhschritt auch die klassischen Techniken beinhalten.

Erlaubt sind in den klassischen Disziplinen der Diagonalschritt, die Doppelstock- und Grätenschritttechnik. Schlittschuhschritte sind verboten. Heute stehen bei Olympischen Spielen insgesamt zwölf Entscheidungen an. Frauen wie Männer vergleichen sich im Sprint, im Teamsprint, einem Intervallstartrennen und im Massenstart. Dabei wechselt bei langen Strecken von Großereignis zu Großereignis die Technik. Außerdem werden Medaillen in der Verfolgung und in den Staffeln vergeben.

Streckenlängen

Die maschinell präparierten Laufstrecken (klassische Spur glatt und fest gewalzte „Skatingstraße") werden mit Tafeln, verschiedenfarbigen Fähnchen, Richtungspfeilen und Bändern markiert. Des Weiteren säumen Verpflegungsstationen die Strecken. Lange Strecken wechseln im Turnus zwischen klassischer und Skatingtechnik.

Frauen:	• Einzel-Sprint (klassische Technik)
	• Team-Sprint (freie Technik)
	• Einzel 10 km (freie Technik)
	• Doppel-Verfolgung 15 km (7,5 km klassische Technik + 7,5 km freie Technik)
	• Massenstart (30 km klassische Technik)
	• Staffel 4 x 5 km (2 x 5 km klassische Technik + 2 x 5 km freie Technik)
Männer:	• Einzel-Sprint (klassische Technik)
	• Team-Sprint (freie Technik)
	• Einzel 15 km (freie Technik)
	• Doppel-Verfolgung 30 km (15 km klassische Technik + 15 km freie Technik)
	• Massenstart 50 km (klassische Technik)
	• Staffel 4 x 10 km (2 x 10 km klassische Technik + 2 x 10 km freie Technik)

Die Regeln

Sprint:

In der Qualifikation laufen alle Athleten die Wettkampfstrecke, die 30 Zeitbesten kommen ins „Viertelfinale". Dabei starten je sechs Sportler in fünf Läufen, die Besetzung richtet sich nach den Prologzeiten. Die Sieger und Zweitplatzierten der einzelnen Läufe ziehen sicher ins Halbfinale ein. Die letzten zwei Startplätze im Semifinale werden mit den beiden Zeitschnellsten aufgefüllt. Für das Finale sind wieder der Sieger und der Zweitplatzierte der Halbfinals sowie zwei „Lucky loser" startberechtigt. Es gibt kein B-Finale mehr.

Teamsprint:

Im Teamsprint gehen zwei Läufer pro Team an den Start. Beide laufen abwechselnd je drei Mal die Sprintstrecke. Anders als im Weltcup darf bei Olympia jedes Land nur ein Zweierteam an den Start schicken. In zwei Vorläufen werden die zehn schnellsten Teams für das Finale gesucht.

Intervallstart:

Hier gehen die Starter einzeln, im Abstand von 30 Sekunden in die Loipe. Die sogenannte rote Gruppe der 30 am besten im Weltcup platzierten Läufer startet am Ende in umgekehrter Reihenfolge ihrer Platzierung, so dass der aktuelle Weltcupführende als Letzter auf die Strecke geht.

Verfolgung:

Bei der Verfolgung kommen beide Laufstile zum Einsatz. Im Massenstart, die Aufstellung erfolgt nach den Welt-Cup-Punkten, geht es zunächst im klassischen Stil auf die 7,5 km bzw. 15 km lange Teilstrecke. In einer Wechselzone tauschen die Läufer dann die Klassik-Ski gegen ein Skating-Paar ein und begeben sich auf die zweite Hälfte. Offiziell heißt der Wettkampf Verfolgung, weil nach dem Wechsel die Spezialisten der klassischen Technik von den Skating-Assen verfolgt werden. Wegen der charakteristischen Wechselzone und der Kombination zweier Techniken wird der Wettkampf auch Duathlon oder Skiathlon genannt.

Massenstart:

Die längste Strecke im olympischen Programm führt die Damen über 30 Kilometer und die Männer über 50 Kilometer. Die Teilnehmer stehen dabei am Start entsprechend ihrer Weltcup-Platzierung. Da bei Großveranstaltungen die technische Ausführung in allen Disziplinen wechselt und bei der Nordischen Ski WM in Liberec der „lange Kanten" in der freien Technik absolviert wurde, gingen die Läufer in Whistler in der klassischen Technik an den Start.

Staffel

Auch hier gibt es einen Massenstart. Die ersten beiden Athleten einer Staffel laufen in klassischer Technik, die anderen beiden dürfen skaten. Bei den Frauen werden 4 x 5 Kilometer gelaufen, die Männer absolvieren 4 x 10 Kilometer.

1.6   Neue Wege im Skilauf

Die Wiederentdeckung, Weiterentwicklung und die feste Etablierung der Skatingtechniken in den Skisport hat wesentlich zur Attraktivitätssteigerung des Bewegens in der Winterwelt beigetragen. Der Zulauf aktiver Skater, die an Dynamik orientiert sind und nicht an eine feste Spur „gefesselt" sein wollen, repräsentiert seit längerem den Geist der Zeit und scheint generationsübergreifend zu wirken.

Aber auch die wachsende Anzahl der Volksskiläufe bildet heute einen Magneten für Jung und Alt, sei es, um sich führen zu lassen in der Loipe oder sich „schwingend-tanzend" auf der gewalzten Skatingstrecke zu bewegen. Der Wunsch nach kollektivem und individuellem Rausch im Wettkampf zeigt sich in vielen Ausdauersportarten.

Zudem lässt das Wechselspiel zwischen Zuschauer/Fan, dem dynamischen Bewegungsmarkt und der wachsenden Zahl unterschiedlichster Akteure den Kreisel neuer Trends immer schneller drehen. Dies beeinflusst den Wettkampfsport ebenso wie den Bereich der Freizeitgestaltung und damit die Dynamik von Angebot und Nachfrage.

Die Erweiterung der Bewegungsvielfalt allein im sportiven System wird durch sich weiter ausdifferenzierende Sinnmuster vergrößert. Historische Fortbewegungsmittel und

-formen abseits der Loipe werden reaktiviert (Schneeschuhlauf), erweitern den Bewegungsraum und -markt. Der Skitourenläufer verbindet alpin und nordisch. Die Grenzen zwischen sportiv und naturbegegnend verschwimmen, zu den spezialisierten Strecken wird „unberührte" Natur aufgesucht.

Von der Spur zur gewalzten Strecke

Von den ersten Skilaufwettkämpfen im späten 19. Jahrhundert (Holmenkollen 1870) über die ersten Olympischen Winterspiele 1924 in Chamonix bis Ende der 60er Jahre des 20. Jahrhunderts war die „klassische" Diagonaltechnik in leicht abgewandelten Variationen die Hauptschrittart, das Wachsen dabei das größte Problem. Selbst wenn es bereits in den 30er Jahren literarische Hinweise auf Skatingtechniken gab, verblieben diese doch als Einsätze bei vereisten Strecken bzw. fester Schneedecke. Ab 1968 führten maschinell gespurte Loipen, verbesserte Trainingsmethoden und ständige Materialverbesserungen zu einer Erhöhung des Lauftempos und zu einem vermehrten Einsatz des Doppelstockschubs, was wiederum der Ausbildung der Oberarmkraft eine völlig neue Bedeutung verlieh. Diese Verschiebung der Technikwahl ging so weit, dass Rennen, sogar Marathonläufe, fast ausschließlich im Doppelstockschub und mit rein für das Gleiten präparierten Skiern gewonnen wurden. Bei den Olympischen Spielen in Sapporo 1972 zeigten einige Läufer Beschleunigungen durch einseitige Schlittschuhschritte sowie Endspurts mit beidseitigen Schlittschuhschritten. Aus dem Drang nach höchsten Laufgeschwindigkeiten entwickelten sich neue Bewegungstechniken.

Paul Siitonen gewann mit dem später nach ihm benannten *Siitonenschritt* eine Reihe von World-Loppet-Volksläufen mit großem Vorsprung (auch *Finnstep* oder Halb*schlittschuhschritt* genannt). Zunächst dominierte die von ihm gezeigte, einseitige Ausstelltechnik, bei der ein Ski in der Loipe bleibt und sich vom anderen, ausgescherten Ski mit Doppelstockunterstützung abgestoßen wird. Dies war der Auftakt für den Übergang Spur – halbe Spur – gewalzte Strecke.

Später etablierten sich alle weiteren und uns heute bekannten Techniken außerhalb der Spur und wurden den Geländebedingungen und Erfordernissen angepasst und ausdifferenziert (s. Kap. 5.4). Bill Koch, ein Amerikaner (!) und kein Skandinavier, wurde mit der neuen Technik 1982 Gesamtweltcupsieger, welche jetzt *Skating* genannt wurde. In Seefeld schließlich wurden alle Medaillen mit der Schlittschuhschritttechnik gewonnen. Die heftig geführten Debatten über Verbotspläne, Disqualifikationen, Streckeneinteilungen und immer neue Tricks der Skater, diese Einschränkungen zu umgehen, führten dazu, das Skaten in klassischen Rennen zu verbieten. Schließlich werden seit 1985 Wettkämpfe im klassischen Stil und in der Freistiltechnik (alle Techniken erlaubt) durchgeführt und getrennt gewertet.

Die Skatingtechniken haben auf Grund ihrer Dynamik einen hohen Aufforderungscharakter. Die meisten Sportler trainieren allerdings heute sinnvollerweise beide

Techniken, Skating als auch klassisch. Im Freizeitbereich ist die Skatingtechnik als Selbstverständlichkeit angekommen. Sie wird von Jung und Alt ausgeübt.

Erhöhte Medienwirksamkeit im Wettkampfsport

In einem immer bedeutenderen Maße lebt der heutige Wettkampfsport von der Unterstützung des Publikums, der Sponsoren und der Medien – alle wollen am Geschehen teilhaben, also sozusagen mitmachen. Diese Tendenz ist auch im Skilanglauf zu verzeichnen. Aktive und Zuschauer wollen eine Attraktivitätssteigerung ihres Sports erreichen. Die einst ausgedehnten Wettkampfdistanzen und die wenig medien- und zuschauerfreundliche Atmosphäre wandelt sich in eine hautnahe Erlebniswelt. Die Aktionsräume der Wettkampfsportler haben sich raum-zeitlich verdichtet. **Rundkurse** (teilweise in Skistadien), die mehrfach zu durchlaufen sind, verkleinern den langen Ausdauerwettkampf für den Zuschauer visuell. Er erlebt häufiger Positionskämpfe oder er kann das Stärke- und Schwächeprofil der Athleten im Wettkampfverlauf selbst beobachten und beurteilen.

Um beispielsweise spannende Positionskämpfe und Überholvorgänge zu sehen und zu ermöglichen, bieten sich attraktive Wettkämpfe auf übersichtlichem, stark kupiertem Gelände als Sprint- und K.O.-Staffeln an. Spaß, Bewegungsdynamik und spielerischer Umgang mit Skiern, insbesondere beim Skaten, üben dabei auf Jung und Alt, Aktive und Zuschauer, eine faszinierende Wirkung aus und animieren jeden zum eigenen Ausprobieren. Besonders im Breiten- und Freizeitsportbereich, wie im Familienskisport, Kinder- und Jugendsport oder Seniorensport, besteht zunehmendes Interesse an attraktiveren, kurz- und längerfristigen Angeboten und Veranstaltungen.

Auch **neue Distanzen** der FIS (seit 2000) verbreitern das Angebot der Wettkämpfe, wie die 72 km Distanz bei den Männern und die Marathonstrecke bei den Frauen. Schließlich ist auch der **Düsseldorfer Skilanglaufweltcup** mit Kunstschnee zu nennen, der, ähnlich den Kunstschneehallen für das Abfahren, ohne Unsicherheiten des natürlichen Winters auskommen will. Dieser geht auf die Idee des Bundestrainers Jochen Behle zurück und holt den Skisport als mediales Spektakel in die „Stadtlandschaft".

Wann kommt der Klappskatingski?

Im Eisschnelllauf hat der Klappschlittschuh die Laufgeschwindigkeit erhöht, da sich die Bewegungen auf Grund eines längeren Beinabdrucks dynamisierten. Es dauerte einige Jahre, bis sich dieses System im Inlineskating durchsetzte – ebenfalls mit Erfolg. Vergleichende Untersuchungen stellten die Vorteile des Klappskates aus biomechanischer Sicht heraus (vgl. Hoos & Hottenrott 2002). Im Skilanglauf zeigen sich Innovationen der letzten Jahre vor allem beim Aufbau des Skis (z. B. Doppeltaillierung) und den Bindungssystemen, um die Rückführbewegung des Skis zu optimieren. Kann sich der Klappmechanismus auch beim Langlaufski durchsetzen? Auf den flachen Marathonstrecken (Engadin) werden Geschwindigkeiten von über 40 km/h erreicht, Schrittfrequenz und Impulsgestaltung stoßen an ihre Grenzen.

Der Boom der Volksskiläufe

Dass der Skilauf immer mehr Zulauf findet, davon zeugen die Volksskiläufe in beiden Disziplinen wie beispielsweise die World-Loppet als Zusammenschluss der vermeintlich schönsten und größten Volksläufe der Welt. Sie bieten auch eine willkommene Abwechslung für Spitzenläufer.

Die organisatorische Logistik für solche Wettkämpfe mit mehreren tausend Läufern ist enorm, hat schließlich aber auch für die jeweiligen Ausrichter und den regionalen Tourismus über den Wettkampf hinaus attraktiven Mehrwert. Unterkunft, Verpflegung, Wohlfühlen und „alles rund um den Ski" sind nur die vordergründigen Dienstleistungen eines Tourismuskonzepts. Der ambitionierte Läufer hat mittlerweile die Qual der Wahl, sich für diesen oder jenen der weit über 100 Volksskiläufe von Januar bis April allein in Europa zu entscheiden.

Die FIS hat deshalb eine Art Klassifizierung vorgenommen durch die Einteilung in World-Loppet (WL), Euro-Loppet (EL) mit entsprechenden Wertungen und einen Euro-Regio (ER). Darüber hinaus gibt es von den nationalen Skiverbänden ausgerichtete Wettbewerbe, wie die DSV-Skilanglaufserie (GL), Suissecom-Loppet, Italien Rancing di Sci Nordico usw.

Fitness im Winter und Sommer

Eine weitere Sinndimension, die den Winterbereich mehr und mehr erreicht, wird durch die körpermodellierende Fitness- und Wellnessbewegung erschlossen. Raus aus dem Studio, rein in die „Natur", ist das Motto. Im schnell wachsenden Markt werden Bedürfnisse nach Fun, Erlebnis und Hopping zwischen verschiedenen Aktivitäten befriedigt. Ein erlebnisreicher Wechsel verschiedener Sport- und Bewegungsformen mit entspannenden Wohlfühlangeboten verhindert das Aufkommen von Langeweile. Anregungen erfährt dieser Bereich von aktuellen Fitnesstrends und Outdooraktivitäten. Der Fitnessbereich löst die jeweilige Bewegungskultur aus Herkunft und Kontext, kombiniert sie in alle Richtungen. Im Sommer werden langlaufspezifische Stockläufe und alpines Wandern zu Nordic Walking. Im Winter wird der Cross-Lauf auf Schneeschuhen durchgeführt. Immer mehr verschmelzen die Bewegungsangebote des Winter- und Sommersports zu neuen Disziplinen (Nordic Blading).

Bewegungsformen wie Schneeschuhwandern und Skitourenlauf werden aufgenommen und zum sportiven Multievent oder Einzelcontest ummodelliert.

Mountain Attack – Sinnesverwirrung und Geschwindigkeit

Lange wurde Laufen und Fahren als Einheit verstanden. Mit dem Aufkommen des modernen Sports zerfiel jedoch der Skilauf in viele einzelne Disziplinen. Heute finden Bewegungsformen Zulauf, die Skilauf nicht spezialisiert, sondern ganzheitlich anbieten. Mit dem Aufkommen des Skatens löste sich der Langläufer von der vorgegebenen „klassischen" Spur, vergrößerte seinen Bewegungsraum. Skitouren und das Bergwandern in und schließlich abseits der Loipen lässt den Skiläufer präpariertes Gelände verlassen. Ohne maschinelle Aufstiegshilfen, sondern nur durch eigene Muskelkraft, suchen und finden die Skiläufer lustvolle Anstrengung im Anstieg sowie Abfahrtsspaß ins Tal. Der Aufstieg ist hierbei nicht mehr zu vermeidende Last und Anstrengung, sondern Teil der Naturbegegnung: mit Fellen, Schuppen, Steigwachsen, Big Foods oder im Skatingschritt. Tiefschneefahrten mit Telemarktechniken, alpines Schwingen mit und ohne Fersenfixierung lässt den „Nordic Cruiser" die Bewegungsvielfalt ausleben. Sinnesverwirrung und Action begleiten den Geschwindigkeitsrausch.

Auch hier gibt es fließende Übergänge zwischen den nordischen und alpinen Techniken sowie den sich ausdifferenzierenden Bewegungsformen. Mountain-Attack-Läufer stürmen sportiv mit Tourenski auf präparierten Alpinhängen hoch und rasen querfeldein ins Tal, Skater probieren sich am Abfahrtshang. In der Suche nach Ganzheitlichkeit wächst auf unterschiedlichen Ebenen *nordisch* und *alpin* wieder zusammen.

Ski- und Schneeschuhwandern – Natur in Langsamkeit erfahren

Die winterliche Atmosphäre lässt sich am besten mit Langsamkeit und Einsamkeit erfahren. Für die Naturerkundung bieten historische Geräte wie Schneereifen oder Zügelski eine Fundgrube für diese Art der Fortbewegung, da sie ja immer in unpräparierter Natur stattfanden.

Das Schneeschuhwandern erfreut sich touristischer Einsätze und hat steigenden Zulauf bei jungen Menschen, Frauen und Familien. Die heutige Ausrüstung ist leicht ergonomisch geformt, wartungsfrei und langlebig. Es sind keine speziellen Schuhe oder Zubehör notwendig. Die Kosten fallen im Vergleich zu anderen Wintersportarten minimal aus. Und so warten wir sicher auch nicht mehr allzu lang auf die Renaissance des Wanderns mit ungleich langen Ski, Big Foots mit Hebeschnüren oder das Stapfen mit Trittlingen.

2 AUSRÜSTUNG

2.1 Individuelles Skierlebnis und Langlaufspaß

D as variantenreiche Angebot zur Skiausrüstung ermöglicht ein vielfältiges Schneeerlebnis und unterschiedliche Zugänge zum Sichbewegen im Schnee: Schneeschuhlaufen, Wandern und Tourengehen abseits der Loipe, Laufen in der präparierten Spur und Dahingleiten im Skatingschritt. Eine Skiwoche mit Abwechslung, Abenteuer und Erlebnis. Wer noch nicht weiß, welche Art des Skilaufens am meisten Spaß bringt, kann durch das Ausleihen von unterschiedlichen Skimodellen alle Varianten austesten und Erfahrungen sammeln.

Die Wahl der Skiausrüstung wird durch den Einsatzzweck und die individuellen konditionellen und koordinativen Leistungsvoraussetzungen bestimmt. Sportliche Skilangläufer benötigen einen anderen Ski als Skiwanderer. Ein für das angestrebte Erlebnis angepasster Ski erhöht den Genuss an der Bewegung. Die Kategorien im Angebot der Ski haben sich in den letzten Jahren komplett verändert. Für jedes Skierlebnis stehen entsprechende Ski zur Verfügung. Die Qualität der Ski hat sich nicht nur für den Wettkampfsport, sondern vor allem für den Fitness-, Abenteuer- und Erlebnissport erhöht. Das Material ist leichter und zugleich robuster geworden, die Gleit- und Führungseigenschaften der Ski wurden verbessert. Die Ski sind insgesamt kürzer. Die richtige Ausrüstung garantiert mehr Langlaufspaß, einen kräftesparenden Vortrieb und ein leichtes, sicheres Dahingleiten.

2.2 Grenzenlose Freiheit und Naturerlebnis abseits der Loipe

Durch verschneite Landschaften abseits der Loipen mit Ski oder Schneeschuhen stapfen, Natur erkunden und Stille erfahren, mit Rucksack von Hütte zu Hütte wandern und sich ins Unbekannte begeben, einfach abschalten, den Kopf frei bekommen und vieles mehr.

Offtrack ist hierfür die neue Bezeichnung. Die Spur, die bisher der limitierende Faktor war, wird nicht länger benötigt. Die Ski sind so konzipiert, dass auch außerhalb der Spur Skilaufen Spaß macht. Nur wenige Zentimeter Schnee sind ausreichend, um losle-

gen zu können. Felder und Parks gehören ebenso zu den Spielwiesen für Offtrack Cruiser wie Forstwege und frei zugängliche Hügellandschaften. Offtrack Cruisern ist die
grenzenlose Freiheit garantiert.

Ein innovatives und überzeugendes Offtrack-Konzept bietet die Firma Fischer an. Die
neuen Skimodelle mit und ohne Stahlkante haben eine spezielle Konstruktion mit
leicht geöffneten Skispitzen, die einen Aufschwimm-Effekt in der Schaufel erzielen. Der
Ski ist dadurch mit weniger Kraftaufwand leichter und schneller zu drehen. Zudem wird
auf diese Weise für perfektes Gleitverhalten bei weichen Bedingungen in unpräparier-
tem Gelände gesorgt.

Zum Offtrack Cruisern werden passende robuste Schuhe mit integriertem Schneeschutz
sowie guter Isolierung benötigt, sodass Kälte und Nässe draußen und die Füße warm
bleiben, auch wenn der Ausflug einmal länger dauert. Der Offtrack Stock hat einen
großen Teller, der auch in tiefem Schnee für Stabilität und Abdruck sorgt. So ist jeder
Winterenthusiast bestens für das ultimative Outdoor-Vergnügen gerüstet. Schließlich
ist der eigene Weg auf keiner Karte verzeichnet. Und man weiß ja nie, wo es einen hin-
führt!

Bei Skibergtouren ist ein spezieller Schuh für die zusätzliche Fersenbindung erforderlich. Dies sichert ein Skivergnügen beim alpinen Schwingen in der Abfahrt. Genussvol-
les Abfahren ohne Fersenbindung ist natürlich auch mit der Telemarktechnik möglich.

AUSRÜSTUNG

2.3 Skiwandern in der Loipe

Skiwandern, das heißt, sich von der Spur sicher führen lassen, genussvoll und gemütlich unterwegs sein, Frischluft tanken, der Natur begegnen und dem Körper etwas Gutes tun. Skiwandern zählt zu den gesündesten Bewegungsformen. Die schonende Gelenkbeanspruchung ermöglicht weiche, ausdauernde, rhythmische Bewegungen, die den Fettstoffwechsel aktivieren und zu Entspannung und Wohlbefinden beitragen. Wandern in der Loipe eignet sich für jedermann, es erfordert keine spezielle Technik. Der natürliche, diagonale Gehrhythmus wird auf Ski und Stöcke übertragen. Für das Wandern in der Loipe empfiehlt sich ein mittelbreiter, auf Körpergewicht und Größe abgestimmter NoWax-Ski mit eingearbeiteter Steighilfe. Die Anforderungen an den Schuh sind mit denen im ungespurten Gelände vergleichbar.

2.4   Sportliches Skilaufen in der Loipe

Für ein sportliches Laufen in der Spur kann man zwischen Wachsski und NoWax-Ski wählen. Der Wachsski hat eine durchgängig glatte Belagsfläche, die zwecks Verbesserung der Fahreigenschaften in der Gleitzone mit Gleitwachs und in der Abdruckzone mit Haftwachs (Steigwachs) behandelt wird (s. Kap. 3). NoWax-Ski bieten in der Abdruckzone verschiedene Beläge und Belagsstrukturen, die den erforderlichen Abdruckwiderstand sichern. Dadurch entfällt das Wachsen. Strukturen wie etwa Schuppen, Mikroschuppen Kronenschliffe oder Härchenstrukturen stellen einen gewissen Gleitwiderstand in Laufrichtung dar und geben den erforderlichen Grip. Je nach Abnutzung bzw. Gebrauch müssen auch diese Ski in der Steigzone präpariert werden. Um die Härchen zu aktivieren wird die Steigzone des Skibelags mittels kreisförmiger Bewegungen und leichtem bis mittelstarkem Druck gleichmäßig aufgeraut, so dass ein samtiges Aussehen entsteht. Hierfür wird ein handelsübliches Schleifpapier (Körnung 100) verwendet. Zum Schutz vor Vereisungen und zur Verhinderung von zu schneller Belagsverschmutzung kann anschließend ein spezielles Spray aufgesprüht werden. Das Aufsprühen sollte noch im Wachsraum erfolgen, nicht an der frischen Luft. Vor dem Einsatz des Skis lässt man das Spray zwei bis fünf Minuten einwirken. Auf diese Weise wird die Abstoßfunktion der Härchen gesichert.

Für sportlichen Laufen werden oft Nordic Cruising Ski verwendet; sie sind doppelt tailliert und im Abstoßbereich verbreitert. Dadurch wird eine breitere aber kürzere Abdruckfläche bei insgesamt verkürzter Skilänge erzielt.

Insgesamt ist feststellbar, dass die Ski für den Fitnessbereich in den letzten Jahren mit technischen Innovationen aufwarten können. Sie sind durch hochwertigere Materialien leichter und kürzer geworden, die Schaufel robuster und der Belag und insbesondere die Steigzone wesentlich anpassungsfähiger bei sich ändernden äußeren Bedingungen.

2.5   Rennlaufen im klassischen Stil

Der sportliche Rennläufer besteht auf einem individuell, an seine Lauftechnik und an die äußeren Bedingungen angepassten, präparierten Wachsski. Mit dem Wachsski können die klassischen Langlauftechniken perfekt erlernt werden. Der Ski sollte ein geringes Gewicht und ein optimales Verhältnis zwischen Länge und Spannung haben, um ein gutes Gleit- und Abdruckresultat zu ermöglichen.

Weniger Skigewicht (<500g) wurde durch das Einbringen von hochwertigem, extrem leichtem Echtcarbon an Spitze und Ende des Skis erreicht. Durch eine dreidimensionale

Skikonstruktion konnte bei unveränderter Schneekontaktfläche und Stabilität die Skilänge verkürzt werden. Optimales Schwungverhalten und damit kraftsparendes Laufen sind das Ergebnis des technischen Fortschritts, was sich auch beim Spurwechsel und in der Kurventechnik bemerkbar macht.

Die Wahl der Skilänge und Skispannung werden nicht nur von Körpergröße und Körpergewicht bestimmt, sondern auch von der Abdruckkraft und der Technik des Läufers. Ermittelt wird die individuelle Skispannung mit dem Papiertest (s. Kap. 3).

2.6 Sportliches Skaten

Schlittschuhschritte auf einer fest präparierten Fläche ohne führende Spur werden als Skating bezeichnet. Ein markantes Unterscheidungsmerkmal zwischen den klassischen und den Skatingtechniken ist, dass der Abdruck beim Skaten nicht vom stehenden Ski, sondern vom gleitenden und gekanteten Ski erfolgt (s. Kap. 5.2). Der Skatingski hat eine durchgängige Gleitfläche, ist kürzer und weist eine höhere Spannung und Verwindungssteifigkeit auf als der klassische Ski. Mit der Nutzung von speziellen Technologien aus dem Flugzeugbau, dem Einsatz von Echtcarbon und durch den veränderten Aufbau des Skis ist der Skatingski sehr leicht. Weitere Gewichtseinsparung wurde bei einigen Skimodellen durch ein Loch in der Schaufel erreicht. Die optimierte Massenverteilung – sprich: geringeres Gewicht vorn und hinten - minimiert die Massenträgheit des Skis und bringt ihn nach jedem Schritt schneller in die ideale Abstoßposition.

Einige Modelle weisen zusätzlich eine doppelte Taillierung auf, um Einfluss auf das Gleit- und Abdruckverhalten zu nehmen. Der Ski lässt sich durch die Taillierung im vorderen und hinteren Teil in der Druckphase leichter durchdrücken. Dadurch wird der Druck gleichmäßig auf der gesamten Skikante verteilt. Die Verstärkung des Skiunterbaus optimiert die Kraftübertragung weiter und erreicht eine hohe Seiten- und Torsionsstabilität.

Will der Sportler beide Techniken ausüben, muss er entweder einen klassischen und einen Skatingski erwerben oder er greift auf Kombinationsmodelle zurück, mit denen, je nach aufgetragenem Wachs, sowohl geskatet als auch klassisch gelaufen werden kann. Eine andere Möglichkeit besteht darin, einen kurzen klassischen Ski mit hoher Spannung bzw. Härte (Stiff) zu kaufen, mit dem dann auch relativ gut geskatet werden kann. Beim klassischen Laufen erfordert ein harter Ski eine erhöhte Abdruckkraft.

Für den Skatingski ist eine gewisse Steifigkeit der Skispitze und des Skiendes erforderlich, da eine zu flexible Schaufel die Skiführung ungünstig beeinflusst. Getestet werden kann dies durch ein Biegen und Verwringen von Skispitze und Skiende. Eine korrekte Steifigkeit zeigt sich in einem harmonischen Biegungsverhalten.

2.7   Skilanglaufschuhe

Beim Erwerb eines Langlaufschuhs ist auf eine bequeme Passform und hohen Tragekomfort zu achten. Gute Schuhe sind atmungsaktiv sowie wasserdicht und bieten durch geeignete Sohlen eine gute Isolierung gegen Kälte. Langlaufschuhe haben verschiedene Brandsohlenhärten (soft, medium und stiff). Für das klassische Laufen und Wandern sind weiche Sohlen und für das Skaten harte Sohlen zu empfehlen.

Grundsätzlich lassen sich vier Langlaufschuhtypen unterscheiden:

- ⇨ Der *Skiwanderschuh* reicht über den Knöchel, ist gut gefüttert und bequem.
- ⇨ Beim *Klassikschuh* geht der Schaft etwas über den Knöchel. Die Sohle ist den speziellen Anforderungen der klassischen Technik angepasst und lässt sich leicht im Vorfußbereich biegen.
- ⇨ Der *Skatingschuh* ist höher geschnitten und gleicht im Aussehen einem halbhohen Alpinstiefel. Die Sohle ist relativ hart und verwindungssteif. Die anatomisch geformte Zwei-Komponenten-Schale bietet eine gute Stabilität im Fußbereich. Die dem oberen Sprunggelenk angepasste Bewegungsachse erleichtert die Beugung und Streckung beim Skaten. Eine Erhöhung der Brandsohle im Fersenbereich und der leicht nach vorn gerichtete Schaft führen zu einer bewegungsaktiven Körperposition und unterstützt einen optimalen Abdruck.

↰ Der *Kombischuh* ermöglicht das Laufen in beiden Techniken durch eine abnehmbare oder einstellbare seitliche Stabilisierungshilfe. Die Sohle ist weicher als beim Skatingschuh und der Schaft hat eine mittlere Höhe.

2.8 Skilanglaufbindung

Die Bindung ist die unmittelbare Brücke zwischen dem Fuß des Sportlers und dem Ski. Ob ein Ski zum verlängerten Fuß wird (s. Kap. 5.1), hängt im hohen Maße von der Bindung ab. Eine gute Skilanglaufbindung muss eine hohe Abdruck- und Führungsstabilität gewährleisten und das Anziehen des Skis zum Rückfuß hin nach der Abdruckphase erleichtern. Um diese Anforderungen zu erfüllen, wurden mehrere Maßnahmen getroffen. Zum einen mit einer speziellen Auflagefläche, einer Art Führungsschiene, die sich wie Nut und Feder in die Sohle des Skischuhs einpasst und zum anderen mit speziellen Gelenk- und Federsystemen. Bei der klassischen Skibindung ist der Schuh nur vorn befestigt. Ein Gummikeil mit eingebauter Feder gewährt eine hohe Beweglichkeit beim Beugen und Strecken des Fußes und unterstützt das Heranziehen des Skis **(s. Foto unten)**.

Ski-Schuh-Verbindung beim klassischen Laufen

AUSRÜSTUNG

Bei der Skatingbindung gibt es unterschiedliche Systeme. Beim PILOT-System ist der Schuh vorn und unter dem Fußballen befestigt. Die Feder zur Unterstützung des Skianziehens befindet sich in der zweiten Arretierung und nicht wie bei der klassischen Bindung vorn. Dieses System erleichtert das Heranziehen des Skis zum Rückfuß und sichert eine stabile Skiführung während des gesamten Bewegungszyklus.

2.9   Skilanglaufstöcke

Ein Skilanglaufstock besteht aus einem Hohlrohr, einem Handgriff mit Schlaufe und einem Stockteller mit Spitze. Die Anforderung an den Skistock sind hoch: Er soll bruchfest sein, stabil und ein geringes Gewicht aufweisen. Heute bevorzugen Skilangläufer Stöcke aus Karbon, Karbon-Glasfaser oder Leichtmetall (Aluminium). Zur optimalen Kraftübertragung und besseren Steuerung des Skistocks in der unbelasteten Schwungphase haben die Stöcke unterschiedliche Griffe aus Leder, Kunststoff oder Kork mit zusätzlicher Schlaufenbefestigung.

Bei vielen Stöcken hat die Schlaufenverbindung eine trapezförmige Handauflagefläche, um die Kraft auf die gesamte Handfläche gleichmäßig zu verteilen. Ein Klettverschluss ermöglicht eine individuelle Anpassung an die Handfläche. Die sportiven Stöcke haben keine runden, sondern halbrunde, nach hinten gerichtete Plastikschalen, um eine große Bewegungsfreiheit nach vorn unten während des Stockabstoßes zu gewährleisten. Die Stockteller wurden in den letzten Jahren weiter verkleinert. Die Stockspitze ist aus gehärtetem, rostfreiem Metall und im Stockteller eingefasst.

Variationen bei den Stocktellern

Zur Bestimmung der Stocklänge haben sich Faustregeln bewährt: Stöcke für die klassische Technik sollten maximal bis zur Schulter, Skatingstöcke bis zur Nasenspitze reichen. Die Länge des Stocks variiert je nach individueller Lauftechnik und Armkraft des Sportlers. Daher wählen Leistungssportler meist längere Stöcke als Freizeitsportler. Auf den kurzen Sprintstrecken sind jedoch kürzere Stöcke für die höheren Bewegungsfrequenzen erforderlich.

AUSRÜSTUNG

2.10 Langlaufbekleidung

Besonders Wettkämpfer, aber auch Hobbyläufer sollten Wert auf geeignete Langlaufbekleidung legen. Eine atmungsaktive Kleidung, die den Läufer vor Kälte, Wind und Nässe schützt, ist am ehesten geeignet. Langlaufkleidung sollte bequem sein und große Bewegungsfreiheit ermöglichen, gleichzeitig aber durch enges Anliegen einen geringen Strömungswiderstand liefern. Daher ist es zweckmäßig, je nach Temperatur und Laufgeschwindigkeit, mehrere dünne Kleidungsstücke zu tragen, anstatt ausladende und gefütterte Einzelstücke anzuziehen. Die Unterwäsche soll den Schweiß von der Körperoberfläche aufsaugen und an die nächste Kleidungsschicht weitergeben. Dieses funktionelle „Zwiebelschalenprinzip" ist zweckmäßig für die Wärmeregulierung. Zusätzlich richtet sich die Art der Bekleidung nach der Belastungsintensität des Laufens und

dem Streckenprofil. Auf einer Langlaufstrecke können Temperatur-unterschiede (Schatten/Sonne, Höhenmeter) von mehreren Grad Celsius auftreten. Ein Skiwanderer benötigt – auf Grund häufigerer Pausen – etwas wärmere Kleidung als ein ambitionierter Läufer.

Langlaufanzug und Oberbekleidung

Für schnelles sportliches Skilaufen empfehlen sich ein- und zweiteili-ge Langlaufanzüge mit atmungsaktiven Eigenschaften, die einen Wärmestau vermeiden helfen. Auf Grund ihrer hohen Elastizität bie-ten sie bei aerodynamisch eng anliegender Passform große Bewe-gungsfreiheit. Viele Modelle haben Verstärkungen im Lenden- und Kniebereich. Beim langsamen Laufen und Wandern sollte eine wind- und wasserundurchlässige, atmungsaktive Jacke/Weste und Hose getragen werden.

Unterwäsche

Die Unterwäsche eines Langläufers muss warm halten und den eige-nen Schweiß nach außen transportieren, ohne nass zu werden. Ei-gens für sportliche Zwecke entwickelte Wäsche wird in vielfältiger Form angeboten. Besonders zu achten ist auf Hautfreundlichkeit und darauf, dass die Unterwäsche den Körpergeruch nicht annimmt. Viel versprechend sind neue Textilfasern, die mit *Silberionen* (Ag+) versetzt sind. Sie sollen die Vermehrung von Bakterien hemmen und damit die Geruchsbildung durch Schweiß reduzieren.

Strümpfe

Die Strümpfe eines Skilangläufers sollen vor allem vor Kälte schützen. Ungünstig sind dicke Stricksocken, da ein grobes Strickmuster zur Druckstellen- und Blasenbildung führen kann. Ideal sind dünne, an Sohle und Ferse verstärkte Socken.

Handschuhe

Spezielle Skilanglaufhandschuhe sind atmungsaktiv und feuchtigkeitsabweisend. Sie schützen vor Kälte, Blasenbildung und Verletzungen beim Sturz. Der Fingerhandschuh sollte eine Verstärkung zwischen Zeigefinger und Daumen aufweisen, um ein frühzeiti-ges Durchscheuern der stark beanspruchten Stellen zu verhindern.

Kopfbedeckung

Über den Kopf kann sehr viel Wärme abgegeben werden. Eine schweißabsorbierende, leichte Mütze, ein Stirnband oder ein Buff schützt vor großem Wärmeverlust und Unterkühlung bei niedrigen Temperaturen und kaltem Fahrtwind.

Brille

Die ideale Langlaufbrille ist beschlagfrei und bruchsicher, bietet einen vor Sonnenstrahlung schützenden UV-Filter sowie einen hohen Tragekomfort. Die Gläser haben eine neutrale Farbwiedergabe (grau oder braun) und passen die Tönung an die Lichtverhältnisse an. Polarisationsbrillen sind nicht empfehlenswert, da sie Lichtreflexe im Schnee nicht wiedergeben können. Wichtig ist auch die Vermeidung von seitlicher Sonneneinstrahlung und kaltem Wind, was durch gebogene Gläser verhindert werden kann.

3 SCHNEE UND WACHSEN – SKIPRÄPARATION

SCHNEE UND WACHSEN

Skilaufen macht Spaß, wenn der Ski optimal gleitet und im Anstieg eine gute Griffigkeit aufweist. Voraussetzung hierfür ist eine entsprechende Präparation. Ein unbehandelter oder falsch präparierter Ski kann vereisen, am Anstieg nicht hinreichend haften oder in der Ebene und Abfahrt schlecht gleiten. Kraft und Motivation schwinden schnell. Doch Nachwachsen auf der Loipe ist jederzeit möglich, bei Wetterwechsel auch oft notwendig und unproblematisch.

Generell müssen die Ski für die klassische und Skatingtechniken unterschiedlich präpariert werden. Der klassische Wachs- und Nowaxski muss Gleit- und Hafteigenschaften aufweisen, zwei konträre Fähigkeiten, die hohe Anforderungen an die Präparation stellen. Beim Skatingski entfällt die Anforderung der Haftreibungskomponente. Glatte, mit Parafin gewachste Ski setzen die Gleitreibung der Lauffläche auf ein Minimum herab.

Für die Präparation des Skis stehen dem Langläufer ein großes Sortiment von Gripwachsen (Trockenwachse-Klister und Gleitwachse-Heißwachse) sowie diverse Sprays (Kaltwachse) von mehreren Herstellern zur Verfügung. Neu ist das Start Grip Tape (Wachs-Band) für die Präparation der Steigzone. Mit dem Aufkleben des Tapes ist eine exzellente Haftung für alle Schneebedingungen (+5° bis -20°) gegeben.

Im Gegensatz zum Rennläufer, bei dem es um Sekunden geht, will der Freizeitläufer ohne lange Vorbereitung seine Bahnen ziehen. In diesem Kapitel vermitteln wir grundlegende Kenntnisse für die Skipräparation und geben eine prinzipielle Orientierung zur Auswahl des richtigen Wachses. Für die praktische Umsetzung sind die Empfehlungen und Hinweise der jeweiligen Hersteller ausschlaggebend. Dazu stehen spezielle Wachsmanuals bzw. Wachsfibeln der Firmen zur Verfügung. Nutzen Sie auch die fachliche Beratung und/oder Serviceleistungen im Sportgeschäft.

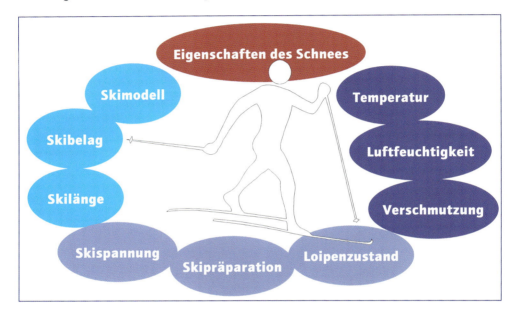

Abb. 3.1: *Einflussfaktoren auf die Grip- und Gleiteigenschaften beim Skilaufen*

Einfluss auf die Grip- und Gleiteigenschaften beim Skilaufen haben das Skimaterial, die Skipräparation und Umweltfaktoren wie die Eigenschaften des Schnees, die Witterungsbedingungen sowie die Struktur und Beschaffenheit der Loipe **(Abb. 3.1)**.

    In der Ebene und im leicht profilierten Gelände werden geringe Anforderungen an die Steighilfen klassischer Ski gestellt. Bei stärker profilierten Strecken ist eine höhere Haftreibung der Ski erforderlich, was zugleich auch größere Anforderungen an die technischen und konditionellen Voraussetzungen des Läufers stellt. So kann ein Läufer mit guter klassischer Diagonalschritttechnik den Ski *spitzer* wachsen (kleinere Gripwachszone) als ein Läufer, der keinen optimalen (explosiven) Beinabdruck aufweist.

    Gut präparierte Loipen ermöglichen einen sicheren Abdruckwiderstand. Die Schneekristalle sind dicht und fest aneinander gelagert und können sich gut mit der Wachsschicht verbinden. Bei lockerem Schnee hingegen ist ein fester Beinabdruck schwerer möglich.

3.1 Eigenschaften des Schnees

Der Schnee entsteht in der Atmosphäre aus Wasserdampf. Der Kristallisationsvorgang setzt aber die Existenz von Kristallisationskernen voraus. Schneekristalle binden sich um Staubteilchen/Ionen und Salzkristalle, welche sich in großer Menge in der Atmosphäre befinden.

Schneeumwandlung (Metamorphose)

Die Grundform aller Schneekristalle ist ein Sechseck. Bevor die sechszackigen Schneekristalle auf die Erde kommen, machen sie mitunter starke Wandlungen durch. Wiederholtes Schmelzen und Gefrieren lässt Graupel entstehen, Wind zerbricht und zerstäubt die Schneekristalle und, je nach Temperatur, können die Schneekristalle zu großen Flocken zusammenkleben. Die Wandlungsvorgänge setzen sich auf der Erde fort und lassen Schneedecken mit unterschiedlichen Strukturen entstehen. Die Schneekristalle verlieren nach und nach ihre kristalline Form, die scharfen Kanten werden zunehmend rund, die Konturen verfließen, der Schnee wird körnig, kompakt und „amorph" (gestaltlos). Prinzipiell lassen sich vier Formen der Metamorphose unterscheiden:

SCHNEEUMWANDLUNGEN

1. Abbauende Umwandlungen

2. Aufbauende Umwandlungen

3. Schmelzende Umwandlungen

4. Mechanische Umwandlungen

Abb. 3.2: Metamorphosen

↪ Bei der *abbauenden Umwandlung* von Neuschnee werden die sechseckigen Neuschneekristalle zu körnigem Altschnee. Bei diesem Prozess beginnen die feinen Spitzen zu sublimieren, der entstehende Wasserdampf lagert sich im Kristallzentrum ab. Die dabei entstehenden kleinen Schneekörnchen gehen Bindungen ein, sodass die Schneedecke immer fester und dichter wird **(Abb. 3.2)**.

SCHNEE UND WACHSEN

- Die *aufbauende Umwandlung* von Altschnee erfolgt meist in trockenen, kalten Frostnächten. Auf der Schneeoberfläche entsteht durch Sublimation eine Reifschicht aus blätterförmigen, bizarren Eiskristallen (Reifschnee). Diese aggressive Schicht kann am Tag in Schattenlage bestehen bleiben.
- Die *Schmelzumwandlung* setzt bei einer Schneetemperatur um 0° C ein. Auf der Oberfläche der Eiskristalle bildet sich durch hohe Luftfeuchtigkeit oder Sonneneinstrahlung eine Art Wasserfilm. Durch mehrmaliges Schmelzen und Gefrieren entsteht grobkörniger Sulz- bzw. Grießschnee. Sowohl Neu- als auch Altschneekristalle können direkt, ohne vorherige auf- oder abbauende Umwandlungsprozesse zu Sulz- bzw. Grießschnee werden.
- Die *mechanische Umwandlung* beschreibt die Metamorphose von Neuschneekristallen durch Windeinfluss (es entsteht Mehlschnee) und mechanische Loipenpräparation. Dabei verlieren die Eiskristalle ihre sternförmige Gestalt. Mechanisch umgewandelter Schnee ist weniger plastisch und hat damit andere Eigenschaften als frischer Pulverschnee.

Abb. 3.3: Die abbauende Umwandlung oder Metamorphose eines Schneekristalls im Laufe von 34 Tagen (Labor, -5° C)

Schneearten

Im Bestseller von Peter HØEG „Fräulein Smillas Gespür für Schnee" lernen wir die Schönheit und Vielfalt von Schnee, Wasser, Eis und Gletscher auf literarisch brillante und packende Weise kennen, erfahren Erstaunliches über Naturbegegnungen, Wetter oder das Spurenlesen. In den 30er Jahren des 20. Jahrhunderts vom Japaner Nakaya wissenschaftlich erforscht, können sogar ca. 30.000 Arten von Schneekristallen unterschieden werden. Im Spitzensport wird der Schnee durch eine andere Brille unter die Lupe genommen. 1952 von der UNESCO klassifiziert, unterscheidet man 10 Grundformen von Schnee (s. **Tab. 3.1** und **3.2**, S. 58/59). Grob vereinfacht lassen sich zunächst drei Kategorien des Schnees unterscheiden:

- *Neuschnee:* Die spitzen und scharfen Kanten der sechseckigen kristallinen Struktur sind noch weit gehend erhalten. Bei trockenen Bedingungen ist dies Pulverschnee und bei nassem Wetter Pappschnee. Innerhalb von 1-2 Tagen werden die Kristallformen einfacher und runder.

↪ *Altschnee:* Die kristalline Struktur hat sich in unterschiedliche Formen verändert. Der Schnee wird körnig und amorph. Der Altschnee lässt sich nochmals in Trockenschneearten (Mehlschnee, Grießschnee, Reifschnee und Harsch) und Nassschneearten (nasser Grießschnee, nasser Reifschnee, Firn, „fauler Schnee") unterscheiden.

↪ *Kunstschnee:* Die künstlich erzeugten Schneekristalle weisen eine einfache Struktur auf. Im Alterungsprozess wandeln sie sich zu scharfkantigen, spitzen Gebilden um. Die Reibung ist beim Kunstschnee relativ hoch.

SCHNEE UND WACHSEN

Tab. 3.1: Charakteristische Eigenschaften der Trockenschneearten (mod. nach: Nitzsche, 1989, S. 225)

Schneeart & Gripwachs	Entstehungsdauer und -ursache	Struktur	Dichte der Schneekristalle	Gleiteigenschaft & Gleitwachse
Pulverschnee *Hartwachs*	Kurzzeitig bei Frosteinbruch	Scharfkantige Nadeln	Gering, hohe Porosität	Gut *Harte, synthetische Wachse Hydrokarbonparaffine*
Mehlschnee *Hartwachs*	Langzeitig durch Windeinfluss	Feinkörnig, zerbrochene Kristalle des Pulverschnees	Groß, zusammengepresste Schicht	Gering *Synthetische Wachse*
Grießschnee *Hartwachs*	Langzeitig nach häufigen Temperaturschwankungen	Abgerundete Kristalle	Gering, lockere Schneedecke	Gut *Fluor und Silikone*
Reifschnee *Hartwachs*	Langzeitig bei hoher Luftfeuchtigkeit	Blätterartige Kristalle	Gering, große Porosität	Gut *Synthetische Wachse*
Harsch *Klister*	Langzeitig durch mehrmaligen Wechsel von Schmelzen und Gefrieren	Große Eiskristalle	Sehr gering, schwer deformierbare, aber poröse Schneedecke	Sehr gut *Härter, synthetische Wachse*

Tab. 3.2: Charakteristische Eigenschaften der Nassschneearten (mod. nach: Nitzsche, 1989, S. 225)

Schneeart & Gripwachs	Entstehungsdauer und -ursache	Struktur	Dichte der Schneekristalle	Gleiteigenschaft & Gleitwachs
Pappschnee *Hartwachs / Klister*	Kurzzeitig bei Temperaturanstieg über den Gefrierpunkt	Zusammengedrückte, glatte Fläche	Groß, hoher Feuchtigkeitsgehalt	Gering *Fluor* *Fluorkarbon*
Nasser Grießschnee *Klister*	Langzeitig nach Temperaturschwankungen über dem Gefrierpunkt	Runde Kristalle mit hohem Wasseranteil	Gering, leicht deformierbar	Gering *Silikone, Fluor,* *Fluorkarbon*
Nasser Reifschnee *Klister*	Langzeitig bei hoher Luftfeuchtigkeit	Mittlere Körnung, Blättchen und Stäbe	Gering, hoher Feuchtigkeitsgehalt	Gut bis gering *Fluor, Fluorkarbon*
Firn *Klister*	Kurzzeitig aus Harsch bei Temperaturanstieg	Grobe, runde Eiskristalle	Gering, hohe Wasseranteile	Gut *Fluor, Paraffine,* *Fluorkarbon*
„Fauler Schnee" *Klister*	Langzeitig durch hohen Wasser- und Schmutzgehalt	Geschmolzene, runde Kristalle	Gering, hoher Wassergehalt	Sehr gering *Fluor, Silikone,* *Fluorkarbon*

SCHNEE UND WACHSEN

3.2 Skimodelle und Wachsen

Klassischer Langlaufski und Nowaxski

An den klassischen Langlaufski und den Nowaxski werden hohe Anforderungen gestellt: Er soll gut gleiten und für den Abstoß sicher haften. Bei diesen Langlaufskiern werden zwei Funktionszonen unterschieden; die Gleitzone im vorderen und hinteren Drittel des Skis und die Abstoßzone im Mittelteil **(Abb. 3.4)**. Die Zonen werden unterschiedlich präpariert.

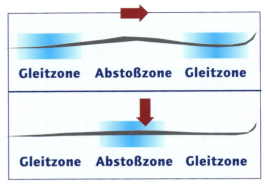

Abb. 3.4: Funktionszonen der klassischen Langlaufskis

Bei allen Classic-Ski, d. h. auch den NoWax-Ski, wird die Gleitzone mit Gleitwachs präpariert, um gute Gleiteigenschaften zu erzielen. Die Abstoßzone ist bei den Nowaxski durch eine in den Belag eingearbeitete Struktur (z. B. Schuppen oder Härchen) vorgegeben und muss nicht mit Gripwachsen behandelt werden. Bei einigen Nowaxski sind spezielle Pflegemittel erforderlich, um ein Vereisen der Abstoßzone und ein Anhaften von Schmutz zu verhindern.

Beim klassischen Wachsski wird die Abstoßzone mit Trockenwachsen und Klister in Abhängigkeit von Schneeeigenschaften, Umweltbedingungen (Lufttemperatur, -feuchtig-
keit), Loipenzustand, Skibelag, Skihärte und Lauftechnik individuell präpariert. Auch
hier sollen die Schneekristalle nach dem Abdruck das Wachs wieder „loslassen". Die
Länge der Abstoßzone beträgt etwa 50-55 cm ab dem Fersenende nach vorn bei der
Verwendung von Hartwachsen und 45-50 cm bei Klister. Die genauen Längen können
durch den *Papiertest* ermittelt und an der Skiaußenkante markiert werden **(Abb. 3.5)**.
Eigene Wachstests bezüglich Länge und Position der Abstoßzone (mal spitzer wachsen
oder Abstoßzone verschieben) werden in der Loipe ermittelt. So wird der Ski zum individuellen Gerät.

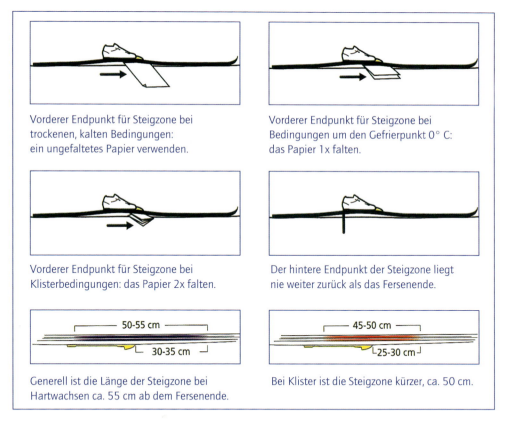

Vorderer Endpunkt für Steigzone bei
trockenen, kalten Bedingungen:
ein ungefaltetes Papier verwenden.

Vorderer Endpunkt für Steigzone bei
Bedingungen um den Gefrierpunkt 0° C:
das Papier 1x falten.

Vorderer Endpunkt für Steigzone bei
Klisterbedingungen: das Papier 2x falten.

Der hintere Endpunkt der Steigzone liegt
nie weiter zurück als das Fersenende.

50-55 cm
30-35 cm

45-50 cm
25-30 cm

Generell ist die Länge der Steigzone bei
Hartwachsen ca. 55 cm ab dem Fersenende.

Bei Klister ist die Steigzone kürzer, ca. 50 cm.

Abb. 3.5: *Papiertest zur Bestimmung der Abstoßzone für die Präparation mit Trockenwachs und Klister (modifiziert aus: Swix Sport Wachsfibel).*

Der Beinabstoß erfolgt bei der klassischen Technik vom stehenden Ski. Die Abstoßzone
wird auf den Schnee gedrückt; dadurch greifen Trockenwachse, Klister oder Schuppen
im Schnee und garantieren Halt für den Abstoß. Das Haftwachs unter der Abstoßzone

SCHNEE UND WACHSEN

muss einen hohen Haftreibungskoeffizienten aufweisen, damit der Ski beim Abstoßen nicht zurückrutscht, gleichzeitig jedoch einen möglichst niedrigen Gleitreibungskoeffizienten, damit in der Gleitphase keine Bremswirkung durch die Abstoßzone entsteht. Im optimalen Fall liegen beim entlasteten Gleiten nur die Gleitzonen auf dem Schnee auf. Spannung und Härte der Skikonstruktion müssen daher auf das Gewicht des Läufers abgestimmt sein. Ein zu weicher Ski gräbt sich im Mittelbereich in die Spur, ein zu harter Ski kann nicht die Haftzone bis auf den Schnee durchtreten und findet keinen Grip.

Skatingski

Beim Schlittschuhschritt erfolgt der Beinabstoß vom gleitenden und gekanteten Ski. Skatingski brauchen nur mit Gleitwachs behandelt zu werden. In den letzten Jahren wurden diese Wachse stark verbessert und weiterentwickelt, wovon auch die klassischen Läufer profitieren.

Bei trockenen und kalten Bedingungen muss das Gleitwachs ein Eindringen der scharfkantigen Schneekristalle in die Lauffläche und somit ein Abbremsen des Skis verhindern. Wärmere Witterungsbedingungen fordern hingegen, auf Grund abgerundeter,

wasserreicher Schneekristalle, verstärkt die wasserabweisenden Eigenschaften des Gleitwachses.

Wenn der Ski über den Schnee gleitet, entsteht Reibung und somit Wärme, Schneepartikel schmelzen. Zwischen dem gewachsten Belag und der Schneeoberfläche bilden sich kleine Wassertröpfchen, die einen Schmiereffekt ergeben. Dieser mikroskopisch dünne Wasserfilm ist verantwortlich für den Gleiteffekt. Kontrolliert wird seine Bildung mit der Wahl des Wachses und der Belagstruktur. Der unbehandelte Polyäthylenbelag erzeugt eine relativ starke Reibung auf dem Schnee, wodurch eine dickere Wasserschicht mit bremsendem

Sogeffekt unter dem Ski entsteht. Mit der Auswahl des Wachses wird die Stärke der Reibung und damit die Ausbildung der Wasserschicht gesteuert. Der Schnee ist bei tiefen Temperaturen und niedriger Luftfeuchtigkeit dem Wachs gegenüber abriebsaggressiv, die zu wählenden Wachse sind hart und verbleiben auf dem Belag.

Alle Hersteller von Skiwachsen bieten detaillierte Wachstabellen an mit konkreten Hinweisen für die Wahl des Wachses und das Mischungsverhältnis den Schneeeigenschaften und der Lufttemperatur entsprechend.

3.3 Material und Struktur der Skibeläge

Ein guter Belag ist elastisch und trotzdem widerstandsfähig. Einfache Beläge sind geschmolzene Granulate in Formstücken. Der Rennläufer bevorzugt gesinterte Polyäthylenbeläge. Im Rennsport werden Beläge mit geringer Wachsaufnahme für kalte, solche mit hoher Wachsaufnahme für wärmere Schnee- und Lufttemperaturen eingesetzt.

In den letzten Jahren haben sich Beläge mit einem hohen Grafit- und Russanteil durchgesetzt. Als guter Wärmeleiter führt Grafit Reibungswärme ab und verbessert die Gleitfähigkeit im Nassschnee. Russ ist ein guter elektrischer Leiter. Er macht Beläge antistatisch, d. h., er reduziert die statische Aufladung der Laufflächen durch Reibung. Schmutz und Staubpartikel werden weniger angezogen, was sich ebenfalls positiv auf die Gleitfähigkeit auswirkt. Die Wachsaufnahme ist mit der des transparenten Belags vergleichbar. Gemischte Belagfarben zeigen, dass unterschiedlich gesintertes Material – meist mit unterschiedlichem Molekulargewicht – verwendet wurde. Der Ski soll dadurch in allen Temperaturbereichen optimal gleitfähig sein. Es sind derzeit Double-, Triple- und Multisinterbeläge im Angebot.

Oberflächenstruktur der Skibeläge

Eine strukturierte Lauffläche verhindert zwischen Ski und Schnee die Bildung eines zusammenhängenden und bremsenden Wasserfilms. Die Oberflächenstruktur der Lauffläche wird im Werk maschinell durch ein mehrmaliges Steinschliffverfahren mit minimiertem Anpressdruck erstellt. Die Skibeläge werden dabei mit unterschiedlichen Strukturen versehen. Die erstellten Strukturmuster verringern den Kontaktbereich zwischen Schnee und Belagoberfläche und damit den Reibungsfaktor. Generell werden drei Kategorien unterschieden:

↪ *Feine Struktur* für trockene, kalte Verhältnisse sowie Kunstschnee. Diese Beläge werden auch mit „COLD" gekennzeichnet.
↪ *Mediumstruktur* für feuchte, kalte Verhältnisse.
↪ *Grobe Struktur* für grobkörnige, feuchte und warme Bedingungen. Diese Beläge werden auch mit „PLUS" gekennzeichnet.

Die Wahl des Skibelags ist beim Erwerb eines Skis bedeutsam. Wer vorwiegend bei hoher Luftfeuchtigkeit und nassen Bedingungen, wie im Mittelgebirge vorherrschend (z. B. in Oberhof), läuft, benötigt einen anderen Belag, als jemand, der bei trockener Kälte (Engadin/St. Moritz) trainiert.

Im Skifachgeschäft können verschiedene Belagstrukturen mit Steinschliffmaschinen oder manuell mit Rillengeräten erzeugt werden, um die Gleiteigenschaften des Skis zu optimieren. Dabei wird die vom Hersteller vorgegebene Oberflächenstruktur (fein, medium, grob) mit spezifischen, auf die Schneebedingungen abgestimmten, Belagstrukturen versehen:

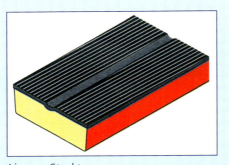

Lineare Struktur

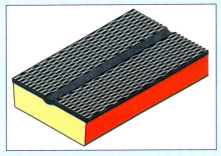

Kreuzstruktur

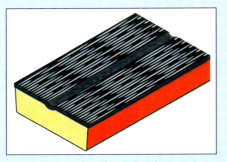

Versetzte – gebrochene Strukturen

⮕ Lineare Struktur
⮕ Kreuzstruktur
⮕ Versetzt-gebrochene Strukturen.

Die lineare Struktur eignet sich für warme und feuchte Bedingungen. Die Musterung des Belags erfolgt in Längsrichtung (linear). Bei sehr nassen Verhältnissen ist eine grobe, leicht nach außen gerichtete Struktur zu wählen. Bei kalten Bedingungen und bei feinförmigen Schneekristallen wird eine feine Kreuzstruktur oder eine versetzt-gebrochene Struktur geschliffen **(Abb. 3.6)**.

Abb. 3.6: *Belagstrukturen (modifiziert aus: Swix Sport Wachsfibel)*

Wird die Rillenstruktur manuell mit einem Strukturgerät in den Belag gezogen, ist darauf zu achten, dass kein Material aus dem Belag ausgehoben wird. Die Rillen werden lediglich in den Skibelag gepresst. Wie jede Bearbeitung des Belags, erfordert besonders das Strukturziehen handwerkliche Genauigkeit. Es empfiehlt sich nach dem Kauf eines neuen Skis, die normal entstehenden Oxidierungen mit einem Fibertex (weiß = fein) – eine harzgetränkte, mit Schleifpartikeln angereicherte Nylonfaser – zu entfernen. Auch nach erneuter Rillenstruktur können aufstehende Polyäthylenhärchen damit (grün = aggressiv) entfernt werden.

Belagalterung

Kunststoffe oxidieren durch UV-Strahlung, Sauerstoff und Umwelteinflüsse. Auch noch unbenutzte Ski unterliegen diesem Alterungsprozess. Damit der Skibelag über den Sommer geschützt ist und keinen Schmutz aufnimmt, sollte er nach dem letzten Saisoneinsatz zuerst gereinigt und dann mit einem weichen Heißwachs versiegelt werden. Die Ski werden trocken, waagerecht und lichtgeschützt gelagert.

3.4   Belagreinigung und Belagreparatur

Ski sind immer mehr oder weniger verschmutzt. Lässt man feinen Staub auf dem Belag, wird er beim Wachsen mit eingearbeitet und vermindert damit die Gleiteigenschaften der Ski. Deshalb sollten die Ski immer gründlich vor dem Wachsen gereinigt werden.

Kalte Belagreinigung

Mit der Reinigung des Belags beginnt die Pflege des Skis:
1. Wachsreste abziehen: Schmutz und Wachsreste mit einem Spachtel entfernen.
2. Wachsentferner aufsprühen oder mit einem Lappen auftragen.
3. Belag mit einem saugfähigen Reinigungspapier abreiben. Je nach Verschmutzung den Vorgang wiederholen.
4. Lauffläche mindestens 20 Minuten abtrocknen lassen, damit der Wachsentferner vollständig verdampft und die Lauffläche trocken ist.

Mit chemischen Wachsentfernern (Vorsicht, brennbar!) darf nur im Freien oder in einem gut durchlüfteten Raum gearbeitet werden, da die Dämpfe der Lösungsmittel gesundheitsgefährdend sind. Aus ökologischen Gründen sollte mit dem Einsatz sparsam umgegangen werden.

Heiße Belagreinigung (Auswachsen)

Bei starker Belagverschmutzung oder zur Versiegelung über die Sommermonate hat sich die heiße Belagreinigung bewährt.

1. *Aufbügeln:* Zum Auswachsen wird ein weiches Wachs aufgebügelt.
2. *Abziehen:* Im noch warmen, plastischen Zustand das Wachs mit der Plexiglasklinge wieder abziehen. Bei starker Verschmutzung erfolgt dies mehrmals. Dadurch werden die Schmutzteilchen aus den obersten Belagschichten abgetragen.
3. *Ausbürsten:* Nach dem Auswachsen muss die Belagstruktur mit der Kupferbürste wieder freigelegt werden. Das Ausbürsten entsprechend der Belagstruktur in Laufrichtung vornehmen. Der zu lagernde Ski behält die letzte Paraffinschicht.

Belagreparatur

Kratzer und Belagschäden verschlechtern das Fahrverhalten der Ski. Kleinere Beschädigungen lassen sich mit dem Reparaturpulver oder dem Reparaturstick nach einer kalten oder heißen Belagreinigung selbst ausgebessern. Größere Beschädigungen können im Sportfachgeschäft maschinell behoben werden. Zunächst sind alle Unebenheiten und Kratzer mit dem Haarlineal zu erfassen. Eventuell den Belag mit einer geschärften Metallklinge plan abziehen. Freistehendes Belagmaterial entfernen.

Reparatur mit Pulver
1. Auftragen des Pulvers: Nach der Reinigung des Belags das Pulver auf die Beschädigungen streuen. Die Stelle mit Reparaturfolie bedecken.
2. Einbügeln: Das Bügeleisen bei ca. 140° C etwa 20 Sekunden auf die Folie legen.
3. Abziehen: Nach dem vollständigen Erkalten überschüssiges Reparaturmaterial mit der Stahlklinge schichtweise entfernen.
4. Ausbürsten: Bei kleinen Reparaturen den Belag gut mit der Kupferbürste oder der grünen Fibertex ausbürsten, um die Belagstruktur wieder herzustellen. Mit der Metallklinge abgezogene Flächen bedürfen jedoch einer neuen Struktur.

Reparatur mit Belagstick
1. Belagstick vorbereiten: Den Belagstick anzünden und waagerecht auf einen Metallspachtel abtropfen lassen, bis das Material nicht mehr russt und die Flamme blau brennt.
2. Auftropfen: Die flüssige Repairmasse auf die beschädigte Stelle auftropfen und vollständig abkühlen lassen.
3. Abziehen: Überschüssiges Reparaturmaterial mit der Stahlklinge schichtweise entfernen.
4. Ausbürsten: Den Belag gut mit der Kupferbürste/Fibertex ausbürsten, um die Belagstruktur wieder herzustellen. Bei größeren Reparaturen ist mit dem Strukturgerät die Belagstruktur zu erneuern.

3.5 Gleitwachse

Galten noch vor 100 Jahren Salzhering und Speckschwarte als Geheimtipp, gibt es heute für alle nur denkbaren Verhältnisse entsprechende Wachsarten und -sorten. Wer die
bestehenden und zu erwartenden Schnee- und Wetterverhältnisse kennt, wird mit den
diversen Orientierungshilfen (Wachstabellen) gut arbeiten können. Struktur und Dichte
des Schnees sind leicht zu erkennen und zu erfühlen, Lufttemperatur/-feuchtigkeit und
Schneetemperatur können gemessen werden. Als Faustregel für den Feuchtigkeitsge-
halt des Schnees gilt: Lässt sich kein oder nur sehr schwer ein Schneeball formen, ist der
Schnee trocken und kalt. Ist ein Ball leicht zu formen, ist er feucht; tropft sofort Wasser
aus dem Schneeball, ist er nass.

Auch die regionalen Besonderheiten sind zu beachten. Ist in Mitteleuropa der Morgen
noch kalt, steigen die Temperaturen um die Mittagszeit. Im Norden ist es nicht ungewöhnlich, dass die Mittagstemperaturen kälter ausfallen können als die Temperaturen
der Morgenstunden. In Russland hingegen sind die uns bekannten Temperaturen um
den Gefrierpunkt eher selten.

Kaltwachse

Kaltwachse machen wenig Arbeit. Es gibt sie in flüssiger, cremiger und fester Form; sie
stellen die ideale Lösung für eine schnelle Präparation. Sie können bei allen Bedingungen eingesetzt werden und liefern recht gute Gleitergebnisse. Das Auftragen ist einfach und erfolgt mittels Schwamm oder durch Einreiben. Nach kurzzeitigem Trocknen
erhöht das Einpolieren die Haftung auf dem Belag und die Gleitfähigkeit des Skis. Die
Kaltwachse werden auch mit Fluorzusätzen angeboten. Kaltwachse dringen allerdings
nicht tief in den Belag ein, sodass sie bei aggressiven Schneeverhältnissen mehrmals
täglich aufgetragen werden müssen.

Paraffinwachse

Flüssige Heißwachse (Paraffine) werden mit dem Bügeleisen gleichmäßig in den Belag
eingebügelt. Die Wachshersteller bieten dazu spezielle Bügeleisen mit genauer Tempe-
raturregelung und Rautenstruktur in der Bügelsohle, um das fließende Wachs optimal
über den Belag zu verteilen. Das heiße Einbügeln öffnet die Poren des (vorgewärmten)
Skibelags und das flüssige Heißwachs kann eindringen. Mit Erkalten des Belags
schließen sich die Poren, in denen sich nun das Wachs befindet.

Unterschieden werden die Paraffine nach Härtegraden (hart, mittel, weich), entsprechend der Farbskala (grün/blau bis rot/gelb).

↪ *Harte Paraffine* werden für Temperaturen unter -8° C verwendet. Sie haben einen hohen Kunststoffanteil, um den Wachsabrieb bei den aggressiven Schneekristallen gering zu halten. Die Schmelztemperatur liegt bei 100-110° C. Das sehr harte Paraffin wird nach dem Einbügeln noch im warmen Zustand abgezogen.

↪ *Mittlere Paraffine* werden im Temperaturbereich von -8° C bis -1° C eingesetzt. Die Schmelztemperatur liegt zwischen 80° C und 100° C. Der Ski wird im abgekühlten Zustand abgezogen.

↪ *Weiche Paraffine* kommen bei -1° C und wärmer zum Einsatz. Für das Auftragen des Wachses ist nur eine Temperatur von 70- 80° C erforderlich. Weiche Wachse werden meist mit Zusätzen aus Silikon, Fluor oder Fluorkarbon angeboten.

Um optimale Gleiteigenschaften für wechselnde Bedingungen zu erreichen, müssen die Paraffine den Eigenschaften des Schnees, der Temperatur, Luftfeuchtigkeit, Streckenlänge und dem -profil entsprechend gemischt werden. Für das Mischungsverhältnis machen die einzelnen Wachshersteller konkrete Angaben.

Fluorwachse

Fluor hat wasser- und schmutzabweisende Wirkung und unterstützt die Gleiteigenschaften des Skis. Es gibt reine Fluorwachse und Paraffine mit unterschiedlich hohem Fluoranteil.

↪ Geringe Fluoranteile im Paraffin werden bei relativ trockenen Verhältnissen (50-60 % Luftfeuchtigkeit) eingesetzt.

↪ Hohe Fluoranteile im Paraffin werden bei relativ feuchten Bedingungen (> 70 % Luftfeuchtigkeit) verwendet.

↪ Reine Fluorwachse (z. B. reines, hoch konzentriertes Perfluorkarbon) steigern den wasser- und schmutzabweisenden Effekt bei nassen Bedingungen. Sie werden als Block oder als Pulver angeboten und sind teuer.

Vorsicht beim Auftragen von fluorierten Wachsen! Fluorierte Wachse dürfen nicht über 400° C erhitzt werden, da sich sonst giftige Dämpfe entwickeln. Am besten arbeitet man mit Gesichtsmaske und in gut durchlüfteten Räumen. Zudem unterliegen Fluorwachse gewissen Einschränkungen, da sie bei extrem niedrigen Temperaturen kaum noch Wirkung zeigen.

Weitere Zusätze

Die Paraffinwachse können weitere Zusätze wie Silikon, Grafit, Härter, Molybdän, Fluoröl u. a. enthalten. Silikon verbessert die Gleiteigenschaften, vor allem bei feuchtem Schnee, Grafit verringert die Schmutzaufnahme und unterstützt das Gleiten bei kaltem Pulverschnee. Härter verringert den Wachsabrieb und Molybdän reduziert das Eindringen von Feuchtigkeit und Schmutzpartikeln in den Belag. Fluoröl kann zusätzlich bei nassem Schnee als Beschichtung aufgetragen werden.

3.6 Präparation der Ski mit Gleitwachs

Der Ski sollte vor der Präparation auf Belagbeschädigungen untersucht werden. Feine Belaghärchen können mit Fibertex entfernt werden. Größere Rillen oder Löcher nach den beschriebenen Vorgaben (Kap. 3.4) reparieren. Der Ski sollte vor dem Wachsen auf Zimmertemperatur aufgewärmt sein, um Wachs besser aufnehmen zu können. Mit einem Bügeleisen und Vlies oder einem Fön lässt sich die Skierwärmung schnell erreichen. Der Auftrag der Wachs(-mischung) und die Intensität des Abziehens und Ausbürstens richten sich zudem nach den geplanten Laufkilometern. Nach der Auswahl des Gleitwachses beginnt die Präparation nach den folgenden Schritten:

1. *Auftropfen/Aufreiben:* Das Bügeleisen auf die Schmelztemperatur des Wachses einstellen. Das Wachs am Bügeleisen schmelzen lassen und beidseitig um die Mittelrille einen dünnen Wachsstrang auf dem Ski verteilen. Das Wachs kann sparsam und dosiert auf den Belag aufgerieben werden.

2. *Einbügeln:* Das Bügeleisen langsam und stetig über den Belag gleiten lassen. Die gesamte Lauffläche wird dadurch mit einem dünnen Wachsfilm überzogen. Das gleichmäßig aufgetragene, flüssige Wachs dringt in die durch die Belagerwärmung geöffneten Poren des Belags ein. Das Wachs darf durch die Erwärmung nur fließen und es sollte sich kein Rauch entwickeln. Zu viel Hitze schadet dem Wachs und dem Belag. Die Temperatur des Bügeleisens richtet sich nach der Art des Wachses (Herstellerangaben beachten).

3. *Abziehen:* Mittelrille und Kanten nach dem Einbügeln im warmen Zustand abziehen. Bei der Verwendung harter Paraffine wird der gesamte Ski wenige Minuten nach dem Auftragen des Wachses mit der Plexiglasklinge in Laufrichtung abgezogen. Bei weichen Paraffinen erfolgt das Abziehen bei gut abgekühlten Ski, frühestens nach 20 Minuten.

4. *Ausbürsten:* Überflüssiges Wachs wird vom erkalteten Ski gebürstet, um die Belagstrukturen freizulegen. Für das Ausbürsten kann, je nach Wachshärte, eine entsprechende Bürste gewählt werden. Prinzipiell werden harte Bürsten (Messingbürsten) für harte Wachse und weiche Bürsten (lange Haarbürsten, Nylonbürsten) für weiche Wachse verwendet.

5. *Polieren:* Mit weichen Bürsten bei wenig Druck oder mit einem weichen Lappen den Belag polieren: Hierbei sollte kein weiteres Wachs aus der Belagstruktur entfernt werden.

Neue Ski wachsen

Die Lauffläche eines neu erworbenen Skis ist zunächst mit einem feinen Fibertex abzureiben (Oxidationen entfernen). Anschließend brauchen die Ski eine Grundsättigung mit einem weichen Heißwachs, da dieses tiefer in den Belag eindringt als ein härteres Wachs. Hierfür ist das Wachs mehrmals einzubügeln, abzuziehen und auszubürsten. Dieser Vorgang führt dazu, dass der Belag mit Wachs gesättigt wird.

3.7 Präparation der klassischen Ski mit Steigwachsen

Trockenwachse werden auf den gesäuberten Ski in mehreren dünnen Schichten im Bereich der gewählten Abstoßzone aufgetragen. Die Laufrille bleibt frei von Haftwachs. Jede Wachsschicht wird mit dem Korken verrieben. Als Faustregel gilt bei der kombinierten Verwendung verschiedener Wachse, ein weicheres Wachs über ein härteres Wachs aufzutragen. Bei sehr kalten Temperaturen bzw. bei scharfkantigen Schneekristallen werden mehrere Wachsschichten aufgetragen. Im Zweifelsfall das Wachs eine Stufe kälter wählen. Korrekturen in Richtung warm sind einfacher. Noch besser haftet das Steigwachs, wenn man die erste Schicht als Grundlage einbügelt.

Die Arbeitsschritte im Einzelnen:
1. Die Länge der Abstoßzone in Abhängigkeit von Skispannung und Wachsart mit Papiertest und nach eigenen Erfahrungen bestimmen.
2. Das Haftwachs dünn aufreiben. Für lange Distanzen und aggressiven Schnee vermindert spezielles Haftwachs als Grundlage das vorzeitige Abreiben der Wachsschichten.
3. Schicht für Schicht mit dem Kunststoffblock (Korken) sehr gut verkorken. Für die unterschiedlichen Wachse sind verschiedene Blöcke empfehlenswert.

Abb. 3.7: *Grundfarben und Härte der Steigwachse*

Das Auftragen von Klister

Klister wird vorwiegend bei den Nassschneearten, bei Harsch und vereister Loipe verwendet (s. **Tab. 3.1** und **3.2**). Klister ist ein plastisches, klebriges Wachs, das sich bei Zimmertemperatur am besten verarbeiten lässt. Universalklister decken einen breiten Temperaturbereich ab. Bei tieferen oder höheren Temperaturen werden Spezialklister beigemischt oder alleine aufgetragen.

Die Arbeitsschritte im Einzelnen:
1. Die Länge der Abstoßzone in Abhängigkeit von der Skispannung und Wachsart bestimmen (laut Papiertest spitzer wachsen), den Klister links und rechts der Mittelrille entlang bspw. diagonal streifenförmig (fischgrätenartig) auftragen.
2. Mit dem Handballen den Klister gleichmäßig verteilen.
3. Den Ski auf Außentemperatur abkühlen lassen.

Sollte bei Klisterverhältnissen in der Loipe eine feine Pulverschneeschicht liegen, ist es sehr wichtig, den hart gewordenen Klister mit einem Trockenwachs abzudecken.

Auftragen von Haftwachs (Klister)

4 BEWEGLICHKEITSTRAINING

D ie *Beweglichkeit* zählt zu den motorischen Grundeigenschaften und ist die Fähigkeit, Bewegungen in den möglichen Schwingungsweiten der Gelenke auszuführen. Die Beweglichkeit wird von zahlreichen Faktoren beeinflusst. Neben anatomischen und muskelphysiologischen Einflussgrößen spielen Gelenkstoffwechsel, neurophysiologische Steuerungsprozesse und psychophysische Hemmungs- und Aktivierungsprozesse eine wichtige Rolle. Einfluss auf die Beweglichkeit haben auch Lebensalter, Tageszeit, Ermüdung und die Außentemperatur. Im Alter beispielsweise mindern Degenerationsprozesse die Beweglichkeit, da der Wassergehalt und der Elastinfaseranteil im Binde- und Stützgewebe abnimmt und der Kollagenfaserquerschnitt durch eine den Kollagenabbau übersteigende Kollagenproduktion zunimmt. Dies führt zu einer Einschränkung der Elastizität von Sehnen-, Kapsel- und Bandgewebe und somit der Beweglichkeit. Ebenso kann die Beweglichkeit durch sportliches Training reduziert werden.

Eine gute Dehnfähigkeit des Muskel-Sehnen-Systems und eine auf die Anforderungen der Sportart angepasste Beweglichkeit bilden eine Grundvoraussetzung für die uneingeschränkte Freisetzung der Motorik und sportlichen Leistungsfähigkeit. Für das Skilaufen ist eine aktiv-dynamische Beweglichkeit erforderlich, um beispielsweise eine optimale Hüftstreckung beim Diagonalschritt zu erreichen. Eine aktiv-dynamische Beweglichkeit ist im Skilanglauf gegeben, wenn die erforderliche Bewegungsamplitude in einem oder mehreren Gelenken während der Bewegungsausführung (ohne größeren Widerstand des Muskel-Sehnen-Komplexes) erreicht wird. Im Gegensatz dazu liegt dann eine *passiv-dynamische Beweglichkeit* vor, wenn die Bewegungsamplitude in den Gelenken durch äußere Krafteinwirkung eingenommen wird.

Passives Dehnen (Stretchen) gegen äußere Widerstände verbessert, je nach Häufigkeit, Dauer und Intensität, zwar die Dehnfähigkeit und vergrößert die Bewegungsamplitude der Gelenke wesentlich, es kann sogar eine extreme Gelenkbeweglichkeit (Hypermobilität) erzielt werden, dennoch muss dies nicht notwendigerweise zur Verbesserung der sportlichen Leistungsfähigkeit beitragen. Im Gegenteil, neueste Studien zeigen sogar, dass Hypermobilität das Entstehen von Rückenbeschwerden begünstigt und den Wirkungsgrad von zyklischen Bewegungen sogar verschlechtert. Bei zu großer Flexibilität ist die Bewegungsstabilität eingeschränkt und das Verletzungsrisiko steigt an.

Worauf ist beim Beweglichkeitstraining zu achten? Wie ist ein Optimum zwischen Gelenkstabilität und Mobilität zu erreichen? Welche Maßnahmen sind sinnvoll? Um diese Fragen zu beantworten, ist zunächst der aktuelle Muskelstatus hinsichtlich Abschwächung und Verkürzung, Muskeltonus, Elastizität und Steifigkeit zu erfassen. Eine erhöhte Muskelspannung schränkt prinzipiell die Bewegungsamplitude ein.

Für die Überprüfung des Muskelstatus können **Muskelfunktionstests** hinzugezogen werden. So lässt sich beispielsweise mit den folgenden fünf Übungen die Dehnfähigkeit (Verkürzungsneigung) relevanter Bein- und Beckengürtelmuskulatur überprüfen.

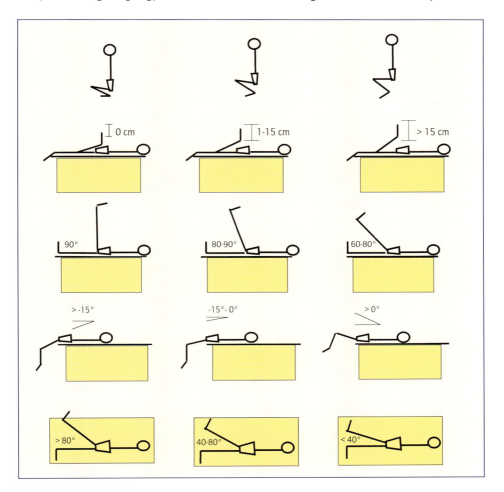

Abb. 4.1: Beurteilung der Muskeldehnfähigkeit in Anlehnung an Janda (1986): fünf Punkte: keine Verkürzung, vier Punkte: leichte Verkürzung, drei Punkte: starke Verkürzung

1. **Wadenmuskulatur (M. triceps surae):**
  a) Tiefe Hocke, Fersen behalten Bodenkontakt (fünf Punkte).
  b) Tiefe Hocke, Fersen erreichen Boden nicht mehr (vier Punkte).
  c) Tiefe Hocke nicht möglich (drei Punkte).

SCHNEE UND WACHSEN

2. **Gerader vorderer Oberschenkelmuskel (M. rectus femoris)**
Bauchlage: Passive Beugung im Kniegelenk bei gestreckter Hüfte.
Bestimmt wird der Abstand zwischen Ferse und Gesäß.
a) 0 cm (fünf Punkte), b) 1-15 cm (vier Punkte), c) > 15 cm (drei Punkte).

3. **Hintere Oberschenkelmuskulatur (ischiocrurale Muskulatur)**
Rückenlage: Gestrecktes Bein wird im Hüftgelenk passiv gebeugt. Das andere Bein ruht gestreckt auf der Unterlage. Bestimmt wird der Winkel zwischen dem Bein und der Horizontalen (Untersuchungsbank).
a) 90° (fünf Punkte), b) 80-90° (vier Punkte), c) < 80° (drei Punkte).

4. **Lenden-Darmbein-Muskel (M. iliopsoas)**
Rückenlage mit Gesäß an der Kante der Untersuchungsbank. Das zu untersuchende Bein hängt frei. Das andere Bein wird in der Hüfte passiv gebeugt. Bestimmt wird der Winkel des Oberschenkels zur Horizontalen.
a) > 15° (fünf Punkte), 15-0° (vier Punkte), c) < 0° (drei Punkte).

5. **Beinanzieher (Adduktoren)**
Rückenlage: Passive Abduktion des gestreckten Beins im Hüftgelenk. Bestimmt wird der Abduktionswinkel, bezogen auf die Ausgangsstellung.
a) > 60° (fünf Punkte), b) 40-60° (vier Punkte), < 40° (drei Punkte).

Auch wenn in allen Tests jeweils die maximale Punktzahl erreicht wird, sollte dennoch die Muskulatur regelmäßig gedehnt und gekräftigt werden. Wird eine unzureichende Dehnungsfähigkeit bei bestimmten Muskeln ermittelt, sollte zunächst nach den Ursachen gefragt werden. Oft resultiert die geringe Dehnfähigkeit aus einseitigen sportartspezifischen Belastungen, aus einer schlechten Bewegungstechnik (z. B. zu geringe Hüftstreckung beim Diagonalschritt) oder aus dem Bewegungsverhalten und den körperlichen Anforderungen im Alltag. Um die Verkürzungsneigung bzw. Dysbalance zu beheben, reicht es erfahrungsgemäß nicht aus, die betroffene (verkürzte) Muskulatur zu dehnen und an den Verursachern nichts zu ändern. Zusätzlich sind Kräftigungsübungen für die abgeschwächte Muskulatur erforderlich (s. Kap. 9.3).

Auch die Dehnmethode trägt zur Erhöhung der Wirksamkeit bei. Passiv-statisches Dehnen (Stretching) gegen äußere Widerstände beeinflusst zwar die viskösen, elastischen und plastischen Eigenschaften des Muskel-Sehnen-Komplexes positiv, Muskeln und Sehnen werden geschmeidiger, der Dehnungswiderstand nimmt ab und die Bewegungsamplitude erhöht sich, allerdings ist dies noch kein Garant dafür, dass auch während der Bewegungsausführung eine optimale, aktive Beweglichkeit erreicht wird. Insofern müssten zusätzlich Übungen durchgeführt werden, die die Flexibilität der Muskulatur während der Bewegungsausführung (z. B. beim Schwimmen oder Laufen) fördern. Hierfür gibt es mehrere Möglichkeiten:

1. Aktiv-dynamisches Dehnen: Hierbei wird der Agonist durch Muskelanspannung des Antagonisten gedehnt.
2. Wechselseitiges, aktives Dehnen und Kräftigen der Muskulatur zur Verbesserung der Gesamtkörperstabilisation.
3. Intensives Dehntraining für die Muskeln, die auf Grund geringer Dehnfähigkeit der Gelenkbewegung eine zu große Spannkraft entgegensetzen. Krafttraining für die Muskeln, die infolge zu geringer Kraftfähigkeit keine entsprechende aktive Gelenkreichweite ermöglichen.
4. Koordinationstraining und Techniktraining, damit die verbesserten Kraft- und Dehnfähigkeiten auch in der Sportart umgesetzt werden können.
5. Ausgleichs- bzw. Cross-Training, um einseitigen Beanspruchungen entgegenzuwirken.

Mit diesen unterschiedlichen Maßnahmen lässt sich ein Optimum zwischen Stabilität und Mobilität, zwischen Elastizität und Spannkraft in der Gelenkkette erreichen, was zugleich die Bewegungseffizienz erhöht und zur Verbesserung der Ausdauerleistung beiträgt.

Die folgenden Dehnübungen stellen ein Basisprogramm für Skilangläufer aller Leistungsklassen dar. Es ist auf die hauptsächlich beanspruchten Muskelgruppen ausgerichtet.

Die Übungen werden im erwärmten Zustand nach einer kurzen Einlaufphase durchgeführt, um den Organismus auf eine hohe Leistungsbereitschaft vorzubereiten.

Die Dehnübungen werden langsam und nicht ruckartig (kein Wippen) durchgeführt. Es ist so weit zu dehnen, bis ein leichtes Ziehen im Muskel spürbar ist. Diese Stellung wird 15-30 Sekunden gehalten.

Jede Übung wird 2-3 x wiederholt. Nach dem Dehnen einer Muskelgruppe (Agonisten) sollten die dem Gelenk entgegenwirkenden Muskeln (Antagonisten) gedehnt werden. Daraus ergibt sich, bezogen auf den Körper, eine Reihenfolge, die von unten nach oben oder von oben nach unten verläuft.

Bei allen Dehnübungen ist auf eine gleichmäßige, ruhige Atmung sowie eine korrekte technische Ausführung zu achten. Eine Konzentration auf die zu dehnende Muskelgruppe und bewusstes psychisches Entspannen steigert die Effektivität der gymnastischen Übungen.

Nach dem Skilaufen sollten die Dehnübungen, ergänzt mit Übungen zur Rumpfkräftigung, in warmer Umgebung nochmals durchgeführt werden (s. Kap. 9.3).

Dehnung des vorderen Schienbeinmuskels (M. tibialis anterior)

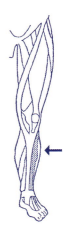

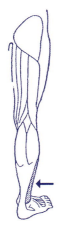

Dehnung des Schollenmuskels (M. soleus)

Dehnung des Zwillingswaden-muskels (M. gastrocne-mius)

Dehnung des vierköpfigen Oberschenkelmuskels (M. quadriceps)

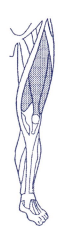

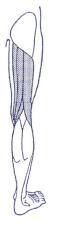

Dehnung der ischiocruralen Muskulatur (Mm. ischiocruralis)

Partnerübung zur Dehnung der ischiocruralen Muskulatur (Mm. ischiocruralis)

BEWEGLICHKEITSTRAINING

Dehnung der Gesäßmuskeln (M. glutaeus maximus)

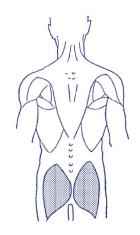

Dehnung des Lenden-Darmbein-Muskels (M. iliopsoas)

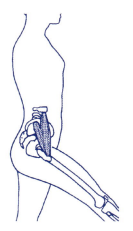

Dehnung der Schenkel-abspreizer (Abduktoren: M. tensor fasciae latae und Mm. glutaeus medius et minimus)

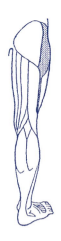

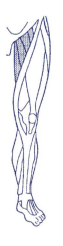

Dehnung der Schenkelanzieher mit unterschiedlicher Beugung des Standbeins (Adduktoren: M. gracilis, M. pectineus und Mm. adductor longus et brevis)

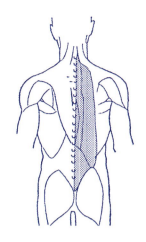

*Partnerübung zur
passiven Dehnung der tiefen
Rückenmuskulatur
(M. erector spinae)*

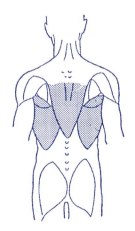

*Aktive Dehnung
der tiefen Rückenmuskulatur
(M. erector spinae)*

*Dehnung der
tiefen Rücken-
muskulatur
(M. erector
spinae) durch
Einrollen der
Wirbelsäule
aus der auf-
rechten Kör-
perhaltung*

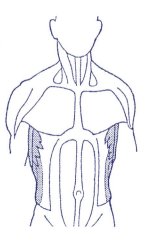

Dehnung des dreiköpfigen Armstreckers (M. triceps brachii)

Dehnung des Deltamuskels (M. deltoideus)

Dehnung im Bereich der Halswirbelsäule (M. sternocleidomastoideus und M. trapezius pars descendens)

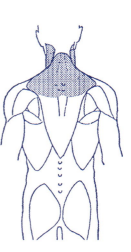

BEWEGLICHKEITSTRAINING

5   LEHR- UND LERNWEGE

5.1   Bildungstheoretische und methodische Überlegungen

Die Winterwelt mit Schnee und Eis ist die Welt der weißen Verzauberung mit bizarren, zigtausend verschiedenen Eiskristallen. Diese Welt ist *Naturraum* für Umwelterfahrungen mit Wetter, Licht, Kälte, Schnee und Luft, für Tierbeobachtung, Walderkundung, ist Raum für die Begegnung Mensch-Natur. Gleichzeitig ist die Winterwelt ein *Atelier* im Outdoor, in dem der Mensch mit künstlerischem Ausdruck Schnee- und Eisskulpturen gestaltet. Sie ist zudem vielfältiger *Bewegungsraum*, wo Muße, Fitness, Sport und jugendkulturelle Trends zwischen Langsamkeit bis Geschwindigkeitsrausch ein breites Spektrum körperlicher Virtuositäten liefern. Als *Abenteuerraum* beinhaltet sie eine Schatztruhe voll Bewährungsproben allein und in der Gruppe, beim Übernachten im Iglu, beim Eisklettern, bei der Suche mit Schneeschuhen und Kompass nach der nächsten Hütte. Sie ist zudem Raum für *Gesundheit* als Selbstsorge. Die richtige Ernährung bei langen Touren und die Kunst, mit seinen Kräften hauszuhalten, stellen besondere Herausforderungen dar. Der Aufenthalt in der Winterwelt dient zugleich als Schule für den Umgang mit den eigenen Gefühlen.

Eingebettet sind solche Erfahrungsfelder in eine *soziale, ökologische, ökonomische und globale Welt*. Die Winterwelt bietet auch in diesem Kontext Zugänge für Gestaltung, Beteiligung und Verantwortungsbewusstsein.

Die Kategorien *Lehren und Lernen* in Ski- und Winterwelt betreffen pädagogische Aufgaben. Trainer einer Sportgruppe, Leiter von Jugendfreizeiten, Lehrer mit Schulklassen oder Animateure einer Freizeitagentur werden angesprochen. Für die zielgruppenspezifische, konzeptionelle Vorgehensweise sind bildungstheoretische Fragen zu berücksichtigen:

⇨ Was ist das anvisierte Leitbild?

⇨ Was lässt sich aus der Bedarfs- und Bedürfnisanalyse der jeweiligen Zielgruppe ableiten?

⇨ Welche Ziele sollen erreicht werden?

⇨ Welche Arbeits- bzw. Angebotsschwerpunkte sind zu setzen?

⇨ Mit welchen Methoden soll dies erreicht werden?

⇨ Welche materiellen, finanziellen und personellen Ressourcen stehen zur Verfügung?

⇨ Gibt es Möglichkeiten von Kooperationen oder Vernetzungen?

⇨ Welche Kriterien der Qualitätsentwicklung und Evaluation sollen gelten?

Einige dieser Fragen werden als Praxis- und Orientierungshilfe im ersten Kapitel (5.1.1) beantwortet. Verschiedene Zugänge zur Winterwelt werden entworfen. Für die praktische Umsetzung bieten sich zwei Handlungsrahmen an: die Methode der *Spiele* und die *Projektmethode*. Methoden für die Arbeit mit *Gruppenprozessen* schließen die konzeptionellen Überlegungen ab.

Unser Hauptfokus innerhalb der vielfältigen Winterwelt ist gerichtet auf den Skilauf mit *sportlichem Schwerpunkt*. Dies erfolgt ausführlich ab dem Kapitel 5.1.2 „Methodik des Skilaufens". Die weiterführenden, einzelnen Skilanglauftechniken (klassisch und Skating) werden in Kapitel 5.2, 5.3 und 5.4 vorgestellt.

5.1.1 Lernen durch Verkörpern

Eine Gruppe, Schulklasse oder ein Team will sich mit der Welt des Winters auseinander setzen. Ein pädagogisches Konzept hilft dabei, strukturiert vorzugehen. Am Anfang sind projektspezifische *Visionen* zu formulieren. Die *Ziele* sind nach Wirkungen und Handlungen zu differenzieren. Auf der Basis einer gesellschaftlichen und zielgruppenspezifischen Ausgangssituation bzw. *Problemdiagnose* werden die *Praxisbausteine* entwickelt. Dabei sollten ganzheitliche, körperliche, ökologische und künstlerische *Ansätze* frühzeitig Bestandteil von Planungsprozessen werden. Ist der inhaltliche Schwerpunkt gefunden, werden *Methoden* für die praktische Umsetzung ausgewählt. Die Organisation schließt die ganz praktischen Fragen nach materiellen, finanziellen und personellen Ressourcen ein. Qualitätskriterien sind hinsichtlich der Konzeption, der Maßnahmestrukturen, der Prozesse und Ergebnisse zu entwickeln.

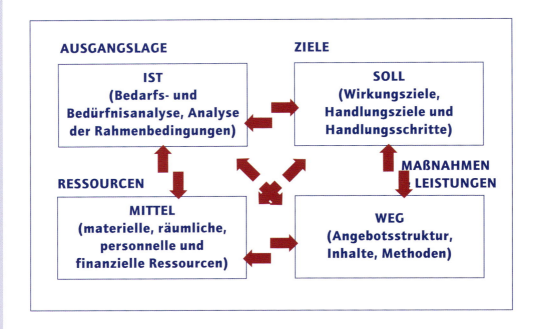

Abb. 5.1: *Leitbild und Konzeptentwicklung*

5.1.1.1 Visionen, Ziele und Problemaufriss

Leitbilder entwerfen

Jede Schule, Jugendgruppe oder jeder Verein entwickelt ein eigenes Profil mit langfristigen Visionen und überschaubaren Teilsystemen. Letzteres meint den Zugang zu Winter und Skilauf. Einige haben regelmäßig und lange Schnee vor der Haustür, andere müssen für den Winterspaß mitunter lange Reisen in Kauf nehmen. Schnell stellt sich die Frage: Welche Wirkungen hat unser (touristisches) Handeln im sozialen, ökologischen, ökonomischen und globalen Gefüge? Können wir überhaupt am Zielort positiven Einfluss nehmen auf die Pfeiler der in Rio de Janeiro 1992 beschlossenen Handlungsempfehlungen der Agenda 21 hinsichtlich:

- Zusammenleben,
- Arbeit und Verdienst,
- Umgang mit Natur und Umwelt,
- Gesundheit?

Die anreisenden Gäste begegnen dem Gastgeber (Wirt, Kommune, Region). Möglichkeiten der Begegnung müssen zunächst eigenständig entwickelt und beurteilt und schließlich miteinander ausgehandelt werden. Das Leitbild Bildung *für eine nachhaltige Entwicklung* gibt beiden Seiten Orientierungshilfe für solche praktischen Fragestellungen. Exemplarisch können auf einer Fahrt in die Welt des Winters nachhaltige Lebensstile entwickelt werden. Im gelebten Selbstversuch werden sie zum Vorbild für sich und andere. Dies bedarf zukunftsfähiger Wertvorstellungen.

Zielvorstellungen pädagogischer Arbeit

Gestaltungskompetenz und Partizipation bilden zwei *Wirkungsziele* dieses Ansatzes. *Gestaltungskompetenz* meint dabei die Möglichkeit aktiven Handelns in allen Lebensbereichen: vorausschauend denken und planen, Zukunft entwerfen können und vernetzt vorgehen, sich und andere motivieren sowie individuelle und kulturelle Leitbilder reflektieren. *Partizipation*, verstanden als gesellschaftliche Teilhabe, strebt Vielfalt an Beteiligung an. Kompetenzen der (Mit-)Gestaltung entwickeln, Demokratie einüben, echte politische Beteiligung soll ermöglicht werden.

Dabei können Rollenspiele, Zukunfts- und Planungswerkstatt, Kreativmethoden, praktisches Lernen, erlebnispädagogische Methoden Menschen aktiv in Gestaltungs-, Planungs- und Entscheidungsprozesse einbeziehen.

Vor Beliebigkeit schützt auch eine normative Rückbindung des Handelns an Naturverhältnisse, das Gemeinwohl und die Menschenrechte. Im Befähigungs-Ansatz oder Verwirklichungschancen-Ansatz (Capability Approach) geht es um Befähigungen, über die der Mensch verfügen muss, damit er sein Leben erfolgreich gestalten kann. Reisegruppe und Zielort können vielfältige *Handlungszusammenhänge* herstellen. Reise bedeutet Begegnung mit der Fremde, die aktiv gestaltet werden kann. Der Reisende bringt sich in die Um- und Mitwelt ein. Das tut er im Idealfall auf drei Ebenen: *für sich* als Individuum (Erholung, Selbstverwirklichung), *für uns* als Reisegruppe (Teamstärkung), *für andere* altruistisch (wertgebend). Und für die Rückkehr hat er etwas empfangen, was ihm selbst fehlte.

Gruppe auf der Reise

Die Gruppe kann sich mit der Infrastruktur vor Ort auseinander setzen. Sie fragt nach Risiken und Chancen von Tourismus, der Nutzung von Pisten oder Naturräumen, hinterfragt, wie sich Ort und Landschaft künstlerisch-gestaltend aneignen lässt, checkt Möglichkeiten der Versorgung hinsichtlich regionaler Produkte und Kreisläufe usw. Mit Umweltlernen, Kulturarbeit oder Gesundheitserziehung werden zukunftsfähige Lebensstile mit kulturellen Ausdrucksmitteln entwickelt.

Die Gruppe mischt auf der *politischen Ebene* mit. Was sind die mitgestaltbaren Problemlagen vor Ort? Sich und andere motivieren für politisch aktives Handeln, für Kontrolle über eigenes Verhalten, für gemeinsame Aktionen der Problembearbeitung. Mit dem Forum Theater wird der Ort zur transparenten Bühne, Zuschauer und Akteure werden eins.

Die Gruppe wird Teil der *sozialen Welt* vor Ort. Kontakte mit der Fremde bilden Bestandteile des Abenteuers. In der Landschaft oder in der Gemeinde können zentrale Aufgaben der Jugendphase wie Autonomie und Selbstverantwortlichkeit besonders gut gefördert werden. Riskante und zukünftige Situationen lassen sich auf spielerische Art erproben. Allein oder in der Gruppe werden Bewährungsproben und Veränderungen direkt erfahrbar. Ferner besteht die Möglichkeit vor Ort, exemplarisch die an der Zukunft orientierte, methodische Lebensführung durch Training und Wettkampf am eigenen Leib zu spüren.

Sich die Lebenssituation der Zielgruppe vergegenwärtigen

Alle Lebensalter haben ihre Bedürfnisse, Entwicklungs- sowie Bewältigungsaufgaben und zeichnen somit verschiedene Bilder der Lebenswelten. Zielgruppenspezifisch sind

sie jeweils für bedarfs- und bedürfnisgerechte Angebote zu analysieren. Wie die jeweilige Sozialwelt (Sport, Konsum, Kunst) ein Teil des Leibes oder umgekehrt wie die inkorporierten (verkörperten) Muster ein Teil der Sozialwelt werden, gilt es zu ermitteln (Bourdieu,1982).

Die 12-15-jährigen Jugendlichen stehen exemplarisch und vereinfacht ausgedrückt für das „Sandwichalter": irgendwo dazwischen, haben typisch jugendliche Manieren, wandeln auf unbekanntem Boden, kämpfen mit Wachstum bis zu 10 cm pro Jahr, Liebe, Sex und Zärtlichkeit werden plötzlich Thema, Gefühle spielen Achterbahn. Hänschen wird zu Hans, die Entwicklungsaufgaben zum Selbstständigwerden bringen Reibungsverluste, es wird entgrenzt, um Grenzen zu erfahren. Sie bewegen sich in modernen Lebenswelten, in anderen als die der Eltern, haben andere Familienkonstellationen und -formen, der Alltag in der Schule konkurriert mit dem der Freizeit, vormalige, feste Gruppen lösen sich auf, neue Beziehungen müssen gefunden werden (Deutsche Shell, 2000).

Die Suche nach Spannungserlebnissen

Gesellschaftliche Modernisierungsprozesse korrelieren damit, dass sich im Alltag die Möglichkeiten direkter Sinnes- und Körpererfahrungen drastisch mindern. Die einstige Bewährungsprobe, traditionell in der Arbeitswelt erfahrbar, hat sich in den Lifestyle verlagert. Die Schule steht für Stillsitzen, der Arbeitsplatz ist technisiert, Mobilität erfolgt per Fahrzeug. Die damit einhergehende Erlebnisarmut verstärkt jedoch die Suche nach Spannungserlebnissen und der Wunsch, sich selbst zu spüren, produziert gleichzeitig selbstwirksame, psychosoziale Folgeprobleme. Die Bedürfnisse nach echten Erfahrungen in allen Leibweisen zeigen sich in der Suche nach riskanten Situationen (Snowboarden im Lawinengebiet) oder in Selbstgefährdung (Essstörungen, Drogen), im den Körper ästhetisierenden Fitnesskult amerikanischer Herkunft oder in fernöstlicher Sinnsuche und in Körperpraktiken, genauso wie im Boom therapeutischer Körperarbeit (Becker & Fritsch, 1998). Im Sinne einer pädagogischen Gegensteuerung sind diese funktionalen Verhaltensweisen der Menschen aufzugreifen. Handlungsalternativen lassen sich in Form von intensiven, sinnesreichen Erlebnissen und als vielfältige Sinn- und Körpererfahrungen für den Erfahrungsraum Winter, Schnee und Eis entwickeln.

5.1.1.2 Der Körper als Medium des Erfahrungslernens

Dies meint eine leibanthropologische Bezugsgröße, versteht sich aber gleichzeitig als Orientierungshilfe für den Erfahrungsraum Schnee: Unser Körper bildet das unmittelbare Medium und den Ausgangspunkt des Erfahrungslernens in unserer alltäglichen Lebensführung. Dies läuft ab als ein sinn- und sinnesreicher, subjektgebundener und risikoreicher Prozess der Weltaneignung. Die Vielgestaltigkeit menschlicher Leiblichkeit zeigt sich nach Böhme (1985) grob vereinfacht in drei Leibzuständen, die sich im Spektrum des aktiven und rezeptiven Pols bewegen: dem *aktiven Zustand*, der *mittleren Seinsweise* und dem *pathischem Zustand*. Sie fächern auf, welche Leibweisen Teil von pädagogischen Prozessen sind oder werden sollen.

Aktiv-funktional: Unser Körper ist zum einen „Verrichtender", z. B. auf der Arbeitsstelle oder wir vollziehen zielgerichtete, funktionale Bewegungen im Sport. Wir sind hierbei Agierende, Aktive wie im Skilanglauf.

Koaktiv, mimetisch: Wir haben einen „mittleren Leibzustand", als Koagierende mit unserer Um- und Mitwelt. Wir eignen uns wahrnehmend Welt an und geben sie wiederholend, jedoch umgestaltet von uns. Nach Fritsch (1999) schwingen wir im mimetischen Wechselspiel von *aisthesis* als reflexives Wahrnehmen, das in uns Empfindungen weckt und Erkenntnischarakter besitzt und *poiesis*, der Fähigkeit, subjektives Empfinden und Erleben durch Gestaltung Ausdruck zu verleihen. Dies erfolgt im Umgang mit Dingen, Menschen und uns selbst. Stapf- und Gleitgeräte für den Tiefschnee zu entwerfen und auszuprobieren oder Eisskulpturen zu gestalten, stehen für diesen Zustand.

Pathisch-rezeptiv: Der aktiven Seinsweise steht die passive, die rezeptive Leibweise gegenüber, in der wir uns (gehen) lassen, in der wir „Welt" in uns aufnehmen, ohne zu (ko-)agieren. Das gelingt uns in unseren Entspannungszuständen, beispielsweise nach einer anstrengenden Skitour, während wir Natur in meditativer Haltung beobachten, beim bewussten Schmecken von Speisen (leibliches Wohlergehen), bei hingebenden Körperreisen.

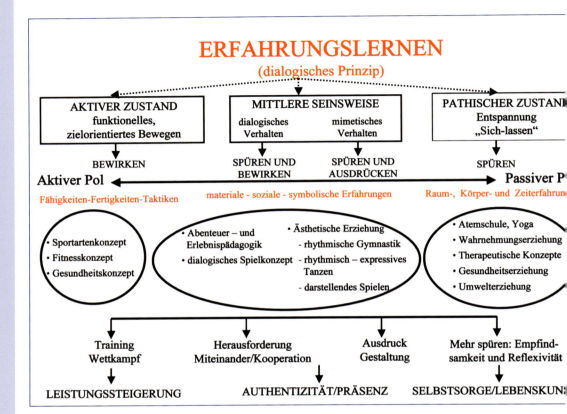

Abb. 5.2: Praxisfelder des Erfahrungslernens in Bezug auf Körperlichkeit (in Anlehnung an: Becker & Fritsch, 1998).

In unserer westlichen Kultur gab es eine jahrhundertlange Tradition und Pflege aller Leibweisen. Gesunderhaltung, Lebensgestaltung und Leibesbildung bildeten integrale Bestandteile des Alltags. Heute gesellschaftlich bevorzugt und dominierend wirkt im Zuge von Modernisierungsprozessen in der Lebens-, Berufs- und Schulwelt der erste Leibzustand – der disziplinierte, funktionstüchtige Erfahrungskörper mit seiner typischen Steigerungslogik und Leistungspräsentation (rationalisierte Arbeitsprozesse/ Leistungssport/Kopflernen). Erfahrungen mit anderen Leibweisen, wie das Bedürfnis nach kreativem Gestalten und Ausdruck „LandArt" mit Schnee und Eis) oder nach dialogischem Spiel, nach Entspannung oder Selbstsorge (Kunst der alltäglichen Lebensführung), führen in der eigenen, täglichen Lebenspraxis eine Randexistenz. Herausgelöst und verlagert gehen Anteile davon im professionellen Kulturbetrieb auf – der Einzelne ist vom Kulturschaffenden zum Betrachter zurückgestutzt worden.

5.1.1.3 Erfahrungsfelder in der Winterwelt

Die Fahrt in den Winter bildet einen Rahmen für die Auseinandersetzung mit gesell-schaftlich relevanten Themen als Gruppenaktivität: exemplarisch anders sein, anders leben in einem überschaubaren Zeitrahmen als gelebte Wirklichkeit. Eingebunden sein in selbst erschaffene Lebenskunstwerke, die lustbetonte, innovative Interaktionen von Leben/Erleben, Kunst/Kultur und Werk/Arbeit darstellen. Positive Gegenerfahrungen zu Problematiken der Umwelt, der Gesundheit, der Risikosuche und des Gewaltverhal-tens, der Ästhetisierung und der Leistungspräsentation erlebt die Gruppe in realen Handlungen. Transfermöglichkeiten für den Alltag zu Hause sollen deutlich werden.

Erfahrungen machen mit:

⇨ Lebenskunst als Selbstsorge *versus* Gesundheitsproblematik.
⇨ räumlich-materialem Gestalten *versus* Umweltproblematik.
⇨ Abenteuersituationen *versus* Problematik der Risikosuche und des Gewaltverhal-tens.
⇨ expressiv-symbolischen Ausdrücken *versus* Ästhetisierungsproblematik.
⇨ Sport *versus* Problematik der Leistungspräsentation.
⇨ Spiele spielen: das Als-ob als spezifische Welt.

Lebenskunst: Das Leben selbst gestalten!

Erfahrung mit Lebenskunst ist das Ehrgeizigste aller Themenfelder. Da sich die Lebens-kunst als Selbstsorge nicht mehr in der kulturellen Schwungmasse moderner Lebenspra-xen bewegt, werden diese Alltagstechniken durchaus als widerständige Lernprozesse ver-standen. Das Leben *selbst* gestalten, Müßiggang kultivieren, Sich-(besser)-fühlen sind ei-nige Parameter, für die die Winterwelt Gestaltungsraum bietet (Schipperges, 1988).

Die traditionellen sechs Regelkreise der Lebensführung (sex res non naturalis) hin-sichtlich der Fragen, wie wir essen, wie wir uns belasten, uns kleiden usw., rücken ver-stärkt in den Mittelpunkt der Freizeit- und Alltagsgestaltung im Winter. *Gute Nachbarn der nächsten Dinge werden*, meint in der Winterwelt vor allem Körper-, Raum- und Zeit-erfahrungen. Sich erforschend auf die *Umweltbedingungen* Wetter und Klima, Licht, Luft, Schnee und Eis beziehen, auf funktionale Kleidung oder angenehmes Wohnen. Auch die *Ernährung und ihre Prinzipien* bilden einen wichtigen Bereich der Selbstsorge: Sensibilisierung für Orte und Zeiten des Essens, Fertig- oder Bioprodukte, für den Zusammenhang von Ernährung und Stoffwechselvorgängen, Kreislauf, Atmung, von Leistungsfähigkeit und Abwehrkräften. *Der Alltag und seine Ordnung* fragt nach Tages-rhythmen bei winterlichen Aktivitäten, nach richtiger Schlafkultur, dem Tagesprofil für Leis-

tungszeiten usw. Was ist gefüllte, was erfüllte Zeit? *Der Kräftehaus-halt und sein Ausgleich* beschäf-tigt sich mit Hektik und Stress, mit Entspannungsmöglichkeiten, da-mit, Gelassenheit zu üben. *Der Körper und seine Pflege* betont tägliche gymnastische Übungen, Reinigung und Hygiene. Eisba-den, Barfußlaufen und Sauna sind hier nahe liegende Praxisformen. Und schließlich geht es um das *Gefühlsleben und seine Ordnung*. Lernen, mit seinen Gefühlen zu le-ben, mit anderen friedlich umzu-gehen, für gestaute Energie Ab-fuhrpraktiken zu entwickeln, für den Gefühlshaushalt sensibel zu werden, gehört zum Themenfeld der Kunst der Lebensführung.

Umweltbildung: Den nachhaltigen Umgang mit Ressourcen kultivieren!

Erfahrungen mit räumlich-materialem Gestalten bedeutet, Natur im positiven Sinne wahrzunehmen. Die Sehnsucht nach unberührter Wildnis beim Schneeschuhwandern, das Verhältnis Mensch-Kulturlandschaft in vielen Wintersportarten sowie das Bewegen in urbanen Räumen gehören zu den umweltpädagogischen Bezugsgrößen. Nach Trommer (1994) ist es unschätzbar wertvoll, *Wildnis* rezeptiv zu erfahren. Der Mensch fungiert als Gast und *Betrachter*, der sieht, spürt und hört. Im Iglu übernachten, sich dem Naturrhythmus pathisch ergeben, Umwelt in Langsamkeit und Muße erkunden, Tierspuren lesen ... Bezüglich *Kulturlandschaft* handelt der Mensch als eingreifender *Pfleger* sich wandelnden Lebens. Tieferes Verständnis natürlicher Entwicklungsabläufe und ein Sensorium möglicher Zukunftswirkungen menschlichen Tuns entwickeln sich hier. Dafür steht Tierfütterung im Winter. Eine lebenswerte *urbane Umwelt* anzustreben, meint, *Macher* für Um- und Neugestaltung lebensunfreundlicher Bedingungen zu werden. Wie in der Lebenskunst sind es auch hier Raum-, Körper- und Zeiterfahrungen, die Empfindsamkeit und Reflexivität ansprechen (pathischer Zustand).

Abenteuer: Grenzen suchen – Grenzen finden!

Für Erfahrungen mit Abenteuersituationen bieten Schnee, Wald und Berge besondere Bewährungsproben (Becker & Fritsch, 1998, S. 90). Grenzen suchen und Grenzen finden in Um- und Mitwelt wird zum Thema. *Vielfältige Bewegungserfahrungen* im Winter beim Eisklettern, Mountainbiking, Skispringen, beim Geschwindigkeitsrausch im Abfahren, beim rasanten Rodeln, Spiele auf Schlittschuhen, mit Bewegen im (Tief-) Schnee, Exkursionen durch Wälder ermöglichen intensive Erlebnisse. Gelernt wird zudem ein souveräner *Umgang mit starken Gefühlen*, mit Angst, Lust, Spannung, mit Kontrollverlust und mit der Wiedererlangung von Kontrolle. Es thematisiert *Lernen konzentrierter Aufmerksamkeit*. Kenntnisse und Fähigkeiten im gegenseitigen Helfen und Sichern beim Klettern erlangen oder individuell riskante Situationen bauen und entwerfen (Fahrrad auf Skiern), sind mögliche Lernfelder. Materiale, soziale und symbolische Erfahrungen sammeln, dialogisch in abenteuerlichen Herausforderungen, im Spiel, im kooperativen Miteinander.

Kulturarbeit: Auf die Pauke hauen und die Welt bunt anmalen!

Erfahrung mit expressiv-symbolischen Ausdrücken verbleibt am schöpferischen Mensch im Gegensatz zur Fertigwarenästhetik (Fritsch, 1999): Schneebilder und -labyrinthe kreieren, Eis- und Schneeskulpturen entwerfen, eine Schneebar einweihen, eine Bobbahn anlegen. Allein sich die Winterlandschaft in „LandArt" im Sinne Andy Goldworthys anzueignen oder mit ökologischer Kunst (Lebus, 1997) sich und die Welt zu verzaubern, ist seit jeher ein kreativer Akt in der gesamten Menschheitsgeschichte (Höhlenmalerei, vgl.

Kap. 1). Das Zusammenspiel von aufnehmendem und gestaltendem Verhalten kennzeichnet das mimetische Vermögen des Menschen. Es sind auch hier die materialen, sozialen und symbolischen Erfahrungen, die den unerschöpflichen Reichtum kreativen Lernens ausmachen, jedoch nach Ausdruck und Gestaltung suchen. Kreatives Spiel, Tanz, Kunst und Handwerk in und mit der Natur stehen dafür (Güthler, Lacher & Kreuzinger, 2001). Aber auch einen kompetenten Umgang mit den neueren, parasozialen Sozialisationsinstanzen „Medien" und „Konsum" entwickeln, stellt eine Herausforderung für Ausdrucks- und Gestaltungswünsche sowie Eigenentwicklung dar (Hiegemann & Swoboda, 1994). Ein Hörspiel mit knirschendem Eis, knarrenden und schlafenden Bäumen ... erstellen oder fotografisch tätig sein, um beispielsweise Stille einzufangen, Wintermode zu entwerfen, ... (BKJ, 1997). Hier können

Räume neu gedacht und konstruiert werden, der Möglichkeitssinn wird entfaltet.

Spiele spielen: das Als-ob als spezifische Welt

Erfahrungen im Spiel(en) erzeugen innerhalb von Spielrahmen spezifische Welten, die auf vorgängige Welten, meist die soziale Praxis, Bezug nehmen. Ihr Hauptmerkmal ist der Charakter des Als-ob. Die soziale Welt ist von spielerischen und spielanalogen Ereignissen durchsetzt (Gebauer & Wulf, 1998). Bateson (1981) spricht dabei von einer paradoxen Struktur: Spielwelten werden gesellschaftlich erzeugt, zugleich aber vom Individuum geformt. Indem der Mensch die Spielwelt für sich noch einmal herstellt, macht er sie zu seiner eigenen und erschafft sich selbst als Spieler in dieser Welt.

Die für eine Gesellschaft typischen Spiele werden mit Hilfe gleicher Prinzipien wie diese organisiert. Nach Caillois (1982) sind dies: Agon (Wettkampf, Vergleich), Alea (Glück, Zufall), Mimikry (Maske, Anähnlichung), Ilinx (Rausch). In den Ausführungen der Spiele werden sie öffentlich ausgedrückt und gestaltet. In typischen Jungen- und Mädchenspielen werden die sozialen Personen des Jungen und des Mädchens aufgeführt, insbesondere ihres Körpergebrauchs und des Sozialverhaltens. In der Winterwelt sind dann Sportspiele, aber auch viele kooperative Abenteuerspiele dem Agon zuzuordnen, weil hier ein Sieger eines Wettkampfes durch eigene Leistung ermittelt wird. Die Kategorie Alea lässt das Spiel den Zufall entscheiden. Der Spieler vertraut sich passiv dem Schicksal an und setzt auf sein Glück. Chancengleichheit aller Spieler werden bei beiden Kategorien künstlich erzeugt. Es gibt keinen Agon ohne Alea. In Mimikry und

Ilinx offenbart sich ständige Erfindung, Illusion und Faszination. Eine verwandelte Welt generiert sich aus der Verwandlung der Spieler und ihrer Beziehungen untereinander. Im Maskentanz und Kostümball auf Skiern verwandeln sich die Spieler in einen anderen und verändern ihren Zustand in Rausch, Ekstase oder Panik, durch Körperbewegungen wie Drehen, Gleiten, hohe Geschwindigkeiten, Gefahrensuche (Gebauer & Wulf, 1998).

Sport: Spiel mit methodischer Lebensführung!

Erfahrungen mit Sport umreißen das Hauptthema des *großen Buchs vom Skilanglauf*. Dabei geht es um funktional-zielorientiertes Bewegen, um Bewirken, wofür der aktive Zustand steht. Konditionelle Fähigkeiten, skiläuferische Fertigkeiten und Taktiken bilden den Fokus. Spiel, Ernährung, Ausrüstung und Entspannung bewegen sich im Dienste des Sports.

Die beiden Teilsysteme des Sports – *Training und Wettkampf* – als Vorbereitung und Registrierung körperlicher Leistungssteigerungen stellen ab dem Kapitel 5.1.2 den Schwerpunkt der Betrachtung. Die Grundmuster des Sports und seine Lernpotenziale gilt es, jetzt zu betrachten (vgl. Becker, 2000). Training und Wettkampf lassen sich auf Grund ihrer spezifischen Sinnstruktur als zentrale Wertmuster der demokratischen Arbeitsgesellschaft erfahrbar machen.

Da die Mittel körperlicher Ressourcen und Leistungszeit knapp sind, begrenzt durch die Spanne des Wettkampfkalenders und die biologische Leistungsgrenze, wird eine systematische Nutzung von Körperressourcen und Zeit sogar erst möglich. Dies macht gleichzeitig einen (spielerischen) Umgang mit methodischer Lebensführung notwendig (Max Weber: „protestantische Ethik"). Ein Verzicht auf diese Art der Selbstdisziplinierung ist im Kontext der Zeitvergeudung unentschuldbar. Hinsichtlich der ablaufenden Trainingsprozesse wird laut Becker (2000) am eigenen Körper vorgeführt, was es heißt:

- die offene Zukunft über die (Trainings-)Planung zu erschließen.
- eigene und kollektive Ziele zu antizipieren.
- sparsam und zielbezogen mit den eigenen Möglichkeiten umzugehen.
- erreichte Ergebnisse, bezogen auf biologische Vergangenheit und Zukunft hin, zu bilanzieren.
- nach der Bilanz entsprechend zu investieren usw.

Training im Jugendalter steht, bildhaft ausgedrückt, für das Umwandeln irrationaler Leidenschaften in rationale Interessen, und zwar auf systematischem Weg. Aufgeschobene Bedürfnisbefriedigung umfasst diese Form der Transformation. Die Ergebnisse der Trainingsprozesse werden im Regelwerk des objektiven Vergleichs festgestellt.

Der Wettkampf wird somit zum Modell für eine gerechte Verteilung knapper Güter:

⇨ Im Sport werden die Ränge künstlich knapp gehalten (Gold, Silber, Bronze).

⇨ Grundlage der Verteilung sind die im Wettkampf registrierten Leistungsdifferenziale, die durch die Kombination von Begabung und Anstrengung zu Stande kommen.

⇨ Leistungsdifferenziale werden
nach dem Prinzip der Konkur-
renz ermittelt.

⇨ Gratifikationen beruhen auf
gerechtem Tausch mit erbrachten Leistungen.

⇨ Entstehende Ungleichheit ist
selbst verantwortbar.

⇨ Leistungshierarchien sind nicht
endgültig und somit korrigierbar.

Die immanenten Wert- und Deutungsmuster von Training und Wettkampf sowie die
sportiven Habitusmuster (vgl. Bourdieu, 1982) liefern den Akteuren einen Pool an Ressourcen, die als Lieferanten für begründetes Handeln in der Berufs- und Staatsbürger-
rolle dienen − oder als Vorbilder für den Alltag.

5.1.1.4 Praxishilfen für Gruppenaktivitäten

Gruppenaktivitäten wirken umso lebendiger, je fantasievoller sie gestaltet werden. Fantasie ist eine attraktive Möglichkeit, einen Handlungsrahmen zu entwerfen. Hierfür bieten sich Spielgeschichten und die unter einem Thema laufende Projektmethode an.

Spielgeschichten und konstruierte Wirklichkeit

Spielgeschichten sind mehr als halb- und ganztägige Fantasiegeschichten. Mit Spielgeschichten lassen sich Gruppenfahrten kreativ einkleiden; sie ziehen sich wie ein roter
Faden durch das Programm. Sie eignen sich als Rahmenprogramm für Freizeiten und
Bildungsfahrten. Ein gutes Gleichgewicht zwischen Wissensvermittlung und Erlebnis
lässt sich herstellen. Bedeutsam ist, dass die ganze Gruppe Aufgaben und Abenteuer
gemeinsam erlebt und löst.

Temporärer Beruf „Schnee- und Eisskulpteur"
Eine Woche lang:
Schnee, Eis und Winter Form geben, einen gemeinsamen Ausdruck finden ...
... mit dem Bestseller „Fräulein Smillas Gespür für Schnee".
... Bilder malen und Labyrinthe treten, Outdoorausstellungen veranstalten.
Iglu und andere Bauwerke entwerfen ...
... Happenings organisieren mit Eisbaden und Schwitzhütte.
... den Einsatz der Schneekanonen verhindern mit einer „LandArt"-Aktion.
Baumfaune und -wächter erwachen lassen ...

Aktiv sein im Naturschutz ... in politischer, kultureller und Bildungsarbeit.
Die inszenierte Rolle konsequent leben und damit Wirklichkeiten produzieren.

Konstruierte Wirklichkeiten: Mithilfe des *unsichtbaren Theaters* oder in der Rolle eines
Story Dealers wird über einen längeren Zeitraum eine Gruppe von Menschen in ein Thema verwickelt, ohne von der Inszenierung zu wissen. In diesen Verwicklungen werden
alle zu Konstrukteuren von Wirklichkeit, wahr und falsch hören auf zu existieren. Erfunden, gelebt und für alle Beteiligten wie auch Unbeteiligten zur Wirklichkeit geworden.
Das Motto: Was ist wirklicher als Bilder und Geschichten, die nicht mehr aus dem Sinn
gehen? Es versteht sich als Schule der Visionen, beinhaltet ein Training für den Möglichkeitssinn, ist Inszenierung im öffentlichen Raum. Jeder wird zum Künstler und als
Großgruppe hautnah in ein Kunstgeschehen eingebunden (Geißlinger, 1999).

Projektmethode

In der Arbeit mit jungen Menschen ist die Projektmethode beliebt (Gudjohns, 1986).
Überschaubarer Zeitrahmen, konkret umrissen und erlebnisorientiert, ist ein Projekt
ideal für sich schnell ändernde Interessen. Teamarbeit, soziales und organisatorisches
Lernen wird exemplarisch erfahren. Die Trennung von Leben und Lernen fällt weg,
Lehrende und Lernende arbeiten gemeinsam an einer Fragestellung, die sie in ihrer

Lebenswirklichkeit beschäftigt. Über die Auseinandersetzung mit gesellschaftlichen Problemlagen zielt das Projekt auf Wissen, Haltungen und Fertigkeiten. Die Teilnehmer können sich dabei übergreifende Strategien aneignen: Ziele setzen, Informationen suchen, planen, Mittel wählen, Erfolge kontrollieren. Damit eignet sich die Projektmethode besonders gut dazu, Schlüsselqualifikationen zu erwerben.

Merkmale eines Projekts:

- Anfangs- und Endtermin stehen fest.
- Aufgabe und Ziel sind klar formuliert.
- Einmalig und einzigartig im Erlebnis.
- Zeit- und Kostenaufwand sind kalkuliert.
- Zuständigkeiten und Entscheidungskompetenzen sind geklärt.
- Gemeinsam als Gruppe durchführbar.

LEHR- UND LERNWEGE

Projektmethode

Ideensammlung meint, die vorhandenen Wünsche zu sammeln, dafür der Fantasie freien Lauf zu lassen. Zum Gedankenspinnen ist alles erlaubt, nur die Bewertung einzelner Vorschläge ist strikt verboten. An einer Pinwand können die Träume vorgestellt und nach Kategorien geordnet werden.

Weitere Methoden der Ideenfindung sind:

- *Zukunftswerkstatt* (Jungk, 1983) mit der Kritikphase. – Was gefällt mir nicht? Was sollte dringend geändert werden? Mit der Fantasiephase, in der Visionen für die Zukunft entwickelt werden und schließlich folgend die Umsetzungsphase, in der sie realistisch abgewogen und verwirklicht werden.

- *Fantasiereisen* bedürfen einer geeigneten Umgebung, um sich entspannt hinzulegen und, animiert durch eine erzählte Geschichte, selbst Fantasien zu entwickeln, die am Ende untereinander ausgetauscht werden können.

- *Ideenspaziergang* ist eine Ortsbegehung, eine Erkundung der Umwelt, um hieraus eine Projektidee zu entwickeln.

Entscheidungsfindung steht an, wenn herausgefunden werden muss, für welche Themen das meiste Interesse besteht. Mit gestaffelten Punkten oder als Bewegungsspiel mit Felderhopping sind die Mehrheiten feststellbar. Es ist abzuklopfen nach Realisierbarkeit, nach Kriterien wie Spaß, Gruppentauglichkeit, Lerneffekten, benötigte Ressourcen sowie nach Integrationsmöglichkeiten nichtgewählter Ideen, um alle Vorschläge zu integrieren.

Zielbestimmung: Zur gewählten Idee entwickeln die Teilnehmer eine konkrete Zielsetzung, stimmen Interessen und Wünsche miteinander ab und treffen Vereinbarungen über die Form der Zusammenarbeit. Diese Vorarbeiten münden in eine Projektskizze.

Planung: Auf der Grundlage dieser Skizze wird ein konkreter Projektplan ausgearbeitet, der die notwendigen Voraussagen, Arbeitsschritte, Rollenverteilungen usw. beschreibt.

Projektdurchführung: Es folgt die Verwirklichung des Vorhabens. Hier wird es immer wieder nötig sein, weitere Planungsphasen einzuschalten, da eine lückenlose Vorausplanung weder möglich noch sinnvoll ist. Gerade durch die Korrektur unrealistischer Planungen, durch Neuentwürfe und weitere Umsetzungsversuche findet Lernen statt.

Auswertung: Wenn die Aktion stattgefunden hat, gilt es, das Arbeitsergebnis mit dem ursprünglichen Plan zu vergleichen und die gemeinsame Arbeit auszuwerten. Dokumentation, Evaluationsbögen, Teamsitzungen oder Coaching beenden als Evaluation und Qualitätsentwicklung das Projekt.

LEHR- UND LERNWEGE

5.1.1.5 Teamtraining als Lernen durch Erfahrung und in Abenteuersituationen

Die Arbeit in und mit Gruppen ist wesentlicher Bestandteil vor allem von Winterveranstaltungen. Wie sich die dort immer stattfindenden gruppendynamischen Prozesse zu Lern- und Wachstumschancen für den Einzelnen und die Gruppe entwickeln, wird jetzt zum Thema. Es werden Methoden an die Hand gegeben, um im Adventureumfeld zu arbeiten. Zielsetzung, Vereinbarungen, Auswahl der Aktivitäten inklusive Vor- und Nachbereitung, Ablaufsteuerung, Leitungsrolle usw. kommen zur Sprache.

Die wesentlichen Grundzüge der Konzeption entstammen der Marburger Abenteuer- und Erlebniswerkstatt (BSJ e. V. & Alea, vgl. Eckern & Lindner 1997, S. 115ff.), die seit langem mit der Konzeption des *Adventure Based Counselings* (ABC) von Project Adventure (USA) arbeitet. Das ABC-Modell ist ein ganzheitliches Konzept für Jugendliche und Erwachsene in Kleingruppen.

Das ABC-Modell ...

- bietet Chancen zur Erhöhung selbstreflexiver Kompetenzen.
- ist eine Gelegenheit zur Schulung der Selbst- und Fremdwahrnehmung.
- eröffnet Zugänge zu eigenen Emotionen.
- ist eine Chance zur Entwicklung von Sensibilität und Empathie.
- ist eine Möglichkeit zur Ausbildung von Teamkompetenz.
- ist ein geschütztes Übungsfeld zum Testen neuer Verhaltensmuster/ Reaktionsweisen.
- beinhaltet Freiwilligkeit und Selbstbestimmung.
- bietet Herausforderung und Spaß.

Im Folgenden werden vorgestellt:

- ⇨ Zentrale Aspekte von Abenteuercurricula
- ⇨ Elemente eines erfolgreichen Gruppentrainings
- ⇨ Der Leiter und die Gruppe
- ⇨ Briefing- und Debriefingtechniken, Reflexionsmodelle
- ⇨ Gruppendynamische Prozesse und Feedback

Zentrale Aspekte von Abenteuercurricula

Abenteueraktivitäten rufen auf Grund intensiver Erlebnisse starke Emotionen hervor. Wenn die Aktivitäten noch in der Gruppe zu bewältigen sind, löst dies gruppendynamische Prozesse aus. Diese bilden keine lästigen Störgrößen, sondern haben hohen diagnostischen Wert für den Leiter und enthalten Lernpotenzial für die Teilnehmer. Das Arrangement und die Arbeit mit abenteuerlichen Situationen steigert das Selbstkonzept, verbessert die Kooperation, intensiviert die Gruppenunterstützung. Respekt für andere entwickelt sich, eigene Stärken und Grenzen werden erkannt, es erfolgt eine Auseinandersetzung mit der natürlichen Umwelt.

Es gibt Grundorientierungen, die mit Kennenlern- und Spaßspielen starten, die Auswahl der Aktivitäten in Abhängigkeit vom Gruppenprozess vornehmen, nah an der Gruppe bleiben, ihre Bewegungen begleiten, Lernchancen bieten und die Selbstreflexion ermöglichen.

Das KSP-Modell

Komfort-**S**tretch-**P**anik ist ein einfaches Bild zum Erfahrungslernen, um zu verdeutlichen, wofür Teilnehmer eingeladen werden. Drei konzentrische Kreise ergeben drei Zonen. Im mittleren Kreis erfolgt das angestrebte Erfahrungslernen (Stretch), den Kern bildet die Welt des Alltags (Komfort), aus dem herausgetreten werden soll, der Außenkreis ist der Bereich negativer Angst (Panik), den es zu vermeiden gilt.

Komfortzone: Innerster Kreis bzw. Kern. Er ist positiv besetzt. Diese, den Alltag symbolisierende Zone, gilt es zu verlassen. Hier herrschen Routine und feste Stereotype.

Stretchzone: Sich in geschützter Atmosphäre in die Zone des Erfahrungslernens (Neues, Unbekanntes) begeben. Sie ist Neutrum, weder positiv noch negativ, sie ist der Raum einer Entdeckungsreise für die Fremde in sich und im anderen. Für den einen bietet die Naturbeobachtung auf Schneeschuhen und das Aushalten von Stille eine neue Erfahrung, anderen genügt der subjektive Kontrollverlust in luftigen Höhen oder am Abfahrtshang als individuelle Herausforderung.

Panikzone: Damit ist die Zone gemeint, in der Situationen als bedrohlich erlebt werden. Sie ist negativ besetzt und führt zum sicherheitssuchenden Rückzug in die Komfortzone. Diesen Bereich gilt es zu meiden. Leitung und Gruppe stehen für emotionale Sicherheit und körperliche Unversehrtheit.

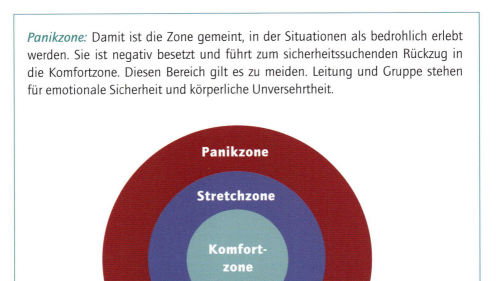

Abb. 5.3: *Das KSP-Modell*

Ist das Interesse am Programm bzw. Projekt geweckt, sind die Vorbesprechungen bereits erfolgt und wurden die Teilnahmeverpflichtungen geregelt, erfolgt am Zielort der Programmstart. Hier sind gemeinsame Verträge und Quicknorms zu entwickeln, um schließlich zum Kern der Sache – den Erfahrungsaktivitäten – zu kommen.

Werte- und Zielvereinbarungen

Wird nach gemeinsamen *Verhaltensregeln* gesucht, an die sich alle verbindlich halten sollen, liegt es nahe, diese von den Teilnehmern selbst erarbeiten zu lassen. Sich im Zweierteam in fünf Minuten auf wichtige Regeln zu einigen, diese im Plenum vorzustellen und schließlich in der Gruppe – nur nach Konsens aller – schriftlich zu fixieren, ist ein effektives Verfahren. Täglich ist sicht- und überprüfbar, wo Regelverstöße vorliegen, wie damit umgegangen werden soll, welche davon Sinn machen, welche zu streichen oder zu ergänzen sind. Dabei sind für einen *verbindlichen Vertrag* Jugendliche eher auf der Handlungsebene (keine Schimpfwörter, Pünktlichkeit), Erwachsene eher auf der Metaebene (Toleranz) abzuholen.

Vereinbarung über grundlegende ethische Prinzipien
Damit ist gemeint:
- Sei im Hier und Jetzt!
- Achte auf die Sicherheit aller Teilnehmer!
- Arbeite an deinen und an den Gruppenzielen!
- Sei offen und ehrlich (aufrichtig)!
- Lass alte Einstellungen und Verhaltensweisen los!

Ein persönlich herausforderndes Ziel zu setzen, erfolgt zu Beginn der Veranstaltung. Es sollte sich um etwas handeln, mit dem man sich bewusster beschäftigen möchte. Ein Ziel sollte deutlich formuliert werden und für alle verständlich, spezifisch als auch mess-bar und im Zeitraum überprüfbar sein. Darüber hinaus ist es nach Erreichbarkeit und persönlicher Relevanz abzugleichen. Die Gruppe ist dabei Unterstützer von Veränderungsprozessen, d. h. jedes persönliche Ziel wird systemisch zum empathischen Ziel aller Anderen. Selbsterweiterung und das Wachstum der Gruppe bedingen und steigern einander.

Prinzip der selbstbestimmten Herausforderung
Dieses ermöglicht es den Teilnehmern,
- Schwieriges und Angstbesetztes auszuprobieren und von der Gruppe Unterstützung und Hilfe zu erfahren. Der Versuch ist wichtiger als das Ergebnis (z. B. erste Erfahrungen beim Abfahren, Schussfahrt in der Loipe).
- zurückzugehen, wenn der Druck und die inneren Selbstzweifel zu groß werden. Dabei ist ein zweiter Versuch jederzeit möglich.
- Respekt für individuelle Ideen und Entscheidungen zu erhalten.

Der Zyklus des Erfahrungslernens

Das *Debriefing* – die Nachbesprechung z. B. nach einer Skitour – hilft den Teilnehmern, Verbindungen zwischen Aktivitäten und Erfahrungen herzustellen. Es ermöglicht einen Transfer vom Spaß und der Herausforderung in den einzelnen Aktivitäten in eine Möglichkeit des Lernens und/oder der Selbsterkenntnis.

Zyklus des Erfahrungslernens *(nach Project Adventure, 1995)*

Zurückschauen: Was ist passiert? Beschreibt, was während der Aktivität geschehen ist. Der Fokus liegt sowohl auf der Aufgabe (Lösung der Aktivität) als auch auf dem Prozess (Interaktion zwischen den Teilnehmern).

Analyse und Interpretation: Was bedeutet das? Wie habt ihr euch dabei gefühlt? Erfragt, was die Gruppe von der Aktivität gelernt hat. Welche Folgen hatte das (spezifische) Handeln? Fragt nach den Zielen der Gruppe und, ob sie an den (vorher) gesetzten Zielen arbeitet.

Herausfinden und Festlegen alternativer Verhaltensweisen: Was nun? Erfragt, wie die gemachten Erfahrungen in nachfolgende Aktivitäten (oder auch in Alltagssituationen) umgesetzt werden können. Ermöglicht Veränderung und Wachstum.

Abb. 5.4: *Zyklus des Erfahrungslernens und Projektverlauf*

Elemente eines erfolgreichen Gruppentrainings

Das Arrangement von verschiedenen Programmbestandteilen fördert zum einen die schnelle Entwicklung von Gruppenprozessen (aus: Eckern & Lindner, 1997). Die unmittelbare Reflexion und Verarbeitung der unterschiedlichen Aktivitäten ermöglicht zudem eine realistische Einschätzung der eigenen Rolle und Verhaltensweisen und eröffnet somit Chancen zur persönlichen Entwicklung und Veränderung.

Praxisbestandteile des ABC-Konzepts

Kennenlernaktivitäten und kooperative Spiele
- Aufbau einer angenehmen Atmosphäre.
- Gegenseitiges Kennenlernen.
- Abbau von Berührungsängsten (Eisbrecher-/Aufwärmspiele).
- Spaß.

Vertrauensaktivitäten
- Vertrauen untereinander gewinnen.

Problemlösungsaktivitäten
- Zusammenarbeit als Team.
- Erfahren unterschiedlicher Rollen.
- Verbesserung der Kommunikation (aktives Zuhören).
- Intensivierung von Kooperation.
- Aufbau und Intensivierung sozialer Kompetenzen.

Riskante Abenteuersituationen
- Zusammenarbeit.
- Vertrauen, Einlassen auf andere.
- (Individuelle) Herausforderungen annehmen.
- Auseinandersetzung mit starken Gefühlen.

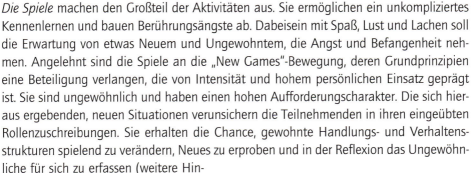

Die Spiele machen den Großteil der Aktivitäten aus. Sie ermöglichen ein unkompliziertes Kennenlernen und bauen Berührungsängste ab. Dabeisein mit Spaß, Lust und Lachen soll die Erwartung von etwas Neuem und Ungewohntem, die Angst und Befangenheit nehmen. Angelehnt sind die Spiele an die „New Games"-Bewegung, deren Grundprinzipien eine Beteiligung verlangen, die von Intensität und hohem persönlichen Einsatz geprägt ist. Sie sind ungewöhnlich und haben einen hohen Aufforderungscharakter. Die sich hieraus ergebenden, neuen Situationen verunsichern die Teilnehmenden in ihren eingeübten Rollenzuschreibungen. Sie erhalten die Chance, gewohnte Handlungs- und Verhaltensstrukturen spielend zu verändern, Neues zu erproben und in der Reflexion das Ungewöhnliche für sich zu erfassen (weitere Hinweise bei Gilsdorf & Kistner, 1995).

Nach ROHNKE (1995) sind es vier Elemente, die ein *erfolgreiches Gruppentraining ausmachen: Vertrauen, Kommunikation, Kooperation, Fungames.*

Vertrauen

Vertrauen öffnet die Tür zum Erfahrungslernen. Es hilft Personen, sich selbst zu öffnen, ohne Angst zu haben, ausgelacht oder ignoriert zu werden. Es schafft Möglichkeiten, neue Erfahrungen zu machen mit dem Wissen, Unterstützung zu erhalten. Mit dem persönlich eingebrachten Vertrauensvorschuss in der Gruppe seriös und verantwortlich umzugehen, lautet das Ziel.

Kann ich dir trauen ...? Spiele als Vertrauensstärkung

Vertrauen hängt von der Atmosphäre ab und beginnt mit dem Leiter:
Schafft es der Leiter, Offenheit, Sensibilität, Kompetenz und Entschlossenheit zu initiieren, werden sich die Gruppenteilnehmer sicher fühlen und sich gegenseitig öffnen.

Die Aufgabe ist:
- Eine vertrauensvolle Atmosphäre schaffen.
- Darauf zu achten, dass keiner bei den Aktivitäten zu Schaden kommt.

Praxis: Wichtig für eine vertrauensvolle Atmosphäre ist es, die Namen kennen zu lernen (Spaßspiele, s. auch Kap. 5.1.2.3, S. 132).

Kommunikation

Kommunikation erlaubt es Personen, ihre Ansichten darzustellen, von anderen zu lernen und ermöglicht eine Situation, über Gefühle offen zu reden. Der Austausch eigener Ängste, Bedenken und intensiver Erfahrungen wird nicht nur möglich, sondern Gewinn bringend und angenehm. Von anderen getragen zu werden, Sicherheit und Begleitung von der Gruppe zu empfangen, wenn man sich auf ungewohntem Terrain erprobt, diese Elemente bilden die entscheidenden Aspekte dieser Aktivitäten.

Ich heiße ... Spiele zum gegenseitigen Verstehen

Das ist abhängig vom Vertrauen und beginnt ebenfalls mit dem Leiter: Setze Zeichen, hilf dabei, Ziele zu formulieren und schaffe einen Rahmen für die Teilnehmer. Dein Stil ist ausschlaggebend für die Kommunikationsatmosphäre:
*   Humorvolles und akzeptierendes (warmherziges) Vorgehen ist hilfreicher als strenges und zielstrebiges Vorgehen.
*   Lade Leute ein, teilzunehmen, zwinge sie nicht.

Praxis: Abgestimmte Mischung aus Spielen, bei denen sich die Leute kennen lernen. Oberstes Gebot: Spaß haben.

Kooperation

Abenteueraktivitäten basieren darauf, dass Personen zusammenarbeiten. Das Ziel besteht darin, jeden Teilnehmer dazu zu befähigen, Teil der Gruppe zu sein und zu erkennen, was er nutzbringend in die Gruppe einbringen kann.

Gemeinsam geht es besser ...
Kooperationsspiele als Problemlösungsaktivitäten

Bei kooperativen Abenteuerspielen ist Wettbewerb nicht schlecht, sollte aber so strukturiert werden, dass jeder sich einbringen kann: nicht gegeneinander, sondern miteinander.

Praxis: Mit leichteren Anforderungen beginnen und später die Komplexität erhöhen.

Beachten: Kooperation benötigt Zeit und Übung. Sei bereit, zu unterstützen, aber gib keine Lösungen vor. Schaffe Möglichkeiten, sorge für Herausforderung, fördere Kreativität und lobe Bemühungen, auch wenn sie keine erfolgreiche Lösung hervorbringen.

Jeder Einzelne ist gefordert, seinen Anteil beizusteuern, um eine gemeinsame Lösung zu finden. Die Aufgaben, Regeln und Hilfsmittel zur Problemlösung sind – im Gegensatz zur Alltagserfahrung – sehr klar formuliert. Dadurch können überschaubare, einsichtige Problemlösungsstrategien entwickelt und eingeübt werden, die sich später auf komplexe Situationen transferieren lassen.

Je nach Intention oder Problem der Gruppe werden die Aufgaben in eine Rahmenhandlung eingebunden, die dazu dienen soll, Motivation und Spannung zu erzeugen. Sie können aber auch als gut überlegte Metaphern tiefe Bewusstseinsschichten aktivieren.

Fungames

Abenteueraktivitäten anzuleiten, ist eine ernsthafte Angelegenheit, man verhilft Personen dazu, zu lernen und zu wachsen. Ungewöhnlich ist, dass es gleichzeitig Spaß mit sich bringt: *spielend lernen durch Verkörpern*. Das ist konstitutiv für diesen Ansatz. Aufwärmspiele, Fungames, Rallyes und Fantasiespiele schaffen eine lustvolle Atmosphäre.

Spaß, Lust und Lachen ... Fungames zum Lernen und Wachsen

Spaß ist wichtig, weil:
*   Leute sind involviert, wenn sie sich miteinander freuen.
*   sie sind motivierter, die Aufmerksamkeit ist gebundener, ihre Energie ist höher.

Praxis: Was sind Funaktivitäten? Alles, was Aktion, Spaß und Energie hervorruft. Spaß zu haben, ist absolut notwendig, um Spaß zu schaffen für eine erfolgreiche Durchführung von Abenteuersettings.

5.1.1.6 Der Leiter und die Gruppe

Die Aufgabe des Trainers in gruppendynamischen Settings besteht darin, Selbsterfahrungsprozesse zu ermöglichen (aus: König, 1996, S. 148ff.), d. h., die Teilnehmenden damit zu konfrontieren, was sie nicht sehen: den Teilnehmenden einen neuen Blick auf sich selbst und die Gruppe zu ermöglichen. Die Gruppe so anzuleiten, dass sie fähig wird, an und über sich selbst zu lernen. Die Gruppe so zu steuern, dass sie arbeitsfähig wird, d. h. eigene Ressourcen und Potenziale optimal zu entfalten lernt.

Die Position des Trainers in Bezug auf die Gruppe lässt sich beschreiben als angesiedelt zwischen Mitgliedschaft und Nichtmitgliedschaft, auf der Grenze zwischen drinnen und draußen:

↪ Die Gruppe kommt erst durch seine Anwesenheit zusammen, insofern ist er Teil der Gruppe.

↪ Er bleibt außerhalb des Beziehungsgefüges und hat von Anfang an eine spezifisch ausgezeichnete Rolle; insofern ist er wiederum von der Mitgliedschaft abgegrenzt und wird zum „Gegenüber" der Gruppe.

Diese Grenze ermöglicht Zugänge zu beiden Bereichen und eröffnet Flexibilität und Handlungsspielraum. Verknüpft werden handlungsorientierte und reflexionsorientierte Komponenten der Leitungsrolle.

Die Ausgestaltung der Rolle zeigt sich, indem sich der Trainer in der Arbeitssituation den Beziehungswünschen der Teilnehmer stellt; er bleibt aber diesen Beziehungswünschen gegenüber zurückhaltend (Abstinenzregel).

Die Grundhaltungen des Trainers

- Forschende Einstellung und Bescheidenheit
- Empathie
- (Selbst)Reflexivität
- Neutralität und Allparteilichkeit
- Auseinandersetzung anbieten
- Transparenz herstellen
- Geduld

Die Basisaufgaben der gruppendynamischen Leitungsrolle lauten:

↪ Leitung auf der Handlungsebene, was alle in die Situation kommunikativ eingreifenden Handlungen (z. B. strukturieren, anleiten) umfasst.

↪ Leitung auf der Reflexionsebene, was alle reflexionsorientierten Rollenanteile, in denen es um das Verstehen von Handlungen und den dadurch ausgelösten Gefühlen geht (Metakommunikation), umfasst.

Ziel ist es, den Gruppenmitgliedern sowohl auf der Handlungs- als auch auf der Reflexionsebene zu größerer Eigenständigkeit zu verhelfen.

Leitung auf der Handlungsebene erfordert den Umgang mit dem Maß an Strukturierung. Der Umgang damit ist ein ständiger Balanceakt. Gruppendynamischer Leitungsstil zielt auf die teilweise Enttäuschung der Alltagserfahrung und Alltagserwartung der Teilnehmer in Bezug auf Strukturierung durch die Leitung. Das ist notwendig, denn die enttäuschten Erwartungen führen zu Auseinandersetzungen und Eigenaktivitäten der Gruppe. Die Gruppe und nicht der Leiter kommt ins Blickfeld.

⇨ Anfangsaktivitäten/Fungames schaffen einen schnellen Einstieg und beziehen alle mit ein.

⇨ Problemlösungsaktivitäten schaffen einen unstrukturierten Rahmen für freies Experimentieren und bieten so den Rahmen für gruppendynamische Prozesse.

Leitung auf der Reflexionsebene erfordert ein Überführen von der Handlungs- auf die Reflexionsebene und die Gestaltung dieser Reflexion.

⇨ Was geschah im Prozess?

⇨ Feedback als spezifische Form der Metakommunikation bedeutet: Wahrnehmungen über das aktuelle Gruppengeschehen bzw. über individuelle Verhaltensweisen und die erlebte Wirkung mitzuteilen.

Auswahl der Aktivitäten
Checkliste für ZWERGE:

Z*iele:* In welcher Beziehung steht die Aktivität zu den individuellen Zielen und den Gruppenzielen?

W*irkungsweise:* Bezogen auf den Schwierigkeitsgrad und die sicherheitsrelevanten Bereiche: Ist die Gruppe in der Lage, die Aufgabe zu bewältigen? Werden die Sicherheitsaspekte berücksichtigt?

E*motionen:* Wie sind die Gefühle in der Gruppe? Wo und wie werden Erfolge erlebt? Sind die Teilnehmer um das Gruppenklima besorgt?

R*eaktionen:* Wie agiert die Gruppe? Gibt es Widersprüche/Widerstände? Wie kooperativ ist die Gruppe? Sind die Teilnehmer eher auf die Gruppe oder auf sich selbst bezogen?

G*estalt:* Ist die Gruppe körperlich fit? Wie müde sind die Teilnehmer? Stehen einige unter dem Einfluss von Medikamenten? Werden Drogen konsumiert?

E*ntwicklungsphase:* In welchem Stadium der Gruppenentwicklung befindet sich die Gruppe?

Je nach den Zielen und Problemen der Gruppe ist ein innerer Wechsel zwischen Kognition, Emotion und Verhalten vorzunehmen. Verwaltungskräfte beispielsweise sind von der alltäglichen Kognition in die beiden anderen Felder zu bringen. Jugendliche hingegen sind über Bewegungsspiele und Vertrauensübungen zu leichten Problemen mit einfacher Struktur zu komplexeren Aufgaben zu führen.

Briefing- und Debriefingtechniken, Reflexionsmodelle

In der Nachbereitung von Abenteuererfahrungen haben sich sechs verschiedene Typen herausgebildet, die im Folgenden dargestellt sind (aus: Gass & Priest 1993, S. 23ff.):

- Die Erfahrung spricht für sich! Learning by doing!
- Feedback, Rückmeldung! Learning by telling!
- Nachbereitung der Erfahrungen/Erlebnisse! Learning through reflecting!
- Debriefing vor der eigentlichen Aktivität (direktes Frontloading)!.
- Metaphorisch-isomorphes Handlungslernen! Framing the experience!
- Indirectly frontloading the experience (indirektes Frontloading)!

Dabei stehen die ersten drei Typen eher dafür, mit Reflexionstechniken nach den gemachten Erfahrungen zu arbeiten. Die letzten drei Typen können jedoch viel stärker auf Grund intensiver Vorbereitungen auf Veränderungen von Verhaltensweisen eingehen:

Die Erfahrung spricht für sich! Learning by doing!

Diese Methode lässt sich in vielen Abenteuerprogrammen wiederfinden. Hierbei ist das Entscheidende, dass der Leiter entsprechende Situationen initiiert, die unterschiedliche Erfahrungen bei den Teilnehmenden ermöglichen. Die Teilnehmenden erfahren unter Umständen einiges über sich, wenn das Programm sehr gut gestaltet ist. Es bleibt aber die Frage, ob sie wirklich etwas über sich lernen, z. B., wie sie mit anderen umgehen oder wie sie bestimmte Situationen, mit denen sie im Leben konfrontiert werden, meistern.

Feedback, Rückmeldung! Learning by telling!

Die Aufgabe des Leiters bei diesem zweiten Typ besteht darin, den Teilnehmenden eine Rückmeldung über deren Verhalten bzw. über deren Erfahrungen/Erlebnisse zu geben. Er tritt als Experte auf und informiert sie darüber, was sie gelernt haben, was sie gut oder schlecht gemacht haben und woran sie noch arbeiten müssen.

Nachbereitung der Erfahrungen/Erlebnisse! Learning through reflecting!

Wenn die Teilnehmenden selbst Schwierigkeiten oder persönliche Wünsche (Verpflichtungen) der eigenen Verhaltensveränderung äußern, dann müsste der Lernerfolg höher sein als bei den bisherigen Typen. Die Teilnehmenden werden hierbei darum gebeten, die gemachten Erfahrungen nach der Abenteueraktivität zu reflektieren und über Lernmöglichkeiten, die punktuell aufgetreten sind sowie Vergleiche mit dem Alltag zu diskutieren. Der Leiter stellt dabei gut ausgewählte Fragen und führt die Teilnehmenden so, dass sie selbst ihre eigenen Lernerfolge erkennen.

Debriefing vor der eigentlichen Aktivität (direktes Frontloading)!

Einige Leiter haben aus den bisherigen Erfahrungen den Schluss gezogen, dass es besser sei, die Teilnehmenden bereits vor der Aktivität auf bestimmte Probleme, auf zu erwartende Schwierigkeiten oder Ähnliches vorzubereiten. Neben der üblichen Briefingphase (Erläuterung der Aktivität, Sicherheit, ...) findet sozusagen ein zusätzliches Predebriefing statt, um bestimmte Schlüsselthemen hervorzuheben.

Diese beziehen sich auf eines oder mehrere der folgenden fünf Themen:

➥ *Zurückblicken/Erinnerung:* Welche Punkte wurden aus der letzten Aktivität gelernt?

➥ *Ziele:* Welches Ziel wird mit der folgenden Aktivität verfolgt und was kann daraus gelernt werden?

➥ *Motivation:* Warum kann die Erfahrung aus dieser Aktivität bedeutsam sein und welchen Bezug hat sie zum wirklichen Leben?

➥ *Funktion:* Welche Verhaltensweisen führen zum Erfolg?

➥ *Funktionsstörungen:* Welche Verhaltensweisen sind dysfunktional und wie können sie vermieden werden?

Im Anschluss an die Aktivität findet trotzdem eine Reflexion statt, die aber vergleichsweise kurz ist und lediglich das aufgreift, was sich die Teilnehmenden vorgenommen hatten.

Metaphorisch-isomorphes Handlungslernen! Framing the experience!

Der fünfte Typ ist in Abenteueraktivitäten noch nicht sehr weit verbreitet. Er beinhaltet isomorphe Strukturen, die in die Aktivität eingebunden sind. Isomorphien sind parallele Strukturen zum Alltag, die vor der Aktivität vom Leiter erstellt werden, sodass die Teilnehmenden relevante metaphorische (bildliche) Beziehungen erkennen können. Wenn diese Beziehungen relevant und motivierend sind, dann erhöht sich üblicherweise der Lerntransfer. In der Reflexion nach der Aktivität werden weniger die gemachten Erfahrungen besprochen, sondern im Vordergrund stehen die engen Beziehungen zwischen der Aktivität und dem Alltag zu Hause.

Indirectly frontloading the experience (indirektes Frontloading)!

Dieser Typ wird noch seltener genutzt als der fünfte Typ. Ein Leiter arbeitet mit diesem Modell, wenn er Teilnehmende vorfindet, bei denen sich bestimmte Verhaltensweisen immer wieder zeigen und auf die sie bisher nicht eingegangen sind.

Schlussfolgerung: Jeder vorgestellte Typ der Bearbeitung von Aktivitäten hat seine Berechtigung. Die Auswahl eines bestimmten Typs hängt von den Zielen der Teilnehmenden ab. Darüber hinaus gibt es aber auch Einschränkungen durch die Ausbildung/ Qualifikation der Leiter:

Auf folgende Punkte soll deshalb hingewiesen werden:

- ⇨ Die Komplexität der Anforderungen an einen Leiter nimmt von Typ 1 bis Typ 6 immer stärker zu (Analyse der Gruppe, Ziele, Design des Programms, Auswahl der Aktivitäten, Briefing, Debriefing, Nachbereitung, ...). Dementsprechend steigt auch die Verantwortung, die er trägt.
- ⇨ Die Auswahl von Metaphern und Isomorphien kann den Teilnehmenden völlig verwirren, wenn sie nicht genau mit der Realität übereinstimmen. Trifft das zu, dann kann es keinerlei Lernerfolg geben.
- ⇨ Die gemachten Erfahrungen können sehr prägend sein. Ein Leiter muss sich darüber im Klaren sein, dass er sich im Grenzbereich zwischen der Verarbeitung von Gefühlen und einem Gefühlsschock befindet.

Abschlussreflexionen

Nicht nur Mahlzeiten sind rituelle Rhythmusgeber, auch im Programm sind rückblickende Wiederholungen Teil einer Kommunikationskultur und helfen, Erlebnisse in Erfahrungen zu überführen. Morgenaktivitäten zur Rekapitulierung des Vortags oder abschließende Abendrunden als Blitzlicht sind bewährte Gruppenforen.

Kommunikationsquadrat, mit dessen Hilfe (bewusste) Erfahrungen etwa des Vortags und seine jeweiligen Seiten systematisch rückgemeldet werden können. Zu den vier Seiten zählen: Sachebene, Selbstkundgabe, Beziehungsseite, Appellseite.

Zwei leere Wassereimer, in die Wasser aus Bechern geschüttet wird, lassen erkennen, wie viel Wasser im lachenden Smilieeimer, also was bewahrt werden soll, und wie viel Wasser im traurigen Eimer landet, also alles Unnütze (Äquivalent: Schatztruhe & Mülleimer).

Stimmungsbarometer mit Positiv-/Negativskalierung im Tagesverlauf oder ein Wetterbericht mit seinen freundlichen bis unfreundlichen Symbolen bieten willkommene Abwechslung.

Blitzlicht: Jeder Teilnehmer vollendet jeweils drei Sätze:
„Mir hat heute gefallen (...)" „Mir hat heute nicht gefallen (...)" „Ich wünsche mir für morgen (...)"

Imaginäre Videokamera: Was sind die wichtigsten Sequenzen auf dem Film von heute?

Fotos vom Tage: Welches Foto würdet ihr euch ins Zimmer hängen? Welches wandert als Erstes in den Papierkorb?

Skalen: Wie würdet ihr den Tag/die Aktion auf einer Skala von 1-10 bewerten?

Körperschema: Der Umriss eines menschlichen Körpers wird auf die Wandzeitung gemalt. Jeder Teilnehmer schreibt an zwei Körperstellen seinen Namen und benennt im Anschluss die Gründe dafür.

Brief an sich selbst: Einen an sich selbst verfassten Brief über die Veranstaltung schreiben, den man nach sechs Wochen zugeschickt bekommt. Er lässt noch einmal lebendig werden, was einen persönlich bewegt und geärgert hat, was überflüssig erschien, was lust- und wertvoll war ...

Fragebogen: Hier sind Fragen nach individueller Herausforderung und persönlicher Wachstumschance, nach inhaltlicher Fülle, Transferannahmen für den Alltag, nach Gefühlen zur Gesamtveranstaltung, nach produkt- und prozessorientierten Anteilen, nach Organisation, ... nach Verbesserungsvorschlägen zu stellen.

Auswertung von Seminaren

Hierzu bieten sich unter anderem Dokumentationen, Evaluationsbögen, Teamsitzungen, Coaching und Controllinstrumente an. Die Ergebnisse sollten als Ausgangspunkt für eine Fortschreibung der Konzeption genutzt werden.

Gruppendynamische Prozesse und Feedback

Phasen von Gruppenprozessen

Eine Gruppe kommt zusammen, ihre bisherigen Rollen müssen und können neu definiert werden. Die unterschiedlichen Eigenschaften und Qualitäten jedes Gruppenmitgliedes ergeben in der Summe ein leistungsfähiges Team. Doch wie werden einzelne Teilnehmer zu solch einem Team? Typen wie Macher, Berater, Überzeuger, Entscheider, Kreativer usw. treffen aufeinander, sie durchlaufen als Mitglieder der Gruppe spezifische Phasen. Diese Phasen sind im Ablauf eines jeden Gruppenprozesses zu beobachten, wenngleich in unterschiedlicher Stärke und Dauer (vgl. Klupp 1992[2], S. 98ff.).

Das vorgestellte Modell besteht aus vier Phasen der Gruppenentwicklung und wurde von Tuckman 1965 entwickelt. Es ist besonders geeignet für das Verstehen charakteristischer Prozesse von und in Arbeitsgruppen (aus: Rosini, 1996, S. 38).

I. Formierungsphase (Forming): Testphase
- Angst, weil noch keine Rollenfestlegung.
- Ausprobieren verschiedener Verhaltensmuster.
- Aufgaben, Regeln, Methoden werden erkannt.
- Abhängigkeitsgefühle gegenüber der Leitung.

II. Konfliktphase (Storming): Nahkampfphase
- Rivalisierende Untergruppen entstehen.
- Rebellion gegen Gruppenleitung und Gruppenkontrolle.
- Polarisierung von Meinungen.
- Festlegung von Gruppennormen.
- Intimitätskontrolle.
- Emotionaler Widerstand gegen Anforderungen der Aufgabe.

III. Normierungsphase (Norming): Organisierungsphase
- Hohe Akzeptanz, Identifikation, Zusammenhalt der Gruppe.
- Rollen, Normen sind gefunden.
- Widerstände und Konflikte sind beigelegt.
- Offener Austausch von Meinungen und Gefühlen findet statt.
- Kooperation entsteht.

IV. Arbeitsphase (Performing) Verschmelzungsphase
- ⇨ Interpersonale Probleme sind gelöst.
- ⇨ Rollen sind flexibel und funktional.
- ⇨ Problemlösungstechniken sind vorhanden.
- ⇨ Gesamte Energie steht für Aufgabenerfüllung bereit.
- ⇨ Aufgabe will beendet werden.

Kommunikationsquadrat – die vier Seiten einer Nachricht (Schulz von Thun)

Kommunikation hat es in sich. Klarheit der Kommunikation ist eine vierdimensionale Angelegenheit. In ein und derselben Nachricht sind, ob ich es will oder nicht, viele Botschaften gleichzeitig enthalten (vgl. Schulz von Thun, 1981):
- ⇨ Eine **Sachinformation** (worüber ich informiere)
  ... immer, wenn es um die *Sache* geht ...
- ⇨ Eine **Selbstkundgabe** (was ich von mir zu erkennen gebe)
  ... immer, wenn ich etwas *von* mir gebe, gebe ich auch etwas von *mir*.
- ⇨ Einen **Beziehungshinweis** (was ich von dir halte und wie ich zu dir stehe)
  ... immer, wenn ich etwas von mir gebe, gebe ich immer auch einen *Beziehungshinweis*.
- ⇨ Einen **Appell** (was ich bei dir erreichen möchte).
  ... immer, wenn ich etwas von mir gebe, möchte ich auch *etwas bewirken*.

Abb. 5.5: *Das Kommunikationsquadrat – die vier Seiten einer Nachricht (vgl. auch Schulz von Thun, Ruppel & Stratmann, 2000, S. 34)*

Dies verlockt zu der Annahme, dass Missverständnisse im Alltag der Normalzustand sind und Verständnis die Ausnahme bildet. Sind uns die verschiedenen Botschaften einer Äußerung bekannt, können Gespräche, Feedback- oder Reflexionsrunden das gegenseitige Verstehen zum Normalzustand werden lassen.

Feedback und seine Regeln:

Feedback bedeutet: Jede Mitteilung, die andere darüber informiert, wie ihr Verhalten von mir wahrgenommen, verstanden und erlebt wurde. Feedback ist auch jede Mitteilung, die andere darüber informiert, welche Absichten, Ziele, Wünsche und Gefühle ich in einer bestimmten Situation habe. Es ist jede Rückmeldung (verbal, nonverbal) über die Wirkung meines Verhaltens auf andere.

Funktion des Feedbacks: Feedback verstärkt Verhaltensweisen, indem sie benannt und anerkannt werden. Es ermöglicht, eigene Verhaltensweisen zu korrigieren, die die beabsichtigte Wirkung nicht erreichen.

Es kann helfen, die Beziehungen zwischen Personen zu klären. Feedback ist insofern ein Regulator für Personen oder Personengruppen, der dazu beitragen kann, Gleichgewicht herzustellen und zu erhalten.

Johari-Window

Das Johari-Window, benannt nach den Autoren Joe Luft und Harry Ingham, ist ein einfaches grafisches Modell, das die Veränderungen von Selbst- und Fremdwahrnehmung im Verlaufe eines Gruppenprozesses darstellt.

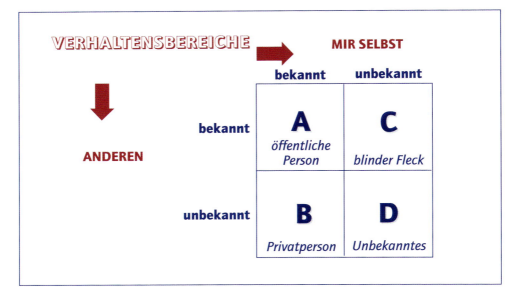

Abb. 5.6a: Johari-Window

Quadrant A: Ist der Bereich der freien Aktivität, der öffentlichen Sachverhalte und Tatsachen, wo Verhalten und Motivationen sowohl mir selbst als auch für andere wahrnehmbar sind.

Quadrant B: Das ist der Bereich des Verhaltens, der mir bekannt oder bewusst ist, den ich aber anderen nicht bekannt gemacht habe oder machen will. Dieser Teil des Verhaltens ist für andere verborgen oder versteckt.

Quadrant C: Ist der blinde Fleck der Selbstwahrnehmung, d. h. der Teil des Verhaltens, der für andere sichtbar und erkennbar ist, mir selbst hingegen nicht bewusst. Abgewehrtes, Vorbewusstes und nicht mehr bewusste Gewohnheiten fallen hierunter.

Quadrant D: Er erfasst Vorgänge, die weder mir noch anderen bekannt sind und die sich in dem Bereich bewegen, der in der Tiefenpsychologie *unbewusst* genannt wird. Dieser Bereich wird in der Regel in Trainingsgruppen nicht bearbeitet.

Bleibt man in diesem Modell, dann lässt sich die Situation zu Beginn einer neuen Gruppe so darstellen, dass der Bereich der freien Aktivität des Einzelnen sehr gering ist und die Bereiche B und C dominieren.

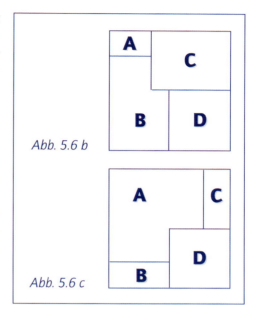

Die Ziele eines Trainings, die mithilfe des Feedbackprozesses erreicht werden können, lauten: Quadrat B und C zu verringern und Quadrat A zu vergrößern. Das bedeutet die Verschiebung der Grenzen dessen, was der Bearbeitung zugänglich ist, und damit eine Erweiterung der freien Aktivitäten des Einzelnen. Blinde Flecke werden dadurch aufgehellt.

Abb. 5.6 b

Abb. 5.6 c

Zusammenfassung

Mit dem vorliegenden Leitfaden einer Bildungskonzeption fächern sich verschiedene pädagogische Zugangsweisen hinsichtlich der Begegnung mit der Winterwelt auf. Die vorgestellten Erfahrungsfelder bieten Anregungen zum Modifizieren und zur Entwicklung eigener Bildungsentwürfe.

Im Praxisteil liegen mit Spielgeschichten, konstruierten Wirklichkeiten und der Projektmethode exemplarisch Handlungsrahmen für den Erfahrungsraum Schnee und Eis vor. Der Abschnitt *Gruppen und Prozesse* ermöglicht es dem Leiter, Selbsterfahrungsprozesse bei den Teilnehmern in Gang zu setzen, dass sie sich mit einem anderen Blick sehen können, dass sie an und über sich lernen und dass sie ein arbeitsfähiges Team werden, um eigene Ressourcen entfalten zu können. Eine Schulklasse will ihre Binnenintegration stärken, Gruppenleiter wollen sich hinsichtlich Winterfreizeiten fortbilden, eine Trainingsgruppe möchte teamfähig werden.

Bei einer *Fahrt mit sportlichem Schwerpunkt* geht es zum einen um das *Erlernen des Skilaufens* und zum anderen um die *variable Verfügbarkeit der einzelnen Bewegungstechniken* – auch in Wettkampfsituationen. Für die Organisation und Optimierung der Lernprozesse ist die Methodik des Skilaufens entscheidend. Dies schließt sich im folgenden Kapitel an. Für die sportive Umsetzung kann noch einmal das Lern- und Erfahrungsfeld *Sport: Spiel mit methodischer Lebensführung* vergegenwärtigt werden. Detailliert wird auf Trainingsprozesse und den Wettkampf ab dem Kapitel 6 eingegangen.

5.1.2 Methodik des Skilaufens

Der Skilanglaufsport hat eine Vielzahl von Bewegungsformen für das Laufen in unterschiedlichem Gelände hervorgebracht. Ein Grundrepertoire an Bewegungstechniken ermöglicht ein Laufen in der Ebene, im Anstieg und in der Abfahrt. Lehrende und Lernende erhalten mit dem Buch Praxishilfen für das Erlernen und Festigen aller Skilauftechniken. Die variable Verfügbarkeit der Techniken bei unterschiedlichen Bedingungen sowie die Steigerung der Laufgeschwindigkeit kann mit dem Buch unterstützend selbst erarbeitet werden. Alle klassischen und Skatingtechniken sowie die wesentlichen Abfahrtstechniken werden praxiserprobt vorgestellt und spielend erlernt.

Der Lernprozess beginnt mit einer *Elementarschule*, in der Fundamentalbewegungen thematisiert werden. Dies ist ein vielseitiger und spielerischer, auf Spaß und Freude ausgerichteter Basisunterricht. Die Aufgabe besteht darin, einerseits die vorhandenen Bewegungserfahrungen des Anfängers aufzugreifen und auf Langlaufski zu transferieren, andererseits mit verschiedenen Gewöhnungsübungen und Skispielen umfassende Bewegungsgrundlagen zu schaffen. Parallel und daran anschließend werden die *Basistechniken* Diagonalschritt, Doppelstockschub, Schlittschuhschritt und Pflugfahren erlernt. Aus Fundamentalbewegungen und Basistechniken entwickeln sich alle *weiterführenden Skilanglauftechniken*.

Ein individueller Lehr-/Lernweg wird angestrebt: Die Handlungsgrundlagen eines Skianfängers (Subjektseite) werden mithilfe der Methodik des *differenziellen Lernens* analysiert, umstrukturiert[2] und mit den typischen Anforderungen des Skilanglaufs (Objektseite) verknüpft. Der Anfänger steht somit als Subjekt im Mittelpunkt aller Überlegungen. Gezielt gestellte Aufgaben gewährleisten einen folgerichtigen Lernprozess, sprunghaftes Lernen bleibt dem Anfänger erspart. Mit technikübergreifenden Gewöhnungsübungen wird der Lernende sehr früh das Typische dieser Sportart erfassen und damit ausgiebig Gelegenheit erhalten, sich mit den Bewegungselementen vertraut zu machen, um anschließend diese Bewegungselemente zu Bewegungsformen zusammenzufügen (vgl. Ulmrich, 1979, S. 42f.). Dies setzt voraus, dass die objektiven Anforderungen des Skilaufens bestimmt werden. Deshalb sind erst Objekt- und Subjektseite hinreichend zu analysieren, um sie anschließend miteinander zu verknüpfen, was ein effektives Lernen sicherstellt.

---

[2] Die Umstrukturierung von Handlungen und Aktionsschemata als funktionale Einheiten läßt sich, je nach gegebener Relation von Aufgabenanforderungen und gegebener subjektiver Orientierungsgrundlage, als Transfer und Akkomodation, als Differenzierung/Spezifizierung oder als Integration beschreiben (Scherer, 1990, S. 104).

Abb. 5.7: *Methodik des Skilaufens (modifiziert nach: Kurz, 1999, S. 220)*

Welche einzelnen Sporttechniken zuerst erlernt werden sollen, muss individuell entschieden werden. Meist ist die Entscheidung an Vorerfahrungen geknüpft. So wird wahrscheinlich der Eisschnellläufer oder Inlineskater eher mit dem Erlernen der Skatingtechniken als den klassischen Techniken beginnen wollen. Aus den langjährigen Erfahrungen mit Skigruppen hat sich ein Wechsel im Lernprozess zwischen klassischen und Skatingtechniken in kurzen Zeitabständen (2-3 Tage) bewährt. Parallel verläuft die Ausbildung für das Abfahren.

Wir richten uns an alle Interessenten sportiven Laufens, an Freizeitläufer und Sportler, Trainer und Multiplikatoren, an Anfänger und Fortgeschrittene. Den großen Bedarf nach praktischer Hilfe decken wir mit Methoden des *differenziellen Lernens* und des Erfahrungslernens, der Spielpädagogik und der Biomechanik als Wissenstransfer.

Als Rahmenbedingungen empfehlen wir ein Lernen in der Gruppe (s. Kap. 5.1.1.5 *Teamtraining*). Personelle Hilfe (Trainer) kann natürlich herangezogen werden. Die materielle Ausstattung sollte einen häufigen Ausrüstungswechsel zwischen klassisch, Skatingtechniken und Abfahren inklusive Schneeschuhe, Big Foot, Carving, ... ermöglichen. Eine Ausleihe ist je nach verfügbaren Ressourcen in Erwägung zu ziehen. Neben dem Trainer bietet auch die Videoanalyse gute Möglichkeiten der Rückmeldung über Bewegungsmuster und den aktuellen Stand des Lernniveaus. Das Heranziehen umfangreicher Lehr- und Lernmaterialien wirkt unterstützend. Sind die Angebote oder Ambitionen langfristiger Natur und auf Wiederholung angelegt, gelten Qualitätsentwicklung und Evaluation als sinnvolle Begleitungen. Überprüfungen erfolgen nach konzeptionellen, strukturellen, prozess- und ergebnisorientierten Kriterien.

5.1.2.1 Differenzielles Lernen (Subjektseite)

In einen Lernprozess bringt der Lernende als Bewegungs- und Handlungsgrundlagen immer Informationsbestände bzw. Erfahrungen mit ein, welche er in anderen Zusammenhängen erworben hat, wie:

➩ Alltagssituationen (Gehen, Laufen),

➩ verwandte Sportarten (Inlineskating, Rollschuhlaufen, Schlittschuhlaufen),

➩ Erfahrungen mit Ski (alpin oder nordisch).

Diese Bewegungs- und Handlungsgrundlagen gilt es, zu transferieren, zu erweitern, umzubauen, zu differenzieren und zu spezifizieren. In der Elementarschule als Basisunterricht werden die verschiedenen vorhandenen Erfahrungen beim Gehen, Laufen, Steigen und Spielen auf Skiern eingebracht; dies geschieht zunächst im unpräparierten, leicht kupierten Gelände. Die Bewegungserfahrungen werden im Handeln differenziert und erweitert, wodurch eine Basis für das Skilaufen angelegt wird, Fundamentalbewegungen werden erworben.

Der Ansatz des *differenziellen Lernens* nutzt die Offenheit, Dynamik und Komplexität des *Systems Athlet*, um durch eine Vielzahl an Übungsdifferenzierungen beim Aktiven selbst organisierende Prozesse auszulösen. Dies ermöglicht es dem Teilnehmer, ein Bewegungsoptimum selbst herauszufinden, ohne ein fremdes Vorbild kopieren zu müssen (vgl. Schöllhorn, 2003, S. 40ff.).

Bewegungslernen beinhaltet die bewusste Um- und Verarbeitung von Informationen aus dem eigenen Körper und der Umwelt, um motorische Problemsituationen zu lösen.

Parallel verlaufen dabei Informations-
  ⇨   Aufnahme
  ⇨   Übermittlung
  ⇨   Verarbeitung und
  ⇨   Ausgabe ab.

Informationsaufnahme: Überall im Körper befinden sich Sensoren. Die Aufnahme von Informationen erfolgt in der natürlichen Umgebung des Aktiven als auch beim Erlernen einer Bewegung, die je nach Art (Licht, Schall, Wärme, Druck) von den Sinnesorganen empfangen werden. Akustische, optische und taktile Reize sowie körpereigene Signale als kinästhetische Informationen bezüglich Muskelspannung, Körperlage, vestibuläre Informationen, die Kopfposition und -bewegung betreffend, werden aufgenommen.

Beim Skilaufen hat die kinästhetische Information in Lernprozessen gegenüber visuellen und akustischen Informationen eine größere Bedeutung. Ziel ist die Entwicklung und Förderung eines ausgeprägten Bewegungsgefühls durch die variable Gestaltung motorischer Lernprozesse. Übungsvielfalt und eine Korrektur der Bewegungsausführung lässt sich durch variierenden Rhythmus/Tempo und kontrastierendes Lernen (bewusst falsch) herstellen.

Sehen – Hören – gefühlte Bewegungen

Augen können nicht alles sehen. Zum einen ist dies Sehen *während* der Bewegungsausführung, Orientierung im Raum haben und subjektive Eigenkontrolle erlangen. Zum anderen ist es das Sehen von Videos mit eigenen Bewegungen *nach* der Bewegungsausführung, was die objektive Selbsteinschätzung und Bewegungsempfindung verbessert.

Gehör hilft beim Schrittrhythmus. Die Wahrnehmung akustischer Informationen ist bezüglich unterschiedlicher Schrittrhythmen und -frequenzen zu nutzen.

Bewegungsgefühl als schnellste Rückmeldung über den Körper: Das Bewegungsgefühl entsteht aus der Verarbeitung kinästhetischer Empfindungen des Körpers. Das ist der schnellste Weg der Informationsaufnahme, sei es über die Muskulatur (Muskelspindel), die Sehnen (Golgi-Sehnenorgan) oder die verschiedenen Rezeptoren in den Gelenkkapseln/Bändern. Das Gehirn erhält Informationen über Muskellänge, Sehnenspannung, Gelenkstellung, Geschwindigkeit der Gelenkbewegung. Integriert im ZNS, bilden die Informationen die kinästhetische Wahrnehmung bzw. Tiefensensibilität. Sie dienen – in Verbindung mit dem Vestibularorgan im inneren Ohr – zur Feststellung der Lage einzelner Körperteile im Raum sowie zur Kontrolle ihrer Bewegung und dem Maß der dafür notwendigen Muskelspannung.

Informationsübertragung: Ausgelöste elektrische Impulse gelangen über Nerven und Synapsen zum ZNS bzw. zu den entsprechenden Muskeln. Je häufiger Signale den synaptischen Spalt überqueren, desto mehr Transmitterstoff wird, innerhalb gewisser Grenzen, produziert. Akustische und optische Signale gelangen schnell zum Gehirn (örtliche Nähe), ebenso Impulse oberer im Gegensatz zu Impulsen aus unteren Extremitäten. Kinästhetische Signale erreichen auf Grund hoher Leitungsgeschwindigkeit schnell das ZNS. Taktile Informationen brauchen bei gleicher Übertragungsstrecke längere Zeiten.

Informationsverarbeitung: Informationsverarbeitung meint die Prozesse *Auswertung* und *Speicherung*. Das ZNS dient als Kommandozentrale und als Speicher von Bewegungen. Informationsauswertung erfolgt auf verschiedenen Ebenen des ZNS. Einfachste Haltungs- und Bewegungsmuster werden in Form von Reflexen vom Rückenmark kontrolliert (Spinalmotorik), Körperhaltung/-stellung im Raum regelt das Kleinhirn (Stützmotorik), willkürliche Bewegungen übernehmen höhere Zentren des Gehirns (Zielmotorik). Letzteres verläuft als bewusster Prozess, kann aber bei hoher Automatisierung unbewusst geregelt werden. Untere Extremitäten, weit vom ZNS enfernt und mehr rückenmarksgeregelt, benötigen mehr Zeit für bewusste Veränderungen von Bewegungsmustern. Die unbewusste Reaktionszeit ist kurz, die bewusste langsam. Bewusste Bewegungssteuerung verläuft nach drei Schritten:

↪ Auswahl der Signale nach Bedeutung.

↪ Erstellung einer Handlungsstrategie für die Lösung der Bewegungsaufgabe.

↪ Umwandlung der Signale in ein Erregungsmuster für die Ausführungsorgane (Muskeln, Rezeptoren).

Bewegungen werden repräsentiert über verschiedene Sinnsysteme, können gesehen, gehört, gefühlt und beschrieben werden. Anhand sensorischer Informationen, Erfahrungen und vorgestellter Idealbilder erfolgt die Erstellung einer Handlungsstrategie. Voraussetzung zur Integration der drei Komponenten ist eine Speicherung, ein Kurzzeitspeicher als Arbeitsspeicher und ein Langzeitspeicher. Automatisierte Bewegungen laufen stabil ab und lassen sich nur unter großem Aufwand verändern (Gangbild eines Menschen).

*Wahrnehmungslauf
ohne visuelle Kontrolle*

Informationsausgabe: Impulsmuster des ZNS werden über Nervenbahnen zur jeweiligen Muskulatur geleitet, es kommt zur Kontraktion. Diese Muster unterliegen Schwankungen, da keine Bewegung mit einer anderen identisch ist. Variierende Randbedingungen zwingen die Muskulatur zur ständigen Anpassung für gleiche Bewegungen. Diese Fehler machen erst lern- und anpassungsfähig. Praktisch heißt das, mit einer Vielzahl an Situationen dem Sportler eine variable Verfügbarkeit einzelner Techniken zu ermöglichen.

Beim Anfänger verlaufen Strecker (Agonist) und Beuger (Antagonist) noch gleichzeitig (simultan) und hemmen sich dadurch. Hinsichtlich dieses ungünstigen Verhältnisses von Be- und Entlastung treten schnell Erschöpfungen ein. Beim Fortgeschrittenen verlaufen Mit- und Gegenspieler nacheinander, sukzessiv und schneller, da nur noch gegen das eigene Körpergewicht und nicht gegen den Antagonisten, der jetzt regeneriert, Krafteinsätze erfolgen. Bewegungskoordination bedeutet in diesem Fall, die richtige Muskulatur zur richtigen Zeit entspannen.

Praxistipp: Bewegungstechniken in häufigen und kurzen Einheiten trainieren.

Aspekte zur Lernstrategie

Günstige Lernvoraussetzungen gilt es zu schaffen. Die Entwicklung der psychomotorischen Lernfähigkeit versteht sich als übergeordnete koordinative Fähigkeit. Mit der Kontrolle des Informationsflusses setzen sich zahlreiche methodische Konzepte auseinander. Lernen wird verstanden als Abbau von Informationen. Dabei ist den Vorstellungen gemeinsam, dass sie folgende lernmethodische Merksätze verwenden:

➭ *Vom Bekannten zum Unbekannten (Neuen):* Dies meint zum einen, dass zuletzt Gelernte zu Beginn einer neuen Lernstunde zu wiederholen. Auch bei aufeinander aufbauenden Übungen ist das Bekannte vor das Unbekannte zu setzen.

➭ *Erst die Bewegung vereinfachen und später komplex ausführen:* Sich auf einzelne Aspekte der Gesamtbewegung zu konzentrieren, ermöglicht es, Informationen durch die Konzentration auf eine bewusst zu verarbeitende Menge abzubauen. Freie Speicher für einzelne Aspekte/Korrekturen werden genutzt. Die Zerlegung in Teilbewegungen ist gelegentlich sinnvoll, um die Teilbewegungen anschließend zur Gesamtbewegung wieder zusammenzuführen (Doppelstockschub mit Zwischenschritt).

➭ *Erst die Bewegung langsam, dann schnell ausführen:* Eine langsamere Ausführung (Reduktion des Informationsflusses) führt dazu, dass Teile der Bewegungsempfindung noch während der Bewegung bewusst verarbeitet werden. Zunächst ist auf räumliche Aspekte wie Knie- und Hüftwinkel, später auf raum-zeitliche Merkmale der Bewegung zu achten.

➭ *Übungsbedingungen erst konstant halten und später variieren:* Die Invarianten sind bei Anfängern noch von sich aus groß. Die Festigung der Bewegungsmuster erfolgt erst im Langzeitspeicher. Die spätere variable Verfügbarkeit findet im Varianztraining statt.

➭ *Kontrast und Zwang führen aus motorischen Sackgassen:* Feste Bewegungsstereotype können nur durch geänderte Übungsbedingungen durchbrochen und instabil werden. Zum einen mit kontrastierenden Aufgaben (gebeugte Knie) und zum anderen durch äußere Bedingungen (zwingende Übungen).

Bei den jeweiligen Aufgabenstellungen und Skispielen sind die Ausgangsbedingungen des Lernenden, aber auch dessen Lösungsmöglichkeiten zu beachten. So sind Aufgaben zu stellen:

➭   ohne Informationen über die auszuführende Bewegung,

➭   mit Informationen zur Bewegung,

➭   zum Wahrnehmungslernen und

➭   zum variablen Üben.

Beim variablen Üben sind vor allem die Bewegungsstruktur (Tempo, Dynamik, Rhythmus, Fluss, Teilphasen) und die Bewegungsbedingungen (Gelände, Schneebeschaffenheit, Belastungen) zu variieren. Das Training des Anpassungsvorgangs ermöglicht es, bei der nächsten Bewegungswiederholung auf das Neue schneller adäquat zu reagieren.

5.1.2.2 Elementare Anforderungen an das Skilaufen (Objektseite)

Für den methodischen Lernprozess gilt es, neben der Analyse der Bewegungs- und Handlungsgrundlagen der Skianfänger, die grundlegenden Anforderungen des Skilaufens zu bestimmen. Aus den Anforderungen ergeben sich verschiedene zu lösende Aufgabenstellungen, welche sich am Entwicklungsniveau des jeweils Lernenden orientieren.

Den Ski als verlängerten Fuß wahrnehmen

Stellt sich ein Anfänger auf Skier, so fühlt er sich dem Gerät zunächst völlig ausgeliefert. Ein Vertrautwerden mit der neuartigen, festen Verbindung von Körper und Ski stellt eine erste Anforderung an das Skilaufen dar. Der Anfänger muss die Eigenschaften der Körper-Gerät-Verbindung kennen lernen, d. h., Länge und Gewicht des Skis erfassen, Gleit- und Haftfähigkeit erproben sowie die Bewegbarkeit, Festigkeit und Drehbarkeit des Skis untersuchen. Der Körper und die Umwelt (Gerät/Schnee) sind beim Anfänger noch getrennt. Deshalb üben Stöcke und Ski zunächst eine tast- und gleichgewichtsermöglichende Funktion aus.

Das Kennenlernen der Schuh-Ski-Verbindung soll allmählich in das bestehende Körperschema integriert werden, was eine Auseinandersetzung des Körpers mit Ski und Umwelt (Schnee/Geländeprofil) erfordert. Es geht um das Verwachsen von Körper und Ski. Der Ski wird damit nicht nur zum Ausführungsgerät, sondern auch zum Wahrnehmungsorgan. Es geht also darum, den Ski als verlängerten Fuß wahrzunehmen. Hilfreich ist der Einstieg mit Schneeschuhen und Big Foots.

Dynamisches Gleichgewicht regulieren

Das Feld der elementaren Aufgaben beinhaltet vor allem die Regulation des dynamischen Gleichgewichts. Dieses wird beim Skilaufen ständig durch gelände- und aktionsbedingte Größen gestört und bedarf deshalb ständiger Feedforward-(Vorwegnahme-) und Feedback-(Rückmeldungs-)Regulationen, um die auftretenden Beschleunigungs- und Trägheitskräfte zu kompensieren und den Körperschwerpunkt (KSP) über die Standfläche des Skis zu bringen. Gelände- bzw. umweltbedingte Störungen des dynamischen Gleichgewichts ergeben sich bei Geländeversteilung und -verflachung oder bei Änderungen der Schneebeschaffenheit; aktionsbedingte Störungen hingegen beim Abstoßen, Schieben, Bremsen, bei Richtungsänderungen und Körperschwerpunktverlagerungen.

Schneewiderstand erzeugen

Beschleunigen, Bremsen oder eine Richtungsänderung ist ohne die Erzeugung von Schneewiderstand nicht realisierbar. Es ist eine Grundanforderung an das Skilaufen. Schneewiderstand lässt sich auf verschiedene Weise aufbauen. Zum einen wird der Ab-

druckwiderstand wie beim Diagonalschritt durch ein Druckfassen erzeugt (s. Kap. 5.3.1), also eine Haftreibung zwischen den Schneekristallen und dem Haftwachs ermöglicht. Zum anderen geschieht die Widerstandserzeugung durch das Schrägstellen oder Kanten der Ski. Dies lässt beim Laufen in der Ebene (Schlittschuhschritt) und im steigenden Gelände (Grätenschritt) zielgerichtete Beschleunigungen zu. Um die Richtung zu ändern oder um zu bremsen, werden die Ski gegen die Rutschrichtung gekantet oder schräg gestellt (Pflug, Schwingen).

Die richtige Körperstellung einnehmen

Eine funktionsermöglichende und bewegungsaktive Körperstellung bildet die Grundvoraussetzung für das Skilaufen. Sie ist gekennzeichnet durch eine leichte Beugung der Sprung-, Knie- und Hüftgelenke sowie eine Vorlage des Oberkörpers.

Schneebeschaffenheit und Geländeprofil erfassen und in Relation zur Eigenbewegung setzen

Beim Skilaufen müssen die Schneebeschaffenheit, die Oberflächenstruktur (z. B. Wellen, Mulden) sowie die Veränderungen der Geländeneigung wahrgenommen werden. Weitere Wahrnehmungs- und Orientierungsaufgaben ergeben sich beispielsweise beim

Tiefschneefahren, beim Fahren schräg zur Falllinie oder bei Richtungsänderungen. Hierbei müssen fortwährend Hangposition, relative Hangneigung und Kurvenwinkel bestimmt, in Relation zur Eigenbewegung (Geschwindigkeits- und Richtungswahrnehmung) und zum jeweiligen Handlungsziel gesetzt werden.

Rhythmisierungsfähigkeit und kinästhetische Differenzierungsfähigkeit

Da das Laufen auf Skiern einen sich rhythmisch wiederholenden Prozess in zyklischen Bewegungen darstellt, gehört die kinästhetische Differenzierungsfähigkeit zu den elementaren Anforderungen des Skilaufens. Eine variable Verfügbarkeit des Bewegungsmusters ermöglicht es, Krafteinsätze so zu koordinieren, dass die richtige Muskulatur zur richtigen Zeit zum Einsatz und zur Entspannung kommt.

Für die Langlauftechniken lassen sich, *biomechanisch* ausgedrückt, folgende Anforderungen herausstellen **(Abb. 5.8)**: die **Impulsgebung** für den Vortrieb. Der Abdruckimpuls wird beim Gleiten oder Springen (Grätenschritt) aufrechterhalten (**Impulserhaltung**). Der Impuls muss beim Gleiten, Bremsen und bei Richtungsänderungen unterschiedlich reguliert werden (**Impulsregulation**). Bei allen Techniken ist eine hohe **Gleichgewichtsregulation** sowie **Rhythmisierungsfähigkeit** erforderlich, insbesondere auf Grund aktions- (Arm-/Beinabstoß) und geländebedingter (Bodenwellen) Störungen. Dabei gilt es, mittels **Verlagerungen des Körperschwerpunkts** in verschiedene Richtungen auftretende Trägheitskräfte zu regulieren.

IMPULSERHALTUNG
IMPULSGEBUNG • *Gleiten/Springen*
• *Schneewiderstandserzeugung* *(ein- und beidbeinig)* **IMPULSREGULATION**
(Haftreibung/Kantendruck/ • *Beschleunigen*
Stockdruck) • *Bremsen*
• *Arm-/Beinabstoß* • *Richtung ändern*

SKILANGLAUF

KSP-VERLAGERUNG **GLEICHGEWICHTSREGULATION**
• *Regulation von Trägheitskräften* • *Regulation aktions- und*
durch Verlagerung des KSPs in *geländebedingter Störungen*
verschiedene Richtungen **KINÄSTHETISCHE** *(Feedforward-,*
(Impulsgebung, -erhaltung, **DIFFERENZIERUNG** *Feedbackregulation)*
-regulation) • *Variable Verfügbarkeit der*
Bewegungsmuster

Abb. 5.8: Anforderungen an das Skilaufen

5.1.2.3 Fundamentalbewegungen (Elementarschule)

Die methodische Umsetzung in die Praxis, die sich an subjektiven Handlungsgrundlagen und objektiven Aufgabenbestandteilen orientiert, erfolgt mit vielfältigen Gewöhnungsübungen, Bewegungsaufgaben und Skispielen. Das Ziel besteht im Sammeln von Bewegungs-, Schnee- und Geländeerfahrungen als Basis für die individuelle Entwicklung im Skilauf. Das Erlernen von Fundamentalbewegungen in der Elementarschule ermöglicht ein sicheres Gleiten und Bewegen im Schnee. Themenfelder wie Gehen/Laufen, Stützen und Gleichgewicht oder Schieben, Gleiten, Gleichgewicht sowie Kanten, Drehen, Bremsen sind als Bewegungsformen erfahrbar zu machen. Das Spielen mit und auf Skiern wird so gestaltet, dass der Lehr-/Lernprozess offen ist und die jeweilige Gesamtgestalt der Bewegungen durch eigenes Probieren erfasst werden kann.

An Handlungsschritten sind zu nennen:

1. Alltagsmotorik Gehen/Laufen mit Schneeschuhen im Tiefschnee.
2. Erfahrungen unterschiedlicher Gleitgeräte (Big Foot, verschiedene Ski).
3. Um die Funktion von Scherwinkel und Skikante zu entdecken, ist ein Ski ohne Abstoßzone zu wählen. Dies lässt selbstständig ein Gleitschieben mit Stöcken und einen Abstoß von der Skikante als Schlittschuhschritt entstehen.
4. Abfahren und Laufen als Zusammenhang erfahren (Berg von unten nach oben sukzessiv erkunden).

Am Anfang gilt es, dass sich der Skianfänger an Ski, Stöcke und Schnee gewöhnt. Die neuen Fortbewegungsmöglichkeiten mit den je spezifischen Bedingungen sind dabei zu erkunden und erfahrbar zu machen (s. Bucher, 1992). Die Gewöhnungsübungen und Skispiele werden nach dem Ort ihrer Ausführung eingeteilt, sodass eine Unterscheidung in Übungen am *Ort*, in der *Ebene*, im steigenden Gelände (*Anstieg*) und in der *Abfahrt* erfolgt. Viele Übungen und Spiele werden im ungespurten Gelände durchgeführt, da das noch unbekannte und meist als gefahrvoll empfundene Gleiten im Tiefschnee vermindert wird (Einsatz von Schneeschuhen).

Mit Gruppen sind zunächst Kennenlernaktivitäten und Eisbrecherspiele zu wählen für eine angenehme Atmosphäre, für den Abbau von Berührungsängsten und für viel Spaß. Vertrauensaktivitäten schließen sich an (s. Kap. 5.1.1). Kooperative Abenteuerspiele und Problemlösungsaktivitäten verlangen eine Zusammenarbeit als Team, lassen unterschiedliche Rollen erfahren, verbessern die Kommunikation und intensivieren Kooperation, bauen soziale Kompetenzen auf und lassen eine Auseinandersetzung mit starken Gefühlen zu (vgl. Reiners, 1992).

Aufgaben und Spiele am Ort

Ziele:
- Geräterkundung.
- Gewöhnung an Ski und Schnee.
- Ein neues Körperschema entwickeln (den Ski als verlängerten Fuß wahrnehmen).
- Gleichgewichts- und Gleitfähigkeiten fördern.
- Unterschiedliche Abdruckerfahrungen mit Schneeschuhen, Ski usw. sammeln.

Aufgaben:
- Ski an- und abschnallen.
- Hinsetzen/-fallen und aufstehen.
- Umtreten um die Skispitzen/-enden.
- Auf der Stelle wippen, hüpfen und springen (Schlusssprünge, eventuell mit An- hocken der Beine).
- Einbeinsprünge, Schrittsprünge, Grätschsprünge, Wechselsprünge und Hampel- mannsprünge.
- Statische und dynamische Gleichgewichtsübungen.

Spiele/Wettbewerbe

Luftballonspiele:
- Wer kann mit den Skispitzen/-enden und allen Körperteilen einen Luft- ballon jonglieren?
- Wer bringt den Luftballon mit Skiern zum Zerplatzen?
- Im Innenstirnkreis werden viele Luftballons mit den Skiern und den Händen jongliert und sich gegenseitig zugespielt.

Spurenbilder:
- Wer tritt mit Skiern die interessantesten Figuren (Sternbilder, Buchstaben)?

Kanteneinsatz:
- „Tauziehen": Welche Mannschaft hat den besten Kanteneinsatz?

Aufgaben und Spiele in der Ebene

Ziele:
- ⇒ Schneewiderstand erzeugen.
- ⇒ Vortrieb aus eigener Kraft erzeugen.
- ⇒ Abdruckimpuls in ein Gleiten überführen.
- ⇒ Gleitfähigkeit und Gleitgefühl entwickeln.
- ⇒ Arm-Bein-Koordination verbessern.

Aufgaben:
- ⇒ Gehen, laufen, gleiten mit und ohne Stöcke (kurze/lange; schnelle/langsame Schritte).
- ⇒ Gleitschieben (parallel/diagonal mit kurzen/langen; schnellen/langsamen Arm-schüben).

Spiele/Wettbewerbe in der Ebene

Skispitzen- und Skiendenkarussell:

- Im Innen- bzw. Außenstirnkreis werden die Hände gefasst und dabei nach rechts und links gegangen bzw. gehüpft.

Fangspiele (im abgesteckten Feld):

- „Kettenfangen": Zwei Fänger jagen als Kette die übrigen Teilnehmer. Die Gefangenen werden zu Fängern und schließen sich in Zweier- und Dreier-ketten zusammen.
- „Steh und lauf": Zwei Fänger versuchen, die Mitspielenden abzuschlagen. Die Abgeschlagenen können sich von den Nichtabgeschlagenen mittels Krabbeln durch die gegrätschten Beine befreien lassen.
- „Bändelklau": Ein aus der Hose heraushängendes Seil/Tuch gilt es, sich gegenseitig wegzunehmen. Wer erwischt die meisten?
- „Geretteter Hase": Ein Jäger verfolgt einen Hasen, der eine Mütze trägt. Der Hase kann sich retten, wenn er die Mütze einem anderen Hasen gibt, welcher jetzt flüchten muss. Auch der Jäger hat ein Zeichen, welches er weitergeben kann.

Frisbee, Ball und Luftballon:

Zwei Mannschaften spielen gegeneinander. Die Mannschaft, welche in Besitz der Frisbeescheibe ist, versucht, diese so oft wie möglich zuzupassen. Welche Mann-schaft schafft die meisten Zuspiele innerhalb der Gruppe?

- Zwei Mannschaften spielen gegeneinander auf (Stock-)Tore.
- Mit einem Schaumgummiball und nur auf einem Ski wird ein Fußballspiel organisiert.
- Jeder Spieler hat um den Fußknöchel einen Luftballon gebunden. Die Luftballons gilt es, zum Zerknallen zu bringen. Wer hat am Spielende noch seinen Luftballon?
- Wer kann in einer vorgegebenen Zeit die meisten Luftballons von A nach B transportieren (auch als Luftballontreibstaffel möglich)?

Staffeln (Zieh-, Umkehr-, Pendel-, Wende- und Rundenstaffeln): Kanadierstaffel: Mit einem Bein auf dem Ski kniend wird sich mit dem Skistock wie mit einem Stechpaddel in der Spur vorwärts bewegt.

Synchronläufe/Schattenläufe: Der vordere Läufer gibt dem hinteren Läufer vor, was dieser während des Laufens genau zu kopieren hat.

Wahrnehmungsläufe: „Blindenlauf": Die Bewegungsrichtung des „blinden" Läu-fers (Stirnband über die Augen ziehen) wird über akustische Signale (mit dem Finger schnipsen; mit dem Stock klappern) oder über Schultertippen vorgegeben.

Bewegungsgeschichte

Jeder kann eine Geschichte erfinden, die von den Teilnehmern pantomimisch nachgespielt und in Bewegung umgesetzt wird: „Der Bär von Maloja" (vgl. Kuchler, 1986, S. 12): Eines Morgens kitzelt ein Sonnenstrahl den Bären von Maloja aus seinem Winterschlaf. Er räkelt sich (RÄKELN). Er schnaubt und stampft (STAMPFEN). Vorsichtig nimmt er die süße Witterung von Klister auf und tastet sich vorwärts (GEHEN). Er verliert die Fährte und dreht sich wie wild im Kreis (SICH DREHEN). Schnell pirscht er weiter (LAUFEN). Bald muss er schleichen (SCHLEICHEN). Da stolpert und stürzt er (STÜRZEN). Aber die Beute vor sich, springt er auf und läuft vorwärts (SPRINTEN). Und plötzlich hält er die Beute (einen anderen Teilnehmer) in den Armen (UMARMEN). Er vergisst Klister, Honig und alle anderen Süßigkeiten der Welt und kuschelt mit seiner Beute (KUSCHELN).

Aufgaben und Spiele im Anstieg

Ziele:

- ⇨ Im steigenden Gelände durch verstärkten Kanteneinsatz beschleunigen.
- ⇨ Absolute und relative Hangneigung erfassen; Hangposition ermitteln.
- ⇨ Hangpräparation erlernen.
- ⇨ Unterschiedliche Kantenfunktionen entdecken (Widerstand erzeugen/Halt finden).

Aufgaben:

- ⇨ Trab- und Gleitschritte im Wechsel ausführen.
- ⇨ Steige-, Treppen-, Halbtreppen- und Grätenschritt mit Stockeinsatz gehend, laufend und springend durchführen.
- ⇨ Verschiedene Spurenbilder erstellen.

Spiele/Wettbewerbe im Anstieg

Staffeln:

- • „Wagenrennen": Der Vordermann zieht wie ein Pferd mittels der Stockverbindung den Hintermann.
- • „Kutschenrennen": Der mittlere Läufer wird von den beiden äußeren Läufern gezogen.

Bogenlauf/-treten:

- • „Achterlauf": Eine Acht wird am querenden Hang durch ein Bergabfahren mit Bogentretschritten und ein Bergauflaufen im Bogenlauf beschrieben.
- • „Schneckenlauf": Im Bogenlauf wird eine Schnecke (Spirale) gelaufen.

Gruppenlauf:

- • „Tatzelwurm bergauf". Mit Seilen rechts und links in der Hand läuft die verbundene Gruppe den Hang im Grätenschritt hinauf.

Aufgaben und Spiele in der Abfahrt

Ziele:
- Gleichgewicht bei zunehmenden gelände- und aktionsbedingten Störungen regulieren.
- Gleitfähigkeit weiterentwickeln.
- Skikante beim Haltfinden, Bremsen oder bei Richtungsänderungen einsetzen.
- Be- und Entlastung der Ski durch Hochtiefbewegungen.
- Körperschwerpunkt-(KSP-)Verlagerungen umsetzen.
- Geschwindigkeitsgewöhnung.

Aufgaben:
- Halt finden am „Start" durch das Einnehmen einer Skiwinkelstellung.
- In den Knien wippen.
- Hocke und Stand im Wechsel durchführen.
- Einbeinfahren (wechselseitig).
- Mit Vor- und Rücklage des Oberkörpers spielen.
- Aufkanten/Flachstellen/Rutschen der Ski in Pflugstellung.
- Mit paralleler Skistellung quer zum Hang gleiten (Seitrutschen).
- Befahren von Wellen, Mulden, Kanten (Neutrallage finden).
- Tiefschneefahrten – Schussfahrten.

Spiele/Wettbewerbe für die Abfahrt

Schussfahrten (vorerst mit Auslauf oder Gegenhang):
- Während des Abfahrens in den Beingelenken wippen und dabei Gegenstände hochwerfen und wieder fangen (eventuell leichte Sprünge einbauen).
- Mit größtmöglicher Vor- und Rücklage kann gespielt werden, um die Neutrallage besser ausloten zu können (wechselnde Geländeformen wählen).
- Der Oberkörper hat einen Stock „verschluckt"! Welche Bewegungen können in der Abfahrt mit den Beinen noch realisiert werden?

Fahrten mit Handfassung (Zweierfahrt): Nebeneinander wird im gleichen Tempo gefahren und dabei ein „GROß und klein werden" als auch ein wechselseitiges Beinheben durchgeführt.

„Troika" (Dreierfahrt):
- Der mittlere Fahrer wird von den äußeren Fahrern nach vorn gezogen und umgekehrt.
- Der mittlere Fahrer bekommt während des Abfahrens die Augen verbunden.

Fahrten/Wettbewerbe: Bei verschiedenen Hasche- bzw. Fangspielen ist der Vortrieb (Schussfahrt, Schlittschuhschritte) zu wechseln und ein Hindernisparcours zu durchfahren.
- Welche Kleingruppe kann die interessantesten akrobatischen Einlagen zeigen?
- Eine Staffelfahrt ins Tal wird mit Zweiergespannen durchgeführt (Skistockverbindung).

Bogentreten:
- Wer kann ganz lang gezogene bzw. sehr enge Bögen treten?
- Wer schafft es, einen oder mehrere Bögen über die Falllinie zu treten?

Bremspflug:
- Wer ist im Fahren der Langsamste, ohne jedoch die Fahrt zu unterbrechen?
- Wer kann nach einer kurzen Fahrtstrecke genau neben z. B. einem Skistock zum Stehen kommen?

Gleitpflug: Es wird in der Abfahrt ein Wechsel von paralleler Skistellung (Schussfahrt) und gleitender Pflugstellung (Gleitpflug) umgesetzt.

5.1.2.4 Das Lernfeld der Basistechniken

Die Basistechniken im Skilauf betreffen Abstoßimpulse mit Beinen und Armen, verschiedene Gleit- und Bremsmöglichkeiten sowie diverse Richtungsänderungen.

An Basistechniken sind als Grundrepertoire des Skilaufens, aus denen alle weiterführenden Techniken erlernt werden können, zu nennen:

- Diagonalschritt,
- Schlittschuhschritt,
- Doppelstockschub,
- Schussfahrt,
- Gleit- und Bremspflug.

Aus dem Schlittschuhschritt und in Kombination mit dem Doppelstockschub sowie der diagonalen Stockführung entwickeln sich alle weiteren Skatingtechniken.

Spurwechsel und Bogenlaufen sowie der Grätenschritt lassen sich leicht aus dem Diagonalschritt und/oder dem Doppelstockschub entwickeln. Doppelstockschub mit Zwischenschritt ist eine Kombination beider klassischen Basistechniken. Aus Schussfahrt, Brems- und Gleitpflug sind Techniken der dosierten Regulierung der Fahrtgeschwindigkeit, Richtungsänderungen wie Umtreten bis hin zum parallelen Grundschwingen erlernbar.

Dieses Lernfeld wird in Kapitel 5.2 integriert, da hier alle weiterführenden Techniken, geordnet nach klassisch, Skating, Abfahren aufgeführt werden. Querverweise zum schrittweisen Vorgehen werden dort vorgestellt.

5.2 Skilanglauftechniken

Die Langlauftechniken haben sich mit der Steigerung der körperlichen Leistungsfähigkeit, der Verbesserung des Ausrüstungsmaterials (s. Kap. 2) und den besser präparierten Loipen stetig weiterentwickelt, wodurch vor allem die Laufgeschwindigkeit ständig erhöht wurde. Ein wesentlicher Träger für die Entwicklung neuer Techniken ist das Wettkampfsystem des Leistungssports.

Die Entwicklung zielt dabei eindeutig auf die Ausprägung und Anwendung vortriebswirksamer Techniken. Dabei entwickelten sich für das Fortbewegen in der Ebene, im Anstieg, der Abfahrt und für die zu vollziehenden Richtungsänderungen verschiedene Bewegungstechniken **(Abb. 5.9)**.

SKILANGLAUFTECHNIKEN

LAUFTECHNIK
- Diagonalschritt
- Doppelstockschubtechniken
- Grätenschritt
- Schlittschuhschritt
- Symmetrisch 1:1 / 2:1
- Diagonalskating
- Asymmetrisch 2:1
- Halbschlittschuhschritt

RICHTUNGSÄNDERUNG
- Bogenlaufen
- Bogentreten (passiv, aktiv)
- Pflugbogen
- Schwungformen

BREMSTECHNIK
- Pflug
- halbseitiger Pflug
- Stoppschwung

ABFAHRTSTECHNIK
- Aktive Abfahrt
- Passive Abfahrt

Abb. 5.9: Skilanglauftechniken (klassisch und Skating)

LEHR- UND LERNWEGE

Die Unterschiede zwischen klassischer und Skatingtechnik sollen kurz und exemplarisch anhand der beiden Lauftechniken Diagonalschritt und Schlittschuhschritt dargestellt werden.

Tab. 5.1: Dynamische Größen des Beinabdrucks bei der klassischen und der Skatingtechnik (eigene Daten)

	Diagonalschritt	**Schlittschuhschritt**
Ski	Haftski	Gleitski
Abdruck	Vom stehenden, parallelen und planen Ski	Vom gleitenden, gekanteten und ausgescherten Ski
Abdruckrichtung	In Laufrichtung	Seitlich zur Laufrichtung
Abdruckdauer	0,1-0,2 s	0,3-0,8 s
Kraftimpuls	40-60 Ns	50-150 Ns
Gesamtkraft	1.000-1.600 N	600-1.600 N
Horizontalkraft	300-400 N	300-400 N
Anwendung	Anstieg und Ebene	Ebene und Gefälle

Aufbau der Technikkapitel

Zu Beginn jedes Kapitels wird die jeweilige Technik, die Anwendung im Gelände (Handlungsraum) und der optimal umsetzbare Geschwindigkeitsbereich vorgestellt.

Anforderungsprofil/Bewegungsstruktur
Hier werden das Anforderungsprofil, die Bewegungsstruktur und die wesentlichen Merkmale der Technik thematisiert. Daraus ergibt sich, welche Aufgaben vom Skiläufer für das Erlernen der Techniken zu bewältigen sind. Um die Techniken auch funktionsbezogen zu erfassen, werden sie in ihrem Bewegungszyklus kinematisch und dynamisch beschrieben. Somit erhält der Aktive vertiefende Auskunft über die äußere Gestalt einer Bewegung.

Bewegungserfahrungen nutzen
Motorische Vorerfahrungen des Skiläufers bilden die Ausgangsbasis für den Aneignungsprozess und stellen damit eine wesentliche Größe zum Erlernen von Bewegun-

gen. Es ist herauszufinden, was der Lernende an Bewegungserfahrungen aus dem Alltag oder dem vorausgegangenen Basisunterricht sowie an Basistechniken mit in den neuen Lernprozess einbringt. Diese Innensicht wird genutzt, um eine adäquate und individuelle Gestaltung des Lernprozesses im Sinne des differenziellen Lernens zu gewährleisten (siehe Kap. 5.1.2.1).

Lernen durch Verkörpern

Aus der Analyse subjektiver Handlungsgrundlagen des Lernenden (Innensicht) und den objektiven Aufgabenanforderungen (Außensicht) wird ein effektiver Lehr-Lern-Weg entwickelt (siehe hierzu Kap. 5.1.2). Er wird so dargestellt, dass auch ein autodidaktisches Lernen möglich ist.

In der Gruppe jedoch macht Skilaufen am meisten Spaß. Ein ausgewähltes Spieleprogramm, was speziell für jede Technik erstellt wurde, bildet den skispezifischen und spaßbetonten Einstieg – also Skilaufen spielend verkörpern.

Im Anschluss daran wird ein Repertoire an *Aufgaben* angeboten, welches über variantenreiche Aufgabenstellungen (Gegensatzerfahrungen; verschiedene Wahrnehmungsaufgaben) ein Erlernen der jeweiligen Technik in ihrer Ganzheit und durch situative Arrangements absichert. Vor allem das problemlösende Lernen (Experimentieren, Erforschen, Eingrenzen von Lösungsbereichen, Erproben von Alternativen) steht hier im Vordergrund. Dieses hat in idealer Weise bei der Bewältigung einer Bewegungsaufgabe zum einen Lösungscharakter und wirft zum anderen neue zu lösende Probleme auf. Auch das Wiederholen und Üben erfolgreicher Bewegungslösungen hat einen bedeutenden Stellenwert und kommt zur entsprechenden Anwendung.

Die Aufgaben folgen im Wesentlichen einem chronologischen Ablauf und sind damit hierarchisch geordnet. Es können aber auch ohne weiteres Einzelauswahlen getroffen werden, um eine individuelle Abstimmung zu gewährleisten. Des Weiteren ist vorstellbar, Bewegungsaufgaben aus verschiedenen Techniken auf einer Übungsstrecke nacheinander zu reihen, um so eine komplexe Geländefahrt zu organisieren (z. B. Aufgaben aus Diagonalschritt, Grätenschritt, Doppelstockschub, Abfahrt und Bogentreten usw.). Die Bewegungsaufgaben sind zwar für den Einzelanwender formuliert, können aber durch flexible Umstellung Gruppencharakter bekommen oder in Spielformen umgewandelt werden. Mit weiterführenden Spielen wird der Technikblock abgeschlossen.

Auch im Techniklernen sind die in Kap. 5.1.1.5 erläuterten Gruppen- und Reflexionsprozesse als Lern- und Wachstumschancen zu verstehen. Die *Reflexion* von Bewegungserfahrungen erhöht den Lernerfolg. Die verschiedenen Möglichkeiten der Nachbereitung werden hinsichtlich des Skilaufens noch einmal vorgestellt:

⇨ Die Bewegungserfahrung spricht für sich! Lernen durch Verkörpern!

⇨ Trainer, Sportkollegen oder Videoaufnahmen geben Feedback und Rückmeldung über die Bewegungsaktivität und -ausführung! Learning by telling!

⇨ Nachbereitung der Bewegungserfahrungen/-erlebnisse durch Reflexion lässt den Aktiven die wesentlichsten Problemlösungen selbst herausfinden (gezielte Fragen stellen)! Learning through reflecting!

⇨ Debriefing vor der eigentlichen Aktivität (direktes Frontloading) fragt nach: Welche Punkte wurden aus der letzten Aktivität gelernt? Welches Ziel wird mit der folgenden Aktivität verfolgt und was kann daraus gelernt werden? Warum kann die Erfahrung aus dieser Aktivität bedeutsam sein? Welche Verhaltensweisen führen zum Erfolg? Welche Bewegungsmuster sind dysfunktional und wie können sie vermieden werden?

⇨ Metaphorisch-isomorphes Handlungslernen als Bildsprache des Alltags (Roller- oder Kanadierfahren als Bilder für Übungen) unterstützt bildhaftes Lernen! Framing the experience!

5.3   Klassische Techniken

Anfang der 80er Jahre des 20. Jahrhunderts bildete sich im Skilanglauf die Skating-technik heraus und die traditionelle (klassische) Langlauftechnik in der Loipe drohte, da sie in Dynamik und Geschwindigkeit unterlegen war, aus dem Spitzensport verdrängt zu werden. Diesem Verdrängungsprozess gegensteuernd, konservierte die Fédération International de Skiing (F.I.S.) die herkömmliche Technik. Laut F.I.S.-Reglement werden seit 1985 Wettkämpfe in der klassischen und in der freien Technik ausgetragen (s. Kap. 1). Bei den klassischen Wettkämpfen sind alle Schlittschuhschrittformen verboten, freie Techniken schließen die klassischen Techniken mit ein.

Die klassischen Techniken lassen sich vereinfacht folgendermaßen klassifizieren: die Lauf- und Gleittechniken für die Ebene, die Aufstiegstechniken und die Techniken der Richtungsänderungen, des Abfahrens und des Bremsens **(Abb. 5.10)**.

Abb. 5.10: *Klassische Techniken*

Von den klassischen Techniken wird als Erstes die Lauftechnik *Diagonalschritt* erlernt, der primär in der Ebene und im ansteigenden Gelände gelaufen wird. Alltagserfahrungen wie Gehen und Laufen erfolgen im diagonalen Rhythmus dabei mit Ski und Stöcken. Der Diagonalschritt gehört zu den Basistechniken. Der Abdruck vom stehenden Ski mit anschließender langer Gleitphase bis hin zum „Joggen" im ansteigenden Gelände ohne Gleiten ermöglicht eine breite Anwendung.

Der *Grätenschritt* führt die Bewegungsstruktur des Diagonalschritts weiter im noch steiler werdenden Gelände. Er ermöglicht ein diagonales Laufmuster in gescherter Skistellung. Bei ansteigender Hangneigung kommen die Skikanten verstärkt zum Einsatz. Das Spurbild gleicht einer Fischgräte. Zu den weiteren Aufstiegstechniken ohne Gleitphase zählen der *Treppen- und Halbtreppenschritt* (quer zum Hang stehend), jedoch in paralleler Skistellung.

Der *Doppelstockschub* wird bei hohen Geschwindigkeiten vom abfallenden bis hin zum leicht ansteigenden Gelände eingesetzt. Der Vortrieb erfolgt nur aus dem Oberkörper mittels einem beidseitigen, parallelen Arm-Stock-Einsatz. Die Ski kommen nicht wie beim Diagonalschritt zum Stehen, sondern gleiten permanent. Auch dies ist eine Basistechnik des Skilaufens. In Kombination mit dem Diagonalschritt gilt der *Doppelstockschub mit Zwischenschritt* als eigenständige Technik.

Richtungsänderungen müssen im kupierten Gelände bei unterschiedlichen Geschwindigkeiten vorgenommen werden. Dabei kann man das *Bogenlaufen* im Diagonalschrittrhythmus in Ebene und Anstieg, das *Umtreten* in Form von Nachstellschritten bei engen Passagen und hoher Geschwindigkeit, den *Pflugbogen* oder *schwunghafte Richtungsänderungen* in Abfahrten anwenden. Im klassischen Stil kommt die *Schussfahrt* in und neben der Spur als Abfahrtstechnik häufig zum Einsatz. Diese kann in den drei typischen Abfahrtshaltungen des Langläufers ausgeführt werden. So gibt es die tiefe Abfahrtshocke, die halbaufrechte und die aufrechte Körperhaltung.

Verschiedene Bremstechniken sollen die Fahrtgeschwindigkeit verringern bzw. regulieren. *Gleit- und Bremspflug, halbseitiger Pflug und der Stoppschwung* sind hier als Techniken zu nennen.

Richtungsänderungen, Abfahrtstechniken und Bremstechniken – in klassischen und Skatingtechniken relativ identisch – werden separat in eigenen Kapiteln nach den beiden Technikblöcken (klassisch/Skating) vorgestellt.

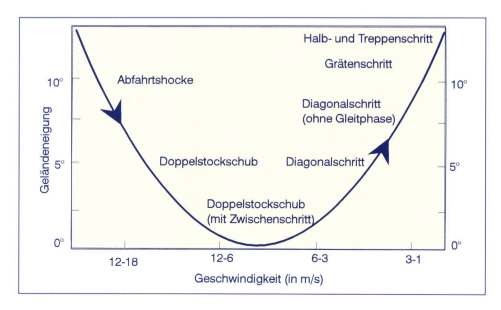

Abb. 5.11: *Wahl der Technik in Abhängigkeit von Geländeneigung und Geschwindigkeit*

5.3.1 Der Diagonalschritt

Der Diagonalschritt ist die Grundbewegungsform der klassischen Techniken und zeichnet sich durch seine alltagsnahe Bewegung aus (Kreuzkoordination von Armen und Beinen): Gehen, Laufen und Rennen mit Ski und Stöcken. Der Diagonalschritt kann als hochdynamische Bewegung im Wechsel von Abdruck- und Gleitphasen umgesetzt werden. Im steilen Gelände sind zudem mit dieser Technik explosive und raumgreifende Sprungschritte ohne Gleitphasen möglich.

Die häufige Anwendung des Diagonalschritts unterstreicht seine hohe Bedeutung im Skilauf. So wird diese Technik in der Ebene, bei leichten bis mittelschweren Anstiegen, in Übergängen und bei Richtungsänderungen durch Bogenlaufen eingesetzt. Im Gelände lässt sich sein Einsatz zwischen den Doppelstocktechniken und dem Grätenschritt einordnen. Die maximale Laufgeschwindigkeit liegt bei etwa 5 m/s.

*Der Diagonalschritt –
die Technik für Ebene
und Anstieg*

a)

b)

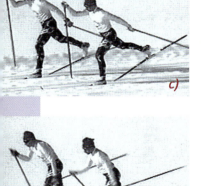

c)

d)

e)

Anforderungsprofil/Bewegungsstruktur

Der Vortrieb beim Diagonalschritt erfolgt durch eine diagonale Arm-Bein-Arbeit, was der Technik auch ihren Namen verleiht. Für einen kräftigen Beinabdruck muss bei paralleler Skiführung eine Haftreibung entstehen.

Die Haftreibung ist mit dem Absenken des Körperschwerpunkts (KSP) und der Belastung des flachen Skis gegeben (Druckfassen, Beugung im Kniegelenk und Gewichtsverlagerung auf den Ballen des Standbeins). Mit diesem Absenken des KSPs können sich Haftwachs und Schneekristalle ineinander verankern.

Der Beinabdruck zeigt sich im Strecken der Sprung-, Knie- und Hüftgelenke. Arm- und Beinabdruck erfolgen, um vortriebswirksam zu sein, nach vorn oben. Abdruckdynamik und -richtung haben sich an den wesentlichen Größen *Vortriebsimpuls* und *Impulserhaltung* zu orientieren.

Der Vortriebsimpuls, welcher in ein Gleiten zu überführen ist, soll so lange wie möglich aufrechterhalten werden, bevor ein neuer Vortriebsimpuls durch das andere Bein und den gegengleichen Arm stattfindet.

Dies wird durch einbeiniges Gleiten erreicht. Das Gleiten muss dabei so gestaltet werden, dass die Gleitreibung zwischen Ski/Wachs und Schneekristallen gering wird. Das wiederum ist mit einem entlasteten Gleiten möglich. Das dynamische Gleichgewicht ist ständig zu regulieren und der KSP mittels Verlagerungen über die Standfläche des Skis zu bringen.

Der Bewegungszyklus des Diagonalschritts

Bewegungsbeschreibung

Der Diagonalschritt lässt sich in nachstehende Funktionsphasen einteilen, die sich zum Teil überlappen, aneinander anschließen oder simultan zueinander verlaufen (vgl. Fotoreihe):

Abdruckphase (a-b):

↪ In der Beinabdruckphase wird – neben der Armabstoßphase – der Vortrieb erzeugt. Das Bein stößt sich unter Ausnutzung der Haftreibung vom Schnee explosiv ab.

↪ Damit die nötige Haftreibung aufkommt, wird die Abdruckphase mit dem so genannten *Druckpunktnehmen* eingeleitet. Es erfolgt eine leichte Tiefbewegung durch das Beugen des Abdruckbeins. Hieraus ergibt sich eine Vorspannung der Oberschenkelmuskulatur und eine vollständige Verlagerung des Körpergewichts auf das Abstoßbein.

↪ Die Vortriebswirkung der anschließenden Fuß-, Knie- und Hüftstreckung hängt vom Abdruckwinkel zur Unterstützungsfläche ab. Dieser sollte zwischen 35° und 60° liegen, wobei der Oberkörper und die Hüfte vor dem Abdruck nach vorne verlagert werden. Damit erfolgt eine KSP-Verlagerung nach vorne. Ein zu großer Abdruckwinkel wirkt ungünstig, da weniger Kraft zur horizontalen Beschleunigung genutzt werden kann.

↪ Der Abdruck endet in der völligen Beinstreckung: Die Verlagerung des Körpergewichts auf das Gleitbein während der Abdruckphase setzt den Abstoßimpuls in die Vorwärtsbewegung um.

Gleitphase (c):

↪ Die passive Gleitphase schließt sich der Abdruckphase an und ist durch ein antriebsloses, einbeiniges Gleiten charakterisiert. Der Körperschwerpunkt liegt über der Standfläche des Gleitbeins. Die Beugung der Knie wird zunehmend aufgehoben, was zu einer Entspannung und Erholung der Oberschenkelmuskulatur führt (entlastendes Gleiten).

Körperschwerpunktverlagerung über die Standfläche des Gleitbeins

➥ Das Ende der passiven Gleitphase ist am hinteren Umkehrpunkt des ausschwingenden Abdruckbeins gegeben und geht in die aktive Gleitphase (unterstützt durch den Stockeinsatz) über. Dies entspricht der Schwungphase.

Schwungphase des Beins (d-e):

➥ Nach der antriebslosen Gleitphase (Beginn des gegenläufigen Stockeinsatzes) setzt die aktive Schwungphase des Abdruckbeins nach vorne ein. Sie endet auf der Höhe des nahezu gestreckten Gleitbeins.

➥ Mit dem Auspendeln des Beins wird die Hüftbeugemuskulatur vorgedehnt. Dies unterstützt einen dynamischen Vorschwung des Beins.

Arm-Stock-Arbeit (a-b, d-e):

➥ Während der Gleitphase, noch bevor der nächste Abdruck vom anderen Bein erfolgt, beginnt der Stockeinsatz. Eingestochen wird ungefähr auf Höhe der Fußspitze des Gleitbeins (d).

➥ Der Arm ist beim Stockeinsatz leicht gebeugt, die Hand maximal in Kopfhöhe. Ein gestreckter Arm verzögert den Stockeinsatz, ein stark gebeugter Arm verkürzt ihn und verringert damit den möglichen Antriebsweg. Der Stockeinstichwinkel muss kleiner als 90° sein, um nicht gegen die Vortriebsrichtung zu arbeiten.

➥ Der größte Vortrieb wird in der Schubphase mit einem spitzen Stockwinkel von ca. 30° erreicht. Der Stockeinsatz sollte möglichst nah am Ski und die Armbewegung parallel zur Spur erfolgen.

➥ Der Armabstoß kann den Körperrotationen, welche durch den kräftigen Beinabdruck entstehen, mit dem diagonalen Armeinsatz entgegenwirken.

Stockgriff und Stockschlaufe

Die Stockschlaufe verläuft über den Handrücken und muss von der Länge her so eingestellt werden, dass der Stock mit offener Handhaltung in der Schwungphase frei geführt werden kann. Der Stockgriff liegt zwischen Daumen und Zeigefinger.

Bewegungserfahrungen nutzen

Beim Erlernen des Diagonalschritts können im Basisunterricht gemachte Erfahrungen in den neuen Lernprozess eingebracht werden. So bereitet die Koordination von Stockeinsatz, Druck- und Gleitphasen beim schnellen Laufen im ungespurten Gelände den Diagonalschritt vor. Das *Drücken nach vorn oben* (z. B. Rennen auf Ski), ein wichtiger Bestandteil der klassischen Langlaufbewegung, wurde durch die verschiedensten Bewegungsaufgaben und Skispiele erfahren.

Lernen durch Verkörpern

Der Diagonalschritt wird ganzheitlich erlernt. Die Alltagserfahrungen des Gehens und Laufens werden auf Ski umgesetzt. Die Aktualisierung des Musters „Gehen/Laufen" und die spezifischen Bedingungen „Gehen/Laufen auf Langlaufski" ermöglichen in der Loipe einen ersten Gesamteindruck des Diagonalschritts.

Spielerischer Einstieg

Mit verschiedenen Skispielen lassen sich die unterschiedlichsten Akzente setzen. Dabei ändern sich Abdruck- und Gleitphasen, die Arm-Bein-Koordination (z. B. bei schnellen Sprints oder leichten Abfahrten), die dynamische Struktur der Bewegung, die Körperlagen (z. B. je nach Gelände und Geschwindigkeit), die KSP-Verlagerungen u. a. m. Die Stabilität einer Bewegungstechnik soll durch spielerische Umsetzung und flexible Verfügbarkeit erreicht werden.

Zuerst erfolgt ein Laufen mit und ohne Stockeinsatz im Tiefschnee. Dies kann gleich zum Präparieren des Übungsgeländes genutzt werden. Stapf- und Laufgeräte wie Schneeschuhe als auch Ski als Gleitgerät geben frühzeitig Bewegungssicherheit.

Luftballonspiele

Freies Jonglieren eines (mehrerer) Luftballons unter Einsatz aller Körperteile (Kopf, Schulter, Knie) und mit Skispitzen/-enden in der Vorwärtsbewegung.

Variationen:

- Im Innenstirnkreis mit Skispitzen viele Luftballons in der Luft halten.
- Den am Sprunggelenk befestigten Ballon der anderen Läufer mit den Skiern zertreten.

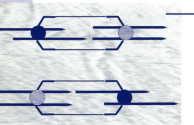

Front- und Heckantrieb

Läufer A zieht/schiebt Läufer B mittels zweier Stöcke im präparierten und planen Gelände. Spannend wird es, wenn ein Hindernisparcours zu bewältigen ist (Tore, Wellen) und Richtungsänderungen mit Druck oder Zug an den Stöcken erfolgen müssen. Der Gezogene bzw. Geschobene kann auch akrobatische Übungen ausführen (z. B. Standwaage). Es bietet sich hierfür auch ein Gruppenwettkampf der Zweiergespanne an.

Gesteuertes Laufen

Läufer A steuert Läufer B durch Schultertippen und gibt ihm jeweils die zu laufende Richtung an (z. B. eine Vierteldrehung nach rechts).

Schattenlauf

Im freien Gelände zu zweit hintereinander laufen. Der Vordere gibt vor, was der Hintere kopieren soll (schnelle und langsame Schritte, schnelle Kurven laufen, akrobatische Einlagen).

Variation:

- Der Hintere gibt durch Zurufe an, was der Vordere zu machen hat (Laufrichtung, Körperhaltung).

Aufgaben zur ganzheitlichen Bewegungsschulung

Aufgabe: Versuche, ohne Stöcke aus dem Gehen immer mehr zu beschleunigen (allmähliche Verstärkung des Vortriebs)!
Das Entdecken des Laufens und Gleitens soll den Transfer vom unpräparierten Gelände auf die Loipe erfahrbar machen. Es bietet sich an, zuerst im leichten Anstieg diese Aufgabe zu lösen, da der zu überwindende Widerstand größer ist, der Abdruck mehr gefordert wird und die Gleitphasen dabei kurz bleiben.

Aufgabe: Probiere mehrfach, aus dem Gehen über das Rennen / Laufen zum Gleiten zu gelangen!
Das Ziel besteht darin, die Bewegungsrhythmen des Gehens, Laufens und Gleitens unterscheiden zu können und das Gleiten als Impulserhaltung zu erfahren.

Aufgabe: Laufe die kupierte Strecke einmal mit niedriger und einmal mit hoher Geschwindigkeit bzw. Schrittfrequenz!
Die unterschiedliche zeitliche und rhythmische Gestalt des Diagonalschritts wird deutlich.

Aufgabe: Wie verhalten / verändern sich Abdruck- und Gleitphasen in der Ebene, im leichten bis mittleren Anstieg sowie im leichten Gefälle?

Aufgabe: Versuche, in der Ebene mit langen Abdruck- und Gleitphasen zu laufen, verkürze diese allmählich im ansteigenden Gelände und versuche dann wieder, im Übergang zur Ebene, die Geschwindigkeit zu erhöhen!

Aufgabe: Versuche, geländeangepasst im ebenen und leicht ansteigenden (welligen) Gelände die Abdruck- und Gleitphasen über die Bewegungsfrequenz so zu gestalten, dass eine maximale Geschwindigkeit aufrechterhalten werden kann!

Diagonalschritt im Anstieg

Der Diagonalschritt im steilen Anstieg wird ohne Gleitphasen mit Sprungschritten oder Schrittsprüngen gelaufen. Diese Technik kann bereits im Sommertraining mit Stockläufen vorbereitet werden (vgl. Kap. 9).

Aufgabe: Teste, wie weit ein zunehmender Anstieg im lockeren Diagonalschritt gelaufen werden kann!

Aufgabe: Versuche, den Anstieg mit kräftigem Abdruckimpuls und raumgreifenden Sprungschritten zu bewältigen!

Aufgabe: Wie kann das Zurückrutschen am steiler werdenden Anstieg verhindert werden, ohne dass die Bewegungsstruktur und Geschwindigkeit sich im Wesentlichen verändern?
Im Anstieg wird sich eine Grenze des Diagonalschritts zeigen, da das Haftwachs nicht ausreicht, um genügend Haftreibung für einen festen Abdruck sicherzustellen. Die Ski werden nach hinten wegrutschen. Diese Aufgabe leitet damit die neue Technik des Grätenschritts ein.

Ist der Bewegungsrhythmus gefestigt, wird motorisch ganzheitlich, doch lokal zielgerichtet an der **Verbesserung einzelner Funktionsphasen** gearbeitet. So können spezielle Aufgaben die Abdruckverbesserung, die Gleitphasenlänge, den Schwungbeineinsatz oder die Arm-Stock-Arbeit weiter thematisieren. Die Veränderung einer Funktionsphase hat Einfluss auf und Konsequenzen für andere Funktionsphasen und somit auf die Gesamtbewegung.

Aufgaben für einzelne Funktionsphasen

Das Gleiten

Der Abdruckimpuls soll möglichst lang erhalten werden. Je größer die Geschwindigkeit ist, umso länger können die Gleitphasen gestaltet werden. Dies bedarf allerdings einer guten Gleit- und Gleichgewichtsfähigkeit.

Aufgabe: Probiere, im ebenen und leicht abfallenden Gelände mit und ohne Stockeinsatz zu laufen! Wer braucht für eine Strecke von A nach B die wenigsten Schritte?

Aufgabe: Experimentiere mit extrem langen Gleitphasen in der Ebene, im Anstieg und in leicht abfallendem Gelände!

Die Abdruckverbesserung

Eine Schulung des Abdrucks zielt auf eine Erhöhung der Geschwindigkeit. Der Beinabdruck erfolgt durch die explosive Streckung des Sprung-, Knie- und Hüftgelenks.

Aufgabe: Führe auf der Stelle mehrere kräftige und dynamische Sprünge (Schluss-, Wechsel-, Drehsprünge) ohne Vorwärtsbewegung aus!

Aufgabe: Probiere im unpräparierten Gelände mehrere Hochweitsprünge mit Vorwärtsbewegung!

Aufgabe: Erprobe, bei welcher Geschwindigkeit der kräftigste Abdruck unter dem Fußballen spürbar ist!

Aufgabe: Probiere ohne Stöcke einen einseitigen Beinabdruck in der Loipe wie beim Rollerfahren!

Aufgabe: Versuche mit einem Partner und mit einem vorgehaltenen Stock (als Rollerlenker) nebeneinander das Rollerfahren!

Die Arm-Stock-Arbeit

Die Arm-Stock-Arbeit unterstützt den vortriebswirksamen Kraftstoß der Beine und wirkt Rotationen entgegen. Die normale, diagonale Arm-Bein-Bewegung darf dabei nicht durch gezieltes Bewusstmachen der einzelnen Antriebs- und Zwischenphasen zum Passgang und Tausendfüßlerproblem mutieren.

Aufgabe: Wie verändert sich der Bewegungszyklus von Armen und Beinen im kupierten Gelände? Teste es aus!

Aufgabe: Versuche, den Kraftimpuls im leichten Anstieg auf Schulter- und Armmuskulatur zu legen!

Aufgabe: Bei paralleler Beinstellung wird eine wechselseitige Arm-Stock-Arbeit durchgeführt. Achte auf eine völlige Armstreckung mit Handöffnung! Können die verschiedenen Muskeln des Oberarms und des Schultergürtels gespürt und benannt werden, die bei der Arm-Stock-Arbeit beansprucht werden?

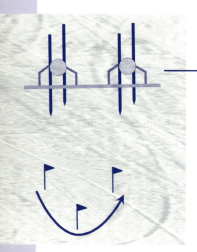

Weiterführende Spiele

Zweierlauf

Zwei Läufer mit waagerecht vorgehaltenem Stock laufen in Parallelloipen auf dem Hinweg im Diagonalschritt, um die Kurve im Bogenlauf und zurück wieder im Diagonalschritt. Dabei soll auf den gemeinsamen und synchronen Bewegungsrhythmus geachtet werden. Welches Paar läuft als gegenseitige Kopie? *Variation:*
• Kräftig-dynamischer Diagonalschritt hin, rhythmisch-akzentuierter Bogenlauf oder Bogentreten (Wende) und kraftsparende Schlittschuhschritte zurück.

Raketenstart

Im Parallelstart auf optische/akustische Zeichen eine kurze Strecke mit maximaler Geschwindigkeit laufen. Dabei kann vom flachen ins steile Gelände gelaufen werden, um vom Diagonalschritt in den Grätenschritt zu wechseln.

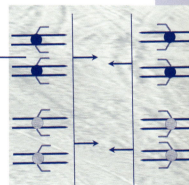

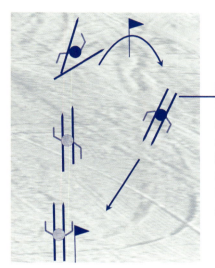

Bergspringer

In dynamischen Lauf- bzw. Sprungschritten, ohne zurückzurutschen, ein mittelsteiles Gelände erobern und nach dem Wendepunkt in Schussfahrt zum Start zurückfahren. Welche Gruppe hat die schnellsten Bergspringer? Dies kann als Zeitlauf, Verfolgungslauf oder Staffel organisiert werden.

Pendelstafette

Läufer A startet in der Spur und läuft zur anderen Seite. Dort übergibt er an den nächsten Läufer seiner Gruppe, welcher die gleiche Strecke zurückläuft, sodass eine von links nach rechts und umgekehrt pendelnde Stafette entsteht.

Tempowechsellauf

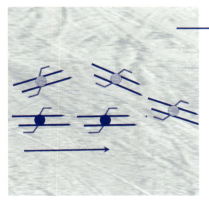

Auf einer längeren Strecke (eventuell Rundstrecke) läuft eine Gruppe hintereinander im mittleren Tempo des Diagonalschritts. Der jeweils Letzte der Gruppe überholt nach Spurwechsel die ganze Gruppe im zügigen Diagonalschritt und setzt sich an die Spitze der Gruppe mit jetzt vermindertem Tempo. Wie oft kann jeder in der Gruppe auf einer vorgegebenen Strecke das Tempo durch Überholen wechseln?

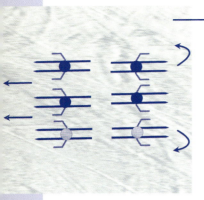

Verfolgungsrennen

Auf ein Zeichen gilt es, dem vorderen Läufer nachzujagen und diesen innerhalb einer vorgegebenen Strecke abzuschlagen. Der Gefangene kommt nun zur Fängergruppe. Welche Gruppe schafft es, alle Läufer auf ihre Seite zu bringen? Das Feld kann durch Geländeveränderungen (Wellen, Mulden) und Hindernisse interessant gestaltet werden.

5.3.2 Der Grätenschritt

Der Grätenschritt ist eine reine Aufstiegstechnik. Benannt wurde er nach dem typischen Spurenbild, das er im Schnee hinterlässt. Die Skiabdrücke sehen in der äußeren Betrachtung wie eine lange Fischgräte aus.

Der Grätenschritt unterscheidet sich vom bewegungsähnlichen Diagonalschritt dadurch, dass hier eine Scherstellung mit nach innen gekanteten Skiern den nötigen Abdruckwiderstand sichert und statt des Haftwachses die Kanten für die Abdruckgestaltung genutzt werden.

Die Anwendung des Grätenschritts erfolgt erst in steilen Passagen und wird dann eingesetzt, wenn die Haftreibung (zwischen Haftwachs und Schneekristallen) beim Diagonalschritt für einen kräftigen Abdruck nicht mehr ausreicht.

Man unterscheidet beim Grätenschritt *verschiedene Formen*. Der Skiwanderer nutzt den Grätenschritt, indem er den Anstieg in Scherstellung der Ski hinaufgeht. Der sportlich orientierte Läufer setzt meist die gesprungene Form des Grätenschritts ein. Des Weiteren gibt es noch den *Halbgrätenschritt*. Er stellt eine Kombination aus gesprungenem Diagonalschritt (ein Ski bleibt in der Loipe) und Grätenschritt dar.

Auch Richtungsänderungen (Kurven) können mit dem Grätenschritt vollzogen werden, sodass dabei ein asymmetrischer, diagonaler Bewegungsrhythmus ähnlich dem des Bogenlaufens (s. Kap. 5.3.4) entsteht.

Anforderungsprofil/Bewegungsstruktur

Wie beim Diagonalschritt gilt auch beim Grätenschritt, einen Abdruckwiderstand herzustellen. Das Erzeugen von Schneewiderstand für die Abdruckgestaltung wird durch die Entwicklung eines Kantendrucks (Skiinnenkanten) erreicht. Die Ski in Scherstellung sind nach innen gekantet, der Körperschwerpunkt (KSP) wird in eine bewegungsaktive Körperstellung abgesenkt (Beugung der Fuß-, Knie- und Hüftgelenke), so dass die Ski gegen die Bewegungsrichtung gestellt sind. Die diagonale Arm-/Stock-Arbeit und der Beinabdruck müssen nach vorn oben erfolgen (Kreuzkoordination), wobei die relative Hangneigung mittels Körperlage zu regulieren ist. Bewegungsdynamik und -richtung müssen sich dabei der Vortriebserzeugung und Impulserhaltung anpassen. Die Aufrechterhaltung des Impulses wird nicht durch Gleiten erreicht, sondern hängt von der Flugbahn des „springenden Läufers" ab, welche möglichst raumgreifend sein soll.

a)

Zu den wichtigen Kriterien des Grätenschritts gehören:

⇨ Die Erzeugung eines (Schnee-)Widerstandes für die Abdruckgestaltung durch Einsatz der Skiinnenkanten in gescherter Skistellung **(Widerstandserzeugung)**.

⇨ Erhaltung des Kraftstoßes mittels einer langen Flugphase mit entsprechender Bewegungsrichtung und -dynamik **(Impulserhaltung)**.

⇨ Beinabstoß und gegenüberliegender Stockabstoß erfolgen etwa zur gleichen Zeit **(Kreuzkoordination)**.

b)

c)

Gräten-, Treppen- und Halbtreppenschritt

Bewegungserfahrungen nutzen

Grundlage für das Erlernen des Grätenschritts bilden die Bewegungserfahrungen aus dem Basisunterricht (Spiele im Anstieg) und der Diagonalschritttechnik. Wenn der Anfänger in der Lage ist, die Ski in eine Scherstellung zu bringen, die Kanten beim Aufsteigen einzusetzen, wird er den Grätenschritt schnell erlernen.

Von großem Nutzen ist die Koordination von Stockeinsatz, Druck- und Gleitphasen beim schnellen Laufen im ungespurten Gelände (im diagonalen Bewegungsrhythmus). Unterschiedliche Körperlagen, die auf Grund verschiedener Hangneigungen (Diagonalschritt im Anstieg und Skispiele im steigenden Gelände) eingenommen wurden, legen weitere Grundlagen zum Erlernen des Grätenschritts.

Lernen durch Verkörpern

Der Grätenschritt wird aus der Bewegungsstruktur und dem Bewegungsrhythmus des Diagonalschritts entwickelt. Um dies zu ermöglichen, bietet es sich an, im ebenen Gelände aus dem Diagonalschritt mit Gleitphasen (Gleitschema) mit schnellem Tempo in den Anstieg heranzulaufen (zunächst außerhalb der Spur), wobei sich das Ausstellen der Ski mit Einsatz der Skiinnenkante beim Geschwindigkeitsverlust und zunehmendem Geländeanstieg meist von selbst ergibt, da der feste Abdruck des nun gelaufenen/gesprungenen Diagonalschritts nicht mehr gegeben ist.

a)

b)

Der Übergang vom gleitenden Diagonalschritt zum Diagonalschritt ohne Gleitphasen ist dabei ein erster Bewegungswechsel. Diese Lauf- oder Sprungschritte im Diagonalschritt werden schließlich mit ausgewinkelten Skiern vollzogen. Öffnungswinkel, Skiinnenkantung und Bewegungsfrequenz sind dabei zu variieren.

Das Einfädeln zurück in die Loipe am Übergang vom Anstieg zur Ebene muss ebenso geübt werden wie das Verlassen der Loipe beim steiler werdenden Gelände.

c)

Übergänge vom Diagonalschritt zum Grätenschritt und zurück dürfen gleichfalls nicht vergessen werden.

d)

Grätenschritt

Spielerischer Einstieg

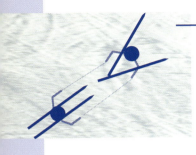

Römisches Wagenrennen

Auf einer Rundstrecke im kupierten Gelände zieht der vordere Läufer den hinteren Läufer an den seitlich gehaltenen Stöcken. Wird das Gelände steiler, kann der hintere Läufer ebenfalls im Grätenschritt laufen. Nach dem Anstieg ist um einen Wendepunkt zu laufen und zusammen (eventuell im gemeinsamen Pflug) die Abfahrt zu meistern, am nächsten Wendepunkt schnell umzutreten und wieder der Anstieg zu erklimmen. Das „römische Wagenrennen" kann als Stafettenlauf organisiert werden.

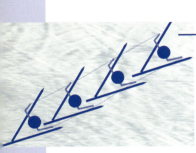

Tatzelwurm bergauf

Die Gruppe ist mit Stöcken oder einem Tau miteinander verbunden und steigt hintereinander im gleichen Schrittrhythmus bergauf. Der Takt (Geschwindigkeit) wird variiert.

Bewegungsaufgaben

Aufgabe: *Versuche, öfter aus der Ebene heraus den steilen Anstieg zu bewältigen, ohne dass die Loipe verlassen werden muss!*

Aufgabe: *Welche Lösungen können gefunden werden, wenn im steileren Anstieg das Zurückrutschen verhindert werden soll (z. B. Halbgrätenschritt/Grätenschritt)?*

Aufgabe: *Teste neben der Loipe aus, ob die Lösung des Auswinkelns der Ski ausreicht, um genügend Abdruckwiderstand zu finden! Was passiert mit Skiern und Füßen im ganz steilen Gelände (Skiinnenkantung)?*

Aufgabe: *Probiere, den Anstieg mit großem und kleinem Scherwinkel zu laufen (Geschwindigkeit und Schrittfrequenz variieren)!*

Aufgabe: *Wechsele vom Grätenschritt nach dem Anstieg in den Diagonalschritt zurück in die Loipe!*

Aufgabe: *Probiere, aus der Ebene heraus mit einem schnellen Diagonalschritt so weit wie möglich den Anstieg zu erklimmen und bei einem selbst gewählten Punkt mit dem Grätenschritt zu beginnen! Kann dieser Punkt nach oben ins steilere Gelände verschoben werden?*

Weiterführende Spiele

Schlängellauf bergauf

Eine Kleingruppe läuft auf einem breiten und langen Anstieg im Grätenschritt bergauf. Der jeweils Letzte läuft im hohen Tempo und schlängelt sich slalomartig durch die Gruppe an die Spitze. Die anderen wandern in einer Reihe mit genügend Abstand zwischen den Läufern. Wie schnell kann die Gruppe werden, sodass auf einer vorgegebenen Strecke jeder mindestens 1x zum schnelleren Laufen kommt?
Variation:

• Der Führungswechsel erfolgt durch seitliches Überholen der Gruppe.

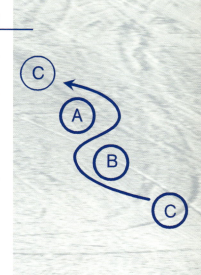

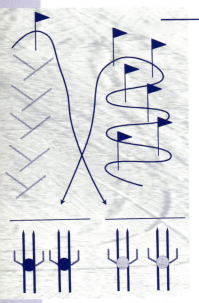

Seitenwechsel

Es gilt, auf zwei parallelen Anstiegen im Grätenschritt aufzusteigen und diagonal in Schrägfahrt hinunterzufahren. Der erste Anstieg ist gesprungen zu bewältigen, der zweite Anstieg ist durch Bogenlaufen um die Stangen slalomartig zu meistern. Als Einzellauf kann dies als Zeitlauf organisiert werden.

Verfolgungslauf

Läufer A hat einen kleinen Vorsprung und wird von Läufer B verfolgt. Das Ziel besteht darin, Läufer B noch vor seiner Zieleinfahrt zu fangen. Beim Gruppenwettbewerb kommt es darauf an, bei den Paarläufen viele der anderen Gruppe abzuschlagen. Die Schrittarten und Abfahrten (Slalom; Torfahrten) können variabel gestaltet werden.
Variation:
*   Als Stafette oder Zeitlauf organisieren.

Grätschen-Laufen-Fahren

Gesprungene Grätenschritte bergauf, lockere Diagonalschritte in der Ebene, im Pflug abfahren, Bogentreten, dynamischer Diagonalschritt, Grätenschritt im Anstieg usw. Dieser Geländeparcours kann in Intervallform oder aber auch als Staffelrennen veranstaltet werden.

5.3.3 Der Doppelstockschub

Der Doppelstockschub zählt zu den Basistechniken im Skilanglauf und ist charakterisiert durch eine synchrone Arm-Stock-Arbeit. Die Grundgestalt dieser Technik findet vielfältige Anwendung:

Klassisch: Doppelstockschub (mit Jetbewegung oder in Schrittstellung)
Doppelstockschub mit (angedeutetem) Zwischenschritt
Doppelstockschub beim Spurwechsel

Skating: Halbschlittschuhschritt
Symmetrisch 1:1 und 1:2
Asymmetrisch 2:1
Bogentreten mit Stockeinsatz

Der Doppelstockschub wird immer häufiger in Training und Wettkampf eingesetzt, da höhere mittlere Laufgeschwindigkeiten erreicht werden können. Angewandt wird der Doppelstockschub in aktiven Abfahrten, im ebenen Gelände und bei Übergängen von einer in die andere Technik. Die maximale Laufgeschwindigkeit im Doppelstockschub ist mit 6-9 m/s höher als im Diagonalschritt (2-5 m/s) bzw. im Doppelstockschub mit Zwischenschritt (4-6 m/s).

Anforderungsprofil/Bewegungsstruktur

Der vortriebswirksame Kraftstoß beim Doppelstockschub erfolgt beidseitig. Die Armkraft wird über den Stock auf den Schnee übertragen. Dafür muss ein großer Widerstand für die Abdruckgestaltung erzeugt werden.

Ein langer Antriebsweg für den Oberkörper-Arm-Stockschub ist gegeben, wenn ein großer Stockwinkel (80-90°), eine große Oberkörpervorlage und ein zusätzlicher Fersenhub mit Körperschwerpunktverlagerung nach vorn vorliegt.

Dadurch kann eine große Körpermasse zum Einsatz kommen. Die zeitliche Dauer von Armabstoß und Gleitphase hängt von der Geschwindigkeit, Gleitreibung und Geländeneigung ab. Die auftretenden KSP-Verlagerungen bedürfen einer Regulation des dynamischen Gleichgewichts.

Der Doppelstockschub –
die Technik mit
kräftigem
Oberkörpereinsatz

Bewegungsbeschreibung

Zug- und Schubphase (b-d):

⇨ Voraussetzung für einen effektiven Stockeinsatz ist die KSP-Verlagerung nach vorne; das Gewicht liegt auf den Fußballen, zum Teil kommt es zum Anheben der Fersen (a).

⇨ Nach dem Vorschwingen der leicht gebeugten Arme bis in Kopfhöhe werden die Stöcke parallel in einem Winkel, der etwas kleiner als 90° ist, eingesetzt (f-b).

⇨ In der **Zugphase** setzt eine kräftige Zugbewegung der Oberarm-, Schulter- und Rückenmuskulatur ein. Der Oberkörper lässt sich dabei quasi in die Stöcke fallen. Es kommt zu einer starken Rumpfbeugung. Die leichte Armbeugung im Ellbogengelenk bleibt weitgehend erhalten (b-c).

⇨ Die Knie sind während der Zugphase leicht gebeugt. Eine ausgeprägte Sitzhaltung ist ungünstig, weil dadurch keine Gewichtsverlagerung auf die Stöcke möglich ist.

⇨ Bevor die Hände unterhalb der Knie vorbeiziehen, beginnt die **Schubphase**. Diese zeigt sich in der vollständigen Streckung der gebeugten Arme und dem Öffnen der Hände. Die Beine verbleiben in einer leichten Beugung bei fixierter Kniegelenkstellung (c-d).

Schwungphase (d-a):

⇨ In der **Schwungphase**, während des antriebslosen Gleitens, erholt sich die beanspruchte Muskulatur. Die Arme mit den Stöcken pendeln nach hinten oben aus
und der Oberkörper richtet sich mit fast zeitgleichem Arm-Stock-Vorschwung auf.
Das Aufrichten sollte mit dem Ende der Schubphase eingeleitet werden (d-e).

⇨ Mit dem anschließenden Vorschwingen der Arme verknüpft sich die Vorbereitung
des nächsten Stockeinsatzes und der KSP-Verlagerung nach vorne (f-a).

Bewegungserfahrungen nutzen

Der Doppelstockschub kann auf verschiedene, aktionsbezogene Zug- und Schubvarian-
ten als auch Gleitvarianten aus dem Basisunterricht zurückgreifen. Die Vortriebswirksamkeit der Stöcke ist bereits erfahren worden, sodass sich der anfangs gleichgewichtssichernde Stockeinsatz zum antriebswirksamen Arm-Stock-Einsatz entwickelt hat. Unterschiedliche Arten des Schiebens bzw. Abstoßens mit den Armen und in Kombination
von Armen und Beinen wurden ausprobiert und vermitteln ebenso wichtige Grunder-
fahrungen wie Übungen zur Regulierung des dynamischen Gleichgewichts.

Lernen durch Verkörpern

Der Doppelstockschub kann komplex erlernt werden. Beachtet werden muss die Beibehaltung der Gesamtgestalt der Bewegung. Mit gefestigtem Bewegungsrhythmus kann schließlich die Wahrnehmung über verschiedene Aufgabenstellungen auf einzelne Schwerpunkte gerichtet werden. Als Anfänger muss man bedenken, dass die Armarbeit schnell zu lokalen Ermüdungen führt. Geringere Armarbeit ist nötig, wenn zuerst der Oberkörper (Rumpfbeuge) zum Einsatz kommt. Der Skiläufer fällt mit großer Oberkörpervorlage förmlich in die Stöcke hinein, was einen ersten Kraftstoß für den Antriebsweg sichert. In der Zugphase arbeitet primär die Schultergürtel-Arm-Muskulatur (M. lattissimus dorsi, M. pectoralis major u. a.), die anschließende Schubphase wird bestimmt von der Streckung des Ellbogengelenks (M. triceps brachii).

Zunächst ist in der Geländewahl die Ebene und eine leichte Abfahrt aufzusuchen. Es sind verschiedene Gegensatzerfahrungen zu machen, wie z. B. das Fastnachvornefallen beim Stockeinsatz im Vergleich zu einer weit gehend statischen, aufrechten Oberkörperhaltung mit tiefer Kniebeugung (Absitzen) in der Schubphase.

Spielerischer Einstieg

Hindernisschieben

Doppelstockschübe werden auf einem Hindernisparcours im leicht kupierten Gelände (Tore, Stangen/Fähnchen, Bodenwellen, Schanzen usw.) durchgeführt. Das „Hindernisschieben" kann auch als Verfolgungsrennen gestaltet werden.

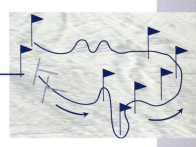

Längster Schubweg

Wer kommt mit einer bestimmten Anzahl von Doppelstockschüben am weitesten? Wer braucht die wenigsten Schübe für eine vorgegebene Strecke?

4 x 100 m Staffel

Vier Gruppen verteilen sich auf einer 400 m langen Rundstrecke. Im Doppelstockschub starten alle A-Läufer und schlagen nach etwa 100 m die B-Läufer ab. Diese schieben weiter und schlagen C ab usw. Welche Schubstaffel ist die Schnellste?

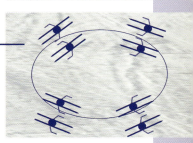

Bewegungsaufgaben

Aufgabe: Laufe den Doppelstockschub mit unterschiedlichen Geschwindigkeiten!

Aufgabe: Versuche, eine bestimmte Strecke mit dem Doppelstockschub einmal mit extrem hoher Frequenz und einmal mit ganz langen Bewegungszyklen zu durchlaufen!

Aufgabe: Beobachte, ob die Hände unterhalb der Knie vorbeischieben und sich am Ende des Stockschubs öffnen. Ist die Muskulatur in der Schwungphase locker oder angespannt?

Aufgabe: Wie verhalten sich Schub- und Zuglängen im abfallenden Gelände, in der Ebene und im Anstieg, wenn eine maximale Geschwindigkeit beibehalten werden soll?

Aufgabe: Versuche, den Oberkörper so lange wie möglich/nötig in der waagerechten Position am Ende des Stockschubs zu belassen! Welche Auswirkungen hat das auf die Anteile von Arbeits- und Erholungsphasen?

Tiefe Rumpfbeuge beim Doppelstockschub. Die Hände schieben unterhalb der Knie vorbei.

Aufgabe: Teste, was mit dem Oberkörper passiert, wenn die Fersen bei unterschiedlichen Geschwindigkeiten angehoben werden! Wie weit nach vorne können die Stöcke vortriebswirksam eingesetzt werden?

Aufgabe: Probiere, mittels Fersenhub und Oberkörpervorlage möglichst viel Masse in die Stöcke reinfallen zu lassen! Setze die Zug- und Schubarbeit der Arme möglichst spät ein!

Weiterführende Spiele

Seitenwechsel

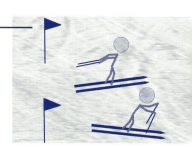

Welcher Schieber ist mit Doppelstockschüben zuerst auf der anderen Seite?
Variationen:

- Mit Wendemarkierung: Doppelstockschübe hin, diagonale Armarbeit zurück.
- Pendelstafette (drei auf der einen und drei auf der anderen Seite).

Streckenvielfalt

Auf drei verschiedenen Strecken müssen unterschiedliche Aufgaben gelöst werden. So sind auf der kleinen Strecke kurze, schnellkräftige Schübe (Mindestanzahl vorgeben), auf der zweiten Strecke ein Rhythmuswechsel (schnell-langsam) und auf der dritten Strecke lange, raumgreifende Schübe zu bewältigen. Je nach Streckenlänge sind Pausen einzubauen.

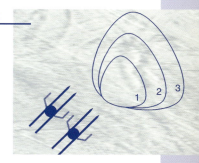

Doppelstockschub mit Zwischenschritt

Der Doppelstockschub mit Zwischenschritt bildet eine *Synthese* aus dem Beinabdruck des Diagonalschritts und dem Doppelstockschub. Er wird im leichten Anstieg und in der Ebene angewendet. Die erreichbaren Geschwindigkeiten liegen zwischen dem des Diagonalschritts und des Doppelstockschubs. Maximal kann etwa eine Geschwindigkeit von 6 m/s gelaufen werden.

Kann die Geschwindigkeit mittels Beinabdruck nicht mehr erhöht werden, erfolgt eine verstärkte Arm-Oberkörper-Arbeit. Der Zwischenschritt wird dann nur noch angedeutet. Der Akzent liegt jetzt nicht auf dem kräftigen Beinabdruck, sondern auf dem Vorschwingen und Abstoppen des Beins. Daraus resultiert eine günstige Impulsübertragung für den Vortrieb. Diese Form hat sich bereits im Wettkampfsport etabliert.

Der Doppelstockschub mit Zwischenschritt –
eine Synthese aus Beinabstoß des Diagonalschritts
und Doppelstockschubtechnik

Anforderungsprofil/Bewegungsstruktur

Bewegungsbeschreibung

Beim Doppelstockschub mit Zwischenschritt können drei Phasen unterschieden werden:

Beinabdruckphase (a-b):

⇨ Nach dem Druckpunktnehmen erfolgt eine Streckung der Sprung-, Knie- und Hüftgelenke. Mit der Verlagerung des Körpergewichts auf das Gleitbein werden die Arme parallel vorgeschwungen (a-b).

Einbeinige Gleitphase/Beinschwungphase (c):

⇨ Das Abdruckbein wird nach hinten oben ausgeschwungen.

⇨ In der Phase des Gleitens müssen die Arme in die kopfhohe Ausgangsposition für den Stockeinsatz und der Oberkörper in Vorlage gebracht werden, um beim anschließenden Stockeinsatz das Körpergewicht einsetzen zu können. Es wird dabei eine Körpervorspannung für den Krafteinsatz der Arme und des Beins (aktiver Vorschwung) erzeugt (c).

Doppelstockphase (d-e):

⇨ Die Doppelstockphase besteht aus einer Zug- (d) und Schubphase (e) der Arme sowie dem Vorschwingen des Abdruckbeins. Es kommt zu einer Gegenbewegung der Arme und des vorschwingenden Abdruckbeins. In der Zugphase wird der Rumpf bei fixierter Ellbogengelenkstellung nach vorn gebeugt. Mit Beginn der Schubphase endet der Beinvorschwung. Die gebeugten Arme werden bis zur vollständigen Streckung nach hinten geführt. Die Schubphase endet mit einem Öffnen der Hände.

Arm-Schwungphase (f-c):

⇨ In der Schwungphase, während des antriebslosen Gleitens, erholt sich die beanspruchte Muskulatur. Die Arme mit den Stöcken pendeln nach hinten oben aus (f) und der Oberkörper richtet sich mit fast zeitgleichem Arm-Stock-Vorschwung unter Zuhilfenahme des Druckpunktnehmens/Beinabdrucks auf (a-c).

Bewegungserfahrungen nutzen

Für das Erlernen des Doppelstockschubs mit Zwischenschritt können Bewegungserfahrungen vom Diagonalschritt und Doppelstockschub genutzt werden. Relevante Erfahrungen sind der Abdruck nach vorne oben beim Diagonalschritt (z. B. Trittrollerfahren), die vortriebswirksame Stockarbeit vom Doppelstockschub, verschiedene Arm-Bein-Koordinationen aus den Skispielen.

Lernen durch Verkörpern

Der Doppelstockschub mit Zwischenschritt kann sofort ganzheitlich erlernt werden. Der Akzent liegt auf dem Bewegungsrhythmus.

Dabei gibt es zwei Varianten:
a) In den Grundrhythmus des Doppelstockschubs wird der Zwischenschritt eingebaut.
b) Akzentuierung des Beinabdrucks mit Vorhochschwingen der Arme. Der Doppelstockschub ordnet sich in diesen Rahmen ein (vgl. Scherer, 1990a, S. 246). Dieser Bewegungsrhythmus kann über das Rollerfahren (siehe Diagonalschritt) hergestellt werden.

Bewährt hat sich die zweite Variante, da vor allem das Rollerfahren der Bewegungsstruktur des Doppelstockschubs mit Zwischenschritt sehr ähnelt.

Bewegungsaufgaben

Aufgabe: Laufe, wie beim Erlernen des Diagonalschritts, die Trittrollerübung ohne Stöcke!

Aufgabe: Probiere, mit quer vor dem Körper gehaltenem Stock (Lenker des Rollers) einen kräftigen Beinabdruck wie beim Rollerfahren zu erzeugen! Die Arme machen eine Auftaktbewegung.

Aufgabe: Versuche das Trittrollerfahren mit Stockeinsatz (Doppelstockschub). Nutze den Beinabdruckimpuls als Auftakt für den Doppelstockschub!

Aufgabe: Versuche, den Doppelstockschub mit Zwischenschritt mit hoher / niedriger Frequenz / Geschwindigkeit zu laufen!

Aufgabe: Welchen Einfluss hat der Stockeinstichwinkel auf die Kraftübertragung? Kann das Gefühl entwickelt werden, in die Stöcke mit entsprechender Oberkörpervorlage reinzufallen?

Aufgabe: Wann endet die Zugphase und wann beginnt die Schubphase? Lassen sich die Anteile verschieben?

5.3.4 Das Bogenlaufen

Zu den Varianten der Richtungsänderungen im klassischen Stil zählt das **Bogenlaufen**. Dies ist ein Kurvenlauf im Diagonalschritt. Hierbei wird in und außerhalb der Spur, in der Ebene und im ansteigenden Gelände eine Kurve im Bewegungsrhythmus des Diagonalschritts gelaufen, wodurch eine asymmetrische Bewegungsstruktur entsteht. Die Prinzipien des Diagonalschritts (s. Kap. 5.3.1), wie z. B. Arm-Bein-Koordination oder Beinabdruck vom stehenden Ski unter Nutzung der Haftreibung, sind beim Lauf durch die Kurve vergleichbar.

Anforderungsprofil / Bewegungsstruktur

Der Unterschied zwischen dem Bogenlaufen und dem Diagonalschritt ohne Richtungsänderung liegt in der rhythmischen Struktur, da in Kurven der äußere Ski einen längeren Weg in gleicher Zeit zurückzulegen hat wie der innere. Die Bein- und Armbewegungsphasen des Diagonalschritts verlaufen dabei asymmetrisch. Um trotzdem die präparierte Loipe mit relativ hoher Geschwindigkeit nutzen zu können, pendelt beim Bogenlaufen in der Schwungphase das bogenäußere Bein aktiv nach hinten oben außen. Die Skispitze bleibt in der Spur, wenn das Knie beim Hochpendeln etwas ange-winkelt wird. Damit zeigt der gedrehte Ski in die neue Bewegungsrichtung. Dies ermög-licht eine Verlängerung der Schwung- und Gleitphase des Beins, sodass beim dynami-schen Vorschwingen und Aufsetzen des Skis zum Teil das Skiende auf dem äußeren Loi-penrand aufkommt. Bei höherer Geschwindigkeit, welche bei einem größeren Kurvenra-dius gelaufen werden kann, ist sogar eine sichtbare Kurveninnenlage zu verzeichnen.

In steileren Passagen fallen die Gleitphasen teilweise ganz weg, sodass das Bogenlau-fen auch neben der Spur erfolgen kann. Reicht die Haftreibung zwischen Wachs und Schneekristallen im steilen Anstieg nicht mehr aus, wird der Grätenschritt (s. Kap. 5.3.2) angewendet, mit dem ebenfalls Kurven gelaufen werden können.

Bewegungserfahrungen nutzen

Für das Erlernen des Bogenlaufs wird auf die Bewegungsstruktur des Diagonalschritts zurückgegriffen. Zu den grundlegenden Erfahrungen daraus zählen die Koordination von Druck- und Gleitphasen und Stockeinsatz beim schnellen Laufen im gespurten und ungespurten Gelände und ein Abdrücken nach vorne oben (z. B. beim Rennen auf Ski).

Der Diagonalschritt ist zu aktualisieren und mit den spezifischen Bedingungen des Kur-venlaufs zu verknüpfen (Kurveninnenlage, asymmetrische Bewegung), sodass Bewe-gungserfahrungen aufgegriffen, erweitert und entsprechend umstrukturiert werden können.

Lernen durch Verkörpern

Die spezifischen Anforderungen des Bogenlaufs liegen lediglich im asymmetrischen Be-wegungsablauf des Diagonalschritts. Um die Anforderungen, die sich zusätzlich aus dem Laufen in der engen Loipe ergeben (Anpassung an die vorgegebene Spur), hinten anzustellen, bietet es sich an, zunächst im leicht ansteigenden Gelände (geringere Lauf- und Gleitgeschwindigkeit) außerhalb der Spur, mit kurzen Abdruck- und Gleit-phasen, mehrere Läufe mit unterschiedlichen Lauftempi und Kurvenradien im bekann-ten Diagonalschritt durchzuführen. Die asymmetrische Bewegung und die leichte Ober-körperverdrehung in die neue Bewegungsrichtung ergibt sich im Gelände ohne Loipe meist von selbst. Die Beinführung ist dabei breiter, die Freiheitsgrade in der Skiführung sind größer.

Der Eintritt in die Loipe wird als angenehm empfunden, da hier eine Führung der Ski gegeben ist. Ist der Bewegungsrhythmus gefestigt, lassen sich in der Spur die Verlänge-rung der Schwungphase, die maximal laufbare Geschwindigkeit und die Kurveninnen-lage thematisieren.

Bogenlauf am Ausgang der Kurve

Spielerischer Einstieg

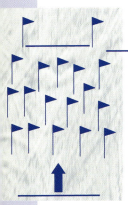

Stangenwald

In einem abgesteckten Feld im ansteigenden Gelände werden viele Stangen aufgestellt, die von unten nach oben durchlaufen werden müssen. Wer findet den kürzesten Weg durch den Stangenwald?

Verfolgungslauf

Mit Fähnchen wird eine große Achterschleife abgesteckt. Im Diagonalschrittrhythmus wird hintereinander gelaufen. Es kann auch ein Schattenlauf oder Einzellauf auf Zeit durchgeführt werden.

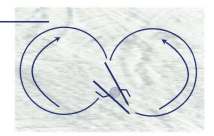

Parallelslalom

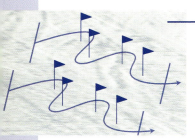

Zwei oder mehrere parallel gesteckte Strecken sind aufzubauen. Beim Staffellauf ist um die weit gesteckten Stangen im Diagonalschrittrhythmus zu laufen!

Variationen:

- Als Pendelstaffel durchführen.
- Als Luftballontreibstaffel organisieren.

Bogenlaufstafette

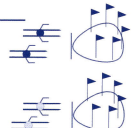

Auf zwei abgesteckten Strecken laufen jeweils zwei Läufer im Wettbewerb im Diagonalschritt mit anschließendem großen Bogen bis zur Übergabe an den nächsten Läufer.

Variationen:

- Stafette mit Vorgabe (z. B. lange, raumgreifende Schritte).
- Kurvenradius variieren.

Bewegungsaufgaben

Aufgabe: *Versuche, im Diagonalschritt eine S-förmige Doppelkurve (außerhalb der Spur) mit hoher und niedriger Geschwindigkeit/Schrittfrequenz zu laufen! Experimentiere dabei mit kleinen und größeren Bögen!*

Aufgabe: *Versuche, bei gleich bleibender Geschwindigkeit größere und kleinere Kurvenradien zu laufen!*

Aufgabe: *Wie kann der Weg der Bewegungsphasen des Diagonalschritts in der Kurve möglichst raumgreifend gestaltet werden? Was hat dies für Auswirkungen für die Arm-Bein-Bewegung rechts und links?*

Aufgabe: *Teste, ob das Skiende des bogenäußeren Beins nach dem Hochauswinkeln beim aktiven Vorschwingen den äußeren Loipenrand berühren kann. Um wie viel kann damit der Bewegungsraum des bogenäußeren Beins verlängert werden? Wie verhält sich dabei die andere Körperseite?*

Aufgabe: *Wie muss sich der Oberkörper verhalten, um Arm- und Beinabstoß sowie die Körperlage in ihrer Vortriebswirksamkeit zu unterstützen?*

Weiterführende Spiele

Tempowechsellauf

Zwei unterschiedlich große Kreise sind im Diagonalschritt zu laufen. Wer kann auf beiden Kreisen die gleiche Zeit laufen? Bei mehreren Läufen Richtungswechsel nicht vergessen!

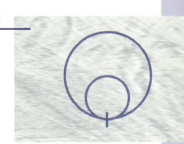

Bogenlaufen-Bogentreten

Lauft im ersten Teilstück slalomartige Bögen um die weit gesteckten Stangen. Der linke, große Kreis ist weiter im Bogenlauf im Diagonalschrittrhythmus und der rechte, kleine Kreis in kleinen Nachstellschritten des Bogentretens zu laufen (z. B. auf Zeit). Um es variantenreicher zu gestalten, können Kurvenradien, Stangenanzahl/-abstand verändert und Hindernisstationen aufgebaut werden. Auf dem Parcours kann auch ein Schatten- oder Verfolgungslauf veranstaltet werden.

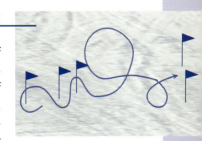

5.3.5 Der Spurwechsel

Richtungsänderungen bei mehreren Spuren sind durch den so genannten *Spurwechsel* realisierbar. Dieser ist beispielsweise bei Überholvorgängen oder bei entgegenkommenden Läufern notwendig. Eine Spur wechseln zu müssen, tritt nur dort auf, wo auch mehrere Spuren vorhanden sind. Dort gilt, wie im Straßenverkehr auch – rechts fahren, links überholen. Trotzdem kommt es gelegentlich vor, dass Entgegenkommenden auszuweichen ist. So ist der Spurwechsel eine wichtige Technik im Skilanglauf, die es ermöglicht, ohne größeren Verzicht auf die Laufgeschwindigkeit, Richtungsänderungen oder Überhol- und Ausweichmanöver umzusetzen. Je nach Geschwindigkeit, Geländeneigung und Könnensniveau des Läufers lässt sich dies auf verschiedene Weise lösen.

Der **Spurwechsel ohne Stockeinsatz** wird meist bei höheren Geschwindigkeiten, z. B. im abfallenden Gelände, angewendet. Neben hoher Geschwindigkeit ist es auch in Gefahrensituationen oft nicht möglich und nötig, einen unterstützenden Stockeinsatz durchzuführen. Es wird bei diesem Spurwechsel aus einer parallelen Beinstellung in halb aufrechter Körperposition das loipeninnere Bein entlastet, in die neue Bewegungsrichtung (diagonal zur anderen Spur) ausgeschert und ein Beinabstoß nach seitlich vorn vollzogen. Der Belastungswechsel auf den ausgescherten Ski hält so lange an, bis die andere Spur gequert ist. Zuerst wird der nachgeführte Abdruckski in die neue Spur eingesetzt, danach der ausgescherte Ski.

Der **Spurwechsel mit unterstützendem Doppelstockschub** ähnelt der Skatingtechnik symmetrisch 2:1 (jeder zweite Beinabstoß wird mit einem Doppelstockschub unterstützt). Der Beinabstoß erfolgt seitlich mit gleichzeitigem Doppelstockschub in Richtung des ausgescherten Gleitskis. Das Gleitbein wird nach Querung der anderen Loipe zum Abstoßbein. Mit dem Beinabstoß vom ausgescherten Ski schwingen die Arme aktiv nach vorn und der Ski wird in die neue Loipe gesetzt. Ein weiterer Doppelstockschub unterstützt das Einfädeln des ausgescherten Skis.

Aus dem Diagonalschritt die Spur zu wechseln, folgt im Grunde den gleichen Prinzipien, wie sie bereits bei den anderen Varianten dargestellt worden sind. Läuft man in der Ebene oder im leichten Anstieg den Diagonalschritt, wird das normal durchschwingende Bein in Richtung der zu wechselnden Spur ausgeschert und mit dem Beinabstoß vom spuräußeren Bein – seitlich nach vorn – aufgesetzt. Der Armabstoß, welcher hier erfolgt wäre, setzt aus. Beide Arme verbleiben in leichter Vorhalte. Die Ski werden mit Belastungswechsel in die andere Loipe eingesetzt, der Diagonalschritt beibehalten und der Armabstoß wieder aufgenommen.

Anforderungsprofil/Bewegungsstruktur

Die Anforderungen an den Spurwechsel sind vielfältig, da neben der dynamischen Bewegungsausführung das Einfädeln in die neue Spur hinzukommt und damit zusätzliche, präzisere Vorwegnahmeregulationen (Feedforward) umzusetzen sind. Beim Spurwechsel sind relativ lange, einbeinige Gleitphasen zu vollziehen. Zusätzlich erhöhen sich die Anforderungen an das dynamische Gleichgewicht durch die Querung von unwegsamen Schneeflächen zwischen den Spuren.

Der Spurwechsel mit unterstützendem Stockeinsatz

Zu den wesentlichen Anforderungen zählen:

- Regulierung gelände- und aktionsbedingter Störungen des dynamischen Gleichgewichts.
- Vollzug langer Gleitphasen und Änderungen der Körperlage.
- Körperschwerpunktverlagerung über das ausgescherte Bein.
- Beinabdruck vom Loipenrand seitlich nach vorn, zum Teil mit zusätzlichem Armabstoß (Arm-Bein-Koordination).

Bewegungserfahrungen nutzen

Der Spurwechsel ohne Stockunterstützung bedarf Erfahrungen mit dem seitlichen Beinabdruck, mit dem langen Gleiten auf einem Bein und Erfahrungen mit schnellen Belastungswechseln.

Beim Spurwechsel mit unterstützendem Doppelstockeinsatz wird auf den Doppelstockschub mit und ohne Zwischenschritt, auf den seitlichen Beinabdruck (Skating) und auf den Bewegungsrhythmus der Technik symmetrisch 2:1 zurückgegriffen.

Beim Spurwechsel aus dem Diagonalschritt bleibt der Diagonalschrittrhythmus erhalten, wobei der Spurwechsel einen Diagonalschritt mit lediglich räumlich-seitlicher Verschiebung und seitlichem Beinabdruck darstellt.

Die spezifische Bewegungsstruktur, wie seitlicher Beinabdruck, längere Gleitphase, Aussetzen des Stockeinsatzes, Erhalt des Bewegungsrhythmuses, gilt es herauszuarbeiten.

Lernen durch Verkörpern

Der Spurwechsel mit Querung der anderen Spur ist relativ schwer erlernbar, setzt Erfahrung und Mut zur erforderlichen Oberkörpervorlage voraus. Anfänger tendieren dazu, die Stöcke tastend vorn einzusetzen, in Rücklage zu gelangen und den relativ unbelasteten Ski unkontrolliert quer in die andere Spur rutschen zu lassen.

Auch der Spurwechsel mit Doppelstockschub kann Probleme bereiten. Hier kann es vorkommen, dass das ungewohnte, stockunterstützte Schieben von einem auf das andere Bein beim Anfänger eine nicht bewältigbare Körperlage hervorruft und eine zu vermeidende, frühzeitige Oberkörperaufrichtung zur Folge hat.

Bevor man mit dem Erlernen dieses Spurwechsels beginnt, sollten auf der breit gewalzten Loipe im Wechsel der Doppelstockschub und die symmetrische Technik 2:1 wiederholt werden.

Spielerischer Einstieg

Schattenwechsel

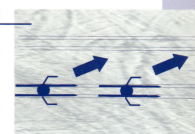

Der hintere Läufer versucht, in vorerst unkonventioneller Weise, mit dem vor ihm laufenden Läufer die Spur etwa gleichzeitig zu wechseln. Es kann aber auch der hintere Läufer akustisch vorgeben, wann die Spur zu wechseln ist. Vielleicht kann sogar schon die Spur gekreuzt gewechselt werden, d. h., der rechte Läufer wechselt in die linke Spur und der linke Läufer gleichzeitig in die rechte Spur.

Belgischer Kreisel

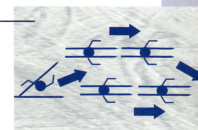

Jeder Läufer ist nur wenige Sekunden an der Spitze der Gruppe und wechselt, so gut er es kann, nach kurzer Führung auf die parallele, langsamere Spur, lässt sich zurückfallen und schließt wieder in der Beschleunigungsspur auf. Die ganze Gruppe bewegt sich, wie beim Radfahren auch, während der Spurwechsel in einem sich vorwärts bewegenden und rotierenden Kreisel. Dabei kann nach jeder Runde eine andere Technik gelaufen werden (Diagonalschritt; Doppelstockschub). Auf kupierter Strecke (Kreisbahn) ist entsprechend die geländeangepasste Technik zu wählen. Welche Gruppe bekommt den flüssigsten Kreisel zu Stande?

Im Slalom an die Spitze

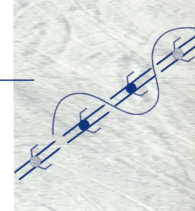

Eine Kleingruppe läuft in einer Spur hintereinander (Abstand zwischen den Läufern mindestens 5-10 m) im langsamen bis mittleren Tempo. Der jeweils Letzte versucht, durch ständigen Spurwechsel im Slalom um die anderen Läufer herum an die Spitze zu fahren, um dort angelangt, sein Tempo an das der anderen anzupassen.

Bewegungsaufgaben

Spurwechsel im abfallenden Gelände ohne Stockeinsatz

Aufgabe: Versuche, bei niedriger Geschwindigkeit im abfallenden Gelände einen Schlittschuhschritt schräg zur anderen Loipe auszuführen! Teste aus, wie groß der Beinabdruck und die Oberkörperlage sein müssen, um das nachgezogene Abdruckbein in der anderen Spur senkrecht einsetzen zu können.

Aufgabe: Probiere, bei mittlerer Geschwindigkeit aus der parallelen Beinstellung heraus, im abfallenden Gelände mit unterschiedlichen Körperhaltungen (mittlere Abfahrtshaltung; aufrechter Stand) ohne Stockeinsatz mehrere Spurwechsel auszuführen!

Aufgabe: Versuche, den Akzent auf die Abdruckgestaltung (kurz/kräftig und lang/leicht) zu richten! Welchen Einfluss hat das auf die Oberkörperregulation, die Belastungswechsel und das Gleiten und welche Rolle spielt dabei die Geschwindigkeit?

Spurwechsel mit unterstützendem Doppelstockschub

Aufgabe: Wiederhole in der Spur mehrere dynamische Doppelstockschübe mit Oberkörpervorlage, Fersenhub und langem Gleiten in der Rumpfbeuge! Außerhalb der Loipe sollte, wenn schon erlernt, die Skatingtechnik symmetrisch 2:1 wiederholt und der Akzent auf die rhythmische Struktur gelegt werden!

Aufgabe: Versuche mehrfach, den kräftigen Doppelstockschub mit einem einseitigen Schlittschuhschritt schräg zur anderen Loipe umzusetzen! Probiere dabei, den Oberkörper über dem Gleitbein zu belassen, bis die andere Spur gequert wurde und setze schließlich mit Belastungswechsel die Ski nacheinander in die Loipe!

Aufgabe: Teste in unterschiedlichem Gelände (flach bis ansteigend) mehrere Spurwechsel mit Doppelstockunterstützung! Variiere Geschwindigkeit, Ausstellwinkel, Oberkörpervorlage und Dynamik des Arm-Bein-Einsatzes!

Spurwechsel aus dem Diagonalschritt

Aufgabe: Versuche, im Diagonalschritt den Spurwechsel durchzuführen, ohne den diagonalen Bewegungsrhythmus aufzugeben! Wann ist der Stockeinsatz abzubrechen? Wann ist er wieder aufnehmbar? Günstig ist es, mit relativ hoher Dynamik zu laufen, da für die lange Gleitphase bis zur anderen Spur genügend Geschwindigkeit mitgebracht werden muss.

Aufgabe: Laufe mehrere Spurwechsel im Diagonalschrittrhythmus! Variiere dabei Geschwindigkeit, Ausstellwinkel und Oberkörperlage!

Weiterführende Spiele

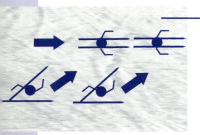

Gemeinsamer Spurwechsel in der Gruppe

Die ganze Gruppe wechselt auf die Überholspur, wenn sie die vor ihr laufende Gruppe eingeholt hat. Lauft die Runden als Tempowechselläufe, sodass jeweils langsamere und schnellere Gruppen auf der (kupierten) Strecke sind (also viele Kleingruppen starten lassen). Es kann auch von einem aus der Gruppe der Auftakt zum Spurwechsel angesagt werden.

Geländeangepasster Spurwechsel

Auf dem Hinweg sind im ebenen bis ansteigenden Gelände Spurwechsel im Diagonalschritt und Doppelstockschub und auf dem Rückweg im abfallenden Gelände ohne zusätzlichen Stockeinsatz aus dem Fahren heraus durchzuführen.

5.4 Skatingtechniken

Im Skilanglauf hat sich seit der Mitte der 80er Jahre des 20. Jahrhunderts mit der so genannten *Skatingtechnik* eine revolutionäre, lauftechnische Entwicklung vollzogen. Von dieser neuen Technik strahlt seitdem eine solche Faszination aus, dass jeder Skiläufer sie erlernen möchte. Dabei spielt sicher die Bewegungsdynamik und die Ästhetik dieser Bewegungsformen eine wesentliche Rolle. Geschwindigkeiten von mehr als 40 km/h in der Ebene und bis zu 70 km/h in der Abfahrt versetzen viele Läufer in eine Art Trancezustand.

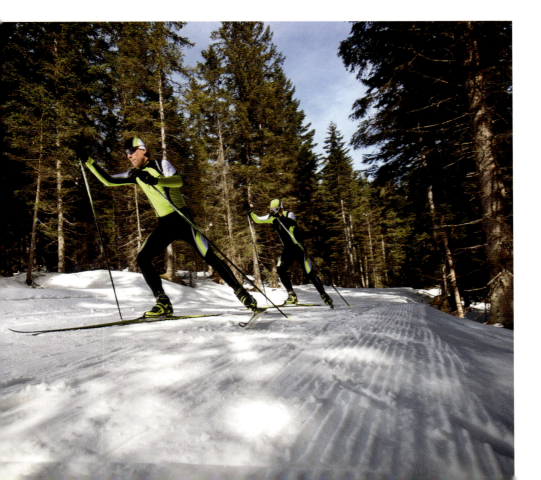

Die Lauf- und Fahrgeschwindigkeiten ähneln denen des sportlichen Radfahrens. Das effektive Zusammenspiel von Armen und Beinen ermöglicht in der Skatingtechnik optimale Kraftübertragungen.

Vorläufer der Skatingtechnik war der einseitige Schlittschuhschritt (Siitonen, Finnstep, Halbschlittschuhschritt). Als sportiv eigenständige und zielgerichtet angewandte Technik ist die Bewegungsform des Schlittschuhschritts in seinen Variationen neu, als Fortbewegungsform, historisch gesehen, seit jeher bekannt und in klassischen Wettkämpfen vereinzelt immer mal wieder aufgetaucht (s. Kap. 1). Die Skatingtechniken fanden eine rasante Verbreitung und haben sich mittlerweile durchgesetzt. Anfängliche Einwände seitens einiger Sportmediziner hinsichtlich vorprogrammierter Belastungsschäden an den Gelenken (insbesondere am Sprung-, Knie- und Hüftgelenk) durch die Skatingbewegung haben sich nicht bestätigt. Nachdem die Sportler wieder beide Techniken (klassisch/Skating) etwa zu gleichen Anteilen trainieren, treten Überbelastungen kaum noch auf.

Techniken im Skating

Die Skatingtechniken lassen sich vereinfacht folgendermaßen klassifizieren: die Lauf- und Gleittechniken für die Ebene, die Aufstiegstechniken und die Techniken der Richtungsänderungen, des Abfahrens und des Bremsens **(Abb. 5.12)**.

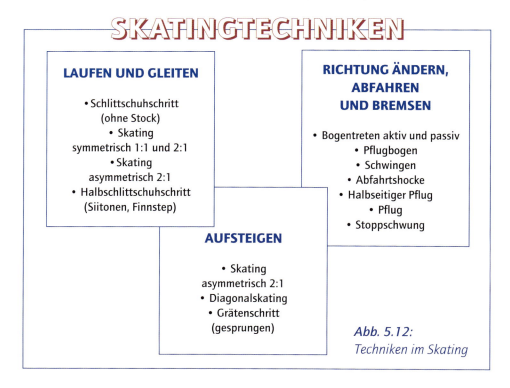

SKATINGTECHNIKEN

LAUFEN UND GLEITEN

- Schlittschuhschritt (ohne Stock)
- Skating symmetrisch 1:1 und 2:1
- Skating asymmetrisch 2:1
- Halbschlittschuhschritt (Siitonen, Finnstep)

RICHTUNG ÄNDERN, ABFAHREN UND BREMSEN

- Bogentreten aktiv und passiv
- Pflugbogen
- Schwingen
- Abfahrtshocke
- Halbseitiger Pflug
- Pflug
- Stoppschwung

AUFSTEIGEN

- Skating asymmetrisch 2:1
- Diagonalskating
- Grätenschritt (gesprungen)

Abb. 5.12:
Techniken im Skating

Der *Schlittschuhschritt* bildet als Grundform des Skatens den Ausgangspunkt der Vermittlung. Er bietet die schnellste Technik im abfallenden Gelände, verlangt lange Gleitphasen und wird ohne Stockeinsatz gelaufen. Dabei werden die Stöcke entweder unter die Arme geklemmt oder im diagonalen Rhythmus aktiv-beschleunigend mitgeschwungen.

Die Technik *symmetrisch 1:1*, auf jeden Beinabstoß erfolgt ein Doppelstockschub, garantiert die höchste Vortriebsleistung. Diese kraftfordernde Technik mit häufigen Stützphasen und Belastungswechseln wird hauptsächlich bei mittleren Laufgeschwindigkeiten im leichten bis mittleren Anstieg sowie als Sprint- bzw. Beschleunigungstechnik eingesetzt. Eine gute Position nach einem Massenstart sichert die hochfrequente 1:1-Technik.

In der Ebene und im leichten Gefälle finden solche Techniken Anwendung, die trotz hoher Laufgeschwindigkeiten noch Beschleunigungsimpulse durch den seitlichen Beinabdruck für den Vortrieb erzielen können (*symmetrisch 2:1, Halbschlittschuhschritt*). Die Techniken werden bei aktiven Abfahrten, in der Ebene sowie in leichten Anstiegen und Übergängen angewendet.

Für die Bewältigung von mittleren und steilen Anstiegen stehen symmetrische als auch asymmetrische Techniken zur Verfügung. Hauptform für mittlere bis steile Anstiege ist die *asymmetrische Technik*. Sie wird aber auch in der Ebene als kraftschonende Technik eingesetzt und erfreut sich vor allem im Freizeitbereich großer Beliebtheit. Eine leicht erlernbare und äußerst kraftsparende Aufstiegstechnik stellt das *Diagonalskating* für steile Anstiege dar.

Für Richtungsänderungen bei unterschiedlichen Geschwindigkeiten findet das *Bogentreten/Umtreten* in Form von Nachstellschritten, das *aktive Bogentreten* mit *beschleunigenden* Schlittschuhschritten und eventueller Stockunterstützung, der *Pflugbogen* oder *schwunghafte Richtungsänderungen* Anwendung. Das aktive Bogentreten hat durch seine Kurvenfahrt eine asymmetrische Struktur.

Bei den Abfahrtstechniken unterscheiden wir die *passive Technik* ohne zusätzlichen Vortrieb und die *aktive Technik* mit Arm- oder/und Beineinsatz. Als typische Abfahrtshaltungen des Langläufers sind zu nennen: die tiefe Abfahrtshocke, die halb aufrechte und die aufrechte Körperhaltung. Zu den Bremstechniken zählen der *Pflug*, der *halbseitige Pflug* und der *Stoppschwung*.

Richtungsänderungen, Abfahrtstechniken und Bremstechniken sind im Wesentlichen in der klassischen und Skatingtechnik gleich, sodass diese drei Gruppen gemeinsam in Kap. 5.5 behandelt werden.

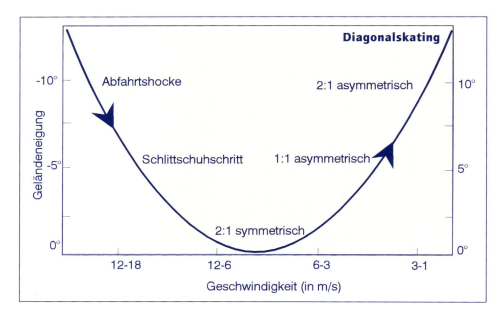

Abb. 5.13: *Wahl der Skatingtechniken in Abhängigkeit von Geländeneigung (<°) und Laufgeschwindigkeit*

Bewegungsformen im Skating

Die Skatingtechniken lassen sich in *symmetrische, asymmetrische und einseitige Bewegungsformen* unterscheiden.

Symmetrisch: Dazu zählen der Schlittschuhschritt, die 1:1- und 2:1-Technik sowie das Diagonalskating. Dies sind Techniken, bei denen sich beide Körperhälften spiegelbildlich entsprechen. Sie werden mit und ohne Stockeinsatz (beidseitig-parallel; einseitig-diagonal) umgesetzt. So ergeben sich für die rechte und linke Körperhälfte:

- ➪ gleiche Scherwinkel der Ski.
- ➪ gleich lange Gleitphasen.
- ➪ gleicher Kraftstoß der Beine.
- ➪ gleiche Arm-Stock-Arbeit.

Asymmetrisch: Dazu zählt die asymmetrische Technik 2:1, auch als *Führarmtechnik* bezeichnet und das (aktive) Bogentreten. Diese Techniken zeichnen sich durch ihre nichtspiegelbildliche Übereinstimmung der Körperhälften aus, sodass daraus resultieren:

- ➪ ungleiche Scherwinkel der Ski.
- ➪ ungleich lange Gleitphasen.
- ➪ ungleiche Armführung (z. B. der so genannte Führungsarm) usw.

Einseitig: Hierunter fällt nur der Halbschlittschuhschritt. Die Bezeichnung *einseitige Bewegungsform* sagt aus, dass der vollziehende Beinabstoß nur von einer Seite erfolgt.

Die Unterscheidung in symmetrische, asymmetrische und einseitige Bewegungsformen hat methodisch-praktische Relevanz. Sie werden in getrennten Lernprozessen vermittelt.

Grundstruktur des Skatens

Die *Gesamtkoordination* beim Skaten hängt vom rhythmisch-zeitlichen Zusammenspiel der Arm- und Beinbewegungen, der Regulation des dynamischen Gleichgewichts, den Körperschwerpunktverlagerungen u. a. m. ab.

Das Leistungsvermögen des Athleten und die profilbedingte Geschwindigkeit bestimmen dabei die Technikwahl. Der Ausstellwinkel ist bei hohen Geschwindigkeiten klein und bei niedrigen Geschwindigkeiten wie im Anstieg groß. Die Arme erreichen ihr Kraftmaximum vor dem Beinabdruck, meist in der ersten Hälfte des Kraft-Zeit-Verlaufs. Der maximale Beinabdruck wird im letzten Drittel des Kraft-Zeit-Verlaufs erreicht. Dabei ist festzustellen, dass mit steiler werdendem Gelände der Arm-Stock-Einsatz meist vor dem Beinabdruck beendet wird.

Die *Beinbewegung* aller symmetrischen Bewegungen entspricht der Grundform des Schlittschuhschritts und erfolgt mit wechselndem Abdruck vom gekanteten und gleitenden Ski schräg zur Vortriebsrichtung auf den anderen Ski. Das Gleitbein wird zum Abdruckbein und umgekehrt.

Der Körperschwerpunkt befindet sich in einem stetigen Ungleichgewicht zur Vortriebsrichtung, woraus sich eine rhythmische Pendelbewegung ergibt (S-förmiger Verlauf des KSPs), wobei Abdruck- und Gleitphasen ineinander verschmelzen. Der Ausstellwinkel der Ski ist gelände- und geschwindigkeitsabhängig.

Der *Stock-Arm-Einsatz* im freien Stil ähnelt dem der klassischen Techniken. Er ist allerdings durch den längeren Arbeitsweg (längere Stöcke; verstärkter Arm-/Oberkörpereinsatz; längerer Impuls, höhere Laufgeschwindigkeit) vortriebswirksamer. Der *Doppelstockschub* findet seine Anwendung beim Skating 1:1, wo gleichzeitig auf jeden Beinabstoß ein beidseitiger Stockschub erfolgt. Bei der symmetrischen Technik 2:1 wird jeder zweite Beinabstoß mit einem Doppelstockschub unterstützt. Auch der stockunterstützte Spurwechsel und das aktive Bogentreten mit Stockeinsatz sowie die Bewegung des Halbschlittschuhschritts wenden den unterstützenden Vortrieb mittels Doppelstockschub an. Die *diagonale, wechselseitige Armbewegung*, wie beim Diagonalschritt, wird beim Diagonalskating und dem freien Schwingen beim Schlittschuhschritt ohne Stockeinsatz verwendet.

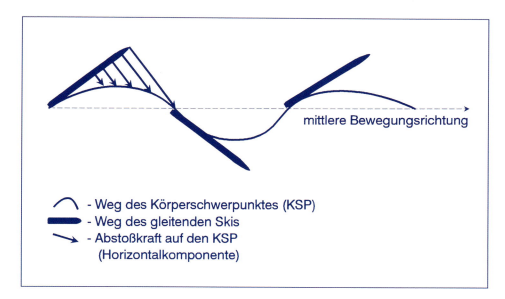

mittlere Bewegungsrichtung

⌒ - Weg des Körperschwerpunktes (KSP)
━▶ - Weg des gleitenden Skis
↘ - Abstoßkraft auf den KSP
(Horizontalkomponente)

Abb. 5.14: *Körperschwerpunkt- (KSP-)Schwankungen beim Schlittschuhschritt*

Die Vortriebswirksamkeit beim Diagonalskating ist dabei nicht so hoch wie beim Doppelstockeinsatz und bleibt auf steile Anstiege beschränkt. Eine eigenständige Bewegung des Arm-Stock-Einsatzes in den Skatingtechniken findet sich lediglich bei der asymmetrischen Technik 2:1. Hier gibt es einen so genannten *Führungsarm*, welcher beim beidseitigen Stockeinsatz den größeren Kraftstoß überträgt.

Handlungsgrundlagen und Ausgangsbasis

Skianfänger haben zu Beginn des Lernprozesses (s. Kap. 5.1.2.3) die unterschiedlichsten Erfahrungen gemacht. Dabei bilden die Alltagserfahrungen wie das Gehen und Laufen oft den kleinsten gemeinsamen Nenner. Andere Erfahrungen wie Schlittschuhlaufen, Fahren mit Snow- und Skateboard oder Inlineskates sind hier eher die Ausnahme. Deshalb ist es wichtig, die Handlungsgrundlagen der Lernenden zu bestimmen, sodass diese die Ausgangsbasis für den Aneignungsprozess stellen. Neben der Bestimmung der Aufgabenbestandteile des Skilaufs und der Analyse der jeweiligen Technik (Objektseite) sind auch die Erfahrungen des Anfängers zu berücksichtigen (Subjektseite).

Im Folgenden werden kurz einige typische Anfängersituationen genannt, die sich zwangsläufig aus den ersten Kontakten mit dem gleitenden Gerät der (Skating-)Skier ergeben:

⇨ Die Funktion der Skikante und der Scherstellung ist für den Technikerwerb noch nicht in seiner Vortriebs- und Abdruck-/Beschleunigungsfunktion entdeckt worden.

Der Ski wird zunächst noch nicht als verlängerter Fuß wahrgenommen. Kurze, glatte Ski oder Big Foots zwingen zu ersten Gleiterfahrungen durch die Entdeckung der Skikante als Abdruckhilfe.

➭ Eine typische aufrechte Körperhaltung wird von Hochtiefbewegungen („Absitzen") des Körpers in der Vorwärtsbewegung begleitet. Es liegt eine geringere Körperorientierung in Bezug auf die angestrebte Bewegungsrichtung vor. Der Körperschwerpunkt bleibt oft ohne größere Verlagerungen zwischen den Skiern.

➭ Die Stöcke werden noch sehr verhalten in ihrer vortriebswirksamen Funktion eingesetzt. Der Stockwinkel bleibt während der Armarbeit meist sehr steil.

➭ Der Bein- und Armabstoß, aber auch die Gleitphasen, sind oft sehr kurz und vorsichtig gestaltet. Der Armabstoß wird ohne unterstützenden Oberkörper-/Rumpfeinsatz fast ausschließlich aus der Armmuskulatur vollzogen. Ängste vor dem gleitenden System mit der notwendigen Scherstellung liegen vor. Zusätzliche, aktionsbedingte Störungen (kräftige Bein- und Armabstöße) des Gleichgewichts und daraus resultierende Körperlagen werden als nicht beherrschbar empfunden.

5.4.1 Der Schlittschuhschritt

Der Schlittschuhschritt bildet die Grundform der verschiedenen Skatingtechniken und wird ohne Stockeinsatz gelaufen. Die Stöcke sind unter die Arme geklemmt oder schwingen mit. Mit dieser Technik können Gefällstrecken aktiv-beschleunigend gelaufen werden. Eine weitere Dynamisierung im gesamten Streckenverlauf wird dadurch erreicht. Natürlich steigt damit auch die konditionelle Beanspruchung und es werden höhere Anforderungen an die Regulierung des dynamischen Gleichgewichts gestellt.

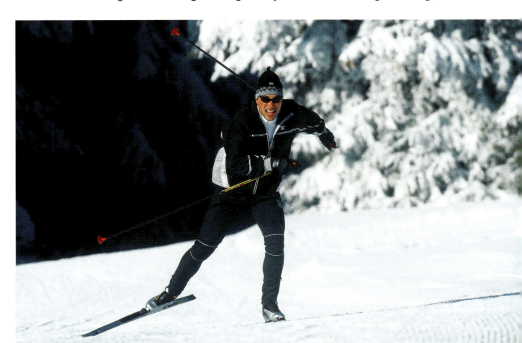

Anforderungsprofil/Bewegungsstruktur

Beim Schlittschuhschritt erfolgt ein wechselseitiger Beinabdruck jeweils vom gekanteten und gleitenden Ski schräg zur Vortriebsrichtung. Das Abdruckbein wird zum Gleitbein und umgekehrt. Der Körperschwerpunkt (KSP) befindet sich nach dem Belastungswechsel vom Abdruck- auf das Gleitbein nur kurzzeitig am Anfang der Gleitphase über dem Standbein, sodass das Gleiten zum größten Teil auf der Skiinnenkante und nicht auf dem flachen Ski erfolgt. Fußpunkt und Körperschwerpunkt verlaufen in der Aufsicht parallel und zeigen auf, dass eine Gewichtsverlagerung vom Abdruck- auf das Gleitbein erfolgt.

Rhythmische Pendelbewegungen belassen den KSP im stetigen Ungleichgewicht zur Vortriebsrichtung. Dies ist bei allen Skatingtechniken ein wichtiges Grundelement. Informationen, wie etwa „langes Gleiten auf dem flachen Ski" sind irreführend, da die daraus resultierenden Bewegungsvorstellungen und -lösungen nicht an der Laufrichtung orientiert sind. Bleibt der Abdruckwinkel klein, ist dies günstig, da die eingeleitete Kraft meist senkrecht zur Unterstützungsfläche wirkt. Ein tiefes Absenken des KSPs und eine stärkere Beugung des jeweiligen Abdruckbeins ermöglichen einen langen Kraftweg in Vortriebsrichtung, wobei der Beschleunigungsweg einer geradlinigen Kraftübertragung entspricht.

Bewegungsbeschreibung

Vorbereitungsphase (a):
⇨ Der KSP wird abgesenkt, das Abdruckbein ist mit gleichzeitigem Nachvornführen des Gleitbeins gebeugt. Das Körpergewicht ist vollständig auf dem Abstoßbein.
⇨ Gleichzeitig erfolgt ein Ausstellen des Gleitbeins im kleinen Winkel zur Laufrichtung.
⇨ Es wird eine bewegungsaktive Körperhaltung eingenommen. Die Arme sind annähernd parallel vor dem Körper in leicht gewinkelter Haltung.

Der Schlittschuhschritt mit
aktivem Arm-/Stockschwung in Kreuzkoordination

a)

b)

c)

d)

e)

f)

Beinabdruckphase (b):

⇨ Der Beinabdruck (Fuß-, Knie- und Hüftgelenkstreckung) erfolgt vom gekanteten und gleitenden Ski in Richtung Gleitbein schräg zur Laufrichtung mit gleichzeitiger Unterstützung eines zum Gleitbein parallel schwingenden Arms (Kreuzkoordination).

Gleitphase:

⇨ Der KSP verlagert sich zunächst auf das andere/vordere Bein und befindet sich im ersten Drittel des Gleitwegs über dem Standbein *(c)*.

⇨ Am Ende des Beinabdrucks pendeln Abdruckbein und gegengleicher Arm nach hinten (oben) aus. Es kommt zur Aufrichtung des Oberkörpers mit gleichzeitiger Gleitbeinstreckung und entlastetem Gleiten.

⇨ Es folgt ein flaches Heranführen des Abdruckbeins in Richtung Gleitbein. Der KSP wird gleichzeitig für den nächsten Beinabstoß abgesenkt.

⇨ Das Gleitbein wird zum neuen Abdruckbein. Der Abdruck vom anderen Bein wird vorbereitet.

Bewegungserfahrungen nutzen

Sportarten wie Roll- und Schlittschuhlaufen oder Inlineskating können als Bewegungserfahrungen für das Erlernen des Schlittschuhschritts genutzt und in den Lernprozess mit eingebracht werden.

Wesentliche Funktionen, wie seitlicher Abdruck vom gekanteten Ski und anschließendes Gleiten oder die Kreuzkoordination von Armen und Beinen, werden aus unterschiedlichen Erfahrungsbereichen (z. B. Skispiele, Basisunterricht) aufgegriffen, erweitert und differenziert sowie in Richtung des zu erlernenden Schlittschuhschritts umstrukturiert.

Lernen durch Verkörpern

Beim Erlernen des Schlittschuhschritts ist darauf zu achten, dass die komplexe Gestalt der Bewegung frühzeitig erfasst wird. Dafür bietet es sich an, ganzheitlich vorzugehen und zielgerichtete Teilfunktionen, wie Abdruck- und Gleitdifferenzierungen, erst mit der Festigung des Bewegungsrhythmus zu üben.

Für das Erlernen des Schlittschuhschritts sollten vielseitige Lernaufgaben gestellt und mit den Parametern Raum, Zeit und Kraft sowie Geländebedingungen unterschiedlich kombiniert und variabel gestaltet werden.

Spielerischer Einstieg

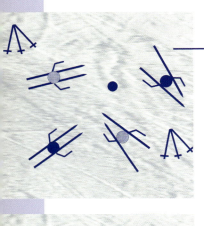

Frisbee
In einem abgesteckten Feld steht auf beiden Seiten jeweils ein Tor aus drei zusammengesteckten Stöcken. Jede Mannschaft versucht, die Frisbeescheibe im gegnerischen Tor abzulegen und die Angriffe der anderen Gruppe auf das eigene Tor abzuwehren. Dabei können Regeln eingeführt werden, durch die die Schrittanzahl eingeschränkt (nur drei Schritte mit der Scheibe laufen) oder Haltephasen festgelegt werden (maximal 5 s Halten des Frisbees).

Bändel haschen
Jeder hat ein Bändel/Tuch an seiner Hose locker befestigt. In einem abgesteckten Feld versucht jeder, so viele Bändel/Tücher wie möglich zu erhaschen.

Steh und lauf
Ein oder mehrere Fänger versuchen, alle Spieler abzuschlagen. Wer gefangen wurde, hat sofort stehen zu bleiben. Befreit können die Mitspieler werden, indem durch die gegrätschten Beine gerutscht wird. Schaffen es die Fänger, im begrenzten Feld alle abzuschlagen?

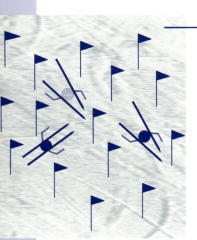

Ameisen im Stangenwald
Alle bewegen sich mittels Schlittschuhschritt im Stangenwald. Auf Zuruf erfolgt ein Tempowechsel. Schwieriger wird es, wenn die Feldgröße ab- und die Stangenanzahl zunimmt.

Kopiertes Laufen

Der vordere Läufer gibt vor, was und wie der hintere Läufer zu laufen hat. Dieser kopiert alles, was vorne passiert. Nach einer gewissen Zeit erfolgt der Wechsel. Der Gestaltungsfreude des Laufens (Skiballett oder -akrobatik) sind keine Grenzen gesetzt.

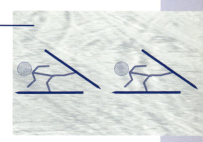

Bewegungsaufgaben

Aufgabe: Probiere, in gescherter Skistellung aus dem Gehen zum Gleiten zu gelangen! Erfahre dabei die Funktion Kanteneinsatz für die Abdruckgestaltung und Beschleunigung!

Aufgabe: Laufe schnelle und kurze Schritte wie ein Eishockeyspieler!

Aufgabe: Steigere das Lauftempo aus kleinen, schnellen Schritten über eine allmähliche Abdruckverlängerung, sodass raumgreifende Schritte entstehen!

Aufgabe: Laufe Schlittschuhschritte im unterschiedlichen Gelände (Anstieg bis abfallendes Gelände und leichte Richtungsänderungen)!
   Welche Funktion können beim gefestigten Bewegungsrhythmus die Arme einnehmen?

Aufgabe: Laufe die Schlittschuhschritte in einem rhythmischen Pendeln, sodass ein walzerähnlicher Bewegungsfluss ent-steht!

Aufgabe: Versuche, mit der rechten Hand über die linke Skispitze während der Gleitphase zu greifen und umgekehrt!

Aufgabe: Laufe in hoher Dynamik Schlittschuhschritte mit mittig gefassten Stöcken und schwinge diese im diagonalen Armrhythmus, so-dass Stock und Gleitski jeweils parallel zueinander verlaufen!

Das Greifen über die gegenüberliegende Skispitze ermöglicht eine günstige Oberkörpervorlage und ein langes Gleiten.

Aufgabe: Versuche, bei den Schlittschuhschritten in hoher Dynamik die Stöcke normal in den Schlaufen zu fassen und schwinge die Arme so im diagonalen Rhythmus mit, dass jeweils in der Gleitphase die Hand über den Gleitski raumgreifend nach vorn schwingt (rechte Hand über die linke Skispitze und umgekehrt)!

In der Mitte gefasste Stöcke erleichtern einen diagonalen Arm-/Stockschwung.

Weiterführende Spiele

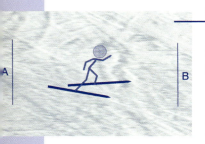

Von A nach B

Wer schafft von Punkt A nach B die wenigsten/meisten Schlittschuhschritte, die kürzeste Zeit, die längsten Gleitphasen, das stabilste Spurenbild usw.?

Schlittschuhschrittstafette

2-3 Läufer starten gleichzeitig. Am Wendepunkt gilt es, schnell umzutreten und im Schlittschuhschritt bis zur Übergabe zu spurten. Es können auch verschiedene Stationen oder Hindernisse auf der Strecke eingebaut werden (Luftballons aufblasen und mit den Skiern zerknallen, einen Stangenwald passieren usw.).

5.4.2 Skating – symmetrisch 1:1

Die Skatingtechnik 1:1 zählt zu den symmetrischen Bewegungsformen, bei der auf jedem Beinabstoß ein unterstützender Doppelstockschub erfolgt. Der Arm- und Bein-
kraftstoß sowie die Gleitphasen sind auf der linken und rechten Körperhälfte in etwa
gleich. Da jeder Beinschub mit einem beidseitigen Armabstoß unterstützt wird, ist der
Vortrieb relativ groß. Eine hohe Bewegungsfrequenz verlangt eine gute Koordinations-
fähigkeit. Anwendung findet diese Technik vor allem im leicht ansteigenden Gelände
sowie als Sprintform im Start- und Zielbereich auf Wettkampfstrecken.

Anforderungsprofil/Bewegungsstruktur

Bewegungsbeschreibung

Die Bewegung bei der symmetrischen Technik 1:1 gliedert sich in drei Phasen:

Vorbereitungsphase:

➪ Der KSP wird abgesenkt, eine bewegungsaktive Körperstellung eingenommen und das Abdruckbein bei gleichzeitigem Nachvornführen des Gleitbeins gebeugt. Das Körpergewicht liegt vollständig auf dem Abdruckbein.

➪ Es erfolgt ein Aufsetzen des Gleitbeins im kleinen Ausstellwinkel zur Laufrichtung und ein paralleles Einsetzen der Stöcke.

➪ Der Armdruck auf die Stöcke wird verstärkt.

Arm- und Beinabdruckphase:

➪ Der Beinabdruck (Fuß-, Knie- und Hüftgelenkstreckung) erfolgt vom gekanteten und gleitenden Ski. Dieser Beinabstoß wird gleichzeitig mit einem Doppelstockschub in Richtung Gleitski unterstützt. Der beidseitige Stockeinsatz verläuft in etwa parallel zum Gleitski.

Gleitphase:

➪ Der KSP verlagert sich durch Belastungswechsel vom Abdruck- auf das Gleitbein.

➪ Am Ende des Arm- und schließlich des Beinabdrucks pendeln Abdruckbein und Arme nach hinten (oben) aus. Fast gleichzeitig richtet sich der Oberkörper auf und es kommt zu einer Gleitbeinstreckung.

➪ Das Abdruckbein wird flach in Richtung Gleitbein, mit gleichzeitiger, erneuter KSP-Absenkung als Vorbereitung für den nächsten, stockunterstützten Beinabstoß, herangeführt.

Kinematische Bewegungsmerkmale

Die zyklische Gesamtbewegung der symmetrischen Technik 1:1 lässt sich in unterschiedlich hohen Frequenzen ausführen. Die Verlängerung des geradlinigen Kraft- und Beschleunigungswegs wird durch ein tiefes Absenken des Körperschwerpunkts, verbunden mit einer stärkeren Beugung des jeweiligen Abdruckbeins,

erreicht. Die KSP-Verschiebungen sollten, wie bei allen Skatingtechniken, möglichst gering ausfallen. Die geradlinige Fortbewegung spielt vor allem in der Ebene, wo Gleit- und Zykluslängen
groß sind, eine große Rolle und soll dem Bewegungsgefühl nahe
kommen, einen Zug nach vorne in Laufrichtung zu vollziehen.
Eine Gewichtsverlagerung auf das Gleitbein ist lange zu halten,
wobei Fuß- und Körperschwerpunkt seitlich versetzt sind, sodass
das Gleiten zum größten Teil auf der Skikante und nicht auf dem
flachen Ski erfolgt (Lindinger & Müller, 1995, S. 49).

Dynamische Bewegungsmerkmale und -struktur

Die symmetrische Technik 1:1 zeichnet sich durch eine hohe Bewegungsfrequenz und einen kraftaufwändigen Arm-Bein-Einsatz
aus. Die Kraft-Zeit-Verläufe vom linken und rechten Bein sind in
etwa gleich und damit auch die muskuläre Beanspruchung. Die
Sprintform dieses Eintakters setzt mit einer schnellkräftigen Gleitbeinstreckung ein, sodass der Läufer sogar kurzzeitig vom Boden
abhebt und anschließend wieder zum Abstoß ansetzt. Eine zentrale
Rolle für den Wechsel von An- und Entspannung spielt die Entlastung während der Gleitbeinstreckung, welche durch eine Hüftstreckung und einem Unterschenkelvorschub hervorgerufen wird.

*Bildreihe der sym-
metrischen Technik
1:1. Auf jeden Bein-
abstoß erfolgt ein
Doppelstockschub.*

Der dynamische Verlauf der symmetrischen Skatingtechnik 1:1 ist durch folgende we-
sentliche Kriterien charakterisiert:
⇨ Trapezförmiger Kraft-Zeit-Verlauf der Arm- und Beinarbeit.
⇨ Die Armarbeit erreicht ihr Kraftmaximum im ersten Teil des Kraft-Zeit-Verlaufs mit
   möglichst langer Plateaubildung.
⇨ Das Kraftmaximum des Beinabstoßes liegt im hinteren Teil des Kraft-Zeit-Verlaufs.
⇨ Der optimale, stetige Kraftaufbau des Beinabstoßes wird im ersten und zweiten
   Drittel des Kraft-Zeit-Verlaufs vom Doppelstockschub unterbrochen.
⇨ Für einen effektiven Abstoß muss eine vollständige Gewichtsverlagerung auf das
   Abdruckbein erfolgen.

Bewegungserfahrungen nutzen

Für das Erlernen der 1:1-Technik lassen sich relevante Bewegungserfahrungen aus dem
Basisunterricht sowie von den Techniken Doppelstockschub mit und ohne Zwischenschritt, Spurwechsel, Grätenschritt und Schlittschuhschritt nutzen. Hier wurden jeweils unterschiedliche Anforderungen an die Arm-Bein-Koordinationen gestellt. Insbesondere gilt es, den (frequenten) Doppelstockschub und den Schlittschuhschritt, aus
deren Synthese die symmetrische Technik 1:1 hervorgeht, zu aktualisieren.

Lernen durch Verkörpern

Probleme beim Erlernen dieser Technik treten auf, wenn beim Schlittschuhschritt ein zusätzlicher, vortriebswirksamer Doppelstockschub den Skianfänger in eine für ihn nicht zu bewältigende Körperlage bringt. Dieser zusätzliche Armschub ruft beim Anfänger das Gefühl hervor, man würde mit solch großer Oberkörpervorlage nach vorne fallen.

Der Skianfänger reagiert auf neue, große Körperlagenänderungen durch das Einnehmen einer aufrechten Körperhaltung mit vertikalen Hochtiefbewegungen. Zum einen sind bei dieser Technik viele gleichgewichtssichernde Stockeinsätze gegeben, zum anderen verlangen diese eine hohe Koordinationsleistung. Der Stockeinsatz muss sich auf die hohe Bewegungsfrequenz erst einstellen.

Der Körperschwerpunkt (KSP) befindet sich beim Anfänger ohne größere Verlagerungen zwischen den Skiern, wodurch vortriebswirksame Bein- und Armabstöße verhindert werden. Für das Erlernen der 1:1-Technik ist deshalb eine Technikreduktion notwendig, d. h., die symmetrischen Bewegungen werden zuerst ohne Stockeinsatz durchgeführt, um Lösungsmöglichkeiten in Richtung dieser Technik zu sichern.

Zunächst wird dem wechselseitigen Beinabstoß ein paralleler Armrhythmus zugeordnet. Soll schließlich eine Verbindung und damit eine Integration aus Bein- und Armeinsatz entstehen, sind die Akzente so zu setzen, dass die spezifischen Bedingungen von Schlittschuhschritt und Doppelstockschub erhalten bleiben.

Für das methodische Vorgehen bieten sich zwei Varianten an:

a) Orientierung am Schlittschuhschritt als Rahmen, in den der Doppelstockschub einzuordnen ist, oder

b) Doppelstockschub als Grundrhythmus (Rahmen), in den der Schlittschuhschritt eingeordnet wird.

Bewährt hat sich die Aufeinanderfolge beider Varianten. Mit der ersten Variante wird begonnen. Der Schlittschuhschritt ohne Stockeinsatz mit beidseitiger Armführung wird eingeführt, und erst später, in einer Art Probierphase, kommt der Stockeinsatz hinzu.

Im Anschluss daran wird der Doppelstockschub und der Spurwechsel nochmals aufgegriffen, um in der Schubphase die Oberkörpervorlage beizubehalten und in Erinnerung zu rufen. Nach einer Übungsphase werden die Doppelstockschübe mit Schlittschuhschritten wieder kombiniert. Beide Varianten ergänzen sich folglich.

Spielerischer Einstieg

Brustschwimmen auf Ski

Mit Schlittschuhschritten und Brustschwimmbewegungen der Arme eine kleine Übungsrunde laufen. In der Abdruckvorbereitungsphase erfolgt der Zug zum Körper und in der Beinabstoßphase ein langer Zug nach vorn (Richtung Gleitskispitze). Dabei kann einmal frequent und ein anderes Mal raumgreifend mit langen Brustzügen gelaufen werden. Zur Abwechslung kann auch durch eine Stangenreihe (unterschiedliche Abstände) das Brustschwimmen erfolgen.

Dreierlauf mit Slalomstange

Es wird zu dritt mit vorgehaltener Slalomstange nebeneinander gelaufen. Die Slalomstange ist beim gleichseitigen und -zeitigen Beinabstoß in Richtung Gleitski wegzustrecken und in der Gleitphase zur Brust zurückzuziehen, sodass die Arme fast wie Ruder arbeiten. Welche Gruppe setzt dies gut um und läuft damit die höchste Geschwindigkeit?

Sprintstaffel mit und ohne Ski

Alle Ski werden an einem Wendepunkt abgelegt. Aus einer Entfernung von etwa 50 m wird nur mit Skistöcken zu den Skiern gesprintet. Der Rückweg wird mit Ski und Stockeinsatz in der Technik 1:1 geskatet.

Plus und Minus

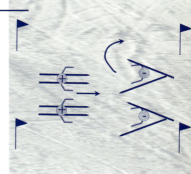

Zwei Mannschaften, „Plus" und „Minus", stehen sich gegenüber. Auf Zuruf von „Plus" verfolgt die „Plusmannschaft" die „Minusmannschaft" (und umgekehrt). Eingeholte Läufer müssen nun für die andere Gruppe laufen. Wer bleibt zum Schluss übrig: „Plus" oder „Minus"?

Bewegungsaufgaben

Aufgabe: Falte die Hände und führe die Arme wechselseitig vom Brustbein über den jeweiligen Gleitski und zurück! Versuche dabei, die Gleitphasen durch Wahrnehmungszentrierung auf den Beinabdruck bzw. die Armführung zu variieren! Experimentiere dabei auch mit den Parametern Kraft, Bewegungsfluss und Geländebedingungen!

Aufgabe: Führe Brust-schwimmbewegungen der Arme, kombiniert mit Schlittschuhschritten durch! Ändere den Brustarmzug dahin gehend, dass die Arme schnell und raumgreifend vorwärts geführt werden. Daran schließt sich ein langes Gleiten mit gestreckten Armen sowie eine langsamere Armzugbewegung zum Körper hin an!

a)

Aufgabe: Versuche, das Laufen so zu gestalten, dass der Kopf die Bewegung einleitet und stets auf die direkte Fahrtrichtung hin orientiert ist! Teste dabei aus, ob der Bewegungsfluss in ein rhythmisches Pendeln in Laufrichtung überführt werden kann!

b)

Aufgabe: Führe im Wechsel 3-4 x kräftige Doppelstockschübe durch, bei denen der Rumpfeinsatz mit langer Oberkörpervorlage betont

Die Übung „Die Hände falten" stabilisiert den Bewegungsrhythmus.

wird, und vollziehe das Gleiche 3-4 x auf dem jeweils ausgestellten Ski, ohne dabei die lange Oberkörpervorlage aufzugeben!

Aufgabe: Experimentiere mit der symmetrischen Technik 1:1 im unterschiedlichen Gelände und finde heraus, in welcher Geländeneigung die impulsstärkste Kraftübertragung aus Armen und Beinen erfolgen kann! Versuche, die obere und untere Grenze der Einsatzmöglichkeit der symmetrischen Technik 1:1 herauszufinden und variiere dabei unterschiedliche Parameter wie Raum, Zeit, Kraft und Geländebedingungen!

Aufgabe: Versuche, im wechselnden und leicht ansteigenden Gelände Tempoläufe durchzuführen! Bestimme dabei die günstigste Bewegungsfrequenz für eine maximale Laufgeschwindigkeit!

Weiterführende Spiele

Parallelslalom als Staffel

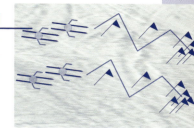

Zwei Läufer starten gleichzeitig auf je einer Strecke. Die Slalom-stangen sind so gesteckt, dass diese mittels der Technik 1:1 um-laufen werden können. Nach dem Rückweg erfolgt schließlich die Übergabe an den nächsten Läufer. Die Strecke lässt sich durch variables Abstecken der Stangen verändern.

Kurz und lang

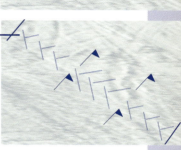

Auf der ersten Teilstrecke sind möglichst viele stockunterstützen-de Schritte umzusetzen (laut mitzählen!). Zwischen Punkt 1 und 2 gilt es, lange Schritte/Gleitphasen, also wenige Schritte, zu ge-stalten. Die letzte Teilstrecke ist wieder mit schnellen und kurzen Schritten zu laufen. Welche Gruppe hat im Anfangs- und End-streckenabschnitt die meisten, im Mittelteil die wenigsten Schrit-te umgesetzt?

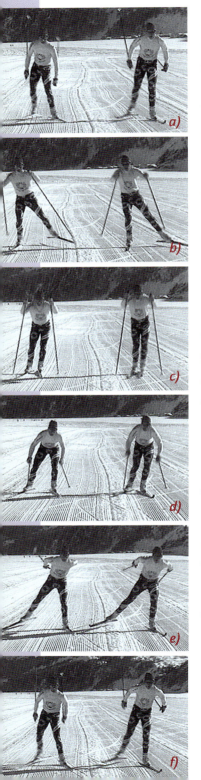

a)

b)

c)

d)

e)

f)

5.4.3 Skating – symmetrisch 2:1

Die Skatingtechnik 2:1 zählt zu den symmetrischen Bewegungsformen, da die Beinarbeit und der Verlauf des Spurenbildes, welches durch den annähernd gleichen, wechselseitigen Beinabdruck entsteht, in etwa spiegelbildlich ist. Hier erfolgt, im Gegensatz zur Technik symmetrisch 1:1, nur auf jedem zweiten Beinabstoß ein beidseitiger Armabstoß. Die symmetrische Technik 2:1 findet vorwiegend bei höheren Laufgeschwindigkeiten in der Ebene, im abfallenden Gelände und bei hinreichender Geschwindigkeit auch im leichten Anstieg Anwendung. Der Geschwindigkeitsbereich der Technik liegt zwischen dem der symmetrischen Technik 1:1 und dem des Schlittschuhschritts (ohne Stockeinsatz). Die einseitige Stockunterstützung des Beinabstoßes erfordert einen häufigen Seitenwechsel. Lokale Ermüdungen lassen sich so vermeiden und muskuläre Dysbalancen verhindern.

Anforderungsprofil/Bewegungsstruktur

Bewegungsbeschreibung

Vorbereitungsphase:
- ⇨ Das Abdruckbein (KSP-Absenkung) wird beim gleichzeitigen Nachvornführen des Gleitbeins gebeugt. Das Körpergewicht liegt vollständig auf dem Abdruckbein. Die Stöcke werden während der KSP-Absenkung parallel auf der stockunterstützenden Seite eingesetzt.
- ⇨ Der Armdruck auf die Stöcke verstärkt sich und der Läufer nimmt eine bewegungsaktive Körperhaltung ein.

(Arm-) und Beinabdruckphase:
- ⇨ Der dynamische Beinabdruck erfolgt vom gekanteten und gleitenden Ski mit gleichzeitigem Einsatz des den Vortrieb unterstützenden Doppelstockschubs in Richtung Gleitbein.
- ⇨ Es folgt eine Verlagerung des KSPs auf das andere Bein. Der KSP befindet sich dabei nur kurzzeitig genau über dem Gleitski.

Skatingtechnik „symmetrisch 2:1"

Gleit- und Schwungphase:

⇨ Am Ende des Arm- und Beinabdrucks erfolgt ein langes Ausschwingen nach hinten oben der Arme. Eine leichte Aufrichtung des Oberkörpers und die Streckung des Gleitbeins entlasten die Muskulatur.

⇨ Während des Gleitens bzw. nach dem Umkehrpunkt der Stöcke wird das Abdruckbein an das Gleitbein flach herangeführt.

⇨ Der jetzt folgende, nichtstockunterstützte Beinabdruck wird nach der gleichen Vorbereitungsphase (s. o.) durch ein aktives, paralleles Vorschwingen der Arme in Richtung Skispitze des Gleitskis unterstützt.

⇨ Die parallele Armarbeit verläuft immer parallel zum Gleitski.

Kinematische Bewegungsmerkmale

Der Körperschwerpunkt bleibt nahe der Fahrtrichtung und bewegt sich S-förmig in rhythmischen Pendelbewegungen. Fußpunkt und KSP verlaufen während des Gleitens aus der Vogelperspektive parallel und seitlich leicht versetzt. Dies ist ein Zeichen für eine lange und stabile Gewichtsverlagerung auf das Gleitbein.

Zum Kant- bzw. Gleitverhalten ist zu sagen, dass der Ski nur sehr kurz flach aufsetzt. Auf Grund der Oberkörpervorlage und des rhythmischen Pendelns in Laufrichtung, bei dem die Bewegungen durch Seitneigung des Kopfs eingeleitet werden, zeigt sich hauptsächlich ein zum Gleitende zunehmendes Fahren auf der Skikante. Der Skiausstellwinkel ist häufig auf der stockunterstützten Seite etwas größer.

Dynamische Bewegungsmerkmale und -struktur

Die Kraft-Zeit-Verläufe vom linken und rechten Bein fallen in etwa gleich aus. Auf der stockunterstützten Seite kommt es zum Abfall der ansteigenden Kraftkurve. Dies ist auf die Entlastung des beschleunigenden Beinabdrucks durch den einsetzenden Doppelstockschub zurückzuführen. Das Kraftmaximum der Beinarbeit liegt im hinteren Drittel, das der Armarbeit in der ersten Hälfte des Kraft-Zeit-Verlaufs (hier Plateaubildung).

Die Belastung des linken und des rechten Beins verschiebt sich hinsichtlich ihrer Anteile, wobei keine verbindlichen Aussagen gemacht werden können, ob dies beispielsweise auf Grund des Doppelstockschubs oder wegen der Betonung des aktiven Vorschwingens der Arme erfolgt.

Eine Entlastung nach dem dynamischen Beinabstoß und dem Belastungswechsel auf das Gleitbein (hoher statischer Muskelkraftanteil) lässt sich durch die Gleitbeinstreckung mit Hüftstreckung und Unterschenkelvorschub erzielen und ist für ein ökonomisches Laufen unverzichtbar.

Bewegungserfahrungen nutzen

Erfahrungen als Ausgangsbasis für das Erlernen der symmetrischen Technik 2:1 werden aus dem Basisunterricht und dem vorausgegangenen Techniklernen (Grätenschritt; Spurwechsel; Doppelstockschub und den erlernten Skatingtechniken) in den neuen Lernprozess eingebracht. Von besonderer Relevanz sind hierfür der Schlittschuhschritt als die Grundstruktur für die Beinarbeit und die symmetrische Technik 1:1 für die parallele Arm-Stock-Arbeit.

Lernen durch Verkörpern

Beim symmetrischen Skating 1:1 geht es auch bei dieser Technik zuerst um die Festigung der Grundform Schlittschuhschritt (Beinarbeit), die mit einer parallelen Armarbeit gekoppelt wird. Erforderlich ist eine Technikreduktion, da der zusätzliche Stockeinsatz für die Arm-Bein-Koordination die meisten Anfänger überfordert.

Deshalb werden zunächst die Stöcke weggelassen und die Arme schwingen parallel mit, d. h, auf einen Beinabstoß erfolgt ein Doppelarmschwung nach hinten und beim nächsten Beinabstoß ein paralleler Armschwung nach vorn.

Ist dieser Rhythmus durch variables Üben gefestigt, werden die Stöcke hinzugenommen. Es ist stets auf einen Wechsel der stockunterstützenden Seite zu achten. Der Kopf übernimmt auch hier eine wesentliche Steuerfunktion, indem er sich auf die Laufrichtung hin orientiert, die Vorwärtsbewegung einleitet und ein rhythmisches Pendeln initiiert.

Spielerischer Einstieg

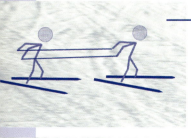

Parallelschwung der Arme

Zwei Läufer stehen hintereinander und halten zwei Slalomstangen rechts und links. Während der Schlittschuhschritte schwingen sie die Stangen parallel vor und zurück, sodass auf einen Beinabstoß immer der Schwung nach hinten und beim nächsten Beinabstoß der Schwung nach vorn erfolgt. Welches Duo ist am besten aufeinander abgestimmt?

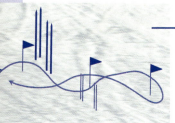

Ab- und anlegen

Ein oder mehrere Parcours ist/sind aufgebaut. Die ersten Läufer der Mannschaften laufen los und legen bei Stange 1 die Skistöcke ab, lassen einen Ski bei Stange 2 liegen, den anderen bei der dritten Stange, laufen um die vierte Stange und nehmen auf dem Rückweg alles wieder auf.

Bewegungsaufgaben

Aufgabe: Probiere, ein paralleles Vor- und Rückschwingen der Arme ohne Stöcke umzusetzen! Auf einen Beinabstoß erfolgt ein simulierter Doppelstockschub, auf den folgenden Beinabstoß das Vorschwingen der Arme in Richtung Gleitski!

Aufgabe: Akzentuiere den Armschwung einmal nach hinten, ein anderes Mal nach vorn und später in Kombination von hinten und vorn!

Aufgabe: Versucht, partnerweise hintereinander stehend, die beidseitig gefassten Slalomstangen im parallelen Armrhythmus mitzuschwingen! Probiert, die rhythmisch pendelnden Bewegungen mit dem Kopf einzuleiten!

Aufgabe: Unterstütze den Beinabstoß mit einem Doppelstockschub in Richtung Gleitski und schwinge anschließend (nächster Beinabstoß) die Arme/Stöcke aktiv nach vorn oben über die gegenüberliegende Gleitskispitze!

Aufgabe: Laufe mit sehr hoher/niedriger Bewegungsfrequenz, kurzen/langen Abdruck- und Gleitphasen! Finde den optimalen Bewegungsfluss, sodass Abdruck- und Gleitphasen ineinander verschmelzen!

Aufgabe: Erforsche den optimalen Anwendungsbereich und damit die Grenzen dieser Bewegungstechnik! Wähle dafür unterschiedliches Gelände, wie Ebene, Anstieg, Abfahrt und Kurven!

a)

b)

c)

Die Arme schwingen bei dieser Übung parallel am Körper vorbei und simulieren dabei den Bewegungsrhythmus der symmetrischen Technik 2:1.

a)   b)   c)

Aufgabe: *Versuche unterschiedliche Wechsel der stockunterstützenden Seite für den Beinabstoß! Probiere, den Seitenwechsel mittels eines zusätzlichen (zeitlich kurzen) Doppelstockschubs wie bei der Technik 1:1 (im Anstieg) und ein anderes Mal durch einen zusätzlichen Schlittschuhschritt mit Auslassen eines Armschubs umzusetzen (leichtes Gefälle)!*

Weiterführende Spiele

Beschleunigen mit Technikwechsel

Aus verschiedenen Positionen (Hocke, Tiefstart) ist auf Zuruf auf einer Strecke bis zur maximalen Geschwindigkeit zu beschleunigen (optimales Hochschalten von symmetrisch 1:1 zu 2:1). Wer nicht weiter beschleunigen kann, läuft locker zurück.

Rundenlauf

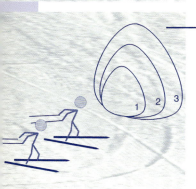

Auf verschiedenen Runden müssen unterschiedliche Techniken gelaufen werden. Auf der kleinen Runde ist die schnellste Technik zu wählen, auf der zweiten, größeren Runde ist im Wechsel symmetrisch 1:1 und 2:1 umzusetzen und auf der dritten Runde gilt es, die Technik 2:1 zu laufen.

d)

e)

Bildreihe der Technik symmetrisch 2:1 mit Skirollern

5.4.4 Diagonalskating

Beim Diagonalskatingschritt handelt es sich um eine reine Aufstiegstechnik; sie ermöglicht auch im steilen Gelände ein angenehmes und kraftschonendes Laufen. Bei dieser symmetrischen Bewegungsform erfolgt wechselseitig nur ein einseitiger Armabstoß in Richtung Gleitski. Der Bewegungsvollzug entspricht einer Passgangbewegung im Skatingschritt. Die aus den Beinen resultierenden Körperrotationen können auf Grund des seitengleichen Armeinsatzes schwer ausgeglichen werden, sodass durch den fehlenden Rotationsausgleich nur niedrige Laufgeschwindigkeiten umgesetzt werden können. Im Wettkampfbetrieb wird diese Technik auf Grund ihrer niedrigen, laufbaren Maximalgeschwindigkeit sehr selten oder nur im sehr steilen Gelände eingesetzt. Diese Technik wird gerne von Freizeitsportlern benutzt, da hierbei auch im Anstieg eine bequeme und kraftschonende Fortbewegung möglich ist.

Anforderungsprofil/Bewegungsstruktur

Bewegungsbeschreibung

Vorbereitungsphase:
⇨ Stockeinstich (links) und leichtes Absenken des KSPs mit verstärktem Druckfassen und Aufkanten des schräg zur Laufrichtung gleitenden, linken Abdruckskis.
⇨ Einnehmen einer bewegungsaktiven Körperhaltung.

Arm- und Beinabstoßphase:
⇨ Beinabstoß (links) mit gleichseitiger Unterstützung eines Arm-/Stockschubs in Richtung Gleitski.
⇨ Aufsetzen des Gleitskis (rechts) mit gleichzeitigem Belastungswechsel während des Abdrucks.

Gleitphase:
⇨ Arm- und Beinstreckung (links) mit kurzem Auspendeln. Rechts Gleiten mit kurzzeitiger Streckung des Gleitbeins.
⇨ Heranführen des Abdruckbeins und -arms bei gleichzeitiger Absenkung des KSPs und Aufkanten des Gleitskis.
⇨ Vorbereitung des nächsten Abstoßes von der rechten Seite. Das Gleitbein wird zum neuen Abstoßbein und dabei vom gleichseitigen Stock unterstützt.

Diagonalskatingschritt im Anstieg.

Bewegungserfahrungen nutzen

Beim Grätenschritt im Anstieg und bei verschiedenen Skatingtechniken wurde der Kanteneinsatz kennen gelernt. Des Weiteren kann der Schlittschuhschritt, die symmetrische Technik 1:1 (stockunterstützendes Schieben auf den Ski) und der Diagonalschritt (einseitiger Armeinsatz) als Ausgangsbasis für den Lernweg genutzt werden.

Lernen durch Verkörpern

Beim Erlernen des Diagonalskatings wird schnell deutlich, dass ein einseitig unterstützender Stockschub sich wesentlich kraftschonender im Anstieg auswirkt als ein stockloses Laufen oder ein Doppelstockschub auf jeden Beinabstoß. Es ist beim Diagonalskating ein gleichzeitiger Einsatz von Arm- und Beinabstoß in Richtung Gleitski zu koordinieren. Ein methodischer Akzent sollte frühzeitig auf die rhythmische Gestaltung der Bewegung gelenkt werden. Eine visuelle Kontrolle für die Arme besteht darin, dass die jeweilig einsetzende Hand für den Stockschub sich vor dem Brustbein und nicht zu weit außen vom Körper befindet. Die ganzheitliche Vorgehensweise hat sich in der Praxis bewährt. Am Anfang ist ein mittelsteiler Hang zu wählen. Im weiteren Aneignungsprozess sind Geländewahl, Abdruckgestaltung, Bewegungsfrequenz und Körperlagen/-positionen zu variieren.

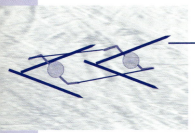

Spielerischer Einstieg

Allradantrieb

Zwei Läufer stehen hintereinander und haben Slalomstangen rechts und links in den Händen. So verbunden, laufen sie synchron einen leichten Anstieg in Schlittschuhschritten hinauf. Welches Gefährt hat für eine bestimmte Strecke die meisten PS bzw. erreicht die höchste Geschwindigkeit?

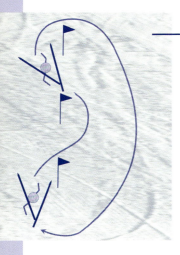

Rhythmus

Im mittleren Anstieg laufen zwei Läufer synchron hintereinander/nebeneinander. Dabei sind bergauf auch leichte Kurven, Geländeveränderungen und Tempovariationen einbaubar.

Welche Partner zeigen sich im Laufrhythmus nahezu identisch? Bergab kann sich mit Handfassung gegenseitig vor- und zurückgezogen werden, sodass ein Kreisverkehr oder Rundlauf entsteht.

Bewegungsaufgaben

Aufgabe: Versuche, mehrere Schlittschuhschritte rhythmisch im ansteigenden Gelände zu laufen und unterstütze zu einem selbst gewählten Zeitpunkt den Beinabstoß mit dem seitengleichen Armabstoß parallel zum Gleitski!

Aufgabe: Probiere, Bein- und Armabstoß der jeweiligen Seite etwa gleichzeitig und in dieselbe Richtung (Längsachse des Gleitskis) einzusetzen! Beobachte dabei, ob sich der Stockgriff etwa auf Höhe des Brustbeins befindet und der Stockverlauf während des Abstoßes in etwa parallel zum Gleitski erfolgt!

Aufgabe: Experimentiere mit der Abdruckdynamik, mit der Schrittfrequenz und dem Bewegungstempo im unterschiedlich steilen Gelände! Wann und wo erfolgt der optimale Einsatz der Technik?

Aufgabe: Probiere, Belastung (Arm-/Beinabstoß) und Entlastung (Gleiten und Entspannen) als voneinander getrennte Phasen bewusst wahrzunehmen!

Aufgabe: Versuche, Abdruck- und Gleitphase ineinander verschmelzen zu lassen und den Bewegungsfluss/-rhythmus der Gesamtbewegung als Einheit zu erleben!

Weiterführende Spiele

Tempowechsellauf

Läufer A versucht, in möglichst kurzer Zeit über Position 1 zu Position 2 zu gelangen. Währenddessen läuft direkt, aber langsam, Läufer B zu Position 2 und trifft sich dort etwa gleichzeitig mit A. Dann läuft B schnell über Position 3 zu 4 und A erholt sich auf der direkten Strecke zu 4. Die Läufer sollten Sichtkontakt behalten können. Wer kann sich beim Tempowechsellauf gut aufeinander abstimmen? Streckenabschnitte können beliebig verlängert werden.

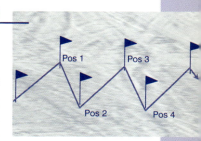

5.4.5 Skating – asymmetrisch 2:1 (Führarmtechnik)

Die *asymmetrische Bewegungstechnik* unterscheidet sich schon in ihrer äußeren Bewegungsausführung von den symmetrischen Techniken. Die Bewegungen der rechten und linken Körperhälfte sind mehr oder weniger unterschiedlich ausgeprägt, d. h., sie sind nicht spiegelgleich und somit asymmetrisch. Wie bei der symmetrischen Technik 2:1 erfolgt auch hier auf jeden zweiten Beinabstoß ein unterstützender Doppelstockschub. Ein wesentliches Kennzeichen der Bewegung liegt in der Nutzung eines so genannten Führungsarms, was der Technik auch den Namen *Führarmtechnik* gegeben hat.

Diese Bewegung kann auf eine lange Vergangenheit zurückblicken. Wie in Kap. 1 herausgearbeitet, wurde diese Art der Fortbewegung mit einem kurzen Abstoßski (oft fellbesetzt), einem langen Gleitski und nur einem Stock gelaufen. Der schwedische Athlet Gunde Svan führte diese historische Fortbewegungsform 1985 als „Einstock-Katapult-Technik" vor. Die heutige sportive Ausformung der Bewegung brachte entsprechende Wandlungen in der Bewegungsstruktur.

Die asymmetrische Bewegung zeichnet sich durch ihre vielseitige Verwendbarkeit im flachen Gelände bis zum steilen Anstieg aus. So kann sie dynamisch in hoher Bewegungsfrequenz, sogar raumgreifend-springend im steilen Anstieg vollzogen, in der Ebene eher symmetrisch umgesetzt oder in kraftschonender und gemütlicher Weise als Erholungs- oder Tourentechnik eingesetzt werden, weshalb sie im Freizeitsport so beliebt ist. Auch hier gilt es, die stockunterstützende Seite regelmäßig zu wechseln, um kraftökonomisch zu laufen.

Der Unterschied zwischen der asymmetrischen Technik und den symmetrischen Techniken liegt vor allem in der andersartigen Bewegungsstruktur. Während bei den symmetrischen Techniken beispielsweise beim Stockeinsatz das parallele Schieben auf den Ski

aus einer relativ tiefen Körperposition erfolgt, zeigt sich bei der asymmetrischen Technik ein seitlich versetztes „Fallen auf den Ski" aus einer relativ aufrechten Körperhaltung. Der Einsatz der Beine und Arme erfolgt räumlich und teilweise zeitlich versetzt.

Die asymmetrische Technik ist im Wettkampfsystem die dominierende Aufstiegstechnik. In sehr steilen Anstiegen wird diese Technik abgelöst von der gesprungenen Form des Grätenschritts bzw. vom Diagonalskating.

Anforderungsprofil/Bewegungsstruktur

Bei der *asymmetrischen Technik 2:1* erfolgt der Armabstoß auf jeden zweiten Beinabstoß. Arm- und Beinabstoß sind nicht seitengleich, es gibt einen so genannten *Führungsarm*. Der Belastungswechsel vom Abstoß- auf das Gleitbein geschieht vor oder mit dem Stockeinsatz. Als *Hauptabstoßbein* wird das dem Führungsarm gegenüberliegende Bein bezeichnet. Das andere Bein gilt als das *Hauptgleitbein*.

Bewegungsbeschreibung

Vorbereitungsphase (a-b):
⇨ Die Abstoßvorbereitung erfolgt mit einem Aufkanten des Hauptabstoßbeins in relativ aufrechter Körperhaltung. Der Abstoßski befindet sich weiter hinten als der Gleitski und ist schräger zur Laufrichtung gestellt.
⇨ Das Gleitbein wird im gelände- und geschwindigkeitsabhängigen Winkel ausgestellt und ist näher an der Laufrichtungsachse als das Hauptabdruckbein.
⇨ Das Gewicht liegt vollends auf dem sich weiter hinten befindenden Abstoßbein. Der Körper nimmt eine bewegungsaktive, aber hohe Körperhaltung ein.
⇨ Der entgegengesetzte Arm (= Führungsarm) ist über Kopfhöhe raumgreifend angehoben. Der andere Arm wird etwas tiefer (maximal Schulterhöhe) gehalten. Der Kopf ist meist leicht zum Führungsarm hin geneigt.

Die asymmetrische Führarmtechnik 2:1

a)

b)

c)

d)

e)

f)

(Arm-) und Beinabstoßphase (b-e):

- Der kraftvolle Beinabstoß erfolgt vom gekanteten Ski mit einem Belastungswechsel auf den Gleitski. Dies geschieht im Anstieg in gesprungener Form vom stehenden und stärker gebeugten Bein.
- Der Oberkörper fällt von oben förmlich auf den Gleitski und den Stock des Führungsarms.
- Etwa gleichzeitig mit dem Aufsetzen des Gleitskis, kurz nach dem Beginn des Beinabstoßes, vollzieht sich auf dieser armunterstützenden Seite der zum Teil zeitversetzte Stockeinsatz (zuerst der Führungsarm). Dieser vor allem räumlich versetzte Armabstoß führt während seines Einsatzes (über fast zwei Gleitphasen) zu Körperverwringungen bzw. -rotationen. Der Armeinsatz verläuft dabei bis kurz vor dem Ende des zweiten (geringeren) Beinabstoßes (ohne nochmaligen Armeinsatz), so- dass auf jeden zweiten Beinabstoß ein unterstützender Stockeinsatz ausgeführt wird.
- Der Führungsarm verrichtet auf Grund seines langen Antriebswegs die größere Kraftleistung.

Gleit- und Schwungphase (c-f):

- Die erste und zudem lange Gleitphase vollzieht sich nach dem Belastungswechsel vom Hauptabstoßbein auf das gegenüberliegende Hauptgleitbein. Dieses Gleitbein wird zum neuen Abstoßbein, wobei auf Grund des rotierenden Oberkörpers Gleit- und Abdruckphase miteinander verschmelzen.
- Die zweite Gleitphase auf dem ursprünglichen Hauptabstoßbein ist kürzer.
- Am Ende des zweiten Beinabstoßes werden die Arme, mit zusätzlicher Oberkörperaufrichtung und Gewichtsverlagerung auf das Hauptabstoßbein versetzt, in großer Bewegungsamplitude nach vorn geschwungen.

Einige Merkmale der gelaufenen (nicht gesprungenen), asymmetrischen Technik 2:1

- Um einen raumgreifenden, stockunterstützten Schritt zu ermöglichen, sollte das Abstoßbein und der gegenüberliegende Stockeinsatz (vor allem auf der Seite des Führungsarms) im Anstieg möglichst weit auseinander liegen.
- Da der Abdruck vom gekanteten Ski schräg zur Laufrichtung erfolgen muss, sichert hier ein (weiter) ausgeschertes Hauptabstoßbein und ein weniger ausgeschertes Hauptgleitbein einen weiten Schritt in Richtung Gleitbein.
- Es sollte ein großer, aber eher zeitlich kurzer Kraftstoß des Hauptabdruckbeins in Richtung Gleitbein erfolgen. Dabei tritt eine starke und kurzzeitige, dynamische Beanspruchung der Beinstreckmuskulatur auf.
- Das von oben auf den Gleitski fallende Körpergewicht wird unmittelbar in ein Gleiten übersetzt. Hierbei entsteht eine starke, exzentrische (nachgebende), dann statische (haltende) Beanspruchung der Oberschenkelmuskulatur (M. quadriceps femoris) des gebeugten Hauptgleitbeins. Während der anschließenden Bein-

streckung muss der Quadriceps sofort konzentrisch (streckend) arbeiten. Die muskulären Anforderungen an den Oberschenkelstrecker sind folglich hoch, da keine muskuläre Entspannung zwischen der exzentrischen, statischen und konzentrischen Arbeitsweise möglich ist.

⇨ Nach dem Abstoß und mit dem Gleiten auf dem anderen Ski (dem ursprünglichen Hauptabstoßbein) erfolgt die Aufrichtung des nach vorn geneigten Oberkörpers.

⇨ Der Armeinsatz, räumlich und teilweise zeitlich versetzt, verzeichnet unterschiedliche Krafteinsätze. Der Führungsarm, dem Hauptgleitbein gegenüberliegend, arbeitet zeitlich etwas länger und kraftvoller. Er setzt mehrere Muskelgruppen (Rumpf-Oberarm-Muskulatur und Schultergürtel-Oberarm-Muskulatur) ein und erzielt damit einen großen Kraftstoß. Der andere Arm nutzt in der Arbeitsphase durch seinen flachen Stockeinstich vorrangig den dreiköpfigen Armstreckmuskel (M. triceps brachii) und hat dadurch eine geringere Kraftwirkung.

⇨ Der KSP pendelt in rhythmischen Bewegungen zur Laufrichtung.

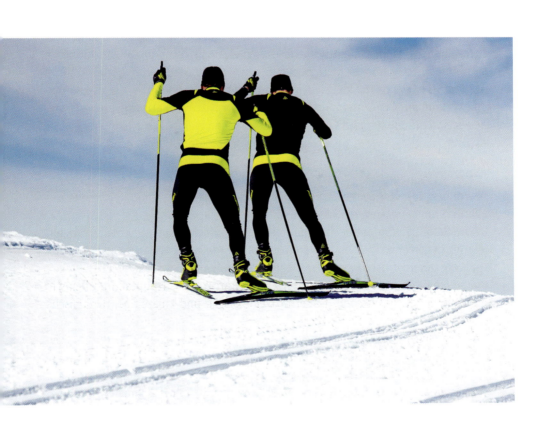

Bewegungserfahrungen nutzen

Die asymmetrische Skatingtechnik bietet für den Anfänger relativ wenig Anknüpfungspunkte. So lässt sich zwar auf die grundlegende Funktion des Kantens, wie bei allen Skatingtechniken, für die Abdruckgestaltung aufbauen, doch ist die Bewegungsstruktur neu. Wurde jedoch im Basisunterricht der Halbtreppenschritt thematisiert, ergeben sich bezüglich des Bewegungsrhythmus Transfermöglichkeiten. Hier ist, wie beim zu erlernenden Skatingschritt, ein Fallen auf den bergseitigen Ski (der Treppenschritt nutzt die parallele Skistellung) mit unterschiedlich hohen Stöcken zu verzeichnen. Zwar sind beim Halbtreppenschritt keine Gleitphasen vorhanden, doch können zumindest relevante Bewegungserfahrungen durch nochmaliges Aufgreifen aktiviert bzw. aktualisiert werden.

Es ist erfahrbar zu machen, dass sich dieser Bewegungsrhythmus in seiner asym-metrischen Gestaltung klar von allen anderen symmetrischen Bewegungen unterscheidet, weshalb Bewegungsaufgaben erstellt werden müssen und besondere Merkmale der Technik – wie das Fallen auf den Ski von oben – herauszustellen sind.

Lernen durch Verkörpern

Die Erstellung eines neuen und eigenständigen Lernprozesses ist darauf ausgerichtet, die Aufmerksamkeit auf die Gesamtgestalt der asymmetrischen Bewegung zu lenken. Diese Bewegungsgestalt ist getrennt (auch zeitlich) vom Lernprozess der symmetrischen Techniken zu erarbeiten. Ein eigenständiges Übungs- und Aufgabenrepertoire wird vorgestellt, welches der Bewegungsstruktur und dem -rhythmus der asymmetrischen Technik entspricht. Die Wahrnehmung fokussiert vor allem auf dem neuen Bewegungsrhythmus. Bilder (Metaphern), wie „Stehaufmännchen", „Kanadierfahren" oder „Nägel einschlagen", bauen Bewegungsvorstellungen auf und leiten Umstrukturierungsprozesse von Bewegungshandlungen ein.

Um die Variantenbreite in der unterschiedlichen Bewegungsumsetzung (mehr oder weniger verstärkter Führungsarm) erfahr- und erfassbar zu machen, ist auf eine unterschiedliche Geländewahl (Ebene, leicht abfallendes Gelände, Anstieg, seitlich abfallendes Gelände) zu achten.

    Bei dieser Bewegungstechnik ist es möglich, Standübungen einzusetzen, was bei allen anderen Techniken als weniger sinnvoll erachtet wird. Diese zielen darauf ab, zunächst über einen recht statischen und steifen Bewegungsvollzug ein erstes Verständnis der neuen Bewegungsstruktur zu vermitteln. Dies lässt sich damit begründen, dass bei einer sofortigen dynamischen Umsetzung der Technik meist auf den symmetrischen Bewegungsrhythmus zurückgegriffen wird. Dabei hilft, wie bei allen anderen Techniken auch, der Einsatz von Metaphern, da diese bei der Vermittlung von Bewegungen die wichtige Funktion übernehmen, Assoziationen und Vorstellungen zu wecken, die den Aufbau eines Handlungsraumkonzepts unterstützen. Da sie visuelle Strukturelemente in sich tragen, muss aber auch überprüft werden, ob die beabsichtigte Information durch die Metapher auch wirklich transportiert worden ist.

Bei den nun folgenden Übungen sollte immer darauf geachtet werden, dass auf Grund der asymmetrischen Bewegungsausführung ein Seitenwechsel des Führungsarms erfolgt.

Nägel einschlagen

Für die folgende Übung kann das Bild des „Stehaufmännchens, welches imaginäre Nägel einschlägt" verwendet werden. Ohne Stöcke in den Händen wird hierbei der ausgescherte Gleitski und der gleichseitige (Führungs-)Arm angehoben. Der andere Arm ist ebenfalls vor dem Körper, wird aber etwas tiefer gehalten. Der Führungsarm (Hand als Faust) hat einen symbolischen Hammer in der Hand und will in den Gleitski einen „langen Nagel einschlagen", sodass Arm und Gleitski senkrecht zueinander stehen müssen. Der andere Ski (Abstoßski) ist nach hinten leicht versetzt und das gesamte Gewicht liegt auf ihm. Der Körper fällt in der Vorwärtsbewegung von seiner aufrechten, steifen Stellung (Gelenkwinkel werden nicht verändert) auf das Gleitbein. Mit dem Aufsetzen des Gleitskis verbleibt das Bein in seiner gebeugten Position und gleichzeitig stoppt die geballte Faust ab – der „Nagelkopf" wurde getroffen. Hieraus ergeben sich aus der Kombination des Fallens auf den Ski und der Wiederaufrichtung des Körpers schließlich Vorwärtsbewegungen, welche mehrfach wiederholt werden und einem wippenden Stehaufmännchen ähneln.

a)

„Nägel einschlagen" im Rhythmus eines „Stehaufmännchens" vermittelt die Bewegungsstruktur der asymmetrischen Technik 2:1.

b)

Kanadierfahren

Eine weitere Übung stellt das so genannte „Kanadierfahren" (das der jahrhundertealten Einstocktechnik entspricht) dar. Die Ausgangshaltung entspricht der Nagelübung. Im Unterschied dazu wird ein Stock ähnlich wie ein Stechpaddel gehalten. Das Abstoppen der Armbewegung von oben nach unten erfolgt ebenfalls mit dem Aufsetzen des Gleitskis. Die Wahrnehmung ist dabei vor allem auf das „Fallen auf den Ski" mit der sich wiederholenden Aufrichtung zu lenken. Um die Gleitgeschwindigkeit nicht zu hoch werden zu lassen, sollte zunächst leicht ansteigendes Gelände gewählt werden.

„Kanadierfahren" erinnert an die historische Fortbewegung der Einstock-Katapult-Technik.

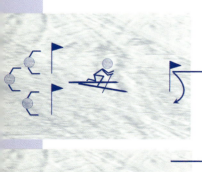

Spiele

Kanadierstaffel

In gehockter Position in der Spur mit einem Knie auf dem Ski und sich nur mit den Armen vorwärts schiebend ähnlich dem richtigen „Kanadierfahren". Welche ist die schnellste Staffel?

Gondoliere

Wie beim Kanadierfahren wird der Stock wie ein Stechpaddel gehalten (obere Hand Ristgriff, untere Hand Kammgriff). Auf der Stockeinstichseite (Hauptabstoßbein) wird sich gleichzeitig mit einem kräftigen Beinabstoß abgestoßen und wie bei der Nagelübung auf das andere Bein fallen gelassen. Probiert zunächst das freie Laufen im Anstieg und gestaltet einen Wettlauf der „Gondellieris"!

Auf den Stock fallen

Um die Umsetzung mit Stockeinsatz zu ermöglichen, ist eine seitlich ansteigende Loipe zu suchen. Der Führungsarm wird stets bergwärts eingesetzt. Diese methodische Unterstützung soll verhindern, dass zum einen ein symmetrischer Armschub erfolgt und zum anderen, dass die Bewegungsstruktur „auf den Ski fallen" und „auf den Stock des Führungsarms fallen" durch ein „Schieben auf den Ski" ersetzt wird.

Anfangs sollte die Bewegung mit geringer Dynamik erfolgen. Die Wahrnehmung ist so zu lenken, dass auf Grund der Fallbewegung Richtung Stock zuerst die Muskulatur des großen Brustmuskels (M. pectoralis major) vom Führungsarm gespürt wird und zur Anwendung kommt.

Festigung der Bewegungsgestalt

Im leichten bis steilen Anstieg ist die Bewegungsgestalt der Technik zu festigen, sodass klar zwischen einem symmetrischen und einem asymmetrischen Bewegungsrhythmus unterschieden werden kann. Allmählich kann die Dynamik erhöht werden und raumgreifendere Schritte sowie Armeinsätze verstärkt aufgegriffen werden.

In der Ebene wird es sich ergeben, dass die asymmetrische Bewegung mit dem ausgeprägten Führungsarm und dem gegenüberliegenden Hauptabstoßbein zu Gunsten einer äußerlich sichtbaren Annäherung an die symmetrischen Laufformen aufgegeben wird (z. B. fast gleich hohe Armführung), ohne dabei jedoch den Bewegungsrhythmus mit seiner spezifischen Gestaltung zu verändern.

Im abfallenden Gelände ist diese Technik sehr kraftschonend und wird beim Training im Kompensationsbereich gern angewendet. Ein lockeres Fallen auf Ski und Stöcke lässt ein genüssliches Vorwärtsbewegen mit geringer Beanspruchung zu.

Bei Richtungsänderungen ist der bogeninnere Arm der Führungsarm. Dies kann auch durch ein S-förmiges Abstecken einer Strecke thematisiert und eventuell spielerisch umgesetzt werden.

Seitenwechsel – Wechsel des Führungsarms

Bei der asymmetrischen Technik ist eine einseitige (Über-)Beanspruchung möglich. Um dem vorzubeugen, ist ein Seitenwechsel des Führungsarms erforderlich. Für den Führungsarmwechsel können entweder zwei Schlittschuhschritte ohne Stockeinsatz erfolgen, sodass auf den dritten Beinabstoß der Wechsel mit zusätzlichem Stockeinsatz erfolgt oder man wählt eine direkte Wechselform. Bei dieser Form wird auf der bisherigen Seite ein kurzzeitiger Stockeinsatz nur angedeutet bzw. nicht vollständig ausgeführt, um sofort den bisherigen Führungsarm zu senken und den anderen Arm als neuen Führungsarm einzusetzen.

Gesprungene Variante der asymmetrischen Technik 2:1

Die gesprungene Variante der asymmetrischen Technik unterscheidet sich von der gelaufenen dadurch, dass der Abstoß nicht vom schnell gleitenden, sondern vom zum Teil schon stehenden und stärker gebeugten Bein erfolgt und der Stockeinsatz bereits während der Flugphase einsetzt. Hier wird nicht ein Lauf-, sondern ein Sprungschema abgerufen. Es kommt zu einem bewussten Abbrechen der Beinstreckung und der Gleitphase, sodass aus der Beinbeugung ein weiter und raumgreifender Sprung in Richtung Hauptgleitbein ausgeführt wird. Diese Variante erfordert eine hohe Bewegungsfrequenz und einen hohen Anteil an Kraftausdauer.

Parcours: Komplexe Umsetzung der asymmetrischen Technik

Hier soll vorgestellt werden, wie in einem Parcours alle Anwendungsmöglichkeiten und Intentionen dieser Technik miteinander verbunden werden können. Dabei soll ein bewusster Wechsel von entspannendem und dynamischem Laufen (gesprungene Variante) gewährleistet sein. Als Parcours eignet sich ein alpiner Übungshang.

1. Nagelübung im Anstieg ohne Stöcke.
2. Kanadierfahren im abfallenden Gelände.
3. Seitlich geneigtes Gelände mit einem normal und einem auf halber Höhe gefassten Stock.
4. Richtungsänderungen in Schlangenlinien.
5. Steiler Anstieg für die dynamisch gesprungene Variante.

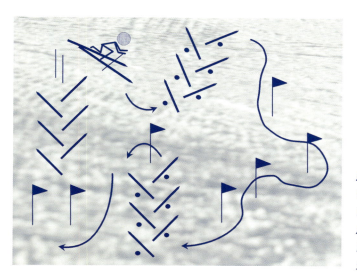

Abb. 5.15:
Geländeparcours für unterschiedliche Anwendungsmöglichkeiten der asymmetrischen Technik

5.4.6 Halbschlittschuhschritt (Siitonen, Finnstep)

Aus der klassischen Technik haben sich über den Halbschlittschuhschritt seit den 80er Jahren des 20. Jahrhunderts Wettkampftechniken des Skatens entwickelt. Der Halbschlittschuhschritt kann somit als historische Zwischenform bei der Entwicklung des modernen Skatens aus dem klassischen Laufen angesehen werden. Bezeichnungen wie *Ausstellschritt, Halbschlittschuhschritt, Siitonen* (Name des Läufers, nachdem der Schritt benannt wurde) und *Finnstep* konkurrieren seitdem miteinander. Hier wird die Bezeichnung *Halbschlittschuhschritt* favorisiert, da sie der Bewegung am nächsten kommt und einen Hinweis auf die Zugehörigkeit zum Schlittschuhschritt gibt.

Halbschlittschuhschritt – Übergangs-
technik von der führenden klassischen
Spur zur plan gewalzten Skatingloipe

Der Halbschlittschuhschritt stellt eine
einseitige Bewegungsform dar, da sich
immer nur von einem Ski abgestoßen
wird. Die Umsetzung der Technik erfolgt
zur Hälfte in und zur anderen Hälfte
außerhalb der Spur. Diese Technik darf
nur im Freistilwettkampf und nicht mehr
im Wettkampf des klassischen Stils angewendet werden. Sie wird in der aktiven Abfahrt, in der Ebene, im leichten
Anstieg und bei Richtungsänderungen
gelaufen. Ferner wird sie im Wettkampf
als Übergangs- bzw. Beschleunigungs-
form wie beispielsweise vor der Abfahrtshocke in der Spur oder bei Überholvorgängen eingesetzt.

Hin und wieder nutzen auch klassische Läufer den Halbschlittschuhschritt,
sei es aus Bewegungsfreude oder weil
die Ski zu glatt gewachst wurden. Ten-
denziell nimmt jedoch die Bedeutung
dieser Technik ab.

Anforderungsprofil/Bewegungsstruktur

Vorbereitungsphase:
- Das Abdruckbein wird schräg zur Bewegungsrichtung ausgestellt.
- Das Gewicht liegt noch auf dem Standbein. Fuß-, Knie-, Hüft- und Schultergelenk
  stehen senkrecht übereinander.
- Die Stöcke werden eingesetzt und der Ski flach mit der gesamten Lauffläche aufgesetzt. Die Gewichtsverlagerung auf das Abdruckbein nimmt zu.
- Es erfolgt eine Verstärkung des Drucks auf die Stöcke und ein Absenken des KSPs
  für die Abdruckvorbereitung des Beinabstoßes. Der Oberkörper wird leicht gebeugt.

Arm- und Beinabstoßphase:

⇨ Der Abdruck erfolgt durch die Streckung von Sprung-, Knie- und Hüftgelenk bis zur vollständigen Beinstreckung.

⇨ Der seitliche Beinabdruck wird durch einen leicht versetzten Doppelstockschub unterstützt.

⇨ Beginn der Gewichtsrückverlagerung.

Gleitphase:

⇨ Das Gewicht wird zurück auf das Standbein verlagert. Es erfolgt das Vorschwingen der Arme mit dem Aufrichten des Oberkörpers und einer Streckung des Standbeins.

⇨ Dabei vollzieht sich das freie Gleiten auf dem Standbein und die Vorbereitung des gleichseitigen Beinabdrucks.

Der Halbschlittschuhschritt stellt an den Läufer verschiedene Anforderungen. Er muss für die Realisierung auf einem Bein gleiten können (Standbein), das gesamte Körpergewicht kurzzeitig auf das Abstoßbein verlagern und während der Entlastung des Gleitbeins dieses nach vorn in Fahrtrichtung schieben. Der Beinabdruck des seitlich ausgestellten Beins erfolgt vom gekanteten Ski. Der Oberkörper ist in einer gebeugten Haltung. Der Körperschwerpunkt wechselt in einem stetigen Ungleichgewicht zwischen Stand- und Abdruckbein. Der Beinabdruck wird gleichzeitig von einem leicht versetzten Doppelstockschub unterstützt. Der Ausstellwinkel verringert sich bei zunehmender Geschwindigkeit.

Bewegungserfahrungen nutzen

Der Halbschlittschuhschritt sollte zum Erlernen auf unterschiedlichen Bewegungserfahrungen aufbauen können. So bilden Gleiterfahrungen auf einem Ski, Elemente aus der klassischen Technik (Doppelstockschub) und der Skatingtechnik (seitlicher Beinabdruck) Fundamente dieser Technik. Des Weiteren sind Erfahrungen mit rhythmischen KSP-Verlagerungen, verschiedene Arm-Bein-Koordinationen sowie variable Abdruckgestaltungen vom gekanteten Ski, welche teilweise mit Doppelstockschüben kombiniert wurden (symmetrisch 1:1/2:1), hilfreich.

Lernen durch Verkörpern

Der Halbschlittschuhschritt ist für Anfänger schnell erlernbar. Ein Ski bleibt dabei immer in der Spur wie in einer Schiene, wodurch die Bewegungsrichtung vorgegeben ist. Das andere Bein ist mit dem Abdruck vom seitlich ausgestellten Ski für den Vortrieb zuständig. In der Vermittlung kann komplex vorgegangen werden. Es sind dabei über Gegensatzerfahrungen die Funktion und die Einsatzmöglichkeiten der Technik herauszuarbeiten. So kann experimentierend der Scherwinkel der Ski, die Laufgeschwindigkeit, der Impuls, die Schrittfrequenz, die Seite des Ausstellbeins und das Gelände variiert werden. Am Anfang sollte die Ebene und leicht abfallendes Gelände gewählt werden.

Weiterhin ist darauf zu achten, dass die KSP-Schwankungen gering sein sollten, d. h., der KSP darf sich nicht allzu weit vom Gleitbein wegbewegen, sodass der Beinabstoß ausreicht, um den KSP wieder auf das Standbein (Gleitbein) zurückverlagern zu können.

Spielerischer Einstieg

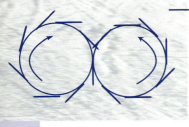

Güterzug auf Achterschleife

Eine große Achterschleife ist loipengerecht gezogen. Auf Kommando beginnt Läufer A, einen Ski in der Spur belassend, sich vom bogenäußeren, ausgestellten Ski mit Stockunterstützung abzustoßen. Nach einer Achterrunde folgt ihm Läufer B, auf Runde drei Läufer C usf. Ist die gesamte Mannschaft unterwegs, hängt sich Läufer A vom Zug als bisherige Lokomotive ab.

Abstoßwettkampf

Wer kommt mit fünf Halbschlittschuhschritten mit/ohne Stockeinsatz am weitesten? Wer braucht die wenigsten Abstöße für eine bestimmte Strecke? Wer ist der Schnellste über eine Kurzdistanz?

Bewegungsaufgaben

Aufgabe: Experimentiere, wie weit eine KSP-Verlagerung auf das ausgescherte Bein möglich ist, wobei ein kräftiger Beinabdruck eine vollständige Rückverlagerung auf das Standbein sichern muss!

Aufgabe: Teste einmal mit hoher und einmal mit niedriger Geschwindigkeit unterschiedliche Scherwinkel der Ski aus! Wähle dazu ein welliges Streckenprofil!

Aufgabe: Versuche, im profilierten Gelände einmal mit kurzem, kräftigem Arm- und Beinabdruck und ein anderes Mal mit langer Abdruckphase zu laufen!

Aufgabe: Teste, nach wie vielen Schritten eine erste Ermüdung des Abdruckbeins auftritt und wann ein ökonomischer Beinwechsel angebracht ist! Versuche, die Wahrnehmung bewusst auf die Trennung von Be- und Entlastung zu zentrieren!

Aufgabe: Übe in leichten S-Kurven Halbschlittschuhschritte mit dem jeweils bogenäußeren Ski!

Aufgabe: *Versuche, mehrfach auf maximale Geschwindigkeit zu beschleunigen! Wie verhalten sich im Verlauf der Beschleunigung Scherwinkel der Ski/Schrittfrequenz/Impulsgebung und Oberkörperverlagerungen?*

Weiterführende Spiele

Belgischer Kreisel geskatet

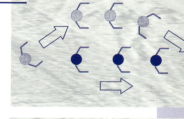

Auf einer Loipe laufen mehrere Läufer im Halbschlittschuhschritt eng hintereinander. Der jeweils vorderste Läufer übernimmt nur kurzzeitig die Führung und wechselt schnell in die parallel verlaufende Spur, lässt sich allmählich bis an das Ende der Gruppe zurückfallen und schließt durch erneuten Spurwechsel wieder an. Welche Gruppe hat den flüssigsten Kreisel?

An die Spitze sprinten

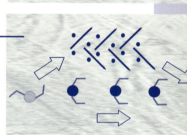

Eine Gruppe läuft hintereinander im Halbschlittschuhschritt. Der jeweils letzte Läufer sprintet mit einer schnelleren Technik (z. B. „symmetrisch 1:1") an die Spitze.

5.4.7 Bogentreten (passiv und aktiv)

Bei Abfahrten oder in der Ebene, wo bei höheren Geschwindigkeiten die Loipe verlassen werden muss, können mithilfe des passiven und aktiven **Bogentretens** Kurven und schnelle Richtungsänderungen sicher vollzogen werden. Das passive Bogentreten zeichnet sich durch die Aufeinanderfolge schneller Nachstellschritte aus, die eine bestehende Laufgeschwindigkeit aufrechterhalten, aber nicht weiter erhöhen. Die aktive Variante des Bogentretens zählt zu den freien Techniken, da hier beschleunigende Schlittschuhschritte hinzukommen, die mit zusätzlichen Doppelstockschüben unterstützt werden können.

Das passive Bogentreten (= Umtreten)

Bogentreten passiv – auch als *Umtreten* bezeichnet – bedeutet, dass sich nicht aktiv und vortriebswirksam vom bogenäußeren Ski zur weiteren Beschleunigung in Fahrtrichtung abgedrückt wird, sondern dass ein Umtreten mit schnellen Nachstellschritten für eine rasche Richtungsänderung erfolgt. Der bogenäußere Ski wird dabei nur kurzzeitig belastet, sodass nach dem Drehen (Ausscheren) des angehobenen, bogeninneren Skis in die neue Bewegungsrichtung ein sofortiger Belastungswechsel erfolgt. Der bogenäußere Ski wird nun unbelastet nachgeführt usw. Bei dieser Technik wird der Körperschwerpunkt leicht nach hinten verlagert, um das Umtreten zu erleichtern.

Das Bogentreten erfolgt ohne zusätzlichen Stockeinsatz und wird in Kurven bei hoher Geschwindigkeit im abfallenden Gelände oder ebener Piste sowohl in der klassischen als auch in der freien Technik angewendet. Im klassischen Stil darf nur die passive Form verwendet werden, da in der aktiven Variante die erwähnten, beschleunigenden Schlittschuhschritte auftauchen.

Anforderungsprofil/Bewegungsstruktur

Beim schnellen Durchlaufen von Kurven sind verschiedene Anforderungen zu bewältigen. So muss ein schneller Belastungswechsel vom Innen- auf den Außenski erfolgen, wobei der Innenski hinsichtlich seines Anteils stärker belastet wird. Der Körperschwerpunkt (KSP) muss durch eine entsprechende Kurveninnenlage über dem Innenski bleiben. Dazu ist die Geschwindigkeit auf den Kurvenradius abzustimmen. Weitere Anforderungen ergeben sich bei der Koordination von schnellen Nachstellschritten. Hierbei wird das kurveninnere Bein jeweils in die neue Laufrichtung gesetzt und das kurvenäußere Bein entsprechend nachgezogen bzw. nachgestellt. Das Umtreten kann charakterisiert werden als Richtungsänderung mit seitlicher Gewichtsverlagerung auf den ausgescherten Innenski. Der Abstoß führt von der Innenkante des Außenskis auf die Außenkante des Innenskis.

Bewegungserfahrungen nutzen

Das Umtreten findet Bewegungserfahrungen bei den Gewöhnungsübungen und Skispielen, aber auch zum Teil beim Techniklernen. Im Basisunterricht wurde beispielsweise das Umtreten im Stand um die Skienden durchgeführt. Dies ist zu aktualisieren und zu wiederholen, da das Bogentreten nichts anderes als ein Umtreten um die Skienden im Fahren ist. Relevant sind des Weiteren Erfahrungen mit verschiedenen Abdruck- und Gleitvarianten (Koordinationsschulung), Geschwindigkeitserfahrungen mit der Regulierung äußerer Kräfte (Zentrifugal- und Zentripelkräfte), Variationen der Körper- und Kurvenlage, Nachstellschritte (vor- und seitwärts) und der Kanteneinsatz.

Lernen durch Verkörpern

Zunächst ist die Ebene oder ein flacher Hang zu wählen, wo die Geschwindigkeit niedrig gehalten und die Kurvenradien selbst bestimmt werden können. Umtretschritte, Geländeneigung, Kurvenradius und Fahrgeschwindigkeit sollten an das Könnensniveau des Lernenden angepasst und variabel eingesetzt werden (Abstecken einer Strecke mit Fähnchen). Es sollte ein spielerischer Einstieg gewählt werden, damit ein Experimentieren mit verschiedenen Kurveninnenlagen und höheren Fahrgeschwindigkeiten Spaß bereitet. Eine Hilfestellung für das Techniklernen ist, dass die Wahrnehmung des Lernenden auf die Vorstellung, schnelle Nachstellschritte für eine Kurvenfahrt vollziehen zu müssen, gelenkt wird. Unterstützend wirkt sich in der Kurveninnenlage eine leichte Rückverlagerung des Körpers aus, da die Ski dadurch leichter versetzt werden können. Erweiterung findet das Bogentreten durch das Aneinanderreihen von Nachstellschritten nach beiden Seiten im Wechsel, sodass ein slalomartiges Umtreten erfolgt.

Spielerischer Einstieg

Die Spiele zum passiven Bogentreten werden zusammen mit der aktiven Variante aufgeführt und sind unter „Bogentreten, aktiv" zu finden.

Bewegungsaufgaben

Aufgabe: *Versuche, im leicht abfallenden Gelände eine große Kurve mit Nachstellschritten zu fahren. Beachte, dass die Nachstellschritte einen weiten Bogen ergeben!*

Aufgabe: *Variiere in einem selbst gewählten Kreisradius Geschwindigkeit, Schrittfrequenz und Körperlage!*

Aufgabe: *Teste, wie klein ein laufbarer Kurvenradius sein kann! Was passiert mit den Abdruck- und Gleitphasen beider Ski?*

Aufgabe: Versuche, im leicht abfallenden Gelände zwischen jeweils weit abgesteckten Fähnchen mehrere Umtretschritte auszuführen!

Aufgabe: Probiere, mehrere weite Kurven (S-förmige Kurven) im fallenden Gelände mit Umtretschritten zu vollziehen! Variiere auch die Abstände und Kurvenradien!

Das aktive Bogentreten – eine Skatingtechnik

Das aktive Bogentreten ist eine zweckmäßige Technik, um größere Richtungsänderungen (große Kurvenradien) im ebenen und abfallenden Gelände zu vollziehen. Dabei ist es möglich, eine relativ hohe Geschwindigkeit (bis 8 m/s) zu halten oder mittels beschleunigender (= aktiv) Schritte die Laufgeschwindigkeiten in Kurven sogar zu erhöhen.

Hierfür ist ein kräftiges Abdrücken vom bogenäußeren Ski notwendig, welches mit einem zusätzlich vortriebswirksamen Doppelstockschub auf den bogeninneren Ski kombiniert werden kann. Vom bogeninneren Ski ermöglicht ein kurzer, dynamischer Abstoß schnelle Richtungsänderungen und eine zusätzliche Dynamisierung der Bewegung (im Gegensatz dazu verläuft das Umtreten eher passiv).

Anforderungsprofil/Bewegungsstruktur

Bewegungsbeschreibung
Beim aktiv beschleunigenden Bogentreten verlagert sich das Körpergewicht auf den bogenäußeren Ski. Der entlastete, bogeninnere Ski wird in die neue Bewegungsrichtung ausgeschert und belastet. Auffällig ist die starke Beugung beider Beine für die jeweilige Abdruckgestaltung. Ein dynamischer Beinabdruck vom bogenäußeren, gekanteten Ski mit Sprung-, Knie- und Hüftgelenkstreckung erfolgt in Richtung des bogeninneren Gleitskis, welcher nur kurzzeitig belastet wird. Den Beinabdruck vom Außenski unterstützt in der aktiven Variante meist ein vortriebswirksamer Doppelstockschub.

Das aktive Bogentreten mit Stockunterstützung auf dem kurveninneren Bein

In der sportiven Form wird zudem nach der Belastung des Innenskis ein vortriebswirksamer Sprung in die neue Bewegungsrichtung vollzogen. Daraus ergibt sich ein Bewegungsrhythmus, bei dem auf einen eher langen Abdruck vom Außenski sofort ein kurzer Abdruck vom Innenski folgt.

Eine lange Flugphase schließt sich daran an. Dies ergibt in zyklischer Folge der Bewegungen aufeinander folgende „Galoppsprünge". Im Gegensatz dazu verläuft das passive Umtreten mittels schneller Nachstellschritte, wobei eine ständige (aber eher statische) Körperinnenlage dominiert.

Zu den wesentlichen Merkmalen zählen:
- Seitliche Gewichtsverlagerung auf den ausgescherten Innenski mit teilweiser Unterstützung durch Doppelstockschübe.
- Beinabstoß von der Innenkante des Außenskis auf die Außenkante des Innenskis.
- Der Armschub setzt ein, wenn sich das Abstoßbein zum Gleitski bewegt.
- Raumgreifender Bewegungsrhythmus, der „Galoppsprüngen" seitlich nach vorn gleicht.

Bewegungserfahrungen nutzen

Für das Erlernen des Bogentretens können vor allem die Erfahrungen mit den Schlitt-schuhschritttechniken genutzt werden. Die symmetrischen 2:1-Bewegungen des Ska-tens (auf jeden zweiten Schlittschuhschritt erfolgt ein Doppelstockschub) kommen da-bei dem aktiven Bogentreten sehr nahe. Beim Bogentreten ist diese Skatingbewegung in einen Kurvenlauf umzusetzen, sodass eine asymmetrische Bewegungsstruktur ent-steht. Das Abdruck- und Gleitverhalten, die KSP-Verlagerungen vom Abdruckbein auf das Gleitbein und die bewegungsaktiven Körperstellungen des Skatens sind erlernte Basiselemente, die dem aktiven Bogentreten zu Grunde liegen.

Lernen durch Verkörpern

Als Erstes lassen sich seitliche Nachstellschritte in Form von kürzeren oder längeren „Galoppsprüngen" in eine allmähliche Vorwärtsbewegung umsetzen. Dabei liegt der Akzent auf einem hohen, am Anfang auch überbetonten Absprung vom bogeninneren Ski. Die dadurch entstehende lange und hohe Flugphase ermöglicht neben der variabel einnehmbaren Richtungsänderung (eventuell auch Fähnchen stecken) und dem soforti-gen Nachziehen des bogenäußeren Skis einen abgestimmten Arm-Bein-Einsatz vom Außenski in Richtung bogeninnerer Gleitski. Das Bogentreten mit seinen Schlittschuh-schritten um weite Kurven kann vorerst ohne Stockeinsatz (Stöcke unter die Arme klem-men oder seitlich halten) umgesetzt werden.

Ist der „Galopprhythmus" der Beine gefestigt, wird der stockunterstützende Doppel-stockschub der symmetrischen 2:1-Technik vom bogenäußeren auf das bogeninnere Bein eingehender geübt. Dabei soll sich der Stockeinsatz von mitgeführt zu vortriebs-wirksam umwandeln. Für das Erlernen ist zunächst ebenes Gelände zu wählen, da die Laufgeschwindigkeit nicht so hoch wird. Für die Aneignung bieten sich Kreisläufe oder Achterläufe (Beidseitigkeit) an. Variiert werden soll der Kreisradius, die Laufgeschwin-digkeit, die Dynamik und später die Geländeneigung. Dabei soll erfasst werden, bei welcher Geschwindigkeit und bei welchem Kurvenradius das aktive Bogentreten und das passive Bogentreten eingesetzt wird.

Spielerischer Einstieg

Kopf fängt den Schwanz

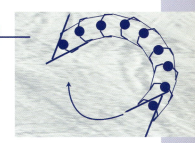

Die ganze Gruppe steht hintereinander und hat in der rechten und linken Hand ein Seil, was sie alle miteinander verbindet. Der „Kopf" versucht, den „Schwanz" zu fangen. Das Spiel wird im kupierten Gelände oder in einem begrenzten Feld noch spannender.

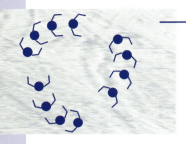

Schlangen fangen

Mindestens zwei Gruppen sind jeweils mit einem langen Seil verbunden. Der „Schlangenkopf" einer Gruppe versucht, den „Schlan-
genschwanz" der anderen Gruppe zu fangen und umgekehrt. Der
Gefangene am Ende des Seils kommt nun an den Kopf, wer gefangen hat, nach hinten an das Seilende. Noch mehr Bewegung
kommt in das Spiel, wenn viele kleine Schlangen aktiv sind.

Seilkreisel

Zwei Läufer halten mit der bogeninneren Hand ein Seil an dessen Ende und beginnen, sich im Kreis durch kleine Schlittschuhschritte und schließlich durch schnelle Umtretschritte vorwärts
zu bewegen. Wie schnell kann sich der Kreisel drehen? An-
spruchsvoller wird es, wenn man einen Hang aufsucht!
Variationen:

*   In der Mitte eines Kreises wird ohne Ski der an einem Seil
    sich haltende Bogentreter geführt, welcher im Kreislauf wie
    ein Pferd galoppiert.
*   Zu viert an einem Seil einen Kreisbogen laufen, sodass die
    beiden inneren Läufer kleine, schnelle Nachstellschritte und
    die äußeren Läufer aktiv-beschleunigendes Bogentreten um-
    zusetzen haben.

Verflixtes Drehen

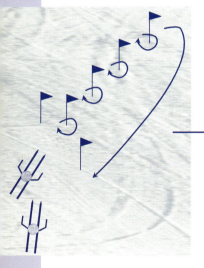

Auf mehreren, gleich abgesteckten Strecken starten jeweils die
Läufer für ein Staffelrennen. Die Läufer müssen dabei mehrfach
ganz enge Kreise um die Stangen treten, um schließlich im Diagonalschritt oder Schlittschuhschritt zurückzuspurten und an
den nächsten Läufer zu übergeben.
Variation:

*   Einbau eines großen Kreises für das Bogenlaufen und eines
    kleineren Kreises für das Bogentreten (auf Zeit laufen).

Bewegungsaufgaben

Aufgabe: *Probiere Galoppsprünge mit Skiern am Ort und seitwärts mit unterschiedlichem Krafteinsatz aus! Teste dabei aus, ob die Flugphase mit Stockunterstützung verlängert werden kann!*

Aufgabe: *Versuche, mit seitlichen Galoppsprüngen unter Stockeinsatz einen großen
Außenstirnkreis als Spurenbild zu gestalten!*

Aufgabe: Probiere, den Oberkörper während der Abdruck-, Gleit- und Flugphasen gebeugt in der Kurveninnenlage zu belassen!

Aufgabe: Experimentiere, ob ein Schneckenlauf von einem großen Kreisradius zu einem ganz kleinen Kreisradius mittels aktivem Bogentreten (und umgekehrt) möglich ist!

Weiterführende Spiele

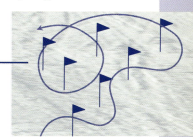

Zickzackparcours und Kreislauf

Umlauft die Stöcke im Wechsel von Skating 1:1 und aktivem Bogentreten. Am Ende der Strecke ist ein großer Kreis im hohen Tempo zu laufen. Verändert den Abstand und die Anzahl der Stöcke sowie die Größe des Kreises!

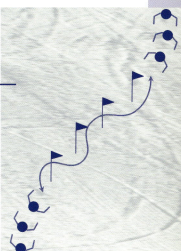

Slalompendelstafette

Auf der slalomartig gesteckten Strecke in der Ebene ist in hohem Tempo zu laufen. Um die Stangen wird mittels Umtretschritte und zwischen den Stangen mit Skatingschritten beschleunigt. Auf der anderen Seite wird an den nächsten Läufer übergeben! Probiert den Parcours auch einmal aus, wenn er schräg zum Hang aufgebaut wird (Kurvenlauf bergauf und bergab).

Aktiv-passiv

Lauft den äußeren, großen Kreis mit aktiven, stockunterstützenden Bogentretschritten und den kleineren Kreis mittels schneller Nachstellschritte.
Variationen:
- Auf beiden Kreisen die gleiche Geschwindigkeit laufen.
- Auf den Innenkreis im aktiven Bogentreten, auf dem äußeren Kreis in passiver Gestaltung.

5.5 Abfahren, Bremsen, Gleiten und alpines Schwingen

5.5.1 Das Abfahren

Beim Abfahren lassen sich zwei Varianten unterscheiden. Die Abfahrt in der *passiven* Variante wird im Prinzip unter ausschließlicher Nutzung der Hangabtriebskraft in einer Art statischen Haltungsposition bewältigt und kann bis zu höchsten Fahrgeschwindigkeiten eingenommen werden. In dieser Haltung werden auch die Geschwindigkeitsrekorde auf Alpinhängen aufgestellt. Unter *aktiver* Abfahrt versteht man die Erhöhung der Lauf- bzw. Fahrtgeschwindigkeit durch aktive, vortriebswirksame Arm- oder/und Beinarbeit.

Die tiefe Abfahrtshocke

Die passive Abfahrt

Die passive Abfahrt erfolgt ohne zusätzlichen Vortrieb. Der Skiläufer nimmt, je nach Geländeneigung, Spur- und Schneebedingungen, verschiedene Abfahrtshaltungen ein: die tiefe aerodynamische, die halb aufgerichtete und die aufrechte Abfahrtshaltung.

Die tiefe Abfahrtshocke

Die tiefe Abfahrtshaltung ist die aerodynamischste Variante und stellt hohe konditionelle Anforderungen, insbesondere an die Oberschenkelmuskulatur. Sie wird bei hohen Geschwindigkeiten innerhalb und außerhalb der Loipe eingesetzt und zielt darauf ab, in einer aerodynamischen Körperhaltung (Eiform) mit geringem Luftwiderstand abfallendes Gelände schnell und sicher zu befahren. Diese Abfahrtshaltung wird meistens erst dann eingenommen, wenn die Fahrtgeschwindigkeit nicht mehr zusätzlich aktiv beschleunigt werden kann.

Die Gelenke des Körpers sind bei der tiefen Abfahrtshocke stark gebeugt. So wird der Oberkörper fast parallel zur Unterstützungsfläche gehalten. Die leicht gebeugten und vorgehaltenen Arme pressen die Ellbogen an die Knieaußenseiten oder stützen sich mit den Unterarmen auf den Oberschenkeln ab. Die nach vorn gezogenen Stöcke liegen nah am Körper (im Bereich der Hüfte) unter die Arme geklemmt an. Der Blick ist nach vorn gerichtet. Die Ski sind hüftbreit auseinander, wobei die Körpermasse gleichmäßig auf beide Ski längs und quer verteilt ist. Geländebedingte Störungen (Wellen) gilt es auszugleichen. Vor Kurven und bei schwierigen Fahrsituationen wird der Oberkörper meist leicht aufgerichtet und die Stöcke werden als gleichgewichtssichernder Ausgleich zur Seite genommen. Auch lang gezogene Kurven können in der tiefen Abfahrtshocke in und außerhalb der Spur gefahren werden.

Die halb aufgerichtete Abfahrtshaltung

In der halb aufgerichteten Körperhaltung sind die Stöcke entweder untergeklemmt (aerodynamisch) oder werden seitlich vom Körper (gleichgewichtsunterstützend) gehalten, sodass auf Unebenheiten schnell reagiert werden kann.

Die halb aufrechte Körperhaltung beim Abfahren

Die aufrechte Abfahrtshaltung

Hierbei steht der Langläufer in lockerer Haltung und mit leicht gebeugten Fuß-, Knie- und Hüftgelenken auf den Skiern. Die Fußsohlen sind ganz belastet, sodass die Mittellage eingenommen ist. Die Ski sind hüft- bis schulterbreit auseinander und die Skistöcke zeigen nach hinten.

Diese Haltung wird gerne bei langsamen Fahrten angewandt oder eingesetzt, um sich von vorherigen Belastungen zu erholen. Anfänger nehmen in ihren ersten Abfahrtsversuchen fast ausschließlich diese Position ein, da andere Körperhaltungen zunächst noch als unsicher empfunden werden. Der einwirkende Luftwiderstand ist in dieser Position recht groß, welcher aber bewusst durch die große Angriffsfläche des aufrechten Körpers zur Verlangsamung der Fahrt genutzt werden kann.

Die aufrechte Körperhaltung in Kurvenfahrt

Auch das Schrägfahren, welches man für das Queren von (steilen) Hängen benötigt, erfolgt in paralleler Skistellung und meist in aufgerichteter Haltung. Hierbei ist die bergseitige Körperhälfte etwas talwärts gedreht, die bergseitigen Skikanten und vor allem der Talski sind belastet und die Knie gebeugt.

Die aktive Abfahrt

Um die Geschwindigkeit in der Abfahrt zu erhalten bzw. zu erhöhen, ist es notwendig, die Fahrt aktiv-beschleunigend zu gestalten. Dies kann durch den Einsatz des Doppelstockschubs in der Loipe (s. Kap. 5.3.3) oder mittels Schlittschuhschritten außerhalb der Spur mit und ohne Stockeinsatz erfolgen. Der Schlittschuhschritt ohne Stockeinsatz, also die Arme diagonal mitschwingend, in luftwiderstandsarmer, aerodynamischer Haltung, ermöglicht die größte Beschleunigung auch noch bei relativ hohen Geschwindigkeiten (vgl. Kap. 5.4.1). Besonders in Übergängen, z. B. von der Ebene in die steile Abfahrt und umgekehrt, unterstützt eine aktive Beschleunigung den Erhalt hoher Laufgeschwindigkeiten.

Bewegungserfahrungen nutzen

Im Basisunterricht wurde sich mit dem Thema *Abfahren* spielerisch auseinander gesetzt. Es konnten dabei zahlreiche Gleiterfahrungen in paralleler Skistellung (Schussfahrten) im unterschiedlich steilen, präparierten und unpräparierten Gelände mit verschiedenen Körperlagen und -haltungen gesammelt werden. Es musste dabei das dynamische Gleichgewicht wie bei Tiefschneeabfahrten im welligen Gelände oder auf Grund aktionsabhängiger Störungen (zusätzliche Stockschübe) ständig reguliert werden. Auch ein Gleiten wurde in und außerhalb der Spur bei verschiedenen Techniken thematisiert, worauf hier zurückgegriffen werden kann. Die unterschiedlichen Abfahrtshaltungen sind herauszustellen und ihr optimaler Einsatz erfahrbar zu machen.

Lernen durch Verkörpern

Die verschiedenen Körperhaltungen gilt es, in Verbindung mit den Bewegungstechniken *aktive* und *passive* Abfahrt zu bringen. Dabei sind die notwendigen, ständigen Wechsel von *aktiver* und *passiver Abfahrt* im kupierten Streckenverlauf bei optimaler Körperposition, das Fahren in und außerhalb der Spur und dortige erste Richtungsänderungen in paralleler Skistellung (lang gezogene Kurven) herauszuarbeiten.

Einen steilen Abhang in der tiefen Abfahrtshaltung hinabzufahren, ob passiv in der Hocke fahrend oder aktiv mit Arm-Bein-Unterstützung gestaltet, bedarf Mut und Risikobereitschaft. So ist die Geländeneigung und -länge sukzessiv zu verändern und der Lernprozess in und außerhalb der Spur (unterschiedliche Lerngelegenheiten schaffen!) zu gestalten. Mittels verschiedener Bewegungsaufgaben sind Gegensatzerfahrungen (Spiel mit den Körperlagen und -haltungen), Wahrnehmungsaufgaben (Luftwiderstand aufrecht und gehockt erfahren) und das variable Üben (unterschiedliches Gelände) anzuwenden, um die Erfahrung des Nutzens eindeutig herauszustellen. Es bietet sich auch an, zusätzlich die Abfahrtstechniken mit Brems-, Gleit- und Beschleunigungsaufgaben (z. B. Brems- und Gleitpflug; Schlittschuhschritte; aktives Bogentreten; Doppelstockschübe) zu kombinieren, sodass eine komplexe Anwendung im Gelände erfolgen kann.

Spielerischer Einstieg

Musizieren

Jeder spielt all die Musikinstrumente mithilfe seiner Skistöcke, die ihm einfallen (Schlagzeug, Gitarre, Querflöte, Posaune, Geige, Ziehharmonika usw.). Kann von einer Gruppe ein kleines Abfahrtskonzert gegeben oder sogar ein Orchester mit Dirigent aufgeführt werden?

Spiel mit Gegenständen

Während des Abfahrens werden verschiedene Gegenstände (Mütze, Skistock, Schneeball) bei unterschiedlichen Geschwindigkeiten hochgeworfen und wieder gefangen. Das Hochwerfen kann aus einer tiefen Körperposition mit anschließender Gelenkstreckung erfolgen und das Fangen mit einer tiefen Absenkung des Körpers verbunden werden. Schwieriger wird es, wenn ein wechselseitiges Fahren auf einem Bein erfolgt.
Variationen:
- Während des Abfahrens ein Zielwerfen veranstalten.
- Gegenstände aufheben, die der Vordermann hinlegt.
- Sich Gegenstände, nebeneinander fahrend, zuwerfen (den seitlichen Abstand variieren).

Segeltuchfahrt

Mit einem großen Tuch, das rückseitig an beide Fußknöchel gebunden und mit den Händen gehalten wird, können Abfahrten mit unterschiedlichen Anforderungen durchgeführt werden. Dabei kann mit dem Tuch (Hoch-, Seit- oder Vorhalte) experimentell gearbeitet werden (hohen/niedrigen Luftwiderstand herstellen), sodass alle Bewegungsmöglichkeiten ausgeschöpft werden. Auch mit den Körperlagen (Vor- bis Rücklage) kann spielerisch umgegangen werden.

Luftballonjagd

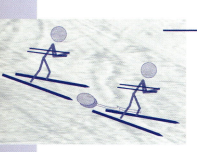

Der hintere Fahrer versucht, dem vorderen Fahrer auf der Abfahrtsstrecke den Luftballon zu zerknallen. Der ausreißende Fahrer hat mit einer längeren Schnur einen Luftballon um das Fußgelenk gebunden und versucht, dies zu verhindern. Kommt der Luftballon heil im Tal an?

Ein Gespann fahren

Zwei Fahrer stehen hintereinander und halten rechts und links eine Slalomstange in der Hand, die sie miteinander verbindet. So verbunden, fahren sie eine Abfahrt hinunter, wobei ein wechselseitiges Vor- und Zurückziehen oder Richtungsänderungen geübt werden, sodass sogar ein vielseitiger Parcours (mit Toren) aufgebaut werden kann.

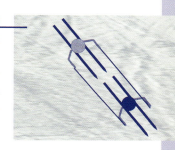

Variation:

*   „Kettenfahrt" nebeneinander, mit vor dem Körper quer gehaltener Slalomstange, einem Seil oder mit Handfassung.

Troika

Drei Fahrer fassen einander an den Händen und ziehen sich abwechselnd nach vorn. Die äußeren Fahrer ziehen den mittleren Fahrer nach vorn und der mittlere Läufer die äußeren Fahrer. Die Bewegungen gleichen einem Jo-Jo.

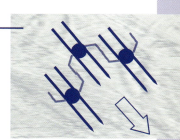

Variation:

*   Drei fahren nebeneinander, wobei der Mittlere akrobatische Einlagen vollführt.

Bewegungsaufgaben

„Schussfahren"

Aufgabe: *Fahre in halb aufgerichteter Haltung die flache Abfahrt (zunächst mit Auslauf oder Gegenhang) ab und nehme dabei die mittlere Position ein! Teste aber auch das Fahren in leichter Vorlage (die Ballen belasten) und in Rücklage (die Ferse belas-ten) und variiere zusätzlich die Körperhaltung von der tiefen Hocke bis zur aufrechten Position!*

Aufgabe: *Probiere, im welligen Gelände die Breite der Skistellung (von eng bis breit) zu variieren!*

Aufgabe: *Experimentiere im präparierten und unpräparierten (Tiefschnee), welligen Gelände mit der Körperhaltung (groß-klein; steif-locker) und mit Abfahrtsvarianten (ein-/beidbeinig; versetzte Ski usw.) in mehreren Fahrten! Was kann an akrobatischen oder anderen kreativen Einlagen gezeigt werden?*

Aufgabe: *Probiere, in unterschiedlich steilem Gelände mit dem Luftwiderstand zu spielen (große und kleine Angriffsfläche erzeugen)! Welcher Nutzen kann aus diesen Erfahrungen gezogen werden (Fahrtbeschleunigung/-verringerung)?*

Aufgabe: Versuche, in der führenden Spur bewusst die jeweiligen Körperlagen in der kurvenreichen und welligen Abfahrt wahrzunehmen! Wie verändern sich die Körperlagen bei unterschiedlichen Geschwindigkeiten, Kurvenradien, Wellen / Mulden und welche Position nehmen dabei die Füße (z. B. vorgezogener Außenski) und / oder der Oberkörper ein?

Aufgabe: Probiere, in und außerhalb der Spur im wechselnden und kurvenreichen, abfallenden Gelände, die richtige Körperposition und Stockhaltung (aerodynamisch) zu finden!

Von der aktiven zur passiven Abfahrt und umgekehrt

Aufgabe: Gestalte die leichte Abfahrt mit zusätzlichen Doppelstockschüben oder Schlittschuhschritten und erhöhe somit das Lauf- bzw. Fahrtempo im abfallenden Gelände!

Aufgabe: Teste mehrfach (in und außerhalb der Spur) vom flachen ins abfallende Gelände, wie lang eine Beschleunigung mittels verschiedener Lauftechniken erzielt werden kann! Mit welcher Schrittart bringt man die höchste Geschwindigkeit bergab zu Stande?

Aufgabe: Probiere, in der Spur nach mehreren Arm-Bein-Abstößen (Doppelstockschüben, Halbschlittschuhschritten) von der Ebene ins abfallende Gelände zügig in die tiefe Abfahrtshocke zu gelangen! Teste dabei auch den optimalen Zeitpunkt für die passive Hockposition, wo keine weiteren aktiven Beschleunigungen mehr möglich sind!

Aufgabe: Wechsele mehrfach vom leicht abfallenden ins steile Gelände und wieder in die flachere Abfahrt von der aktiven zur passiven Abfahrtsgestaltung und zurück!

Tiefe Abfahrtshocke

Aufgabe: Teste in und außerhalb der Spur (erst im Stand und dann im Gleiten) verschiedene Körperstellungen (aufrecht bis tief) und -lagen (Vor- bis Rücklage), unterschiedlich breite Skistellungen und verschiedene Armhaltungen (eng am Körper, seitlich) aus!

Aufgabe: Wippe leicht federnd in Mittellage in der tiefen Abfahrtshocke auf und ab! Versuche, auch mal ohne Wippen in der tiefen Hocke zwischen Vor- und Rücklage zu pendeln und lege die Arme auch hierbei luftwider-

standsarm eng an den Körper an! Wie lange kann in dieser aerodynamischen Abfahrtsposition verblieben werden?

Aufgabe: Probiere, außerhalb der Spur leicht auf den Außen-(O-Beinstellung) bzw. Innenkanten (X-Beinstellung) der Ski zu fahren! Fahre auch einmal nur mit einem Ski auf der Innenkante und halte den anderen Ski flach (leichte Kurvenfahrt)!

Tiefe Abfahrtshocke in lang gezogenen Kurven
Aufgabe: Fahre im planen Gelände mit untergeklemmten Stöcken in Vorhalte in der tiefen Hocke! Die lang vorgezogenen Arme und Stöcke geben die Richtung vor und somit, wie groß die Kurven sind (später weite Tore setzen)!

Aufgabe: Versuche, in der führenden Spur einmal mit vorgezogenem und belastetem Außenski und zusätzlicher Oberkörperverdrehung in die Kurve („Oberkörperdreher") und ein anderes Mal mit einer verstärkten Belastung auf dem Innenski in wenig verdrehter Kurveninnenlage („Innenskibelastung") und etwa paralleler Skistellung zu fahren! Probiere, diese beiden Varianten des Kurvenfahrens (Außenski- und Innenskibelastung) auch außerhalb der Spur umzusetzen!

Weiterführende Spiele

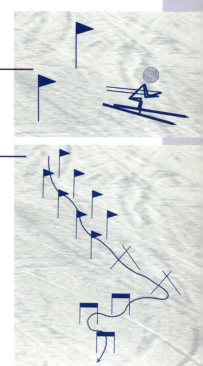

Ausdauerhocke
Wer schafft es, auf einer vorgegebenen, abfallenden Strecke in der tiefen Abfahrtshocke zu verbleiben? Um wie viel kann die Strecke verlängert werden?

Hindernisfahrten
Auf dem Hang verschiedene Stationen aufbauen, sodass durch versetzte Tore gefahren wird, Gegenstände hochzuwerfen und zu fangen sind, ein Zielwerfen stattfindet, eine Schrägfahrt eingebaut wird, ein Windkanal mit Toren für die tiefe Abfahrtshocke entsteht und ein Balancierzirkus zu absolvieren ist.

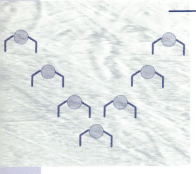

Formationen

Die Gruppe steht in V-Stellung und fährt gemeinsam los. Während der Fahrt sind unterschiedliche Aufgaben zu lösen. So erfolgt von der Spitze nach hinten weiterführend ein Wechsel von Hocke und aufrechtem Stand, daran schließt sich ein gemeinsames Hochwerfen von Gegenständen an, ein Seitenwechsel durch Schrägfahren oder ein Streckenabschnitt in aktiver Gestaltung (lange Schlittschuhschritte).

5.5.2 Das Bremsen und Gleiten

Der Pflug mit Brems- und Gleitfunktion

Der Pflug – auf den Skiinnenkanten rutschen

Der Pflug hat im Wesentlichen zwei Funktionen, eine Brems- und eine Gleitfunktion. Die Vorstellung und die Funktion des Pflugs wird deutlich, wenn man sich den Schneepflug eines Räumfahrzeugs vorstellt. Die Ski sind schräg zur Fahrtrichtung gestellt und ermöglichen ein Rutschen auf den Kanten. Ein stärkeres Aufkanten mit zusätzlicher Druckbelastung lässt den durch eine Winkelstellung hergestellten Pflug zur bremswirksamen Hilfe entstehen (Bremspflug), flaches Kanten hingegen ermöglicht eine bremsarme Rutschfunktion (Gleitpflug). Der Oberkörper beim Pflugfahren ist aufrecht und verhält sich eher passiv. Die Hüft- und Beingelenke sind federbereit in leicht gebeugter Stellung, die Beine nach innen in X-Beinstellung gedreht. Das Körpergewicht ist auf beide Ski gleich verteilt und die Fußsohlen sind gleichmäßig belastet. Die Arme werden leicht angewinkelt seitlich vom Körper gehalten, die Stöcke zeigen nach hinten.

Der Gleitpflug bildet zudem den Ausgangspunkt für das Erlernen des alpinen Schwingens. Die beiden wichtigen Funktionen *Bremsen* und *Rutschen* müssen erlernt und ihre jeweilige Bedeutung erfahrbar gemacht werden. Lernrelevant ist dabei die Winkelstellung (beidseitig) der Ski, welche schräg zur Fahrtrichtung gestellt sind und ein Fahren auf den Kanten ermöglichen.

Halbseitiger Pflug

Der halbseitige Pflug (= einseitiger Pflug) ist ebenfalls eine mögliche Bremshilfe, um die Fahrtgeschwindigkeit zu regulieren bzw. um zum Anhalten zu gelangen. Diese Technik bedarf für ihren Einsatz meist einer Loipe und wird im abfallenden Gelände und oft in engeren Passagen angewendet. Bei dieser platzsparenden Technik verbleibt ein Ski in der Loipe und der andere wird seitlich mehr oder weniger stark gegen die Fahrtrichtung ausgestemmt, nach innen angekantet und die Kanten dosiert belastet. Der Druck, der auf den gekanteten Ski ausgeübt wird, der Stemmwinkel und die Stärke des Aufkantens bestimmen die Brems- oder Gleitwirkung des halbseitigen Pflugs. Es ist darauf zu achten, dass das Körpergewicht vorwiegend auf dem Loipenski liegt. Auf den Bremski sollte ein dosierter Druckaufbau erfolgen.

Halbseitiger Pflug zum Bremsen in der Loipe

a)

b)

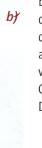
c)   *Stoppschwung*

Der Körperschwerpunkt sollte sich deshalb beim Beinausstellen nicht zu weit nach außen verlagern, da dann keine kontrollierte Druckwirkung auf den Ski mehr erfolgen kann und eine Überbelastung der Bein-Hüft-Muskulatur die Folge ist. Bei längeren Abfahrten ist ein Beinwechsel erforderlich.

Stoppschwung

Der Stopp- oder auch Halteschwung ist eine Möglichkeit, die Fahrgeschwindigkeit abrupt zu stoppen. Dies ist meist bei Sturz- oder in Gefahrenmomenten notwendig, kann aber auch als bereichernde Technikvariante benutzt werden. Beim Stoppschwung erfolgt aus der Schussfahrt in paralleler Skistellung oder in leichter Pflugstellung, meist mit einem Stockeinsatz verbunden, ein Umsetzen auf den Talski. Dabei werden beide Ski durch schnelles, kräftiges Drehen des Außenbeins im Tiefgehen quer gestellt, wobei der bogeninnere Ski auf dem Luftweg zum anderen Ski gebracht und beigesetzt wird. Mit den quer zur Bewegungsrichtung gestellten Ski wird bis zum Halt gerutscht. Der Oberkörper und die Hüfte führen ein starkes Gegendrehen zur Drehbewegung der Beine aus.

Bewegungserfahrungen nutzen

Die Ausgangsbasis für den Aneignungsprozess stellen die Bewegungserfahrungen mit dem gleitenden Gerät Ski aus dem Basisunterricht. Hier wurden in paralleler und pflugförmiger Skistellung unterschiedliche Abfahrten bewältigt. Das Fahren in Pflugstellung gilt es, dahin gehend zu erweitern, dass die beiden Funktionen *Bremsen* und *Gleiten* unterschieden und schließlich eingesetzt werden können. Dabei bildet der dosierte Kantendruckeinsatz ein wesentliches Ziel. Die Haltetechnik des Stoppschwungs lässt sich direkt, ohne größere Vorerfahrungen, lernen.

Lernen durch Verkörpern

Beide Funktionen des Pflugs, das Bremsen und Gleiten, werden in einem gemeinsamen Lernfeld thematisiert. Es ist zunächst für die praktische Anwendung ein flacher und vor allem gut präparierter Hang zu wählen. Da Langlaufloipen oft an flachen Abfahrtshängen für Alpineinsteiger vorbeiführen, ist diese Geländewahl optimal. In der methodischen Umsetzung sind folgende Parameter zu thematisieren:

⇨ Einfluss der Beinbeugung und Körperlage auf die Kontrollierbarkeit bzw. Führungsstabilität der Ski.

⇨ Be- und Entlastung der ausgewinkelten Ski durch Vertikal-(Hochtief-)Bewegungen.

⇨ Dosierung des Einsatzes der Kanten (Wechsel von Brems- und Gleitpflug).

⇨ Einfluss verschiedener Winkelgrößen auf das Fahrverhalten (Scherer, 1990a, S. 248f.).

Der Stoppschwung, als Möglichkeit des sofortigen Anhaltens, sollte auf der Erfahrung aufbauen, dass die Ski, unter Einsatz beider Skikanten, rutschend zum Stehen führen. Dies lässt sich aus dem Seitrutschen oder über den direkten Weg aus der Schussfahrt oder in Pflugstellung entwickeln, wo der bogeninnere Ski an den querenden Außenski zügig auf dem Luftweg herangesetzt wird.

Spielerischer Einstieg

Kürzester Bremsweg

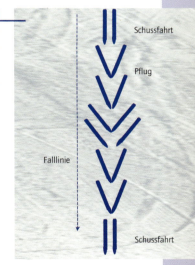

Eine Gruppe fährt in paralleler Skistellung oder bereits im Gleitpflug nebeneinander. Auf Kommando gilt es, mittels unorthodoxer Eigenkreation (seitlich fallen; Porutsche), mit Bremspflug oder schon mit Stoppschwung, so schnell wie möglich zum Stehen zu gelangen. Wer hat den kürzesten Bremsweg?

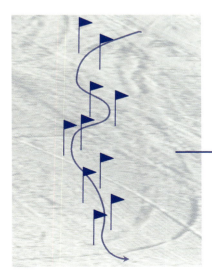

Fähnchenfahrt

Auf einer geraden Strecke sind paarweise Fähnchen hintereinander in größeren Abständen aufgestellt, wodurch jeweils zu fahren ist. Dabei variieren die Fähnchenabstände, sodass kurze und längere Streckenabschnitte (in unterschiedlichen Abfahrtshaltungen) zu fahren sind.

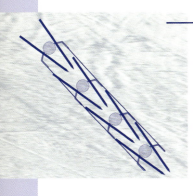

Tatzelwurm

Eine Kleingruppe steht im Pflug hintereinander und hält in ihren Händen rechts und links Slalomstangen oder Skistöcke, was sie miteinander verbindet. So verbunden, fährt sie als „Tatzelwurm" im Pflug den Berg hinunter. Mit dem Pflugbogenfahren und ausgeprägten Hochtiefentlastungen lässt sich die Übung erweitern. *Variation:*

* Als Rundkurs (Gruppenstaffel) organisieren, sodass auch bergauf der „Tatzelwurm" im gemeinsamen Schrittrhythmus mit Grätenschritten gelaufen wird.

Bewegungsaufgaben

Aufgabe: Nehme die Pflugstellung ein (Winkel nicht zu groß), sodass in einer bequemen Position in den Gelenken noch gewippt und gefedert werden kann! Schiebe dich in dieser Haltung an und fahre in dieser Pflugposition mit leichten Wippbewegungen den Abhang hinunter!

a)

Aufgabe: Probiere, aus offener, paralleler Skistellung abzufahren und allmählich in die Pflugstellung überzugehen! Drücke dafür die Skienden auseinander, bringe die Beine in leichte X-Beinstellung und nehme eine bequeme Sitzposition in Mittellage ein!

Aufgabe: Versuche, Gleitpflug- und Schussfahrten im ständigen Wechsel zu organisieren!

b)

Aufgabe: Wie langsam kann gefahren werden, ohne die Fahrt zu unterbrechen? Spiele mit der Kantendosierung! Kann genau auf der Höhe der Stöcke jeweils angehalten werden?

Aufgabe: Teste auf einer vorgegebenen Strecke Gleit- und Bremspflüge im Wechsel! Welchen Einfluss hat dabei der Kantendruck?

c)

Aufgabe: Fahre mit unterschiedlichen Geschwindigkeiten und Hangneigungen in Schussfahrt und versuche, mittels Bremspflug schnellstmöglich zum Stehen zu kommen!

Wechsel von Schuss- zu Pflugfahrt

Aufgabe: Experimentiere im leichten Gefälle mit der Körperlage (leichte Vor- bis Rücklage) und dem Ausstellwinkel der Ski (zu breites Ausstellen ist unfunktional und wirkt bewegungsblockierend)! Welchen Einfluss hat dies auf die Führungsstabilität und auf das Fahrverhalten der Ski?

Bewegungsaufgabe halbseitiger Pflug

Aufgabe: Fahre in der Spur und winkele einen Ski schräg zur Fahrtrichtung aus, gleite bzw. bremse mit dieser einseitigen Pflugstellung und setze den ausgestemmten Ski wieder in die Spur! Probiere auch, auf einem Hang im Schrägfahren den talseitigen Ski mehrmals auszuwinkeln und im Wechsel den Gleit- und Bremspflug durchzuführen!

Bewegungsaufgabe Stoppschwung

Aufgabe: Versuche, aus der Pflugstellung heraus in mittlerer Geschwindigkeit den schwunginneren Ski auf dem Luftweg aktiv an den anderen Ski heranzusetzen, sodass durch sich anschließendes, zusätzliches Tiefgehen und die sich quer stellenden, parallelen Ski ein schnelles Halten gewährleistet wird! Probiere auch, dies aus der Schussfahrt mit paralleler Skistellung umzusetzen!

Geländeparcours

Auf einem Geländeparcours werden Streckenabschnitte mit Aufgaben versehen, sodass mit abgesteckten Stangen und Fähnchen der halbseitiger Pflug, der Stoppschwung sowie der Brems- und Gleitpflug zum Einsatz kommen. Mit Zielwerfen, akrobatischen Einlagen, Balancierübungen usw. kombinieren.

Synchron- und Formationsfahren

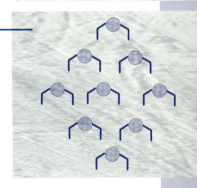

Denkt euch einen orginellen Auftakt (z. B. Drehsprung am Ort) aus und fahrt verschiedene Formationsfiguren wie „Wolke", „Pfeilspitze", „Schlange", „Buchstaben und geometrische Figuren" oder „Spiegelbildfahrten" im Pflug, im halbseitigen Pflug, mit Schussfahrteinlagen u. a. bekannten Bewegungen. Baut Rhythmuswechsel ein und lasst euch einen interessanten Abschluss (Stoppschwung mit expressiver Arm-Stock-Haltung) einfallen.

5.5.3 Das Kurvenfahren und alpines Schwingen

Auf Grund der verbesserten Langlaufausrüstung (festere Schuh-Ski-Verbindung; stützender Skatingstiefel; kurzer, drehfreudiger Skatingski) ist das Kurvenfahren und alpine Schwingen mit Langlaufskiern gut umsetzbar. Mit Langlaufskiern sind viele Schwungformen erlernbar. Im Vergleich zum Alpinski reagieren jedoch Langlaufski, welche nicht für alpines Fahren gebaut sind, unpräziser und träger auf die notwendigen Dreh-, Kant- und Belastungsaktionen beim Schwingen. Jedoch gleicht die gute Kontrollierbarkeit sowie die relativ große Fehlertoleranz der Langlaufski deren Labilität und die ungünstigen Steuereigenschaften aus, sodass die Einheit „Drehen-Kanten-Belasten" mit Langlaufski zunächst leichter als mit Alpinski lösbar ist (Scherer, 1990a, S. 247f.).

Die Ausgangsbasis bildet das Fahren in Winkelstellung (Pfluggleiten). Daraus werden durch leichte, wechselseitige Belastungen der Ski erste Kurvenfahrten entwickelt und zum *Pflugbogen* ausgebaut. Aus der Erweiterung und Umstrukturierung des Pflugbogenfahrens entstehen schließlich *lange, gleitende Schwünge* (= paralleles Grundschwingen). Über einen zweiten, separaten Lernweg werden über das Pflugwedeln mit kurzen Belastungswechseln *bremsende Kurzschwünge* ausgebildet. Das Pfluggleiten bildet auch hier den Ausgangspunkt.

Grundlage für die folgende Vorstellung des alpinen Fahrens mit Langlaufskiern bildet die seit 1979 systematisch erprobte und evaluierte Alpinmethodik des Marburger Projekts „Skilauf mit blinden und sehbehinderten Schülern" (Friedrich et al., 1984a und b).

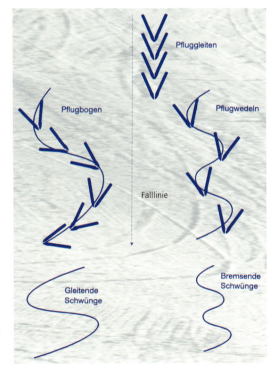

Abb. 5.16:
Entwicklung langer, gleitender Schwünge aus dem Pfluggleiten über das Pflugbogenfahren und kurzer, bremsender Schwünge aus Pfluggleiten und -wedeln mit kurzen Belastungswechseln

LEHR- UND LERNWEGE

Das Pflugbogenfahren

Hier wird der Lernweg der Weiterentwicklung des Pflugbogenfahrens (Bögen bzw. Kurven im Pflug fahren) in Richtung Schwingen aufgezeigt. Für das Erlernen des Kurvenfahrens und des Schwingens bietet sich die Nutzung des Skatingkurzskiis an, da mit ihm sehr leicht ein Drehmoment erzeugt und das Steuern des Bogens oder Schwungs relativ einfach durchzuführen ist. Das Pflugbogenfahren erfolgt in Pflugstellung und zeichnet sich dadurch aus, dass eine stärkere Belastung eines Skis eine Kurvenfahrt ergibt. Reiht man wechselseitige Belastungen aneinander, entstehen Pflugbögen. Funktional und von der Wahrnehmung her ist beim Pflugbogenfahren die Bogenausfahrt, also die Steuerungsphase, akzentuiert.

Eine Analyse der Skidrehung mit Alpin- oder Langlaufskiern zeigt, dass die Steuerung des Pflugbogens auf den gleichen Mechanismen wie die Steuerung des Schwingens beruht und sich nur der Ausprägungsgrad unterscheidet. Es liegt eine Einheitlichkeit der Steuerung aller Bogen- und Schwungformen vor, sodass sich lediglich nur die Bewegungsparameter unterscheiden. Das Erlernen des Schwingens orientiert sich primär an der Schwungsteuerung, thematisiert aber natürlich auch die Schwungeinleitung, da beides im zyklischen Verlauf sozusagen miteinander verschmilzt. Für die Einleitung von Kurven bzw. Schwüngen gilt es, die Bedingungen für das Entstehen eines Drehmoments zu schaffen d. h., die Ski werden sukzessiv gedreht, umgekantet und umbelastet. Bei einer zyklischen Folge von Kurven erfolgt somit ein Kantenwechsel (Scherer, 1990 a).

Anforderungsprofil/Bewegungsstruktur

Das Pflugbogenfahren und Schwingen orientiert sich an der so genannte *Falllinie*, welche die kürzeste Strecke ins Tal beschreibt. Um jedoch S-förmige Kurven fahren zu können, muss der Fahrer die Ski in Drehung versetzen. Dies entspricht der *(Schwung-)Bogeneinleitung*. Der Fahrer muss diese Drehung eine gewisse, variable Zeit erhalten, regulieren und abbremsen. Dieser Vorgang wird *(Schwung-)Bogensteuerung* genannt. Schließlich muss er dann eine entgegengesetzte Drehung erzeugen usw.

Bewegungsbeschreibung

Der Pflugbogen erfolgt in Winkelstellung (Pflugstellung). Eine Kurvenfahrt entsteht durch das stärkere Belasten eines Skis. Der Körper richtet sich zunächst auf (Hochgehen), was entweder aktiv mit zusätzlichem Hüfteinsatz in Richtung Falllinie (die Falllinie wird schnell erreicht) oder passiv (die Ski fahren von allein in die Falllinie) erfolgt. Das Körpergewicht wird dabei gegen den bogenäußeren Ski verlagert (Belastungswechsel vom Talski auf den neuen Außenski), wodurch er in die Falllinie gelenkt wird. Die Belastung des Außenskis wird gehalten oder erhöht, was die Skidrehung erhält und den Ski über die Falllinie steuert. Zusätzlich erfolgt dabei ein Tiefgehen auf den

Außenski. Die Kante des belasteten Skis wird in der Steuerphase in den Schnee gedrückt. Die Belastung wird aufgelöst und es folgt ein erneutes Hochgehen. Der bisherige Innenski wird zum Außenski. Der nächste Bogen mit Belastungswechsel auf den anderen Ski wird vorbereitet usw.

Bewegungserfahrungen nutzen

Auf der Könnensstufe des Pfluggleitens wird vermittelt, dass sich über vielfältige Aktionen das Fahrverhalten der Ski beeinflussen lässt, d. h., mit geringen Belastungswechseln bereits eine Kurve entsteht. Der Lernende erfährt, dass die Falllinie die Handlungsrichtung angibt. Es ist notwendig, dass die Winkelstellung mit leichtem Drehen und Kanten nicht als Bremsaktion realisiert wird. Bereits eine geringfügige Druckverstärkung am Außenski (Steuerungsverhalten) verursacht Richtungsänderungen. Einfache und sukzessive Aktionen reichen also vollkommen aus. Die Anforderungen an die Gleichgewichtsregulation bleiben durch die Winkelstellung gering. Die jeweiligen Teilhandlungen beim Pflugbogenfahren sind für Lernende recht gut kontrollierbar.

Lernen durch Verkörpern

Will man Skianfänger an das Kurvenfahren heranführen, muss zunächst ein flacher und gut präparierter Hang vorliegen. Dies ist oft gegeben, da Langlaufloipen in der Regel in der Nähe von alpinen Übungshängen vorbeiführen. Es bietet sich an, sich an die Hänge von unten nach oben heranzutasten, indem der Startpunkt immer weiter nach oben verlegt wird. Der Übergang vom Pfluggleiten zum *Pflugbogen* orientiert sich zunächst an kleinen Richtungsänderungen durch Belastungswechsel nahe der Falllinie mit allmählicher Belastungsverstärkung in der Falllinie, d. h. Tiefbelastung des Außenskis mit einer beschleunigten Skidrehung. Hier ist anzumerken, dass mit der Erlangung der Grobform des Pflugbogens auch auf Alpinski umgestiegen werden kann, da z. B. das aktive Beindrehen (Belastungsdrehen) mit der Langlaufausrüstung schlechter möglich ist. Der vorliegende Lehr-Lern-Weg ermöglicht bei stets steigenden Anforderungen, dass auch ohne alpine Ausrüstung das Schwingen erlernbar ist.

Bewegungsaufgaben

Im Stand die Bewegungen vollziehen
Aufgabe: Nimm in der Ebene die Pflugstellung ein, belaste den rechten Ski und spanne das rechte Bein (kaum Gelenkveränderung!) mit zusätzlicher leichter Oberkörpervorlage (gerade nach vorn) an. Spüre, dass der rechte Fußballen auf der Innenseite belastet ist. Bringe den Oberkörper in die Ausgangslage zurück und lockere das rechte Bein. Spanne jetzt das linke Bein mit Belastungswechsel und ebenfalls leicht talwärts gerichteter Oberkörpervorlage an – und wieder locker usw.!

Kleine Richtungsänderungen im Pflugbogen nahe der Falllinie
Aufgabe: Fahre im Gleitpflug und führe wechselseitig eine Druckverstärkung am Außenski durch. Versuche, Muskelanspannung und -entspannung fließend ineinander übergehen zu lassen! Betrachte auch das im Schnee hinterlassene Spurenbild!

Einen Bogen ausfahren
Aufgabe: Fahre im Gleitpflug an, belaste den Außenski mit dem Körpergewicht und spanne die rechte bzw. linke Oberschenkelmuskulatur bei leichter Oberkörpervorlage an. Dadurch kann mehr Druck auf dem rechten bzw. linken Fußballen verspürt und damit auf den Ski gebracht werden. Halte dabei den Steuerdruck während der langen Kurvenfahrt bzw. Steuerphase so lange aufrecht, bis man hangaufwärts fährt und zum Anhalten gelangt!

Einen Pflug rückwärts fahren
Aufgabe: Probiere, auch auf einem flachen Hang den Pflug einmal rückwärts zu fahren und dabei kleine Kurven einzubauen!

Wechsel von Schuss- und Pflugfahrt
Aufgabe: Wechsle mehrfach Schussfahrt und Pflugstellung! Atme dabei während der dynamischen Hochbewegung ein und während des Tiefgehens aus! Zusätzlich kann beim Tiefgehen eine Vor- und beim Hochgehen eine Mittellage eingenommen werden.

Hochtiefbewegungen und kleinere sowie größere Kurvenradien
Aufgabe: Im Stand werden in Pflugstellung betonte Belastungswechsel der Beine mit Hochtiefbewegungen durchgeführt (dosiert schneller Druckauf- und -abbau/rhythmisch langsamer Belastungswechsel/das Tiefgehen akzentuieren). Probiere, dies schließlich im Fahren umzusetzen!

Aufgabe: Die Hochtiefbewegungen werden einmal verkürzt und ein anderes Mal gedehnt ausgeführt sowie sprachlich begleitet. Die Tiefbewegungen sind zunächst kurz und die Hochbewegungen lang zu gestalten. Spreche dazu während der Fahrt in der Tiefbewegung „tief" und in der Hochbewegung „hooooch" (= kurze Steuerphase, lange Einleitung)! Umgekehrt wird jetzt die Einleitung durch kurze Hochbewegungen gestaltet, d. h., spreche während der Bewegungen „hoch" und „tieeeef" mit (lange Steuerphase, kurze Einleitung)! Probiere auch mal die Varianten „tief-hoch" und „tieeeef-hooooch"!

Aufgabe: Versuche jetzt, dynamische, aber schnelle Belastungswechsel nahe der Falllinie mit Hochtiefbewegungen herzustellen! Versuche ein anderes Mal, bei den Kurvenserien jeweils nur das Tiefgehen (kurz/lang) bzw. nur das dynamische Hochgehen (mit schwungäußerer Hüfte vor einwärts drehen) zu akzentuieren!

Pflugdrehen
Aufgabe: Versuche, die Hochtiefbewegungen mit einem dynamischen Drehen zu verbinden (den ganzen Körper einsetzen)! Zusätzlich können die Arme eingesetzt werden, so- dass sie beim Tiefgehen kompakt und eng wieder nach unten genommen werden und beim Hochgehen nach oben weit geöffnet werden (Vorstellung: Einen großen Ball zusammendrücken und wieder aufblasen und groß werden lassen)! Es kann einmal dynamisch, ein anderes Mal langsam tief- und hochgegangen werden. Dies sollte ohne Stöcke erfolgen!

Schnelle Belastungswechsel nahe der Falllinie
Aufgabe: Im Stand (ohne und mit Ski) wird in Pflugstellung ein schneller Belastungswechsel der Beine durchgeführt, wobei der Oberschenkel das Knie nach innen führt und sich gleichzeitig der Fuß um den Ballen dreht! Kann der kurze Belastungswechsel am Oberschenkel und Fußballen wahrgenommen werden? Ändert sich die Wahrnehmung, wenn nur das Tiefgehen bzw. nur das Hochgehen akzentuiert wird?

Aufgabe: Probiere, in der Pflugfahrt schnelle, rhythmische Belastungswechsel mit zusätzlicher Beindrehung nahe der Falllinie durchzuführen! Zusätzlich dazu den Rhythmus (auch paarweise) mitsprechen. Akzentuiere einmal das aktive Tiefgehen und ein anderes Mal das aktive Hochgehen! Stütze die Hände in die Hüften und versuche, beide Bewegungsrhythmen in dieser Haltung zu fahren (Kontrolle: Der Oberkörper darf keine Seitneigungen vollziehen!).

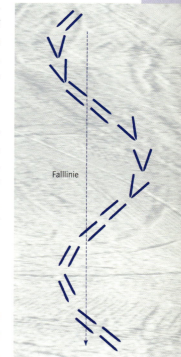

Falllinie

Abb. 5.17 Die Pflugstellung wird durch verstärkte Außenskibelastung in der Steuerphase zu Gunsten einer parallelen Skiführung aufgegeben bzw. durch diese ersetzt.

Schwingend beenden

Aufgabe: *Versuche, die Pflugstellung ab der Falllinie mit verstärkter Außenskibelastung in eine parallele Skistellung zu überführen! Probiere dazu, während des Tiefgehens auf dem Außenski zu fahren und den Innenski beilaufen zu lassen!*

Alpines Schwingen

Ein Schwung besteht aus einer *Schwungeinleitung* und einer *Schwungsteuerung*. Der Hauptakzent in der Vermittlung liegt bei dieser Methodik auf der Schwungsteuerung. Die Ski können schneller oder langsamer gedreht werden, was zu längeren und kürzeren Schwüngen führt, wodurch Schwungeinleitung und -steuerung je unterschiedliche Bedeutung erhalten und sich ihre zeitliche Relation und dynamische Gewichtung verschieben. Man kann aus der Vielzahl von Schwüngen zwei Idealtypen des Schwingens (lange, gleitende und kurze, bremsende Schwünge) unterscheiden, welche sich durch Bedeutung, Aktionsstruktur, Dynamik und Rhythmus klar voneinander abgrenzen lassen.

Bei *langen, gleitenden Schwüngen* ist eine impulsstarke (Schwung-)Einleitung wie bei den bremsenden Kurzschwüngen nicht notwendig. Hier ist ein Hineintragen in die Falllinie und eine dosierte Regulierung der die Ski drehenden, äußeren Kräfte gefragt, so-

Schwingen mit Langlaufskiern

dass die Ski unter Belastung gedreht werden (dosierte Erhaltung der Drehkräfte). Die Bewegungsrichtung des Körpers erfolgt zumeist S-förmig in Schwungrichtung.

Schnelles Drehen der Ski unter geringer Belastung bis über die Falllinie ermöglicht auch *kurze, bremsende Schwünge*. Dabei gilt es, in der Steuerung die hangabwärts gerichteten Kräfte abzubremsen und die noch vorhandene Energie der vorherigen Phase für die Einleitung des nächsten Schwungs zum Teil bis weit über die Falllinie einzusetzen. Die Bewegungen, welche zyklisch verlaufen, nutzen, wie auch bei langen, gleitenden Schwüngen, jeweils das Ergebnis der vorherigen Phase. Die Bewegungsrichtung des Körpers verläuft bei den bremsenden Kurzschwüngen nahezu in der Falllinie hangabwärts, sodass nur die Ski Kurven unter dem talwärts gerichteten Körper vollziehen.

Um Schwünge variabel einzuleiten und zu regulieren, werden die langen, gleitenden und die kurzen, bremsenden Schwünge in getrennten Lernprozessen vermittelt. Auf die unzähligen Mischformen, welche es zwischen diesen Idealtypen gibt (s. Blanke & Petanjek, 2000), wie gleitend-kurzes Schwingen oder lange Schwünge mit starkem Andrehen der Ski, wird hier nicht eingegangen, sodass auf die einschlägige Literatur verwiesen werden muss.

a)

b)

c)

d)

e)

Lange, gleitende Schwünge (= paralleles Grundschwingen)

Beim Schwingen sind, im Gegensatz zum Pflugbogenfahren, beide Ski kurveneinwärts gekantet, was höhere Geschwindigkeiten auf steileren Hängen ermöglicht, da die Kurvenfahrt hierbei gut kontrolliert und reguliert werden kann. Die Körperlage ist kurveneinwärts gelagert. Die Anforderungen an die Regulierung des dynamischen Gleichgewichts erhöhen sich allerdings mit der Aufgabe der Pflugstellung. *Paralleles Schwingen* tritt dann auf, wenn die Ski während und zwischen den Schwüngen parallel geführt werden. Daneben gibt es noch zahlreiche weitere Varianten der Kurvenfahrten (z. B. Pflugschwingen, also die Kurvenfahrt schwingend beenden oder mit einem Auftaktsprung in die Kurve beginnen und schließlich weiterschwingen).

Anforderungsprofil/Bewegungsstruktur

Es werden folgende wesentliche Komponenten eingesetzt:
- ⇨ Das Auswinkeln des Außenskis bereitet den Schwung vor.
- ⇨ Die Belastung dieses Skis lenkt ihn in die Falllinie.
- ⇨ Die Belastung zu halten oder zu erhöhen, erhält die Drehung und steuert den Ski über die Falllinie.
- ⇨ Auflösen der Belastung und Auswinkeln des bisherigen Innenskis (wird zum Außenski).
- ⇨ Vorbereitung des nächsten Schwungs usw.

Aufgaben in der Steuerphase

Es stellen sich in der Steuerphase verschiedene Aufgaben, wie das Einnehmen einer geschwindigkeits- und kurvenradiusabhängigen Kurvenlage für ein Entgegenwirken auf die bei Richtungsänderungen auftretenden Zentrifugalkräfte, das Sicherstellen einer Außenskibelastung für die Gleichgewichtsregulation und den Kantengriff durch Schwungauswärtsverlagerung des Oberkörpers, die Vermeidung von Körperrotationen durch Zurückhalten der schwungäußeren Körperseite sowie der Ausgleich der durch Kurvenfahrt und hangbedingten Veränderungen im Schwungverlauf (Hangversteilung/-verflachung; positive und negative Beschleunigungen usw.) durch Anpassung der Körperlage (Neutrallagewinkel), Kurvenlage, Kantenwinkel und Kantengriff (Scherer, 1990a, S. 233 ff.).

Schwingen mit dem Skatingski – ein alpines Vergnügen

Bewegungserfahrungen nutzen

Das Schwingen wird, wie bereits erwähnt, direkt aus dem Pflugbogenfahren entwickelt. Der Schwerpunkt liegt auf der Differenzierung und der Weiterentwicklung der Schwungsteuerung. Aber auch die Schwungeinleitung wird thematisiert, da viele Fehler in der Steuerphase oft Folgefehler der Schwungeinleitung sind.

Die Akzente liegen somit auf dem Belasten und Steuern, sodass sich eine rhythmische Struktur im ständigen Wechsel von Belasten/Steuern und Auflösen des Steuerns mit Einleitung ergibt, was in etwa gleich dem Pflugbogen ist.

Lernen durch Verkörpern

Die Anfängermethodik zeichnet sich durch den Weg über das Pflugfahren zum parallelen Grundschwingen aus. Es ist im Gleitpflug anzufahren, eine passive oder aktive Streckung der Sprung-, Knie- und Hüftgelenke vorhoch talwärts mit einer sich an-schließenden Belastung des neuen Außenbeins durchzuführen, ein Fahrenlassen in die Falllinie umzusetzen und schließlich ein druckverstärkendes Tiefgehen zu absolvieren usw.

Im steileren Gelände können die Bögen weit und vollständig ausgefahren werden. Mit der Zunahme des Fahrttempos wird die Pflugstellung meist automatisch aufgegeben (Bergski beilaufen lassen) und vor der Falllinie bereits Druck auf die Skikante eingesetzt. Die Wahrnehmung des Lernenden fokussiert auf den bogen-/schwungäußeren Ski und auf Phänomene, wie z. B. durch Informationen: „Beim Steuern greift die Kante und zieht den Ski um die Kurve" oder: „Bei der Schwungeinleitung kann man sich in die Kurve tragen lassen".

Der Lernprozess lässt sich in der Regel wie folgt beschreiben: Die zeitliche Abstimmung der Skibelastung beim Pflugbogen wird durch eine Druckverstärkung, d. h., Tiefbelastung im Bereich der Falllinie, präzisiert. Dabei wird die Zurückhaltung der schwungäußeren Hüfte, die Vorseitbeugung des Oberkörpers und die Belastung gegen die Skikante akzentuiert. Die beidbeinige Winkelstellung des Pflugbogens wird allmählich durch ein einseitiges Auswinkeln ersetzt. Kurvenradien werden durch das Belastungdrehen (Belasten, Kanten, Veränderung der Druckverteilung) variiert.

Es erfolgt zusätzlich eine sukzessive Erhöhung des Fahrttempos sowie die Wahl steileren Geländes, wodurch sich die Drehkräfte vergrößern, was wiederum zu einer steigenden Außenskibelastung und damit zum Parallelbeilaufen des Innenskis führt. Letztlich werden die Schwunglängen bei höherem Fahrttempo variiert und die situativen Bedingungen erschwert (Scherer, 1990a, S. 252f.).

Bewegungsaufgaben

Einfache Veränderungsmöglichkeiten sind:
- Veränderung des Aufrichtens (explosiv und ruhig).
- Veränderung der Skistellung (aus der Bergstemme).
- Veränderung der Rumpfdrehung (mit Vorausdrehen und mit Gegendrehen).
- Variieren der Kurvenlage (bei kurzen und langen Schwüngen).

Kanten

Aufgabe: Versuche, in der Schrägfahrt die Knie bewusst nach innen zu drücken und dabei die Hüfte fixiert zu lassen! Variiere dabei den Fuß- bzw. Skiabstand! Geht das auch beim Schwingen am Schwungende?

Aufgabe: Fahre lange Schwünge und kombiniere diese mit einem Stockziehen des schwungäußeren Arms, wobei die Stockspitze über den Schnee talwärts eine weite Kurve zieht! Der Arm ist dafür weit auszustrecken und der Oberkörper in Vorseitbeuge zu bringen!

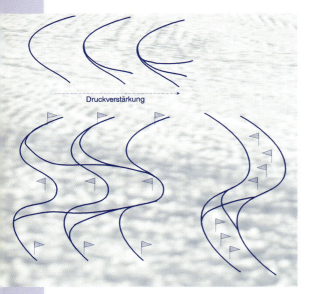

Druckverstärkung

Aufgabe: Probiere mehrfach, einen Schwung zum Hang mit unterschiedlichem Druckverlauf/-aufbau zu fahren! Was kann das Spurenbild dazu aussagen (vgl. auch Abb. 5.18)?

Abb. 5.18: Gegen Schwungende verstärkt sich das Drehen und Kanten der Ski immer mehr (Belastungs- und Druckerhöhung), wodurch die Kurve immer enger wird. Mit zusätzlichen Stangen kann dies als attraktive Übungsform gestaltet werden.

Variation der Körperlage

Aufgabe: Versuche, lange Schwünge zu fahren und probiere dabei, im Verlauf des Schwungs die Druckveränderungen am Fuß zu spüren, d. h. die Druckbelastung ist am Schwunganfang auf dem Fußinnenballen und am Schwungende an der Ferse!

Aufgabe: Fahre große Schwünge mit explosivem Aufrichten (Hochgehen), verbunden mit einem Absprung in die Kurve (Richtung für Schwungeinleitung)!

*Das Stangenfahren
auf dem alpinen Abfahrtshang*

Aufgabe: Fahre sehr lange Schwünge aus der Schussstellung (tiefe Hocke), lasse die Arme mit untergeklemmten Stöcken nach vorn gestreckt und erziele Richtungsänderungen allein durch das Drehen der Arme (Stöcke) in die neue Richtung, wobei ständige Belastungswechsel umzusetzen sind!

Aufgabe: Teste das einbeinige Fahren auf dem Außenski und fahre die Schwünge dabei weit aus!

a)

Schwungeinleitung
Aufgabe: Fahre die Schwungeinleitung in Vorlage/Rücklage und das Schwungende in Vorlage/Rücklage, sodass unterschiedliche Radien entstehen! Wie zeigt sich das Spurenbild bei diesen vier möglichen Varianten?

Aufgabe: Probiere, vom Steuerski (Außenski), durch eine bewusste Bewegung vorhoch talwärts, einen Belastungswechsel auf den neuen Steuerski (bisher Innenski) zu vollziehen!

Aufgabe: Experimentiere mit eigenem Sprechen beim Schwingen und reguliere dabei die zeitlichen Anteile von Schwungeinleitung und -steuerung, wie z. B. durch Mitsprechen von „hoooch" (lange Schwungeinleitung) und „tief" (kurze Schwungsteuerung) oder umgekehrt „hoch-tieeef"!

b)

Aufgabe: Stecke mittels Slalomstangen oder Fähnchen unterschiedliche Zonen ab, sodass sich der Fahrbereich einmal einengt und zum anderen vergrößert! Die Schwünge sind bis an die Stangen/Fähnchen zu fahren und sind der Zone entsprechend einmal kürzer und dann wieder länger. Wähle dafür unterschiedliche Absteckformen, sodass verschiedene fließende Übergänge von kürzeren zu längeren Schwüngen und umgekehrt erfolgen (vgl. Abb. 5.19)!

c)

Abb. 5.19: Das Schwingen in Zonen mit Einengung und Öffnung des Fahrbereichs schult die räumliche Einschätzung (vgl. auch Deutscher Verband für das Skilehrwesen, 1994, S. 102f.).

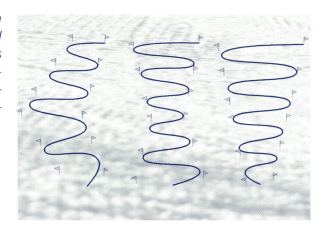

Achsenparallelität

Aufgabe: *Fahre das so genannte „Schweizer Kreuz" (s. S. 267) betont langsam auf einem planen, flachen Hang (nach Schwungauslösung die Innenskispitze leicht über den Außenski halten)! Die Beine sind gebeugt und die Ski in Richtung Berg gekippt und damit gekantet. Der Oberkörper befindet sich in Vorlage. Die Rückmeldung lautet, dass runde Bögen ohne Flattern der Ski gefahren werden und der Oberkörper zum Oberschenkel gebracht wird.*

Aufgabe: *Steuere die Schwünge über den Außenski und drücke das Knie mit der Hand nach vorn unten! Probiere, diesen Effekt des Nachinnendrückens des Knies auch ohne zusätzliche Handunterstützung umzusetzen!*

Aufgabe: *Realisiere das Einbeinfahren mit der gleichen Körperlage wie beim „Schweizer Kreuz", ohne jedoch den Innenski über den Außenski zu halten!*

Aufgabe: *Beobachte die Arme und verhindere, dass der innere Stock schleift, sodass sich der schwunginnere Arm immer über dem schwungäußeren Arm befindet!*

Weitere komplexe Veränderungsmöglichkeiten:
- *Die Schwünge verschmelzen lassen.*
- *Das Schwingen mit variablem Kurvenverlauf.*
- *Das Schwingen mit variabler Belastung.*

Kurze, bremsende Schwünge (Kurzschwünge)

Will der Skifahrer im steileren Gelände oder in engen Passagen fahren, bietet sich für die Regulierung seiner Geschwindigkeit das Fahren mit kurzen (bremsenden) Schwüngen an. Damit sind Schwünge mit impulsstarker Schwungeinleitung und bremsender Schwungsteuerung gemeint. Die Außenskibelastung und der Stockeinsatz bekommen eine größere Bedeutung als bei den langen, gleitenden Schwüngen. Bremsendes Kurzschwingen empfiehlt sich für den Fortgeschrittenen, also für jene, die bereits sicher auf dem Ski stehen.

Aus der Akzentuierung der Schwungeinleitung resultiert bei den bremsend-kurzen Schwüngen ein anderer Bewegungsrhythmus als bei den langen, gleitenden Schwüngen. Die bremsenden Kurzschwünge mit ihrem spezifischen Bewegungsrhythmus sollten in einem eigenständigen Lernprozess entwickelt werden.

Anforderungsprofil / Bewegungsstruktur

Notwendig ist eine schnelle, durch aktiven Druck von der Kante unterstützte, Schwungeinleitung und eine kurze, rutschendbremsende Schwungsteuerung mit starkem Drehen und Kanten. Der Aktionsrhythmus ist sehr wesentlich und lässt sich bereits beim Pfluggleiten durch beidbeinige und wechselseitig-einbeinige Druckverstärkung thematisieren. Der Akzent liegt, wie bei den längeren Schwüngen, auf den Aktionen des schwungäußeren Beins. Der Innenski wird als mitgezogen empfunden. Alle handlungsrelevanten Aktionen wie schnelle Druckbelastung, Fersenschub, scharfes Aufkanten gegen Schwungende sowie der Abstoß zur Einleitung des nächsten Schwungs gegen die Kante des noch unbelasteten Skis usw. werden mit dem Außenski vollzogen (Scherer, 1990b, S. 253).

Bei den Kurzschwüngen mit Betonung des Tiefgehens verbleibt der Körper in der Falllinie in Vorlage. Es wird im Pflug angefahren. Weitere Merkmale sind:

- ⇨ Aktiver Druck rechts bzw. links durch Niederdruck (Spannung der „Feder").
- ⇨ Fußdrehung mit Kantengriff.
- ⇨ Aufgebauter Druck hebelt den Fahrer wie eine sich entspannende Feder nach oben.
- ⇨ Die Beine mit paralleler Skiführung werden unter dem Oberkörper (dieser bleibt talwärts gerichtet) auf die andere Seite gehebelt.
- ⇨ Nutzung der Restenergie für den neuen Schwung und erneuter Druck auf den Außenski usw.

Das Fahren des „Schweizer Kreuzes" gibt
Rückmeldung über die richtige Achsenparallelität.
Dafür ist ein planer Hang ohne Wellen und Mulden aufzusuchen.

Bewegungserfahrungen nutzen

Vom Pfluggleiten führt der Weg über kurze, wechselseitige Belastungen mit Stockeinsatz und Fersenschub (aktive Drehung des Außenbeins), akzentuiertem Aufkanten sowie kontinuierlicher Verstärkung des Drehens zum Kurzschwung mit breiter Skistellung (Pflugwedeln). Kurze Belastungswechsel wurden bereits beim Pflugbogenfahren nahe der Falllinie entwickelt und können hierfür genutzt und aufgegriffen werden. Wesentlich ist der Effekt der Druckfassung mit dem anschließenden Prelleffekt, woraus sich ein ständiger Wechsel von „Druckfassung-Prelleffekt-Entlastung" ergibt. Der erwähnte Stockeinsatz kommt bei den bremsenden Kurzschwüngen hinzu und hat Rhythmus-, Stütz- und Drehhilfefunktion. Dies ist frühzeitig herauszuarbeiten und in die gesamte Rhythmusgestaltung einzubetten (vgl. Scherer, 1990b). Mit hohen Langlaufstöcken ist der notwendige Stockeinsatz unmöglich und erhöht des Weiteren die Verletzungsgefahr, weshalb kurze Stöcke zu verwenden sind.

Lernen durch Verkörpern

Für die praktische Anwendung ist zunächst ein flacher Hang mit griffigem Schnee sowie gute Fahrtsicht zu wählen. Gegebenenfalls sollte man sich von unten an den Steilhang herantasten und den Startpunkt sukzessiv nach oben verschieben. Im Verlauf des Lernprozesses ergeben sich in der Regel nachstehende Übergänge. Der Gleitpflug wird mit wechselseitiger Druckverstärkung und sofortigem Abdrücken gestaltet. Es folgt anschließend eine Rhythmisierung und Dynamisierung der Aktionen. Schließlich wird die Entstehung eines Drehrutschens des Außenskis thematisiert und eine Transformation zum aktiven Fersenhub mit Aufkanten hergestellt. Steileres Gelände bedarf dynamischerer Aktionen für einen großen Drehwinkel. Letztlich entsteht durch ein Mitdrehen und Umkanten des Innenskis eine breite, parallele Skistellung, was ein paralleles Kurzschwingen darstellt.

Bewegungsaufgaben

Aufgabe: Fahre in Pflugstellung in die Falllinie, erzeuge im Pflug einen wechselseitigen, kurzen Niederdruck (Druckfassen) auf die Skikante!

Aufgabe: Erhöhe den wechselseitigen Niederdruck, sodass ein Prelleffekt entsteht (Spannung und Entladung der „Körperfeder"), welcher die Beine förmlich nach oben reißt, sodass die Ski ohne zusätzliches, aktives Beinanziehen auf die andere Seite gebracht werden können (Restenergie des vorherigen Schwungs für die neue Schwungeinleitung nutzen)!

Aufgabe: Gestalte den dynamischen Prelleffekt so, dass die Ski parallel entlastet auf die andere Seite unter den talwärts gerichteten Oberkörper gedreht werden! Achte zusätzlich auf den Bewegungsrhythmus von Beinaktion und Stockeinsatz!

Aufgabe: Probiere auf einem steilen Hangstück kontrollierte und bremsende Kurzschwünge und gestalte diese mit zusätzlicher Sprechbegleitung („Uuunnd Druck")!

Aufgabe: Drehe zunächst nur wenig und anschließend umso mehr über die Falllinie (steileres Gelände wählen)! Die Ski sind dabei so zu drehen, dass sie in der Entlastung rhythmisch wie ein Scheibenwischer ganz schnell unter dem Oberkörper wegwischen!

Aufgabe: Probiere den Bewegungsrhythmus mit Stockeinsatz zunächst im Stand. Setze den Stockeinsatz beim Fahren so ein, als würde sich jeweils auf einem Geländer abgestützt werden!

Synchron- und Formationsfahren

Kurze und lange Schwünge

Zwei Kleingruppen fahren nebeneinander und machen etwa fünf Kurzschwünge und kreuzen nach einer Schrägfahrt einander und schwingen lang gezogene Kurven. Nach den langen Schwüngen wechselt jede Gruppe mit einer Schrägfahrt auf die andere Seite und schwingt kurz weiter usf.

Die Formation kreativ gestalten

Die ganze Gruppe fährt eine komplexe Formation, bei der mit einem originellen Anfang eingestiegen wird (z. B. Pflug rückwärts), die Schwungformen variiert werden (Kurzschwünge, lange Schwünge, „Schweizer Kreuz"), verschiedene Formationsfiguren („Buchstaben", „Wolke", „Kreuz", „Kreis", „Pfeil", „V-Form" u. a.) vorkommen sowie ein kreativer Abschluss erfolgt.

6 LEISTUNGS- UND TRAININGSSTRUKTUR
(G. Neumann & C. Ostrowski)

D ie Strukturierung der sportlichen Leistung bildet die Voraussetzung für die Ziel-
planung des Trainings. Erst auf der Basis gültiger Modelle der Leistungsstruktur lassen sich Handlungsempfehlungen für das sportliche Training ableiten.

Wettkampfleistungen werden in ausgewiesenen Sportarten und Wettkampfdisziplinen
vollbracht und unterliegen vereinbarten Reglementierungen. Die Ausrichtung eines Skilanglaufwettkampfs ist an das Regelwerk der Deutschen bzw. Internationalen Wett-
laufordnung (DWO; IWO) gebunden. Im Reglement sind u. a. Vorgaben bezüglich der
Wettkampfdisziplinen, -distanzen und -techniken, der Beschaffenheit der Wettkampfstrecke, des Sportgeräts und der Bekleidung der Sportler enthalten. Je nachdem, ob es
sich um einen nationalen oder internationalen Wettkampf, einen Wettkampf im Nach-
wuchs- oder Spitzenbereich handelt, werden Streckenprofilierung (Höhendifferenzen,
Länge und Neigung der Anstiege) und Streckenlänge reglementiert.

6.1 Das Bedingungsgefüge der Leistungsstruktur

Die Absolvierung eines Skilanglaufwettkampfs im kopierten Gelände stellt an den Athleten spezifische Anforderungen. Die Profilierung der Wettkampfstrecke bewirkt, dass
sich der Sportler mit ständig wechselnden äußeren Widerständen (Hangabtriebskom-
ponente, Reibung zwischen Ski und Schnee und Luftwiderstand) auseinander setzen
muss. Sowohl eine starke Variation der Laufgeschwindigkeit als auch des biologischen
Anforderungsprofils folgen daraus.

Der Einsatz unterschiedlicher Techniken (Sprungschritt im steilen Anstieg, Doppelstockschub im abfallenden Gelände, Abfahrtshocke in der schnellen Abfahrt usw.) hilft dem
Sportler, dies zu kompensieren und die für ihn bewegungsstrukturell und energetisch
beste Vortriebslösung zu finden. **Abbildung 6.1** soll diesen Zusammenhang am Beispiel einer 5 km Skilanglaufstrecke verdeutlichen.

Diese so genannten äußeren Anforderungen, die der Wettkampf an den Sportler stellt,
werden auch als *Struktur der Wettkampfleistung* bezeichnet.

Äußere Bedingungen

Charakter	Neigung	Abschnitt	Anteil
Flachlauf	α -2° bis +1°	1.800 m	36 %
Abfahrt	$\alpha \leq$ -2°	1.800 m	36 %
Anstieg	$\alpha >$ +1°	1.400 m	28 %
Gesamt		5.000 m	100 %

Leistungsvollzug

Flachlauf	Doppelstockschub mit Zwischenschritt
Abfahrt	Doppelstockschub ohne Zwischenschritt, erholungsfördernde und luftwiderstandsmindernde Körperhaltung
Anstieg	Diagonalschritt, Grätenschritt, Sprungschritt

Biologisches Anforderungsprofil

Charakter	Laufzeit	Anteil	Belastung
Flachlauf	5:14 min	39 %	Dauerleistungsgrenze (DLG)
Abfahrt	2:28 min	18 %	Unterhalb der DLG
Anstieg	5:38 min	42 %	DLG wird überschritten

Abb. 6.1: Anforderungsprofil im Skilanglauf – modifiziert nach: Ostrowski (1982)

LEISTUNGS- UND TRAININGSSTRUKTUR

Die Struktur der Wettkampfleistung ist gekennzeichnet durch die Relation aller Faktoren, Teilleistungen, Parameter oder Merkmale des sportlichen Leistungsvollzugs, die die aktuelle Leistung bestimmen (Schnabel, 1975; Gundlach, 1980).

Bei der Benennung der Einflussfaktoren auf das sportliche Wettkampfresultat muss zwischen an die Person des Sportlers gebundenen und äußeren (exogenen) Faktoren (Sportgerät, Ausrüstung, Streckenbeschaffenheit, Verhalten des Partners oder Gegners, klimatische bzw. meteorologische Bedingungen u. Ä.) unterschieden werden. Die an die Person des Sportlers gebundenen Faktoren machen die „Struktur der Leistungsfähigkeit" aus, während im aktuellen Leistungsvollzug auch die äußeren Faktoren wirksam werden (Schnabel, 1975, S. 139).

Nach Gundlach (1980, S. 7) kennzeichnet die Struktur der Leistungsfähigkeit die Wechselbeziehung und den Entwicklungsstand verschiedenartiger Leistungsvoraussetzungen sowie anteiliger, leistungsbestimmender Fähigkeiten der Persönlichkeit des Sportlers und ihre potenzielle Möglichkeit, eine sportartspezifische Wettkampfleistung mit einem bestimmten Niveau zu vollbringen.

Die Struktur der Leistungsfähigkeit umfasst nach Schnabel, Harre & Borde (1994) die Faktorenkomplexe *Konstitution, Kondition, Technik-Koordination, Taktik und Persönlichkeit*, die in sich weiter auszudifferenzieren sind.

Die Leistungsstruktur einer Sportart bestimmt sich durch die Struktur der Wettkampfleistung und die Struktur der sportlichen Leistungsfähigkeit.

Die Wettkampfstruktur und die Struktur der sportlichen Leistungsfähigkeit bedingen einander, wobei die sportliche Leistungsfähigkeit Voraussetzungscharakter für die Wettkampfleistung hat: Ein bestimmtes Resultat lässt sich nur dann erreichen, wenn die erforderlichen Leistungsvoraussetzungen auf einem entsprechenden Niveau ausgeprägt sind.

Neumann & Schüler (1994) sehen in der Leistungsstruktur ein Differenzierungsmodell für die Sportarten, welches durch die einzelnen Wissenschaftsdisziplinen unterschiedlich beschrieben wird. Auch wenn die Faktoren mit Einfluss auf die sportliche Leistungsfähigkeit bekannt sind, so fällt es schwer, ihre Wertigkeit und Anteiligkeit zu bestimmen. Das Bedingungsgefüge der Leistungsstruktur ändert sich ständig; Ausdruck dafür ist die anhaltende Leistungsverbesserung in fast allen Sportarten.

Im Skilanglauf haben die technischen Komponenten, einschließlich der Umstellung in der Lauftechnik, den größten Einfluss auf die Zunahme der Laufgeschwindigkeit. Mit der Trainingsmethodik allein bzw. den physiologischen Leistungsgrundlagen wären solche Geschwindigkeitszunahmen nicht möglich gewesen.

Das Bedingungsgefüge der Leistungsstruktur unterliegt in den Sportarten einer ständigen Veränderung. Um diesem Umstand Rechnung zu tragen, ist es zweckmäßig, *Trend- und Modellberechnungen* und Expertenschätzungen für die Trends künftiger Leistungsentwicklungen in den einzelnen Sportarten vorzunehmen (s. **Abb. 6.2**). In den Anfängen der Beschreibung der Leistungsstruktur wurde die Entwicklungstendenz der Leistungen unterschätzt und vordergründig der aktuelle Wettkampf bewertet. Das kam auch in der damaligen Definition zum Ausdruck, wonach die Leistungsstruktur *„als Ausprägungsgrad leistungsbestimmender Fähigkeiten, Fertigkeiten, Faktoren und Persönlichkeitseigenschaften bei Wettkämpfen zum Leistungshöhepunkt"* definiert wurde (Neumann & Schüler, 1994).

Hinzugefügt wurde später das Trainingselement, welches die entscheidende Grundlage für die Leistungsabgabe und Leistungsentwicklung der Sportlerpersönlichkeit bildet. Gegenwärtig beruhen die Leistungsfortschritte im Skilanglauf vor allem auf technologischem Gebiet. Historisch bewertet, waren die entscheidenden Faktoren für die Geschwindigkeitserhöhung im Skilanglauf: die Einführung des Kunststoffskis, die leichten Karbonstöcke, die neuen Schuh-Ski-Bindungssysteme, die synthetischen Wachse und die Umstellung in der Fortbewegung auf die Skatingtechnik.

6.2 Modellbildung der Leistungsstruktur

Um die zwischen den einzelnen Elementen der Leistungsstruktur bestehenden Zusammenhänge zu quantifizieren, erfolgt ihre Abbildung in so genannten *Strukturmodellen*. Für eine sportliche Zielgröße werden Einflussgrößen formuliert, die entweder in einem deterministischen oder einem probabilistischen Zusammenhang zur Wettkampfleistung stehen.

Die ersten Modelle im Skilanglauf gehen auf Untersuchungen von G. Ostrowski (1982) zurück. Eine Weiterentwicklung dieses Ansatzes zeigt eine vereinfachte Darstellung der internen Ordnung der Elemente der Leistungsstruktur im Skilanglauf **(Abb. 6.2)**.

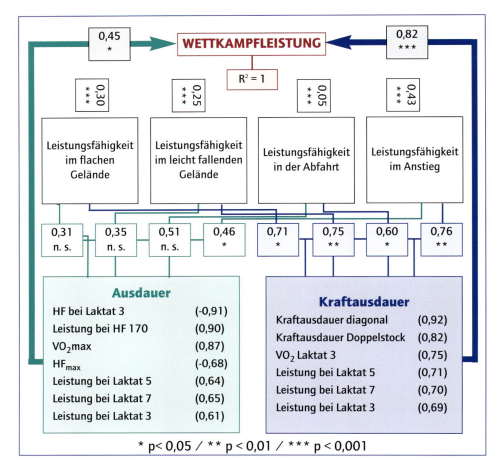

Abb. 6.2: *Modell der Leistungsstruktur im Skilanglauf*

Der Unterscheidung der beiden Aspekte der Leistungsstruktur wird in diesem Modell durch die Darstellung in mehreren Ebenen Rechnung getragen. Die zentrale Größe ist die komplexe Wettkampfleistung, welche in der ersten Erklärungsebene durch die vier Teilleistungen auf den Streckenabschnitten und in der zweiten Erklärungsebene durch die Leistungsvoraussetzungskomplexe Ausdauer und Kraftausdauer beschrieben wird. Die zwischen und innerhalb der Ebenen bestehenden Beziehungen werden mittels der üblichen statistischen Verfahren bestimmt. Bezogen auf unser Strukturschema, bedeutet das: Von den vier Teilleistungen auf den Streckenabschnitten beeinflusst die Anstiegsleistung das Wettkampfresultat im Skilanglauf am stärksten. Da auf der Ebene der Leistungsvoraussetzungen ein signifikanter Zusammenhang zwischen der Kraftausdauer und der Anstiegsleistung besteht, kommt dieser Komponente im Leistungsstrukturgefüge große Bedeutung zu.

6.3 Einfluss der Belastungsdauer auf die Leistungsstruktur

Die Reduktion der Leistungsstruktur auf das Beziehungsgefüge einzelner Komponenten, losgelöst von Wettkampfdistanz und -technik, würde allerdings zu Fehlinterpretationen führen. Das Spektrum der Skilanglaufdisziplinen ist sehr breit. Es reicht vom Sprint über 1,5 km, für die ein Weltklasseskilangläufer etwa drei Minuten benötigt, bis zur 50-km-Distanz bei den Herren, die die Weltspitze, je nach Technik, Witterung, Schnee- und Streckenbeschaffenheit, in 2-2,5 Stunden absolviert. Alle Strecken werden sowohl in der Freistil- als auch in der klassischen Technik gelaufen. Die längste Strecke im Weltcup ist der „Birkebeiner"-Skimarathon über 58 km. Neben diesen Wettkämpfen des Leistungssportbereichs gibt es eine Vielzahl von internationalen Volksläufen, zu denen auch der Wasalauf über 90 km gehört.

Nach dem Kriterium der Belastungsdauer geordnet (Modell nach Harre, 1979), reicht das Spektrum der Skilanglaufdisziplinen von der Mittelzeit- bis zur Langzeitausdauer III **(Abb. 6.3)**.

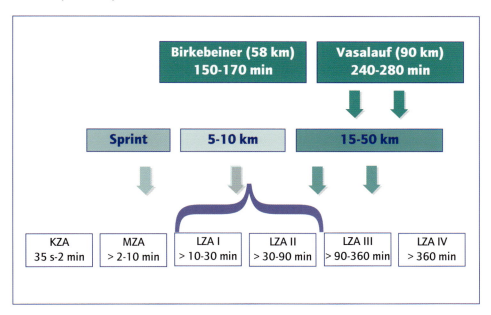

Abb. 6.3: *Ordnung der Skilanglaufdisziplinen nach ihrer Wettkampfdauer*

Nach Angaben von Neumann (1984) bedeutet das bezüglich der energetischen Beanspruchung verschiedener Funktionssysteme, dass zwischen den einzelnen Wettkampfdisziplinen zum Teil erhebliche Unterschiede bestehen **(Tab. 6.1)**.

Tab. 6.1: *Beanspruchung der Funktionssysteme beim Skilanglaufwettkampf*

Messgrößen	MZA > 2-10 min 1,5 km Sprint F	LZA I >10-30 min 5 km K 10 km K, F	LZA II >30-90 min 15 km F, K 30 km F	LZA III >90-360 min 50 km F, K bis 100 km K	LZA IV > 360 min >100 km
Herzfrequenz (% HF_{max})	95-100	93-100	90-97	83-90	80-87
Sauerstoffaufnahme (% VO_2max)	95-100	90-95	80-90	50-85	40-60
Energiegewinnung % aerob % anaerob	70-80 10-30	80-90 10-20	90-95 5-10	90-98 2-10	95-99 1-5
Energieverbrauch * kcal/min kcal gesamt	30-35 150-200	25-30 500-800	20-25 800-1.800	16-20 1.800-5.760	14-16 5.760-12.000 (24 Stunden)
Glykogendepletion	~ 10-20	40-50	50-60	70-80	85-95
Laktat (mmol/l)	16-20	12-16	10-14	2-8	1-2
Freie Fettsäuren (mmol/l)	0,3-0,4	0,4-0,6	0,6-0,8	0,8-1,0	1,2-2,0
Serumharnstoff (mmol/l)	5-6	5-7	7-8	7-10	8-13
Cortisol (nmol/l)	500-700	400-500	600-700	600-900	700-1.200

* abhängig von Geschwindigkeit und Körpergewicht

Diese Unterschiede sind auch bei den methodischen, technischen und biomechanischen Kenngrößen des einzelnen Bewegungsvollzugs und des gesamten Rennverlaufs nachweisbar. So unterscheidet sich z. B. die Bewegungsfrequenz im Sprintrennen mit 80-100 Zyklen pro Minute deutlich von der auf allen anderen Skilanglaufdistanzen. Je nach Schneebeschaffenheit, Technik und Geländeneigung liegt diese im Durchschnitt nur bei etwa 45-70 Zyklen pro Minute.

Die Beispiele zeigen, dass bei der Beschreibung der Leistungsstruktur eine Differenzierung für verschiedene Wettkampfdisziplinen und -distanzen vorgenommen werden muss.

6.4 Einfluss des Entwicklungstrends der Weltspitze auf die Leistungsstruktur

Ab etwa Mitte der 80er Jahre des 20. Jahrhunderts vollzogen sich im Skilanglauf in relativ kurzer zeitlicher Folge Reglementveränderungen. Bis zu diesem Zeitpunkt wurde auf den olympischen Distanzen in der klassischen Skitechnik, bei den Herren über 15 km, 30 km und 50 km und bei den Damen über 5 km, 10 km und 20 km gelaufen. Mit der Einführung neuer Techniken, Disziplinen und Wettkampfformen (Freistil, 1987; Verfolgungsrennen, 1992, Sprintrennen und Massenstart, 2001; Skiduathlon, 2003) erfolgte eine enorme Erweiterung des Wettkampfspektrums. Zugleich erhöhte sich die Attraktivität und Medienwirksamkeit der Sportart.

Insbesondere die zunehmende Professionalisierung des Sports, verbunden mit der materiell-technischen Entwicklung im Bereich der Strecken- und Skipräparation und der Wettkampfausrüstung, führten zu einer progressiven Entwicklung des Renntempos. Benötigte z. B. Larissa Lasutina bei den Olympischen Winterspielen 1998 in Nagano 17:37,9 min für ihren Sieg über 5 km in der klassischen Technik, so wurde die gleiche Distanz in der gleichen Technik 2002 in Salt Lake City von Olga Danilova in nur 12:58,7 min bewältigt.

Eine im Rahmen der Auswertung der Olympischen Winterspiele von Salt Lake City 2002 erstellte Weltstandsanalyse (vgl. Ostrowski & Bauer, 2002) verweist auf eine jährliche Progression der Wettkampfgeschwindigkeit von 0,03-0,04 m/s. Die Einführung der Freistiltechnik und die Aufnahme des Verfolgungs- und Sprintrennens ins olympische Programm bewirkten zusätzlich eine weitere Erhöhung des Renntempos um 0,5-2 m/s **(Abb. 6.4)**.

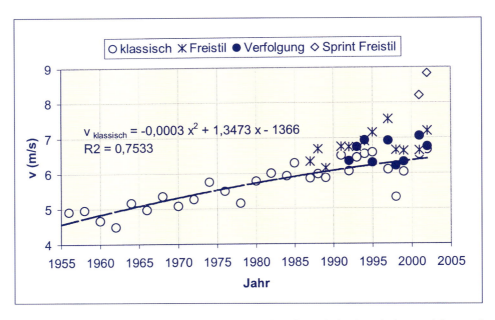

Abb. 6.4: *Mittlere Wettkampfgeschwindigkeit der Sieger bei Olympischen Spielen und Weltmeisterschaften im Skilanglauf (Herren) seit 1956*

Modellrechnungen haben ergeben, dass diese Tendenz etwa zu 67 % auf Materialentwicklungen und nur zu 33 % auf die durch Training bedingte Verbesserung des physischen Leistungsvermögens der Athleten zurückzuführen ist.

6.5   Veränderung der Leistungsstruktur im langfristigen Leistungsaufbau

Im Verlauf des langfristigen Leistungsaufbaus müssen die Leistungsvoraussetzungen entwickelt werden, welche im späteren Hochleistungsbereich für das Erzielen von Weltspitzenleistungen erforderlich sind. Dem soll über so genannte *entwicklungsgerechte Wettkampfinhalte* Rechnung getragen werden. Der Begriff *entwicklungsgerecht* verweist dabei auf die Notwendigkeit einer alters- und ausbildungsetappenadäquaten Entwicklung der Leistungsvoraussetzungen.

Im Skilanglauf unterscheidet sich das Wettkampfreglement für einzelne Altersklasse zum Teil deutlich. Die Wettkampfstrecken differieren von der 1-km-Strecke der Schüler bis zu den olympischen Distanzen der Damen und Herren. Die sich aus den unterschiedlichen Wettkampfanforderungen ergebenden Unterschiede im Beziehungsgefüge der Leistungsvoraussetzungen sind partiell beträchtlich.

Die Leistungsstruktur unterliegt damit im langfristigen Leistungsaufbau einem permanenten Wandel. Dieser bedingt sich durch unterschiedliche Wettkampfanforderungen in den einzelnen Etappen des Nachwuchstrainings und den biologischen Entwicklungsprozess der Heranwachsenden.

Um vorzugeben, welche Merkmale der Leistungsentwicklung wann erreicht werden sollen, sind nach Martin et al. (1999) so genannte *Anforderungsprofile* zu erstellen. Je konkreter sie formuliert sind, umso genauer können Trainingswirkungen in Bezug auf die angestrebte Leistungsentwicklung festgestellt werden. In **Abb. 6.5** sind exemplarisch Entwicklungsverläufe spezifischer Leistungsvoraussetzungen im Altersgang dargestellt.

Analysen des Beziehungsgefüges wesentlicher Parameter der Leistungsstruktur sind aufwändig und kompliziert. Es wird kaum gelingen, die Leistungsstruktur einer Sportart vollständig aufzuhellen, da sie ein komplexes Gebilde ist und nicht alle Leistungsfaktoren erfasst werden können bzw. messbar sind. Es muss deshalb immer eine Reduktion auf wesentliche Parameter, die objektiv beschreibbar sind, bestimmten Kriterien entsprechen und sich gut überprüfen lassen, erfolgen.

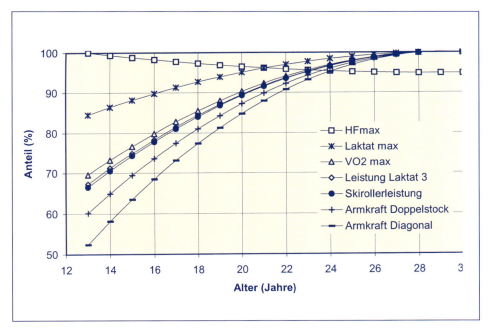

Abb. 6.5: *Veränderung der disziplinspezifischen Leistungsfähigkeit und spezifischer Leistungsvoraussetzungen im Skirollertest im langfristigen Leistungsaufbau von Skilangläufern (Ostrowski, 2002)*

Insbesondere im Nachwuchsbereich sind neben speziellen auch allgemeine Leistungs-voraussetzungen im Leistungsstrukturgefüge zu bestimmen. Sie haben einerseits Voraussetzungscharakter für die Ausprägung der spezifischen Wettkampfleistung, andererseits stellen sie im Nachwuchsbereich eine wesentliche Komponente im Leistungsstrukturgefüge dar.

6.6 Biologische Messgrößen und Trainingsstruktur

Bei allen Ausdauersportarten steht die Entwicklung der konditionellen Leistungsfakto-ren im Vordergrund des Trainings. Das Trainingsziel lautet: Absolvierung der Strecken in möglichst kurzer Zeit oder mit nur geringem Geschwindigkeitsabfall im letzten Streckenabschnitt. Ein Umfangstraining hebt die Ermüdungsresistenz über die entspre-chende Streckenlänge an.

Hierzu muss aber der mögliche Energieumsatz über die entsprechende Belastungsdauer erhöht werden. Eine zentrale Rolle spielt die Sauerstoffversorgung der Arbeitsmuskulatur. Die Aufdeckung des Missbrauchs von stimulierenden Hormonen (z. B. bei den Olympi-schen Spielen 2002), die die Blutbildung beeinflussen (Erythropoetin/ EPO), offenbarte, welchen Einfluss die Steigerung der Sauerstoffversorgung auf die Leistungsfähigkeit hat.

Aus trainingsmethodischer Sicht lässt sich die Sauerstofftransportkapazität physiolo-gisch nur durch ein Höhentraining steigern. Im Skilanglauf stellt die erreichte Ge-schwindigkeit im Training und Wettkampf keinen objektiven Maßstab für das konditio-nelle Leistungsniveau dar. Nach wie vor beeinflussen die äußeren Bedingungen die Laufgeschwindigkeit. Zu den ständigen Einflussfaktoren gehören: Streckenprofil, Gleit-verhältnisse, Außentemperatur, Wind, Wachs, Streckenpräparation, Gegnereinfluss u. a.

Die Einführung der Freistiltechnik revolutionierte die Laufgeschwindigkeit. Das Skating erhöht die Geschwindigkeit um ~ 0,5 m/s gegenüber der klassischen Lauftechnik. Die Ursachen für die Geschwindigkeitszunahme liegen in der veränderten Bewegungsstruk-tur und in der besseren Ausnutzung der Arm- und Beinkraft. Die Gleitfähigkeit des Ska-tingskis ist deutlich höher. Statt dem Haftwachs, welches Anstiege und Flachlauf si-chern muss, ist beim Gleitwachs nur noch die Gleitkomponente bedeutsam. Damit steigt die Abfahrts- und auch die Flachlaufgeschwindigkeit.

Das Hauptziel im Training der Skilangläufer besteht in der Verbesserung der konditio-nellen Fähigkeiten, vor allem der Ausdauer und Kraftausdauer (s. Kap. 7). Die Anforde-rungen an die Fähigkeiten sind aber nicht einheitlich, weil die unterschiedlichen

Streckenlängen und auch die Laufstile (klassisch und Freistil) wechselnde Ansprüche an Kraft, Schnellkraft und Ausdauer implizieren. Beim heutigen Leistungsstand ist es für einen Skilangläufer nicht mehr möglich, über alle Distanzen oder Stilarten erfolgreich zu starten. Die unterschiedlichen Grundanforderungen ergeben sich aus der Übersichtstabelle zur Leistungsstruktur (s. **Abb. 6.2** und **6.3** und **Tab. 6.1**).

Die Trainingsinhalte sind ausgerichtet auf Starts über 1,5 km, 5 km und 10 km bei den Frauen und über 1,5 km, 10 km und 15 km bei den Männern. Hier starten die Skiläufer mit der höchsten Kraftausdauer und disziplinspezifischen Schnellkraft.

Die Trainingsinhalte sind für Starts auf diesen Kurzstrecken auf die Anforderungen der Langzeitausdauer I (LZA I) auszurichten. Der anaerobe Anteil an der Energiegewinnung ist bei diesen Kurzstrecken hoch.

Ein höheres und stabileres aerobes Ausdauerniveau ist für Starts im Bereich der LZA II (15-30 km) erforderlich. Die größte Ermüdungsresistenz müssen die Starter über die 50-km-Distanz aufweisen. Diese Fähigkeit ist nur durch das Training mit langem Streckenmittel zu erreichen.

Die Langstreckenskilangläufer, die sich nicht für die nationalen Auswahlmannschaften qualifiziert haben, beteiligen sich überwiegend an den langen klassischen Volksläufen über Strecken von 42-90 km. Die derzeit 14 Klassiker (Worldlopped-Wettbewerbe) bieten Starts auf mehreren Kontinenten.

Die Bevorzugung von Starts im Skilanglauf auf kurzen, mittleren und langen Strecken hat biologische Grundlagen in der individuellen Anlage, die bewusst oder unbewusst vom Athleten genutzt werden.

Zu den biologischen Anlagen mit Einfluss auf die Skilanglaufleistungsfähigkeit zählt die Muskelfaserverteilung.

Muskelfaserverteilung

In der Blütezeit der Muskelbiopsie (Mitte der 70er bis Mitte der 80er Jahre des 20. Jahrhunderts) wurde versucht, den Einfluss der Muskelfaserverteilung, die angeboren ist und durch Training nicht veränderbar ist, auf die Skilanglaufleistung abzuklären.

Die Leistungsunterschiede zwischen den Skilangläufern der DDR und den deutlich leistungsstärkeren Skandinaviern konnten aber durch die bestimmte Muskelfaserverteilung nicht erklärt werden **(Tab. 6.2)**.

Tab. 6.2: Verteilung schnell und langsam kontrahierender Muskelfasern (FTF und STF) bei deutschen und skandinavischen Spitzenlangläufern

Geschlecht	DEUTSCHLAND (nur DDR)		FINNLAND		SCHWEDEN	
	STF	FTF	STF	FTF	STF	FTF
Männer (%)	72 ± 9 n = 41	28 ± 9	67 ± 9 n = 17	33 ± 9	75 ± 9 n = 9	28 ± 8
Frauen (%)	72 ± 8 n = 19	28 ± 8	60 ± 13 n = 5	40 ± 13	–	–

Aus den Daten in **Tab. 6.2** geht hervor, dass im Skilanglauf Sportler mit einer Muskelfaserverteilung von 60-75 % STF bzw. 25-40 % FTF erfolgreich sein können. Einen stärkeren Einfluss auf die Skilanglaufleistung hatte die Stoffwechselausrichtung der Muskelfasern. Unter der Stoffwechselausrichtung der Muskelfasern wird der Besatz an oxidativen und glykolytischen Schlüsselenzymen verstanden. Die Veränderung der Enzymaktivität im aeroben und anaeroben Stoffwechsel unterliegt stark der Trainingsmethodik. Diese Aussage hat nicht nur einen theoretischen Hintergrund. Die praktische Folgerung ist die indirekte Beurteilung dieser Stoffwechselwege über die Messung der Laktatmobilisation und der maximalen Sauerstoffaufnahme. Neben dem hohen aeroben Enzymbesatz (z. B. Zitratsynthetase, Sukzinatdehydrogenase) hat es sich als vorteilhaft für den Wettkampf erwiesen, wenn die Anteile der FTF zur Hälfte oxidativ und zur anderen Hälfte glykolytisch adaptiert waren. Das bedeutet, dass im Training die Entwicklung einer hohen maximalen Sauerstoffaufnahme und einer hohen Laktatmobilisationsfähigkeit anzustreben ist.

7 METHODISCHE GRUNDLAGEN DES SKILANGLAUFTRAININGS

7.1 Trainingsbelastung, körperliche Beanspruchung und Leistungspotenzial

Die Verbesserung der sportlichen Leistungsfähigkeit setzt eine fundierte Trainingsplanung voraus. Die Grundlage hierfür bildet eine Trainingsstruktur, die auf der Basis des spezifischen Anforderungsprofils der Sportart Skilanglauf (s. Kap. 6), der Leistungsfähigkeit, Belastbarkeit und Trainierbarkeit des Sportlers und seiner angestrebten Leistungsziele erstellt wird (s. Kap. 10.2.1). Ein umfassender, aktueller Kenntnisstand dieser primären Determinanten ist für die Strukturierung des Trainings und für die Festlegung der Rahmentrainingskennziffern unbedingt erforderlich. Die daraus abgeleiteten Trainingsbelastungen werden unter Berücksichtigung der physisch-psychischen Beanspruchung und der sich verändernden Leistungsfähigkeit und Belastbarkeit des Sportlers für einen definierten Trainingszeitraum umgesetzt und das darin enthaltende Entwicklungs- bzw. Leistungspotenzial mithilfe von Leistungstests oder leistungsdiagnostischen Untersuchungen erfasst. Die Ergebnisse werden im Kontext der Trainingsstruktur analysiert. Hieraus ergeben sich dann die notwendigen Korrekturen für den folgenden Trainingsabschnitt **(Abb. 7.1)**.

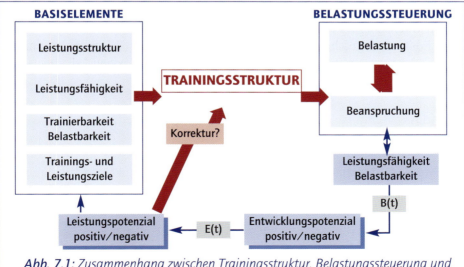

Abb. 7.1: Zusammenhang zwischen Trainingsstruktur, Belastungssteuerung und Leistungspotenzial

Grundsätzlich erfolgt die Ausrichtung der Trainingsbelastungen zielgerichtet auf das individuelle Entwicklungspotenzial hin. Tägliche Schwankungen der Leistungsfähigkeit und der Leistungsbereitschaft sollten bei der Umsetzung des Trainingsplans Berücksichtigung finden. Hierzu gehört die Objektivierung der Wechselwirkung zwischen Trainingsbelastung und organischer Beanspruchung mit biologischen Messgrößen (z. B. Herzfrequenz, Herzfrequenzvariabilität, Laktat) fortwährend bzw. in regelmäßigen Zeitabständen. Die zyklischen Trainingsbelastungen im Skilanglauf lassen sich nach folgenden methodische Steuergrößen unterteilen **(Abb. 7.2)**:

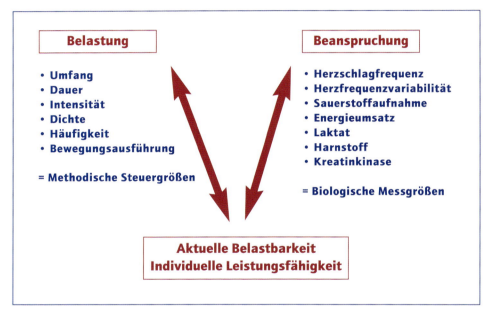

Abb. 7.2: *Wechselwirkung zwischen Belastung, Beanspruchung und aktueller Belastbarkeit bzw. individueller Leistungsfähigkeit (nach: Hottenrott, 1993, S. 22)*

Der **Belastungsumfang** kennzeichnet die Quantität des in den verschiedenen Trainingsabschnitten geplanten oder realisierten Trainings und wird meist in Stunden oder Kilometern angegeben.

Die **Belastungsdauer** gibt die Begrenzung der Trainingseinheit nach der Zeit oder nach der Streckenlänge an.

Die **Belastungsintensität** kennzeichnet die Stärke der Trainings- oder Wettkampfbelastung und wird in Geschwindigkeit oder Leistung, Herzfrequenz oder in der Laktatkonzentration angegeben.

Die **Belastungsdichte** bezieht sich auf das Verhältnis von Belastung und Erholung innerhalb eines Trainingstags, einer Trainingswoche oder eines Makrozyklus.

Die **Belastungshäufigkeit** kennzeichnet die Anzahl der Trainingseinheiten in einem Trainingsabschnitt.

Des Weiteren wird die zyklische Trainingsbelastung differenziert nach der Art der **Bewegungsausführung**. Hierbei spielt vor allem die Schrittfrequenz bei den verschiedenen Skilanglauftechniken oder die Armzugfrequenz beim Zugseiltraining eine bedeutende Rolle.

Die Beanspruchung kennzeichnet die individuellen Auswirkungen der Trainingsbelastung in Abhängigkeit von der Belastbarkeit und Leistungsfähigkeit des Sportlers. Erfasst wird die Beanspruchung im Training vorrangig über die Herzfrequenz, die Herzfrequenzvariabilität, die Laktatkonzentration und den Energieumsatz. Im Leistungssport werden zusätzlich die Sauerstoffaufnahme sowie die Blutparameter Serumharnstoff und Serumkreatinkinase zur Beurteilung des Leistungszustandes und der muskulären Belastbarkeit erhoben. Jeder Sportler hat unterschiedliche Voraussetzungen für die Verarbeitung von Trainingsbelastungen, d. h., sie beanspruchen verschiedene Sportler auf unterschiedliche Art und Weise. Wesentlichen Einfluss auf die Verträglichkeit der Trainingsbelastungen hat das konditionelle Niveau des Sportlers. Im Allgemeinen gilt: Je höher die Grundlagenausdauerfähigkeit ausgeprägt ist, desto höher ist die individuelle Belastbarkeit für intensive Trainingsreize.

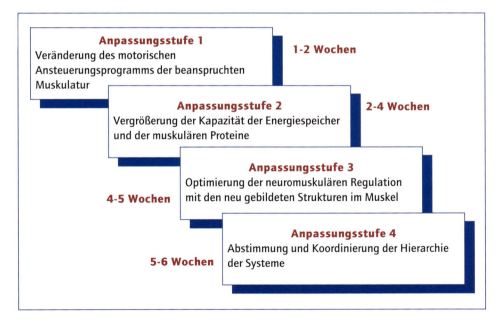

Abb. 7.3: Zeitlicher Ablauf der Trainingsanpassung: Vier-Stufen-Modell, verändert nach: Neumann & Berbalk (1991)

METHODISCHE GRUNDLAGEN

Trainingsbelastungen hinterlassen im Organismus komplexe Wirkungen, die, je nach Dauer, Intensität und Regelmäßigkeit der ausgeführten Bewegungen, mehrere biologische Funktionssysteme beanspruchen und entsprechende Veränderungen hervorrufen. Neumann & Berbalk (1991) unterscheiden vier Stufen der Anpassung (Adaptation) bei regelmäßiger Trainingsaktivität **(Abb. 7.3)**.

Überschwellige Trainingsbelastungen lösen im Organismus Veränderungen des motorischen Steuerprogramms und kurzzeitige Umstellungen der Funktionssysteme aus. Reizwirksame Belastungen über mehrere Wochen führen zur organischen Anpassung (Adaptation), was sich beispielsweise in einer Vergrößerung des Herzmuskels, einer verbesserten Kapillarisierung, einer Zunahme der Mitochondrien, einer verstärkten Einlagerung von Glykogen in der Muskulatur und Leber oder einer Zunahme von Struktureiweißen in der Skelettmuskulatur äußert.

Die verbesserte organische Leistungsfähigkeit hilft dem Sportler, auch höhere Trainingsbelastungen zu bewältigen. Eine größere Belastung führt wiederum zu einer erhöhten Beanspruchung der Organsysteme, was weitere Umstellungs- und Anpassungsprozesse hervorruft. Dementsprechend erhöht sich bei positiver Reizverarbeitung die Leistungsfähigkeit weiter.

Sehr hohe Trainingsbelastungen, starker psychophysischer Stress, hoher Energieverbrauch und hohe Verluste an Mineralien und Vitaminen, verbunden mit einer verzögerten Wiederauffüllung der Energiespeicher oder einer Mikrotraumatisierung der Muskelfasern und der Bindegewebe, verhindern die erforderliche Wiederherstellung des Organismus. In diesem Fall kommt es nicht zur gewünschten Anpassung und Leistungssteigerung, sondern zu einem Abfall der sportlichen Leistungsfähigkeit.

7.2 Trainingsmethoden

Für die Entwicklung der Ausdauerfähigkeiten werden verschiedene Methoden eingesetzt **(Abb. 7.4)**:

- ⮌ Dauermethode (kontinuierlich oder wechselhaft)
- ⮌ Fahrtspielmethode
- ⮌ Intervallmethode (extensiv oder intensiv)
- ⮌ Wiederholungsmethode
- ⮌ Wettkampfmethode

Abb. 7.4: Trainingsmethoden im Ausdauertraining

Dauermethode

Die Dauermethode ist im Skilanglauf die am häufigsten angewandte Trainingsmethode. Sie ist charakterisiert durch eine andauernde Belastung ohne Pause. Es wird zwischen der *kontinuierlichen* und der *wechselhaften* Dauermethode unterschieden.

Kontinuierliche Dauermethode

Bei der kontinuierlichen Dauermethode wird eine bestimmte Belastungsintensität über eine längere Strecke eingehalten. Die Intensität wird durch Geschwindigkeits- oder Herzfrequenzvorgaben vorher geplant. Für Letztere stehen tragbare Herzfrequenzmessgeräte zur Verfügung. Der Sportler legt den Intensitätsbereich im Empfänger (z. B. der Polar-Uhr) durch die Eingabe der oberen und unteren Herzfrequenzgrenze fest. Ein akustisches Signal ertönt, sobald die Belastungsherzfrequenz außerhalb der Grenzen liegt. Bei dieser Methode ordnet sich die Geschwindigkeit der Belastungs-HF unter. Auf profilierten Trainingsstrecken muss der Sportler die Geschwindigkeit mehr oder weniger stark variieren, um den HF-Bereich nicht zu verlassen. Ein etwas größerer HF-Trainingsbereich ist in diesem Fall zu programmieren. Auf flachen Trainingsstrecken können auch relativ nahe beieinander liegende Grenzen gut eingehalten werden. Zu beachten ist, dass sich die Geschwindigkeit mit zunehmender Belastungsdauer bei gleich bleibender Herzfrequenz allmählich reduziert. Ursächlich hierfür ist vor allem die muskuläre Ermüdung, die einen höheren biologischen Aufwand erfordert und die HF bei gleicher Intensität ansteigen lässt.

Abb. 7.5: Zeitlicher Verlauf der Herzfrequenz im GA 1-Skilanglauftraining nach der kontinuierlichen Dauermethode über 2:00 h. Am Ende des Trainings erfolgen mehrere Steigerungsläufe zur Aktivierung der schnellen Muskelfasern.

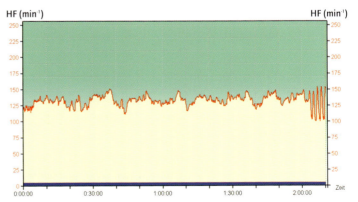

Wechselhafte Dauermethode bzw. Tempowechselmethode

Sie unterscheidet sich von der kontinuierlichen Dauermethode dadurch, dass Teilstrecken mit höherer oder niedrigerer Geschwindigkeit gelaufen werden. Erholungspausen werden keine eingelegt. Auch hier lässt sich die jeweilige Belastungsintensität durch die Festlegung von Herzfrequenzgrenzen gut steuern **(Abb. 7.6)**. Bei der Auswertung der Trainingseinheit ist zu beachten, dass die mittlere HF die Belastung nicht richtig kategorisiert. In diesem Fall sollten die HF-Werte mit einem Häufigkeitsdiagramm ausgewertet werden **(Abb. 7.7a und b)**.

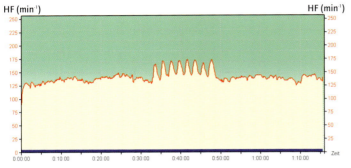

Abb. 7.6: Tempowechselmethode zum Training der motorischen Umstellungsfähigkeit. Nach etwa 30 min wird der GA 1-Dauerbereich durch mehrere Tempowechsel durchbrochen.

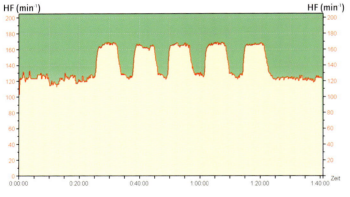

Abb. 7.7a: Tempowechselmethode im Rahmen eines Grundlagenausdauertrainings

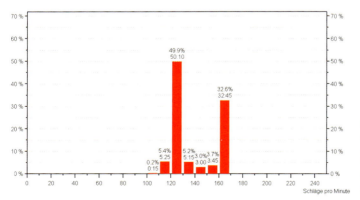

Abb. 7.7b: Häufigkeitsverteilung der HF-Werte beim einstündigen Lauf nach der wechselhaften Dauermethode.

Zwei Schwerpunkte der Intensitätsgestaltung sind erkennbar: 53 % der Trainingszeit wurden mit einer HF zwischen 130 und 140 Schlägen/min und 30 % zwischen 170 und 180 Schlägen/min gelaufen. Der HF-Mittelwert beträgt 145 Schläge/min!

Fahrtspielmethode

Die Fahrtspielmethode ist eine besondere Form der Dauermethode, bei der ohne Pause, jedoch mit häufig wechselndem Tempo, auf unterschiedlich langen Streckenabschnitten gelaufen wird. Die Belastungsintensität wird meist nicht vorausgeplant, sie wird dem subjektiven Empfinden und dem Streckenprofil untergeordnet. Methodisch wird das Training als ein „Spiel mit der Geschwindigkeit" *(fartleg)* erlebt. HF-Grenzen sind dabei weit gehend überflüssig, eine obere Grenze warnt vor Überforderungen **(Abb. 7.8)**.

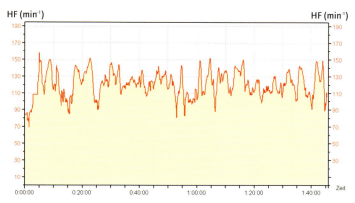

Abb. 7.8: Anwendung der Fahrtspielmethode im GA 1- bis GA 2-Bereich. Die maximale Herzfrequenz des Sportlers beträgt 172 Schläge/min, der Ruhepuls 38 Schläge/min.

Intervallmethode

Die Intervallmethode ist durch einen systematischen Wechsel von Belastungs- und Erholungsphasen in einer Trainingseinheit gekennzeichnet. Die Pausen führen im Vergleich zur Wiederholungsmethode zu einer unzureichenden Erholung. Die Festlegung der Intensität und die Dauer der Einzelbelastung sowie die Länge und Art der Pausen setzt die Intervallmethode gezielt zur Entwicklung wettkampfspezifischer Teilleistungen ein.

Im Intervalltraining gibt es die *extensive* und *intensive* Methode **(Abb. 7.9)**. Die extensive Methode unterscheidet sich von der intensiven durch eine niedrigere Belastungsintensität, einen höheren Belastungsumfang und kürzere Pausen. Sie wird im GA 2-Training eingesetzt.

Bei der intensiven Intervallmethode spielt die Belastungs-HF als Vorgabe für die Intensität eine untergeordnete Rolle. Die Intensitätsvorgabe erfolgt vordergründig nach der Geschwindigkeit, die sich von Feldtests oder Wettkampftests ableitet oder nach dem subjektiven Anstrengungsgrad. Von Bedeutung ist im Intervalltraining die HF-Regulation zwischen den Belastungs- und Erholungsphasen. Über die Steilheit des HF-Abfalls lässt sich die Pausenlänge steuern. Beispielsweise beginnt die nächste Belastungsphase erst, wenn die Erholungs-HF 120 Schläge/min erreicht hat. Das kann 2-3 Minuten dauern. Aber auch bei unveränderter Pausenlänge informiert die Erholungs-HF über den ermüdungsbedingten Einfluss des Trainings auf das Herz-Kreislauf-System. Sinkt der HF-Erholungswert von Intervall zu Intervall, so ist entweder die Erholungszeit zu kurz oder die Belastungsintensität zu hoch. Veränderungen im Programm wären vorzunehmen.

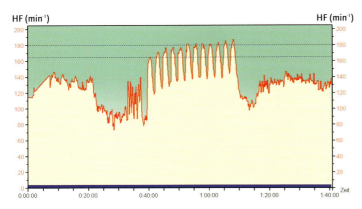

Abb. 7.9: Intensive Intervalle im Skilanglauf über 12 x 1 min (WSA-Training) mit etwa 2 min aktiver Erholung. Die Intervallbelastung wird durch ein 20-minütiges Einlaufen, Lockerungsübungen und mehrere Steigerungsläufe vorbereitet. Als Nachbereitung der Trainingseinheit erfolgt ein 30-minütiges Auslaufen.

Wiederholungsmethode

Die Wiederholungsmethode ist dadurch definiert, dass zwischen den Wiederholungen die Pausen zu einer guten Erholung und Wiederherstellung der Leistungsfähigkeit führen **(Abb. 7.10)**. Im Ausdauertraining wird die Wiederholungsmethode zur Entwicklung der wettkampfspezifischen Ausdauerfähigkeit eingesetzt. Beträgt die Belastungsdauer je Wiederholung mehrere Minuten, kann die Belastungsherzfrequenz als Kontrollgröße eingesetzt werden.

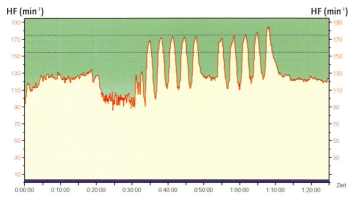

Abb. 7.10: Skilanglaufsprints im Anstieg nach der Wiederholungsmethode über 10 x 100 m mit etwa 3 min passiver Pause und einer aktiven Serienpause

Auf jeden Fall sollte die Erholungsherzfrequenz in der Pause gemessen werden, um die Gesamtbeanspruchung beurteilen zu können. Das geplante Trainingsprogramm ist individuell an die Belastbarkeit anzupassen.

Wettkampfmethode

Die Wettkampfmethode wird zur Entwicklung und Überprüfung komplexer bzw. wettkampfspezifischer Ausdauerfähigkeiten angewendet. Als Aufgabe ist eine vorgegebene Strecke mit wettkampfspezifischem Einsatz zu bewältigen. In der Regel werden hierfür anspruchsvolle Trainingsstrecken gewählt, die kürzer oder länger als die Wettkampfstrecke sind.

Abb. 7.11: *Wettkampfmethode. Nach 45 min Vorbereitung (Warmlaufen, Lockerungsübungen, Steigerungen) werden 15 km im Wettkampftempo auf einer flachen Strecke geskatet. Im Anschluss an die Wettkampfbelastung erfolgt die Cool-down-Phase über ca. 15 Minuten.*

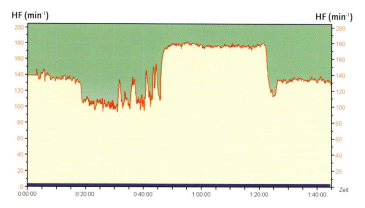

7.3 Ausprägung der konditionellen Fähigkeiten

Im Skilanglauf bestimmen die konditionellen Fähigkeiten Ausdauer, Kraft und Schnelligkeit in erster Linie die Leistungsfähigkeit des Sportlers. Diese Fähigkeiten wirken in der Wettkampfleistung komplex zusammen. Ausdauer und Kraftausdauer dominieren im Skilanglauf. Die Ausdauer wird als Langzeitausdauerfähigkeit (LZA) mit Belastungen bis zu mehreren Stunden entwickelt (s. **Tab. 6.1** in Kap. 6). Das Training der LZA erfolgt mit einem Grundlagenausdauertraining (GA-Training) in geringer bis mittlerer Belastungsintensität. Zur Ausprägung der wettkampfspezifischen Ausdauerfähigkeit hat das Kraftausdauer- und Schnelligkeitsausdauertraining sowie das wettkampfspezifische Ausdauertraining, welches einen Komplex von unterschiedlichen Fähigkeiten beinhaltet, eine hohe Bedeutung.

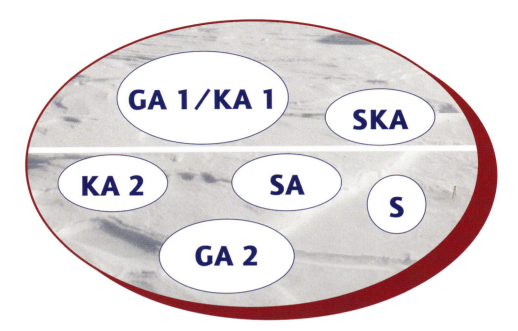

Abb. 7.12: Die wettkampfspezifische Ausdauerfähigkeit (WSA) im Skilanglauf wird maßgeblich bestimmt von der Grundlagenausdauerfähigkeit (GA 1 und GA 2), der Kraftausdauerfähigkeit (KA 1 und KA 2), der Schnellkraftausdauerfähigkeit (SKA), der Schnelligkeitsausdauerfähigkeit (SA) und der Schnelligkeit (S).

Grundlagenausdauertraining (GA-Training)

Das Grundlagenausdauertraining legt die Basis für die spezielle Leistungsfähigkeit. Aus biologischer Sicht wird die Grundlagenausdauerfähigkeit der aeroben Leistungsfähigkeit gleichgesetzt. Allgemein bezeichnen wir eine Trainingsbelastung als aerob, wenn die Laktatkonzentration unter 2 mmol/l, als aerob-anaerob bei Laktatwerten zwischen 2 und 4 mmol/l und als anaerob, wenn die Laktatkonzentration über 4 mmol/l liegt. Diese Vereinbarung kann zu Missverständnissen führen, denn bei Laktatkonzentrationen von 4-6 mmol/l erfolgt der größere Anteil der Energiebereitstellung noch auf aerobem Wege.

Als Bezugspunkt der Grundlagenausdauerfähigkeit wird meist die höchste Laufgeschwindigkeit auf einer wettkampfnahen Strecke ermittelt, bei der die Laktatkonzentration 3 mmol/l nicht überschreitet. Das entspricht bei hochtrainierten Sportlern einer Laufgeschwindigkeit von etwa 90 % der aktuellen Bestzeit über die Wettkampfdistanz (Pfützner, 1990).

Eine Weiterentwicklung der Ausdauerleistungsfähigkeit ist nur möglich, wenn immer höhere Geschwindigkeiten in aerober Stoffwechsellage bewältigt werden können. Um dies zu erreichen, ist ein aerobes Training mit einer Belastungsdauer über mehrere Stunden erforderlich. Die aerobe Arbeit muss dabei unter erschwerten energetischen Bedingungen erfolgen, d. h., der Fettstoffwechsel (ß-Oxidation) wird vorrangig genutzt.

Die Wirkrichtung des Grundlagenausdauertrainings zielt auf folgende Aspekte:
- Eine Ökonomisierung und Stabilisierung aller Organfunktionen, vor allem des Herz-Kreis- und Atmungssystems.
- Eine Ökonomisierung und Rationalisierung der Bewegungsabläufe.
- Eine maximale Inanspruchnahme des Fettstoffwechsels und
- eine Vergrößerung der Substratspeicher.

Um diese unterschiedlichen Ziele zu realisieren, erfolgt eine Differenzierung des Grundlagenausdauertrainings in mehrere Trainingsbereiche. In der Trainingspraxis grenzt man 3-4 Trainingsbereiche für die Entwicklung der Ausdauerfähigkeiten und zwei für die Entwicklung der Kraftausdauerfähigkeiten voneinander ab. Für jeden Trainingsbereich ist eine bestimmte Belastungsintensität definiert und es werden generelle Hinweise für den Umfang bzw. die Dauer einer Trainingseinheit gegeben. Beim Fettstoffwechseltraining absolvieren die Athleten beispielsweise sehr lange Trainingseinheiten mit niedriger Intensität und beim Entwicklungstraining kürzere Einheiten mit etwas höherer Intensität. Für das Grundlagenausdauertraining im Skilanglauf hat sich eine Unterscheidung in das GA 1-, GA 1/2- und GA 2-Training bewährt. In der Regel wird das GA-Training komplex durchgeführt, d. h., es werden keine Muskelgruppen isoliert beansprucht.

Grundlagenausdauertraining 1 (GA 1-Training)

Es bereitet eine hohe aerobe Leistungsfähigkeit der sauerstoffaufnehmenden, -transportierenden und -verwertenden Systeme vor und wird vorwiegend nach der Dauermethode ausgeführt. Insgesamt wirkt das GA 1-Training stabilisierend und ökonomisierend auf die Leistungsfähigkeit. Die Belastungsintensität wird über die Herzfrequenz gesteuert. Die Herzfrequenzgrenzen üben hier eine Doppelfunktion aus: die obere Grenze zur Vermeidung einer Überbeanspruchung, die untere Grenze als Antrieb, wenn das Tempo zu langsam werden sollte. Während der gesamten Belastungsdauer ist sicherzustellen, dass eine aerobe Energiebereitstellung mit hoher Fettsäuremobilisation erfolgt. Insbesondere auf flachen Trainingsstrecken zwingen obere und untere Herzfrequenzgrenzen zum Einhalten des GA 1-Bereichs. Herzfrequenzen von 65-80 % der maximalen Herzfrequenz sollten dabei eingehalten werden, um eine aerobe Belastung (Laktat < 2 mmol/l) zu gewährleisten. Die Dauer einer GA 1-Belastung sollte beim Skilaufen mindestens 1:30 h betragen, um reizwirksam zu sein. Auf Grund der relativ ge-

ringen Beanspruchung des Halte-, Stütz- und Bewegungssystems lassen sich beim Skilaufen hohe aerobe Trainingsbelastungen über mehrere Tage problemlos absolvieren.

Dies ist beispielsweise im leichtathletischen Langstreckenlauf nicht möglich, weil
die Beanspruchung von Muskeln, Knochen, Gelenken und Bändern bedeutend höher
ist. Von daher nutzen Sportler anderer Ausdauersportarten den Skilanglauf für ihr Ba-
sistraining. Die Grundtechniken werden meist schnell erlernt, sodass Langzeitausdauer-
belastungen über mehrere Stunden nach relativ kurzer Anpassungs- und Lernphase
möglich sind. Beispielsweise sind C-Kader-Triathleten am vierten Trainingstag die
Strecke des Engadiner Skimarathons hin- und zurück (= 80 km) in der Skatingtechnik
gelaufen (**Abb. 7.13**).

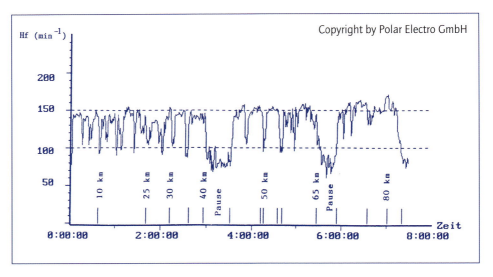

Abb. 7.13: *Verlaufskurve der Herzfrequenz eines 20-jährigen Triathleten beim Skaten
über die doppelte Distanz des Engadiner Skimarathons*

HIT: In den Vorbereitungsperioden haben die allgemeinen Trainingsmittel für die Entwicklung allgemeiner Leistungsgrundlagen einen hohen Anteil am Gesamttrainings-
umfang (s. **Abb. 10.11, S. 380**). Der Skilangläufer führt in dieser Periode ein Training
in anderen Ausdauersportarten durch. Um effektiv zu trainieren, müssen Trainingsin-
tensität, Trainingsumfang und Trainingsmethode für die einzelnen Sportarten festgelegt werden (**Abb. 7.14**).

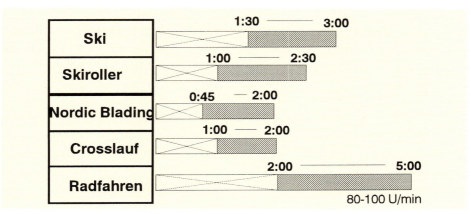

Abb. 7.14: *Belastungsdauer für das GA 1-Training*

Intensität:	Niedrig bis mittel.
Herzfrequenz:	70-80 % der individuellen maximalen Herzfrequenz.
Laktat:	1,5-2,0 mmol/l.
Methode:	Kontinuierliche Dauermethode.
Gelände:	Flach bis leicht profiliert.

Beispiele:		
Ski:	Lauf in der klassischen o. Skatingtechnik	1:30-3:00 h.
Roller:	Lauf in der klassischen o. Skatingtechnik	1:00-2:30 h.
Inlineskates:	Nordic Blading	0:45-1:30 h.
Lauf:	Extensiver Dauerlauf	1:00-2:00 h.
Rad:	Extensive Radfahrt	2:00-5:00 h.

*Grundlagenausdauer-
training auf Ski*

METHODISCHE GRUNDLAGEN

Grundlagenausdauertraining 1/2 (GA 1-2)

Das GA 1-2-Training wird mit höherer Intensität und kürzerer Dauer durchgeführt **(Abb. 7.15)**. Die Belastungsintensität liegt im Bereich 2,5-3,0 mmol/l Laktat, was einer Herzfrequenz von 75-85 % der HF_{max} entspricht. Das Training wird vorrangig nach der kontinuierlichen und wechselhaften Dauermethode sowie nach der Fahrtspielmethode organisiert.

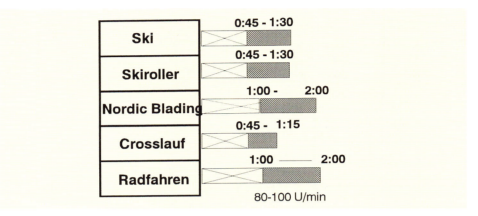

Abb. 7.15: *Empfohlene Belastungsdauer für das GA 1-2-Training.*

Intensität:	Mittel.
Herzfrequenz:	75-85 % der individuellen maximalen Herzfrequenz.
Laktat:	2,5-3,0 mmol/l.
Methoden:	Kontinuierliche und wechselhafte Dauermethode, Fahrtspielmethode.
Gelände:	Flach bis leicht profiliert.
Beispiele:	
Ski/Roller:	Klassisch oder Skating 0:45-1:30 h.
Nordic Blading:	Fahrtspiel 1:00-2:00 h.
Lauf:	Intensiver Dauerlauf 0:45-1:15 h.
Rad:	Fahrtspiel 1:00-2:00 h.

Grundlagenausdauertraining 2 (GA 2)

Das GA 2-Training – auch als „Entwicklungstraining" (EB-Training) bezeichnet – erfordert die zeitweilige Inanspruchnahme des aerob-anaeroben Mischstoffwechsels (3-6 mmol/l Laktat). Bei dieser Laktatkonzentration wird im Bereich von 85-95 % der individuellen Leistungsfähigkeit trainiert. Die Herzfrequenz steigt dabei auf 80-90 % der maximalen Herzfrequenz an. Das Training erfolgt vorwiegend nach der wechselhaften Dauermethode sowie der extensiven und intensiven Intervallmethode. Der Belastungsumfang ist im Vergleich zum GA 1-2-Training deutlich kürzer **(Abb. 7.16)**.

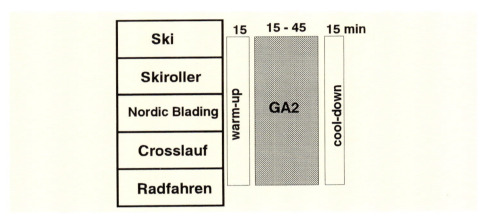

Abb. 7.16: Empfohlene Belastungsdauer für das GA 2-Training

Methoden:	Extensive Intervallmethode, Tempowechselmethode, Fahrtspielmethode.
Intensität:	Mittel bis hoch.
Herzfrequenz:	80-90 % der individuellen maximalen Herzfrequenz.
Laktat:	3,0-6,0 mmol/l.
Gelände:	Flach bis leicht kupiert.
Beispiele für	*Ski / Roller / Nordic Blading / Rad fahren:*
Beispiel a):	Tempodauerlauf 15-45 min nach der kontinuierlichen Dauermethode im flachen bis leicht profilierten Gelände.
Beispiel b):	Tempodauerläufe 3-5 x über 2-3 km mit einer aktiven Erholung von 3-5 min.
Beispiel c):	Crosslauf mit häufigen Tempowechseln über 0:45-1:15 h.
Beispiel d)	Tempoläufe (z. B. 10 x 1 min) mit einer aktiven Pause von 2-3 min.

Kraftausdauertraining

Eine Leistungsreserve stellt im Skilanglauf das Kraftausdauertraining mit unterschiedlichen Trainingsmitteln (s. **Abb. 9.1**) dar. Das Ziel ist es, die Vortriebsleistung pro Bewegungszyklus und die Ermüdungswiderstandsfähigkeit zu erhöhen. Das Kraftausdauertraining wird methodisch differenziert in ein *aerobes* und ein *anaerobes* Kraftausdauertraining, bezeichnet mit KA 1- und KA 2-Training.

Kraftausdauertraining 1 (KA 1)

Es entwickelt und stabilisiert eine hohe aerobe Kraftausdauerfähigkeit und wird vorwiegend mit der (wechselhaften) Dauermethode und extensiven Intervallmethode trainiert. Die Belastungsintensität liegt bei 70-80 % der maximalen Herzfrequenz. Die Muskulatur soll primär unter aeroben Bedingungen bei längerer Belastungsdauer und mittleren Widerständen arbeiten **(Abb. 7.17)**, d. h., die Laktatwerte steigen nicht über 2,5 mmol/l bei der Anwendung der Dauermethode (Training in der Ebene) und nicht über 4,0 mmol/l bei extensiven Intervalleinheiten (Training in leichten bis mittleren Anstiegen).

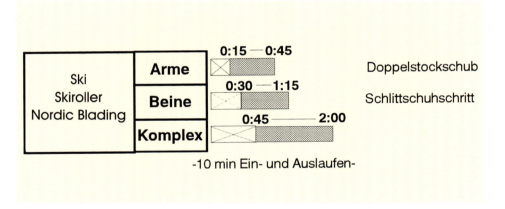

Abb. 7.17: Empfohlene Belastungsdauer für das KA 1-Training auf Ski

Intensität:	Mittel.
Herzfrequenz:	75-85 % der individuellen maximalen Herzfrequenz.
Laktat:	2,5-4,0 mmol/l.
Methoden:	Kontinuierliche und wechselhafte Dauermethode, Fahrtspielmethode, extensive Intervallmethode.
Gelände:	Ebene bis mittlere Anstiege.

Schlittschuhschritte zur Beinkraftausdauer

Beispiele: *Armkraftausdauer:*	a) Doppelstockschübe 30-60 min nach der Dauermethode im flachen Gelände. b) Doppelstockschübe 3-5 x über 1-3 km nach der extensiven Intervallmethode in leichten bis mittleren Anstiegen mit einer aktiven Pause von 2-5 min.
Beinkrafttraining:	a) Schlittschuhschritte 30-75 min nach der Dauermethode in der Ebene. b) Schlittschuhschritte 4-6 x über 2-4 km nach der extensiven Intervallmethode im leicht bis mittel profilierten Gelände mit einer aktiven Gehpause von 2-3 min.
Kopplung Arme & Beine:	Im Wechsel: Doppelstockschub und Schlittschuhschritt 3-5 x über 2-3 km im leicht profilierten Gelände ohne Pause.
Komplextraining:	Geländeangepasstes Laufen in den klassischen oder Skatingtechniken über 0:45-1:15 h auf mäßig profilierten Strecken.

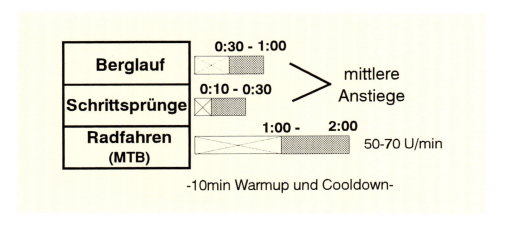

Abb. 7.18: Empfohlene Belastungsdauer für das KA 1-Training (Rad/Lauf)

Berglauf:	a) Bergläufe 20-40 min nach der Fahrtspielmethode mit oder ohne Stockeinsatz.
	b) Bergläufe 4-6 x über 500-800 m nach der extensiven Intervallmethode mit oder ohne Stockeinsatz. Aktive Pause 2-3 min.
Schrittsprünge:	4-6 x über 200-500 m nach der extensiven Intervallmethode im mittleren Anstieg und einer aktiven Trabpause von 2-3 min.
Rad fahren:	a) Radfahrt auf flachen Strecken 60-90 min mit einer Trittfrequenz von 50-70 U/min.
	b) Bergfahrten 4-6 x über 2-3 km nach der extensiven Intervallmethode und einer Trittfrequenz im Anstieg von 50-70 U/min. Aktive Pause von 2-3 min bei Trittfrequenzen von 90-100 U/min.
Armzugtraining:	8-10 x 80-100 Armzüge nach der extensiven Intervallmethode mit 2-3 min Pause.

METHODISCHE GRUNDLAGEN

Kraftausdauertraining 2 (KA 2)

Die maximale Kraftausdauerfähigkeit wird am Anstieg mit der intensiven Intervallmethode, der Wiederholungsmethode oder der Fahrtspielmethode entwickelt. Die Belastungsintensität ist hoch und steigt bis zu 95 % der maximalen Herzfrequenz an. Die Muskulatur wird anaerob bei Laktatkonzentrationen von 5-8 mmol/l und teilweise darüber beansprucht.

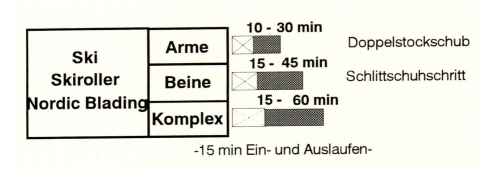

Abb. 7.19: Belastungsdauer für das KA 2-Training auf Ski

Intensität:	Hoch bis sehr hoch.
Herzfrequenz:	90-95 % der individuellen maximalen Herzfrequenz.
Laktat:	5,0-8,0 mmol/l.
Methode:	Fahrtspielmethode, Intervallmethode, Wiederholungsmethode.
Gelände:	Mittlere bis steile Anstiege.

Armkraftausdauer mit dem speziellen Armzugtraining (KA 2-Training)

Beispiele:	
Armkrafttraining:	Doppelstockschübe 6-10 x über 50-200 m nach der intensiven Intervallmethode im mittleren Anstieg mit einer aktiven Pause von 5-8 min.
Beinkrafttraining:	Schlittschuhschritte 6-10 x über 100-500 m nach der intensiven Intervallmethode im mittleren oder steilen Anstieg und einer aktiven Pause 5-8 min.
Kombination Arme & Beine:	Technikwechsel zwischen Doppelstockschub (DSS) und Schlittschuhschritt (SSS) nach dem Pyramidenprinzip auf einer mittleren Anstiegstrecke von 300-600 m. Z. B.: 1 x DSS, 2 x SSS, 2 x DSS, 3 x SSS, 2 DSS, 2 x SSS, 1 x DSS. Nach jeder Belastung wird eine aktive Pause von 2-3 min eingelegt.
Komplextraining:	a) Skilauf im mittleren bis steilen Anstieg 6-10 x über 50-200 m in den klassischen oder Skatingtechniken. Aktive Pause 5-8 min.
	b) Geländeangepasstes Skilaufen in den klassischen oder Skatingtechniken über 20-60 min auf stark profilierten Strecken (KA 2 – Belastung im Anstieg, aktive Erholung in der Ebene und in der Abfahrt).

METHODISCHE GRUNDLAGEN

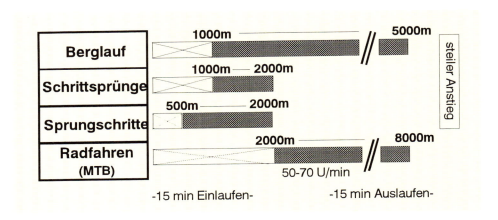

Abb. 7.20: Belastungsdauer für das KA 2- Training (Rad/Lauf)

Berglauf:	a) Berglauf 3-5 km nach der Fahrtspielmethode mit oder ohne Stockeinsatz. b) Berglauf 6-10 x über 200-500 m mit oder ohne Stockeinsatz im steilen Anstieg. Aktive Pause 3-5 min.
Treppenlauf:	Treppenlauf 10-15 x über 30-60 s mit einer aktiven Erholung von 2-3 min.
Sprungschritte:	6-10 x 20-30 explosive Sprünge mit Stockeinsatz im steilen Anstieg. Aktive Pause 3-5 min.
Bergfahren:	6-10 Bergsprints über 500-1.000 m mit einer Trittfrequenz von 50-70 U/min. Aktive Pause 5-8 min.
Zugseiltraining:	Armzugseiltraining mit relativ hohem Widerstand: z. B. 4-10 x 20 Wiederholungen mit 3 min Pause.

Sprungschritte zur Entwicklung der Beinkraftausdauer (KA 2)

Wettkampfspezifisches Ausdauertraining (WSA)

Die wettkampfspezifische Ausdauerfähigkeit sichert bei unterschiedlich hoher Inanspruchnahme der aeroben und anaeroben Energiegewinnung die maximale Wettkampfgeschwindigkeit über unterschiedlich lange Wettkampfstrecken. Die Entwicklung der wettkampfspezifischen Ausdauerfähigkeit erfolgt durch wettkampfspezifisches Ausdauertraining (WSA-Training).

Dieses beinhaltet drei Hauptbestandteile:
1. Wettkampfausdauer (WA), die mit der Dauermethode entwickelt wird.
2. Schnelligkeitsausdauer (SA), die mit der intensiven Intervallmethode trainiert wird.
3. Schnellkraftausdauerfähigkeit (SKA), die mit der Wiederholungsmethode entwickelt wird.

Beim WSA-Training spielt die Herzfrequenz (HF) als Vorgabe für die Belastungsintensität eine untergeordnete Rolle. Die Intensitätsvorgabe erfolgt primär nach der Geschwindigkeit, die von Feldtests oder Wettkampftests abgeleitet wird. Von besonderer Bedeutung ist die HF-Regulation in den Erholungsphasen. Über die Steilheit des HF-Abfalls lässt sich die Pausenlänge steuern. Beispielsweise beginnt die erneute Belastung erst wieder, wenn die Erholungs-HF 120 Schläge/min erreicht hat.

Das kann mehrere Minuten dauern. Aber auch bei unveränderter Pausenlänge informiert die Erholungs-HF über den Ermüdungszustand. Kommt es zwischen den Belastungsabschnitten zu einem verzögerten Rückgang der Erholungs-HF, so ist entweder die Erholungszeit zu kurz oder die Belastungsintensität zu hoch. Veränderungen im Trainingsprogramm werden unmittelbar notwendig.

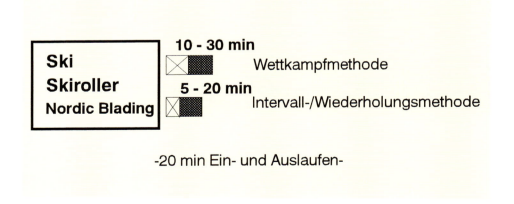

Abb. 7.21: Belastungsdauer für das WSA-Training auf Ski

Intensität:	Sehr hoch.
Herzfrequenz:	Über 95 % der individuellen maximalen Herzfrequenz.
Laktat:	Über 6,0 mmol/l.
Methode:	Wettkampfmethode, Wiederholungsmethode, intensive Intervallmethode.
Gelände:	Entsprechend den Anforderungen des Wettkampf-streckenprofils.

Beispiele:

a) Wettkampfmethode: Komplexe, geländeangepasste Anwendung der klassischen oder Skatingtechniken auf einem wettkampfnahen Streckenprofil über 4-10 km im Wettkampftempo (+/- 5 %).
b) Lauf im Wettkampftempo in einer klassischen (z. B. Diagonalschritt) oder Skatingtechnik (z. B. asymmetrisch 2:1) über 3-5 km.
c) Zur Entwicklung der Schnelligkeitsausdauer (SA): 6-12 Tempoläufe in klassischer oder Skatingtechnik über 45-90 s mit annährend maximaler Geschwindigkeit. Pause 3-5 min.
d) Zur Entwicklung der Schnellkraftausdauer (SKA): 4-6 x 10-15 Sprungschritte. Pause 3-5 min.

Regenerations- und Kompensationstraining (REKOM-Training)

Neben den Maßnahmen zur Entwicklung der Ausdauerleistungsfähigkeit sind solche zur Wiederherstellung der sportlichen Leistungsfähigkeit nach hohen Trainingsbelastungen erforderlich. Neben physiotherapeutischen Maßnahmen (Massagen, heiße Bäder) fördern niedrig dosierte sportliche Belastungen im Skilaufen und in anderen Ausdauersportarten (Schwimmen, Laufen, Rad fahren) die Regeneration. Die Belastungsintensität ist im REKOM-Training sehr niedrig und liegt im rein aeroben Bereich, was einer oberen Herzfrequenz von etwa 60 % (Skilaufen und Rad fahren) bzw. 65 % (Laufen) der maximalen Herzfrequenz entspricht. Das Einstellen der oberen Herzfrequenzgrenze im HF-Messgerät gewährleistet eine Kontrolle der Intensität für das Regenerationstraining.

    Das Ziel des REKOM-Trainings besteht darin: die Erholung des Sportlers zu beschleunigen und günstige Voraussetzungen für Trainingsanpassungen sowie für nachfolgende Trainingsbelastungen zu schaffen.

Aktive Regeneration

Tab. 7.1: Zusammenfassung der Ziele, Methoden und Intensitäten für die einzelnen Trainingsbereiche (REKOM: Regenerations- und Kompensationstraining; GA: Grundlagenausdauertraining; WSA: wettkampfspezifisches Ausdauertraining; KA: Kraftausdauertraining)

TRAININGSBEREICHE

	REKOM-Training	GA 1-Training	GA 2-Training	WSA-Training	KA 1-Training	KA 2-Training
Ziel	• Unterstützung der Wiederherstellung • Erhöhung der Mobilisationsfähigkeit für nachfolgende intensive Trainingsbelastungen	• Stabilisierung und Entwicklung der Grundlagenausdauerfähigkeit • Erhöhung der aeroben Kapazität	• Entwicklung der Grundlagenausdauerfähigkeit • Erhöhung der aeroben Kapazität	• Ausprägung der wettkampfspezifischen Ausdauerfähigkeit	• Entwicklung und Stabilisierung der aeroben Kraftausdauerfähigkeit	• Entwicklung maximaler Kraftausdauerfähigkeit
Methode	• Dauermethode	• Dauermethode • Fahrtspielmethode	• extensive Intervallmethode • Fahrtspielmethode • wechselhafte Dauermethode	• Wettkampfmethode • intensive Intervallmethode • Wiederholungsmethode	• Dauermethode • wechselhafte Dauermethode • extensive Intervallmethode	• intensive Intervallmethode • Wiederholungsmethode • Fahrtspielmethode
Intensität	• sehr niedrig • Laktat: unter 2,0 mmol/l • Herzfrequenz 60 - 70% der Hfmax	• niedrig - mittel • Laktat: bis 2,0 mmol/l bis 3,0 (GA 1/2) 65 - 80% der Hfmax 75 - 85% (GA 1/2)	• mittel - hoch • Laktat: 3,0 - 6,0 mmol/l 80 - 90% der Hfmax	• hoch - sehr hoch • Laktat: über 6,0 mmol/l >90% der Hfmax	• mittel • Laktat: 2,0 - 3,0 mmol/l 75 - 85% der Hfmax	• hoch • Laktat: 4,0 - 7,0 mmol/l 85 - 95% der Hfmax

7.4 Übertraining und Fehltraining

Übertraining ist oft das Ergebnis von sehr hohen Trainingsbelastungen und fehlenden Erholungsphasen. Eine einmalige erschöpfende Belastung führt nicht zum Übertraining. Erst psychische und physische Ermüdungserscheinungen über einen längeren Zeitraum, die meist aus einem Missverhältnis von Training und Regeneration sowie von Gesamtbelastung und individueller Belastbarkeit resultieren, führen oft zum Übertraining. Natürlich ist nicht jedes Ermüdungsgefühl ein Anzeichen von Übertraining, chronische Ermüdung sollte aber zu verlängerten Trainingspausen veranlassen. Kommt es durch hartes Training zum lokalen Ausschöpfen wichtiger Energiedepots, tritt eine *periphere Ermüdung* (erste Phase) ein. Dieser Zustand kann mit regenerativen Maßnahmen und mit gezielter Kohlenhydrataufnahme schnell behoben werden. Sollte sich der Zustand körperlichen Unwohlseins und mangelnder Trainingsmotivation nicht bessern, kann eine zusätzliche *zentrale Ermüdung* (zweite Phase) und ein langzeitiges Übertraining eintreten. In diesem Fall benötigt der Sportler eine längere Zeit der Regeneration, da in den meisten Fällen zusätzlich die Proteinsynthese, also die Wiederaufbauprozesse, verlangsamt ablaufen.

Erkennen von Übertraining

Jeder Sportler kann sich selbst beobachten und erste Anzeichen eines Übertrainings erkennen. So deuten eine Abnahme der Leistungsfähigkeit, eine Häufung von Fehlern in Koordination und Technik sowie eine Abnahme der Kraft auf der einen Seite, Trainingsunlust, Konzentrationsschwäche, verminderter Appetit, Schlafstörungen, ein Anstieg oder ein starker Abfall des Ruhepulses und möglicherweise eine Gewichtsabnahme auf der anderen Seite auf ein Übertraining hin. Unerwartete Erkrankungen können ebenfalls auftreten, da die Infektanfälligkeit sich erhöht. Ein Übertraining kann jedoch im Trainingsprozess vermieden werden, wenn Sportler und Trainer die wesentlichen Erkenntnisse der Trainingslehre für Ausdauersportler beachten. Übertraining ist ein Ausdruck von Fehltraining und generell zu vermeiden!

Trainingsprinzipien zur Vermeidung von Übertraining

Nachfolgend werden die wesentlichen Prinzipien des Ausdauertrainings zusammengestellt, sozusagen die „10 Gebote des Skilangläufers zur Vermeidung von Fehltraining":

1. Belastungsstruktur, Akzentuierung der Trainingsziele, Verhältnis von Umfang und Intensität und Wechsel von Belastung und Wiederherstellung müssen im Trainingsprozess individuell angepasst sein und einer fortwährenden Dynamik unterliegen.

2. Im Jahresaufbau sollte das Training der dynamischen Steigerung der Belastung von Periode zu Periode bis zur unmittelbaren Wettkampfvorbereitung (UWV) folgen.

3. Um höchste spezifische Trainingsbelastungen verarbeiten zu können, sollte die Belastbarkeit vor allem durch das ganzjährige Training mit allgemeinen und semispezifischen Mitteln erhöht werden.

4. Die Erhöhung der Grundlagen- und Kraftausdauer sollte auf der Basis von Belastungsgipfeln bis in die UWV fortgesetzt werden.

5. Eine Integration spezifischer Merkmale des Hauptwettkampfs in den ganzjährigen Trainingsprozess vermeidet Störreize in der UWV.

6. Die Basis für den Jahresaufbau bilden eine zyklische Gestaltung und eine systematische Reihenfolge der Trainingsschwerpunkte.

7. Innerhalb der Ausbildungsabschnitte und Trainingsetappen sollte der Anteil des speziellen Trainings gegenüber dem allgemeinen Training zunehmen.

8. Die Entlastungs- oder Wiederherstellungsphase nach hohen Trainingsbelastungen sollte nicht zu kurz gewählt sein, da das Verhältnis von Belastung und Erholung maßgeblichen Einfluss auf Anpassung, Nichtanpassung oder Übertraining hat.

9. Wenige, ausgewählte Wettkämpfe sind empfehlenswerter als eine zu hohe Wettkampffrequenz.

10. Die Ernährung sollte auf die sportartspezifischen Anforderungen in den einzelnen Trainingsperioden und Trainingseinheiten abgestimmt sein.

Muskelkater – Ausdruck von Fehltraining?

Wohl jeder, der seine Muskulatur im Training oder im Wettkampf einmal besonders stark oder auf eine ungewohnte Weise beansprucht hat, kennt diesen Zustand: Nach 1-2 Tagen fühlen sich die belasteten Muskeln hart an und scheinen jeglichen Druck, jede Berührung bis in die Haarspitzen zu melden. An Bewegung oder gar ein erneutes Training wagt man nicht zu denken, dafür schmerzen die kraftlos wirkenden Muskeln zu sehr. Wer hat sich in solch einem Zustand noch nicht die Frage gestellt: Woher kommt dieser Schmerz?

In den frühen Tagen der Sportmedizin vermutete man, der „Muskelkater" sei eine Folge einer gesteigerten Produktion von Milchsäure (Laktat) während der Belastung. Da dieses Laktat nur verzögert von der Muskulatur abgebaut werde, behinderten die Milchsäurereste die einwandfreie Funktion des Muskels und sorgten so für den Schmerz. Auch heute noch wird dieser Theorie vereinzelt Glauben geschenkt, obwohl es bekannt ist, dass etwa nach einem 400-m-Lauf die Laktatkonzentration nach spätestens zwei Stunden wieder den Normalwert erreicht hat und trotzdem am nächsten Tag Muskelkater auftreten kann. Nach der Milchsäuretheorie müssten die Schmerzen in der Muskulatur wenige Minuten nach dem Zieleinlauf am stärksten sein, denn dann ist der Laktatwert am höchsten. Auch die so genannte *Entzündungshypothese* – die Übersäuerung der beanspruchten Muskulatur führt zu Entzündungen im Muskel, die dann Schmerzen auslösen – liefert ebenso nur unzureichende Erklärungen: beispielsweise für die Muskelkaterentstehung nach einem Marathonlauf, bei dem nur sehr geringe Laktatkonzentrationen anfallen. Asmussen fand bereits 1964 heraus, dass nicht das Laktat, sondern mikroskopisch kleine Zerreißungen der Aktinschichten in den Muskelfasern den Katerschmerz verursachen. Dies wurde später durch elektronenmikroskopische Untersuchungen von Muskelgewebe bestätigt. Muskelkater ist folglich eine mechanische Schädigung einzelner Teile der Muskelfaser (Muskelfibrillen).

Aus diesem Grunde sollte jedem Sportler deutlich werden, dass auch heute noch anzutreffende Äußerungen wie: „Nach einem richtigen Training muss man Muskelkater haben", vollkommen falsch sind. Im Gegenteil: Muskelkater ist in keiner Weise Indiz für ein effektives Training, sondern eher ein Ausdruck von Fehltraining!

Wie lässt sich Muskelkater vermeiden?

1. Durch zweckmäßiges und richtiges Aufwärmen und Abwärmen vor und nach jeder Trainingseinheit, besonders aber vor intensiven Belastungen (vgl. Kap. 4).

2. Wenn neue und ungewohnte Belastungen (z. B. Sprungtraining, Krafttraining, Schnelligkeitstraining) anfangs mit sehr geringer Beanspruchung ausgeführt werden.

3. Durch das Vermeiden ungewohnter, intensiver und exzentrischer Muskelarbeit im stark ermüdeten Zustand.

4. Durch ein ganzjähriges Training aller konditionellen und koordinativen Fähigkeiten (s. Kap. 9).

Doch falsches Training kann nicht nur Muskelkater hervorrufen, es kann statt einer Leistungssteigerung einen Leistungsabfall bewirken.

8 HERZFREQUENZ UND LAKTAT ZUR INDIVIDUELLEN BELASTUNGSSTEUERUNG

M it biologischen Messgrößen lassen sich die physiologischen Zustände der Trainingsbelastungen gut kennzeichnen. Die diagnostische Bedeutung von biologischen Messgrößen steigt, wenn der Sportler eine Restermüdung aufweist, gesundheitlich indisponiert ist oder sich in einem insgesamt schlechten Trainingszustand befindet. Die Messung der Herzfrequenz und Laktatkonzentration hat sich während des Skilanglauftrainings nicht nur bei Leistungssportlern, sondern auch bei ambitionierten Fitnesssportlern zur Steuerung der individuellen Belastung und Kontrolle der Beanspruchung bewährt.

8.1 Herzfrequenz

Die Herzfrequenz (HF) ist eine repräsentative Größe zur Beurteilung der Beanspruchung des Herz-Kreislauf-Systems. Die HF reagiert sehr schnell auf Beanspruchungsveränderungen des Organismus, vor allem bei Änderungen der Belastungsintensität. Im Skilanglauftraining kann mit der fortwährenden Messung der HF die Belastungsintensität der jeweiligen Trainingsbereiche den Vorgaben entsprechend umgesetzt werden. Im Vorfeld wären dazu die oberen und unteren Grenzen der Trainingsbereiche mittels leistungsdiagnostischer Tests (z. B. HF_{max}-Test, Laktatstufentest) zu bestimmen. Umfassende Kenntnisse der HF tragen dazu bei, das Potenzial dieses einfach zu handhabenden Parameters vorteilhaft für das eigene Training auszuschöpfen.

Im Wesentlichen handelt es sich hierbei um:
1. Kenntnisse der Ruhe-, Belastungs- und Erholungsherzfrequenz.
2. Kenntnisse zur Bestimmung der Trainingsbereiche.
3. Besondere Symptome der Herzfrequenz und ihre Bedeutung für das Training.
4. Einflussfaktoren auf die Herzfrequenz.

8.1.1 Ruhe-, Belastungs- und Erholungsherzfrequenz

Für die Intensitätsbestimmung, Durchführung und Kontrolle der Trainingsbelastungen spielen vier Herzfrequenzparameter eine Rolle:

1. Ruheherzfrequenz
2. Maximale Herzfrequenz
3. Trainingsherzfrequenz
4. Erholungsherzfrequenz

Ruheherzfrequenz

Die Ruheherzfrequenz sollte frühmorgens, direkt nach der Nachtruhe, im Liegen gemessen werden. Bei einer erwachsenen Person beträgt die Ruhe-HF etwa 70 Schläge/min. Ausdauertraining führt zu einer Absenkung der HF in Ruhe. Leistungssportler haben in der Regel eine Ruhe-HF zwischen 40 und 50 Schlägen/min. Bei Hochleistungssportlern wurden Werte unter 30 Schlägen/min gemessen, was allerdings eher die Ausnahme darstellt. Besondere Bedeutung hat das Messen der Ruhe-HF zur Kontrolle des Gesundheitszustandes. Erste Anzeichen für gesundheitliche Störungen wie grippale Infekte äußern sich in einer Erhöhung der Ruhe-HF. Ist die morgendliche Ruhe-HF deutlich erhöht (um mehr als 10 Schläge/min), ist die Wahrscheinlichkeit einer gesundheitlichen Beeinträchtigung groß. Das Training sollte an diesem Tag moderat im unteren Intensitätsbereich durchgeführt oder ein Erholungstag eingelegt werden.

Maximale Herzfrequenz

Die maximale Herzfrequenz (HF_{max}) hat große Bedeutung als Ausgangsgröße für die davon abgeleiteten Trainingsherzfrequenzen. Sie hängt vom Lebensalter, vom Geschlecht, von der Leistungsbereitschaft, der muskulären Mobilisationsfähigkeit und der sportartspezifischen Leistungsfähigkeit ab. Kinder erreichen problemlos 200 Schläge/min. Auch Frauen neigen zu höheren Herzfrequenzen, sodass Sportlerinnen bei gleicher Leistung um etwa 10 Schläge/min höhere HF-Werte aufweisen als Sportler.

Der aus der Formel „maximale Herzfrequenz = 220 − Lebensalter in Jahren" bestimmte Herzfrequenzwert liefert für die Intensitätsfestlegung nur ein grobes Maß, da dieser Wert vor allem bei Sportlern von der tatsächlichen HF_{max} stark abweichen kann. Die Trainingsintensitäten sind genauer festlegbar, wenn die HF_{max} durch einen Ausdauertest im Skilanglauf (Inlineskating, Rollerski) bestimmt und in regelmäßigen Abständen (3-6 Wochen) kontrolliert wird.

Für den Maximaltest empfiehlt es sich, nach einer hinreichenden Aufwärmphase von etwa 20 min, einen Lauf in leicht ansteigendem Gelände über mindestens 5 min mit maximaler Geschwindigkeit zu absolvieren. Voraussetzung für den Test ist ein guter gesundheitlicher Zustand und dass aus ärztlicher Sicht keine Einwände gegen einen Ausbelastungstest bestehen.

Bei der Bestimmung der HF_{max} kann es durchaus vorkommen, dass unter dem Einfluss eines hohen, ausschließlich aeroben Ausdauertrainings über mehrere Wochen oder nach starken Trainingsbelastungen am Vortag eine volle Aktivierung des Herz-Kreislauf-Systems nicht gelingt und die HF_{max} nicht erreicht wird. Dies muss bei der Festlegung der Belastungsintensität beachtet werden oder der Test sollte in frischem körperlichen Zustand wiederholt werden.

Die maximale HF wird auch bei Skiwettkämpfen über 1,5 km bis 10 km errreicht.

Trainingsherzfrequenz

Die Trainingsherzfrequenz hat für die Beurteilung der Belastungsintensität große praktische Bedeutung erlangt, da sie Auskunft über den Grad der körperlichen Beanspruchung gibt. Für die exakte Steuerung der Belastungsintensität kommt man nicht mehr mit der manuellen Pulsmessung (Tasten von Speichenarterie oder Halsschlagader) aus. Vergleiche der Handpulsmessung mit EKG-genauen Messmethoden haben ergeben, dass die Handmessung die reale Herzfrequenz um 8-12 Schläge/min bei moderater sportlicher Aktivität unterschätzt.

Messungen der Herzfrequenzen im Skilanglauftraining zeigen, dass die Belastungsherzfrequenz beim Dauertraining stärkeren Schwankungen unterworfen ist als beim Langstreckenlauf. Die Ursachen hierfür sind die wechselnde Gleitreibung und profiliertes Gelände. In der Abfahrt fällt die Herzfrequenz eines trainierten Sportlern meist unter 100 Schläge/min. Bezugspunkt für die Steuerung der Belastungsintensität muss demnach die Belastung in der Ebene sein.

Aus der individuell bestimmten maximalen Herzfrequenz lassen sich recht zuverlässig Trainingsbereiche für das Ausdauertraining ableiten **(Tab. 8.1)**.

Tab. 8.1: Herzfrequenzbereiche für die Entwicklung der Grundlagenausdauer (GA) und der wettkampfspezifischen Ausdauer (WSA) für die Sportart Skilanglauf (Nordic Blading), abgeleitet von der individuellen (sportartbezogenen) maximalen Herzfrequenz. Wegen der meist unterschiedlichen Herzfrequenzregulation unter Belastung zwischen Männern und Frauen wird im unteren Intensitätsbereich eine geschlechtsspezifische Differenzierung vorgenommen.

Trainings- bereich HF_{max}	GA 1 von Frauen	bis	GA 1 von Männer	bis	GA 1-2 von Frauen	bis	GA 1-2 von Männer	bis	GA 2 von	bis	WSA über
210	158	168	147	168	168	179	168	179	179	189	189
205	154	164	144	164	164	174	164	174	174	185	185
200	150	160	140	160	160	170	160	170	170	180	180
195	146	156	137	156	156	166	156	166	166	176	176
190	143	152	133	152	152	162	152	162	162	171	171
185	139	148	130	148	148	157	148	157	157	167	167
180	135	144	126	144	144	153	144	153	153	162	162
175	131	140	123	140	140	149	140	149	149	158	158
170	128	136	119	136	136	145	136	145	145	153	153
165	124	132	116	132	132	140	132	140	140	149	149
160	120	128	112	128	128	136	128	136	136	144	144
155	116	124	109	124	124	132	124	132	132	140	140
150	113	120	105	120	120	128	120	128	128	135	135

Erholungsherzfrequenz

Aus dem Herzfrequenzrückgang nach Belastungsende (= Erholungs-HF) kann der Trainingszustand gut abgeschätzt werden. Je besser die Leistungsfähigkeit, desto schneller erholt sich das Herz-Kreislauf-System von der vorausgegangenen Belastung. Die Erholungsherzfrequenz bildet einen feinen Gradmesser für die Regenerationsfähigkeit. Nach starken sportlichen Belastungen oder Überanstrengungen kann es zu einem verzögerten Abfall der Herzfrequenz kommen. Der Abfall der Herzfrequenz hängt von der Intensität und Dauer der vorausgegangenen Belastung ab.

In der ersten Erholungsminute sinkt die HF am stärksten. Nach drei Minuten erreichen Ausdauersportler in der Regel Werte unter 100 Schlägen/min. Die weitere Abnahme der Herzfrequenz bis zum Erreichen des Ausgangs- oder Ruhewerts kann Stunden dauern. Je stärker die Belastung die Stoffwechselprozesse angeregt hat, desto langsamer erfolgt die HF-Rückkehr zum Ausgangswert. Besonders gute Erholungswerte konnten bei Biathleten festgestellt werden. Bei den Frauen des A-Kaders wurde nach maximaler Ausbelastung im Lauffeldstufentest (5 x 1.000 m) ein Absinken der HF nach der ersten Minute von bis zu 66 Schlägen/min und nach der zweiten Minute von über 100 Schlägen/min gemessen (Hottenrott, 1993, S. 289ff.). Dieser schneller HF-Rückgang lässt sich als eine spezielle Anpassung des Herz-Kreislauf-Systems an die spezifischen Anforderungen der Sportart deuten. Im Biathlon liegt ein häufiger Wechsel zwischen konditioneller Belastung (Skilauf) und Entlastung (Schießen) vor.

8.1.2 Einflussfaktoren auf die Herzfrequenz

Die HF verändert sich nicht nur bei muskulärer Aktivität, sondern wird von weiteren Faktoren beeinflusst, was eine Interpretation der Messwerte teilweise erschwert. Wer die Einflussfaktoren kennt, ist eher in der Lage, den ermittelten Herzfrequenzwert richtig zu deuten.

Temperatur und Luftfeuchtigkeit

Den stärksten Einfluss auf die Herzfrequenz hat die Erhöhung der Körperkerntemperatur. Diese kann bei einem Training unter heißen Temperaturen (> 30° C), hoher Luftfeuchtigkeit (> 70 %) und ungenügender Flüssigkeitsaufnahme um 2-3° C ansteigen. Die Herzfrequenz würde im Vergleich zu Normalbedingungen bei gleicher aerober Belastung dann etwa 10-20 Schläge/min höher liegen.

    Grundsätzlich wirken sich schnelle Klimaveränderungen stärker auf die Herzfrequenz aus als langsam verlaufende. Der Organismus ist nämlich in der Lage, sich an die veränderten Bedingungen anzupassen. Mehrere Tage sind für die Akklimatisation erforderlich. Diese Tatsache muss besondere Berücksichtigung finden, wenn Wettkämpfe in anderen Klimazonen ausgetragen werden. Eine Anreise zum Wettkampfort sollte dann 5-10 Tage vorher erfolgen.

Höhenlage

Die Herzfrequenz steigt mit zunehmender Höhe an. In einer Höhenlage von 1.850 m über NN (Engadin) wurden bei 15 Sportstudenten in den ersten Tagen deutlich erhöhte Ruheherzfrequenzen gemessen. In der ersten Nacht lag die HF im Mittel um 18 Schläge/min höher im Vergleich zu den Messungen am Wohnort (ca. 120 m über NN).

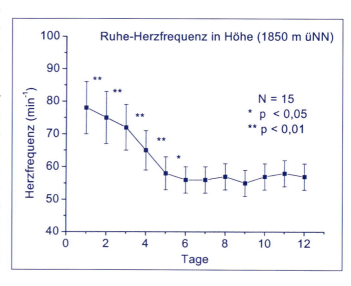

Abb. 8.1: Verlauf der Ruheherzfrequenz von 15 Sportstudenten während einer 12- tägigen Skilanglaufausbildung in einer Höhenlage von 1.850 m (Malloja / Schweiz) (Hottenrott, unveröffentlicht)

Die erhöhten HF-Werte lassen sich nicht allein auf die Höhenlage zurückführen, sondern resultieren auch aus den ungewohnten, relativ hohen körperlichen Anforderungen sowie den veränderten (klimatischen) Bedingungen vor Ort. Nach fünf Tagen konnte eine deutliche Anpassung an die Höhenlage festgestellt werden (s. **Abb. 8.1**).

Die Zeitdauer für das Erreichen eines stabilen Herzfrequenzniveaus und einer verbesserten Regulation in der Erholung ist unterschiedlich lang und kam in der Höhe eine Woche betragen. Sie hängt von der Höhenlage, dem individuellen Leistungszustand des Sportlers, den gewählten Trainingsbelastungen u. a. ab (vgl. Fuchs & Reiß, 1990, S. 40).

Nahrungsaufnahme

Nach der Nahrungsaufnahme erhöht sich die Herzfrequenz um bis zu 20 Schläge/min nach einer Hauptmahlzeit. Andererseits senkt sich die Herzfrequenz bei einem länger andauernden Hungerzustand.

Einfluss des Tagesrhythmus

Die Tagesschwankungen der Herzfrequenz stehen in engem Zusammenhang mit der Nahrungsaufnahme und der sportlichen Belastung im Alltag.

8.1.3 Herzfrequenzkontrolle im Training

Wer regelmäßig seine Herzfrequenz vor, während und nach dem Training überprüft, wird sensibel für bestimmte Veränderungen. Für die Beurteilung der Gesundheit und der Leistungsfähigkeit des Sportlers ist es wichtig, diese Erscheinungen frühzeitig zu erkennen. Welche besonderen Erscheinungen beobachtbar sind, welche Ursachen dahinter stehen und welche Folgerungen für das Training zu ziehen sind, wird in der folgenden Übersicht herausgestellt **(Tab. 8.2)**.

Tab. 8.2:
Reaktionen der Herzfrequenz, mögliche Ursachen und Folgerungen für das Training

Erscheinung / Beobachtung	Mögliche Ursache	Trainingsmaßnahme
Ruhe-HF ist stark erhöht.	• Überbeanspruchung • Übertraining • Infekt	• Reduzierung des Trainings • Trainingspause
Die HF erreicht beim Tempotraining nicht den gewohnten Wert.	• Übertraining • Glykogenverarmung	• Kein Tempotraining • Mehr GA 1-Training
Die HF_{max} wird im Test nicht erreicht.	• Glykogenverarmung • Geringe muskuläre Mobilisation • Fehlende Motivation	• Reduzierung des Umfangs • Motoriktraining (Steigerungen, Sprints)
Die HF bleibt beim Intervalltraining in den Pausen ungewohnt hoch.	• Tempo ist zu hoch • Verlängerung der Pausen • Trainingsabbruch	• Reduzierung des Lauftempos
Die HF ist nach dem Training über Stunden erhöht.	• Erschöpfung • Flüssigkeitsmangel	• Füssigkeitszufuhr
Die HF steigt bei gleichem Tempo ungewohnt stark an.	• Flüssigkeitsdefizit • Infekt	• Trainingsabbruch • Flüssigkeitszufuhr
Die Erholungs-HF sinkt in den ersten zwei Minuten ungewöhnlich schnell.	• Übertraining	• Reduzierung des Trainings in den folgenden Tagen

8.2 Laktat

Laktatbestimmungen haben im Ausdauersport große Bedeutung erlangt. Nach der Herzfrequenz ist der Laktatwert die am häufigsten eingesetzte Kontrollgröße zur Optimierung des Trainings.

Die Ausdauerleistungsfähigkeit lässt sich, nach der Art der Energiebereitstellung, in einen aeroben und einen anaeroben Anteil unterteilen. *Aerob* bedeutet dabei, dass die Energiegewinnung unter Sauerstoffverbrauch und *anaerob*, dass sie ohne Sauerstoffverbrauch erfolgt. Bei der anaeroben Energiegewinnung werden energiehaltige Kohlenhydrate ohne Sauerstoff vergärt, dabei entsteht Laktat, das Salz der Milchsäure.

Daher lässt sich über das Messen der Laktatkonzentration im Blut feststellen, welcher Energieweg bei einer bestimmten Belastung dominiert. Laktat ist das Endprodukt des anaeroben Stoffwechsels. Es entsteht vorwiegend bei intensiver Muskelarbeit aus dem Abbau von Glukose. Das während der Belastung gebildete Laktat tritt ins Blut über und wird sukzessive in der Leber, im Herzmuskel und in der Skelettmuskulatur wieder abgebaut.

Im Ruhezustand liegt die Laktatkonzentration im Blut bei 1-2 mmol/l. Wenn vermehrt Laktat gebildet wird, so ist das immer ein Anzeichen dafür, dass die aerobe Energiegewinnung nicht ausreicht, um die aktuelle Belastungsintensität zu bewältigen.

8.2.1 Feld- und Laborstufentests

Die am häufigsten angewandte Methode der Intensitätsfestlegung im Leistungssport ist die Bestimmung des Laktats bei Feld- und Laborstufentests. Labortests eignen sich vor allem für die Analyse des langfristigen Leistungsaufbaus sowie der komplexen Diagnostik und sollten mindestens einmal im Jahr zur Anwendung kommen. Feldtests dienen der kurz- und mittelfristigen Belastungssteuerung. Sie können im Trainingszentrum unter den klimatischen Bedingungen des Trainings durchgeführt werden. Für dieses Verfahren bilden Messmöglichkeiten und Erfahrungen bei der Laktatbestimmung und der Interpretation der Werte die Voraussetzungen.

Testdurchführung

Der Test beginnt nach einem etwa 15-minütigen, lockeren Einlaufen. Danach werden 4-6 Belastungen auf einer profilierten Strecke über 2-4 km mit zunehmender Geschwindigkeit gelaufen. Auf Grund der meist unterschiedlichen äußeren Bedingungen von Test zu Test und der Schwierigkeit, nach Geschwindigkeitsvorgaben zu laufen, wird die Tempoerhöhung nach der Belastungsherzfrequenz vorgenommen.

Die Herzfrequenz der ersten Stufe wird dabei in Abhängigkeit von der maximalen Herzfrequenz des Athleten festgelegt. Von Stufe zu Stufe ist eine Herzfrequenzerhöhung von etwa 10-15 Schlägen/min anzustreben. Es muss gewährleistet sein, dass die Belastung in der ersten Stufe im aeroben Bereich liegt. Nach jeder Belastungsstufe wird die Zeit gestoppt und eine Pause von einer Minute zur Blutabnahme eingehalten. Wird während des Tests ein Herzfrequenzmessgerät mit Speicherfunktion getragen, können die Herzfrequenzwerte und die Zeiten der Teilstrecken über den Personalcomputer bestimmt werden **(Abb. 8.2)**.

Die gewonnenen Messwerte werden dann in ein Laktat-Herzfrequenz- bzw. Laktat-Geschwindigkeits-Diagramm übertragen und die Trainingsbereiche bestimmt. Der Laktatfeldtest kann auch im Rollskilaufen oder Nordic Blading angewendet werden.

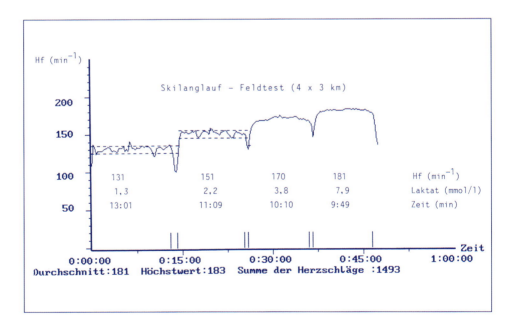

Abb. 8.2: *Verlaufskurve der Herzfrequenz beim Skilanglauffeldtest über 4 x 3 km sowie Angaben zur Laufzeit und Laktatkonzentration auf jeder Belastungsstufe*

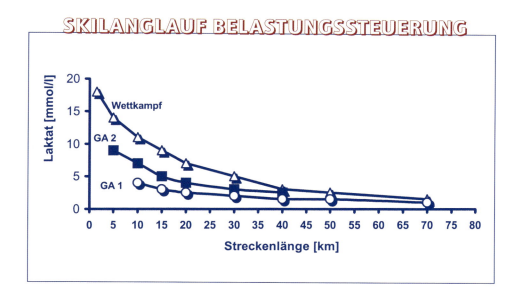

Abb. 8.3: *Orientierungshilfe für die durchschnittlich einzuhaltende Laktatkonzentration beim Grundlagenausdauer 1 (GA 1-) und GA 2-Skilanglauftraining. Die obere Kurve gibt Richtwerte für die streckenabhängigen Wettkampflaktatwerte an. Jeder Messpunkt wurde anhand einer repräsentativen Sportlerzahl bei leistungsfähigen Skilangläufern gewonnen (Neumann, unveröffentlicht).*

Tab. 8.3: *Intensitäts- und Umfangsempfehlungen für das Skilanglauftraining*

Training	Laktat (mmol/l)	Herzfrequenz (%HF$_{max}$)	Dauer (Stunden)	Umfang (km)
REKOM	unter 1,5	unter 65	< 1:00	5-15
GA 1	1,5-2,0*	65-75	2:00-4:00	20-60
GA 1-2	2,0-3,0	75-85	1:00-2:00	15-30
GA 2	3,0-6,0	85-90	0:30-1:00	5-20
WSA	über 6,0	über 90	0:15-0:45	5-15
(WA)	über 8,0	über 95	0:05-0:30	2-10

*) Fitnesssportler bis 2,5 mmol/l

8.2.2 Einflussfaktoren auf den Laktatwert

Die biologischen Einflüsse auf den Blutlaktatspiegel wurden in der Vergangenheit unterschätzt. So wird die Menge des bei Muskelarbeit gebildeten Laktats in entscheidendem Maße von der zur Verfügung stehenden Menge an Glykogen und dem Blutglukoseangebot bestimmt. Sind die Glykogenspeicher in Muskulatur und Leber nicht hinreichend gefüllt, so wird weniger Laktat für die gleiche Leistung gebildet als bei gefüllten Glykogenspeichern. In solch einem Fall würde bei gleicher Leistung die Laktatkurve im Laktat-Geschwindigkeits-Diagramm nach rechts verschoben. Dies würde dann eine verbesserte aerobe Leistungsfähigkeit im aerob-anaeroben Übergangsbereich (2-4 mmol/l Laktat) vortäuschen. Wird die Glykogenverarmung bei der Interpretation der Testergebnisse verkannt, werden für die Belastungssteuerung zu hohe Intensitäten vorgegeben, was zur Überforderung des Athleten führt.

Weiteren Einfluss auf das Laktatverhalten unter Muskelarbeit haben die Höhenlage, die Tagesperiodik, die Schweißproduktion, die Bekleidung und die Ernährung. Werden beispielsweise vor und während des Tests zuckerhaltige Getränke zugeführt, so können die Laktatwerte höher ausfallen, als wenn nur Wasser getrunken wird (vgl. Hottenrott & Sommer, 2001).

In der Höhe wird der anaerobe Stoffwechsel bei vergleichbarer Belastung stärker in Anspruch genommen. Dabei verändert sich nicht der gesetzmäßige Zusammenhang zwischen Laktatkonzentration und Belastungsintensität. Die Laktatleistungskurve kann folglich auch im Höhentraining zur Belastungssteuerung herangezogen werden. Festgestellt wurde, dass bei vergleichbaren Laktatkonzentrationen im Blut der Laktatabbau in der Höhe wesentlich eingeschränkt ist. So betragen die Halbwertzeiten für den Laktatabbau in 4.000 m Höhe 37 min, in 3.000 m Höhe 22 min und unter Normalbedingungen 12-15 min. Hieraus lässt sich ableiten, dass in der Höhe die Pausen beispielsweise beim Intervalltraining verlängert werden müssen (Fuchs & Reiß, 1990 S. 33ff.).

8.2.3 Laktatkontrolle im Training

Auf Grund der unterschiedlichen Einflussfaktoren auf den Laktatwert ist es ratsam, die Intensität während des Trainings zu kontrollieren, um sicherzustellen, dass das Training auch tatsächlich im gewählten Trainingsbereich stattfindet. Dieses Biofeedback benötigt der Sportler, vor allem der weniger erfahrene Fitnesssportler. Im Skilanglauf sind Laktatkontrollen im Training zu empfehlen, da die äußeren Bedingungen ständig wechseln, in unterschiedlichen Höhenlagen trainiert wird und somit das subjektive Gefühl der körperlichen Anstrengung oft nicht mit der objektiven Beanspruchung übereinstimmt. In der Praxis hat sich gezeigt, dass Sportler, die öfters im Training ihren Laktatwert kontrollieren, eine gewisse Laktatsensibilität erlangt haben, d. h., sie konnten ihren aktuellen Laktatwert ziemlich genau voraussagen.

9 SOMMERTRAINING FÜR SKILANGLÄUFER

Längst haben Skilangläufer den Sommer für sich entdeckt. Kaum ein Wochenende der hochsommerlichen Monate vergeht, ohne dass Langläufer an einem Rollskirennen, einem Orientierungslauf, einem Mountainbikerennen oder schlicht an einem der vielen Volksläufe teilnehmen. Neu ist dieses Phänomen, seitdem die nordischen Skisportler begannen, ihrem Tun professionell nachzugehen und das ganze Jahr über zu trainieren. Kleinere Wettkämpfe boten sich im Sommer geradezu an. Kein Sportler nahm sie richtig ernst, doch fast jeder hat sie als willkommene Unterbrechung des Trainingsalltags gemocht. Es konnte nur eine Zeitfrage sein, bis sich ein größerer Skizirkus mit Grandprixrennen im Sommer zu etablieren begann.

In Deutschland lässt er sich vor allem auf die Initiativen Jochen Behles zurückführen. Behle holte mehrmals die komplette Weltelite im Skilanglauf zu Skirollerrennen nach Deutschland. Das Sommertraining hat eine eigene Dynamik entwickelt, mit speziellen Vorbereitungsmaßnahmen für die Rennen auf Inlineskates und Skiroller. Eine zweite Wettkampfsaison der Skiläufer hat sich etabliert. Das Sommertraining hat nach wie vor eine hohe Bedeutung für den langfristigen Leistungsaufbau. Das heißt konkret:

1. Schaffung allgemeiner Leistungsgrundlagen.
2. Erwerb grundlegender koordinativer Fähigkeiten.
3. Ausprägung technischer Fertigkeiten in den zyklischen Ausdauersportarten (Inlineskating, Skiroller, Laufen, Rad fahren, Schwimmen).
4. Aufbau allgemeiner und semispezifischer konditioneller Fähigkeiten.

TRAININGSMITTEL	
Allgemein	**Semispezifisch**
• Laufen	• Skiroller
• Rad fahren	• Inlineskating
• Schwimmen	• Nordic Blading
• Aquajogging	• Zugseil
• Nordic Walking	• Gleitboard
• Ballspiele	• Rollbrett
• Rudern/Paddeln	• Imitationsläufe
• Kraftgeräte	• Imitationssprünge

Abb. 9.1: Allgemeine und semispezifische Trainingsmittel für das Skilanglauftraining

SOMMERTRAINING

9.1 Athletik- und Koordinationstraining

Für das Nachwuchstraining steht der Erwerb grundlegender koordinativer Fähigkeiten wie die Gleichgewichts- und Differenzierungsfähigkeit, die Rhythmus- und Entspannungsfähigkeit, die Kopplungs- und Anpassungsfähigkeit an erster Stelle. Diese Fähigkeiten können mit vielfältigen Bewegungsaufgaben vor allem aus den Technik- und den Spielsportarten erworben werden und stellen die Basis für die technisch-koordinative Ausbildung des Skiläufers dar. Je höher diese Fähigkeiten entwickelt werden, desto wahrscheinlicher ist es, dass Sportler hohe technische Fertigkeiten erwerben. Eine gute Ausgangsbasis für das spätere Skilanglauftraining ist eine allgemeine athletische Grundausbildung.

Für die sportartspezifische koordinative Vorbereitung auf den Skilanglauf werden spezielle Trainingsmittel und -übungen gewählt, bei denen der Bewegungsablauf bzw. die Bewegungsstruktur den Techniken des Skilanglaufs oder bestimmten Teilstrukturen mehr oder weniger ähnelt. Das Ziel der Technikübungen liegt darin, Bewegungserfahrungen der grundlegenden Anforderungen des Skilaufens zu erlangen und die bereits auf Ski erworbenen technischen Fertigkeiten auch in der langen schneelosen Vorbereitungsphase zu erhalten bzw. zu verbessern. Zugleich dienen diese Übungen zur Vervollkommnung der grundlegenden koordinativen Fähigkeiten und zur sportartspezifischen konditionellen Vorbereitung.

Zur spezifischen technisch-koordinativen Schulung werden u. a. folgende Trainingsmittel eingesetzt:

⇨ Inlineskates
⇨ Skiroller
⇨ Laufen auf dem Laufband mit Skirollern
⇨ Armzugübungen mit Gummiseil oder am Zugseilgerät
⇨ Skilanglaufimitationen auf dem Therapiekreisel
⇨ Lauf- und Stockimitationsübungen

Beispiele:

    ⇨ Anstiegsläufe mit und ohne Stockeinsatz
    ⇨ Schrittsprünge mit und ohne Stockeinsatz
    ⇨ Sprungschritte mit und ohne Stockeinsatz

Diese Übungen imitieren wesentliche Strukturen der Skilanglauftechniken, schulen die Bewegungskoordination, das Bewegungsempfinden und trainieren die beanspruchte Muskulatur.

9.2 Ausdauertraining

Für den Erhalt und Neuerwerb der Basisausdauer bieten sich Aktivitäten in anderen Ausdauersportarten an. Skilangläufer bevorzugen dabei das Cross- und Berglauftraining, den Orientierungslauf, das Radfahren auf der Straße und im Gelände (Mountainbike) sowie die beliebten Ausdauermehrkampf-sportarten Triathlon und Duathlon.

Zu beachten ist, dass die Belastungen weit gehend nach der Dauermethode mit kontinuierlichem und wechselndem Tempo bzw. nach der Fahrtspielmethode erfolgen. Dabei sollte die Dauer der Belastung möglichst lang gewählt werden (z. B. Rad fahren mindestens zwei Stunden), um eine hohe allgemeine (sportartunspezifische) Grundlagenausdauer zu sichern.

Dieses Training führt zu einer Erhöhung der aeroben Kapazität, zur Verbesserung der Belastbarkeit und zu einer schnelleren Erholungs- und Wiederherstellungsfähigkeit und bietet damit eine gute Basis für eine Belastungssteigerung beim speziellen Ausdauertraining auf Schnee. Ausführlich wird das Ausdauertraining in Kapitel 7 behandelt.

9.3 Krafttraining

Das Krafttraining stellt für den Skilangläufer eine enorme Leistungsreserve dar. Am effektivsten lassen sich die Kraftfähigkeiten durch ein gezieltes, mehrwöchiges Krafttraining mit allgemeinen, semispezifischen und spezifischen Mitteln trainieren. Dabei liegt das Hauptgewicht auf einer Verbesserung der Kraftausdauerfähigkeit.

Kraftausdauer ist die Ermüdungswiderstandsfähigkeit der Muskulatur bei lang andauernden Kraftleistungen, bei denen der Krafteinsatz 30 % der Maximalkraft übersteigt. Leistungsbestimmende Komponenten der Kraftausdauer sind demzufolge die Maximalkraft und die aerobe und anaerobe Ausdauer. Ein zu hoher Anteil an Maximalkraft wirkt sich negativ auf die Ausdauerleistungsfähigkeit aus.

Nimmt beispielsweise der Muskelquerschnitt beim Krafttraining stark zu, kann dies zu einem ungünstigen Last-Kraft-Verhältnis, einem höheren Energieverbrauch bei vergleichbarer Leistung, zu einer Einschränkung der Beweglichkeit oder zu einer verschlechterten Bewegungskoordination bzw. Technik führen.

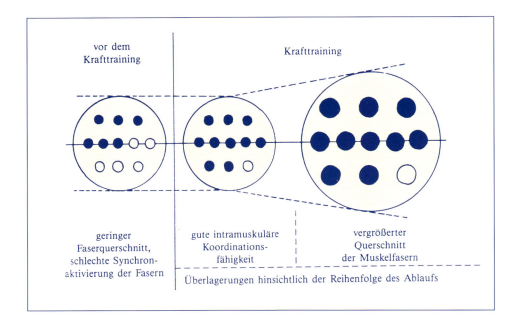

Abb. 9.2: Wirkungen des IK- und MQ-Krafttrainings: Die Größe der Kreisfläche gibt den Faserquerschnitt an, der gefüllte Kreis die kontrahierten und der leere Kreis die nicht-kontrahierten Muskelfasern.

Die Optimierung der intramuskulären (innerhalb eines Muskels) Koordination bedeutet, dass mehr motorische Einheiten gleichzeitig kontrahieren. Unter *motorischer Einheit* versteht man die Anzahl der Muskelfasern, die von einer motorischen Nervenzelle erregt werden.

Während beim Untrainierten trotz großer Anstrengung gleichzeitig nur etwa 65 % seiner Fasern kontrahieren, setzt ein auf Kraft trainierter Sportler bis zu 95 % seiner Fasern ein, weil die synchrone Aktivierung der vorhandenen motorischen Einheiten wesentlich besser funktioniert **(Abb. 9.2)**.

Das Muskelvolumen nimmt bei einem Krafttraining der intramuskulären Koordination (IK-Training) nicht oder nur geringfügig zu. Zum Krafttraining der vortriebswirksamen Muskelgruppen der Arme und Beine gehört auch eine Kräftigung der Rumpfmuskulatur.

9.3.1 Kräftigung der Rumpfmuskulatur

Eine kräftige Rumpf- bzw. Ganzkörpermuskulatur beugt Sportverletzungen und Beschwerden, insbesondere im Bereich der Rückenmuskulatur vor, trägt zu einer guten Langlauftechnik bei und sichert somit eine stabile Leistungsfähigkeit in Training und Wettkampf.

Ist beispielsweise die Rumpfmuskulatur zu schwach ausgebildet, wirkt sich dies negativ auf die Bewegungsökonomie, insbesondere während langer und intensiver Belastungen (Wettkampf, Skitour) aus. Der Rumpf erfüllt dann seine Funktion als Widerlager der Arm- und Beinkraft nicht mehr hinreichend. Die Laufökonomie nimmt in der Folge ab.

Übungen zur Rumpfkräftigung sollten ganzjährig 1-3 x in der Woche nach der statischen Krafttrainingsmethode absolviert werden. Hierbei arbeitet die Muskulatur isometrisch, d. h., die Spannung im Muskel nimmt bei der Kontraktion zu, während die Länge des Muskels unverändert bleibt.

Bei den Übungen dauert die Spannung maximal 60 Sekunden bzw. nur so lange, wie die korrekte Endstellung gehalten werden kann. Nach kurzer Entspannung wird dieselbe Übung 3-5 x wiederholt. Auf eine langsame, kontrollierte Bewegungsausführung und eine gleichmäßige Atmung ist zu achten.

Ein Übungsprogramm dauert etwa 20-30 min. Es sind keine Sportgeräte erforderlich.

SOMMERTRAINING

Übung 1

Bauchmuskulatur: In Rückenlage die Lendenwirbelsäule durch Anspannung der Bauch- und Gesäßmuskulatur auf dem Boden fixieren und die Beine in die rechtwinklige Hochhalte bringen. Danach Kopf und Rumpf gemeinsam vom Boden anheben. Dabei das Brustbein nach oben herausschieben und die Schulterblätter nach unten drücken. Die Arme unterstützen nicht die Rumpfaufrichtung. Um die schräge Bauchmuskulatur zu kräftigen, die rechte Schulter zum linken Knie führen und umgekehrt.

Variation: Den Oberkörper am Boden fixieren und die Hüfte ohne Schwunbewegung der Beine vom Boden abheben.

Übung 2

Rückenlage, die Beine rechtwinklig anstellen. Das Gesäß anspannen und vom Boden so weit abheben, bis der Körper eine Gerade bildet.

Variation: Während der Ganzkörperspannung rechtes und linkes Bein im Wechsel gestreckt vom Boden abheben.

Übung 3

Bauchlage, die Füße auf die Zehen stellen, in den Unterarmstütz gehen und das Becken vom Boden abheben, bis der Körper gestreckt ist. Dann wechselseitig rechtes und linkes Bein wenige Zentimeter vom Boden abheben.

Variation: Diagonal den rechten Arm und das linke Bein und umgekehrt vom Boden abheben.

Übung 4

Seitlage und Unterarmstütz, die Hüfte so weit vom Boden abhe-
ben, dass der Körper durch Anspannung der Rumpf-,
Gesäß- und Beinmuskulatur eine Gerade bildet.
Dabei auf den äußeren Rand des unteren
Fußes stützen.

Variation 1: Den Arm über
den Kopf strecken und das
obere Bein gestreckt abspreizen.
Die Spannung mehrere Sekunden
halten, dann den Arm und das Bein
wieder zum Körper heranführen.

Variation 2: Die Hüfte langsam zum Boden senken und unter Spannung wieder aufrichten. Die Übung mehrmals wiederholen.

Übung 5

Bauchlage, die gestreckten Beine, den in Verlängerung der Wirbelsäule gehaltenen Kopf, die Schultern und die gestreckten Arme vom Boden wenige Zentimeter abheben. Die Spannung mehrere Sekunden halten.

Variation: Diagonales Anheben des rechten Arms und linken Beins (und umgekehrt). Mittels Anspannung der Gesäßmuskulatur die Hüfte auf der Unterlage fixieren.

Übung 6

Strecksitz: Arme nach oben und Füße nach vorn strecken und die Wirbelsäule aufrichten.

Übung 7

Kniestand, auf die Unterarme legen und wechselseitig das angewinkelte Bein nach hinten oben strecken und mehrere Sekunden halten.

Übung 8

Kniestand, auf die nach vorn gestreckten Hände legen.
Wechselseitig die gestreckten Arme etwas vom Boden
abheben.

9.3.2 Stationäres Krafttraining mit Geräten

Je höher die Leistungsfähigkeit eines Skilangläufers ist, desto mehr Bedeutung gewinnt das Krafttraining an Geräten zur weiteren Leistungssteigerung. Das Niveau der Kraftausdauer bestimmt die Leistung. Eine Komponente der Kraftausdauer ist die Maximalkraft, also die höchstmögliche Kraft, die ein Sportler willkürlich gegen einen Widerstand ausüben kann. Eine Bestimmung der Maximalkraft sollte erst nach einer Gewöhnungs- und intensiven Aufwärmphase erfolgen.

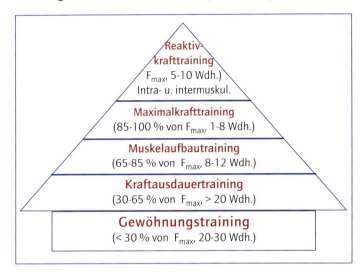

Reaktiv-
krafttraining
(F_{max}, 5-10 Wdh.)
Intra- u. intermuskul.

Maximalkrafttraining
(85-100 % von F_{max}, 1-8 Wdh.)

Muskelaufbautraining
(65-85 % von F_{max}, 8-12 Wdh.)

Kraftausdauertraining
(30-65 % von F_{max}, > 20 Wdh.)

Gewöhnungstraining
(< 30 % von F_{max}, 20-30 Wdh.)

Abb. 9.3:
Methoden des
Krafttrainings

Das Krafttraining im Skilanglauf verfolgt mehrere Ziele. Ein Kraftausdauertraining erhöht die Ermüdungswiderstandsfähigkeit bei mittleren Krafteinsätzen. Dieses Training stellt das Fundament für das folgende, intensivere Krafttraining dar. Zum Aufbau der Muskulatur wird die Methode wiederholter, submaximaler Krafteinsätze bis zur Ermüdung des Muskels angewendet. Eine hohe Aktivierungsfähigkeit und Schnellkraftfähigkeit der Muskulatur trainiert die Methode explosiver Krafteinsätze bei hohen und mittleren Krafteinsätzen. Um die Arbeitsweise im Dehnungs-Verkürzungs-Zyklus (DVZ) zu verbessern (z. B. Abdruck beim Diagonalschritt), ist ein spezielles, reaktives Sprungkrafttraining (z. B. Schrittsprünge) erforderlich (s. **Abb. 9.3** und **Tab. 9.1**).

Mit dem stationären Krafttraining wird in der Vorbereitungsperiode I begonnen (s. **Abb. 9.4**). Zunächst können 1-2 x pro Woche 6-8 Übungen in 2-3 Serien absolviert werden, mit fortgeschrittener Leistungsfähigkeit wird das Programm an drei Tagen in der Woche mit einer erhöhten Serienzahl (4-5) durchgeführt. Die Pause zwischen den Serien beträgt 2-3 min.

Tab. 9.1: Ziele und Methoden des Krafttrainings im Skilanglauf

Ziele	Methoden
Verbesserung der Kraftausdauer	Mittlere Krafteinsätze mit hohen Wiederholungszahlen (30-65 % der F_{max}, > 20 Wdlg.)
Muskelaufbau	Wiederholte, submaximale Krafteinsätze bis zur Ermüdung (Hypertrophiemethode, 65-85 % der F_{max}, 8-12 Wdlg.)
Willkürliche, neuromuskuläre Aktivierungsfähigkeit	Explosive, maximale Krafteinsätze (intramuskuläres Krafttraining, 85-100 % der F_{max} , 1-8 Wdlg.)
Schnelle Kontraktionsfähigkeit	Explosive, nichtmaximale Krafteinsätze (40-60 % der F_{max}, 6-12 Wdlg.)
Reaktive Spannungsfähigkeit Verbesserung der Schnellkraftausdauerfähigkeit	Reaktive Krafteinsätze im Dehnungs-Verkürzungs-Zyklus (sportartspezifische Übungen)

Das Übungsprogramm des Krafttrainings kann so aufgebaut werden, dass Agonisten und Antagonisten gleichermaßen trainiert werden, um ein muskuläres und funktionelles Ungleichgewicht zu vermeiden. In der Praxis werden entweder Agonisten und Antagonisten im ständigen Wechsel oder nacheinander trainiert.

Die für den Vortrieb wichtigsten Muskelgruppen sind die Streckschlinge der unteren Extremität, bestehend aus der Wadenmuskulatur (M. triceps surae), der vorderen Oberschenkelmuskulatur (M. quadriceps femoris) und dem großen Gesäßmuskel (M. glutaeus maximus), weiterhin die Oberarmstrecker (M. triceps brachii), der breite Rückenmuskel (M. latissmus dorsi), der große Brustmuskel (M. pectoralis major) sowie weitere Muskeln des Schultergürtels.

Im Folgenden wird ein Übungsprogramm für die wichtigsten Muskelgruppen vorgestellt. Bei allen Übungen ist zu beachten, dass während der Anstrengung ausgeatmet wird.

Übungen mit elastischen Bändern und Seilen

Das Krafttraining lässt sich vielseitig mit elastischen Bändern und Seilen (z. B. Deuserband) gestalten. Der Dehnungswiderstand kann individuell auf die Kraftfähigkeiten abgestimmt werden, sodass mindestens 15 Wiederholungen gewährleistet sind. Nachfolgend werden exemplarisch drei Übungen vorgestellt.

Übung 1
Kräftigung der Armbeugemuskulatur bei aufgerichtetem Rumpf.

Übung 2
Kräftigung der Oberarm-, Schulter- und Rumpfmuskulatur in aufrechter Körperhaltung.

Übung 3
Kräftigung der Abduktoren in aufrechter Körperhaltung. Das Becken dabei stabilisieren und seitliche Ausweichbewegungen vermeiden.

Übungen mit Kurzhantel und Zusatzgewichten

Die Kraftausdauer der Arm- und Schultergürtelmuskulatur lässt sich auch mit der freien Hantel bzw. Handgewichten trainieren. Bei 3-5 Sätzen sollte jede Übung mit 15-25 Wiederholungen bei langsamer Bewegungsgeschwindigkeit ohne Pause ausgeführt werden. Die einzelnen Übungen sind nach den speziellen Anforderungen beim Skilaufen ausgewählt.

Übung 1
Kräftigung der Oberarm- und Schultergürtelmuskulatur: In Schrittstellung und leicht
vorgebeugtem Oberkörper den Arm aus
der Tiefhalte nach hinten oben beugen.
Zur Stabilisierung mit der Gegenhand
auf dem Oberschenkel abstützen.

Übung 2
Kräftigung der Oberarmbeugemuskulatur: Im Sitzen den
auf dem Oberschenkel abgestützten Ellbogen beugen und
strecken.

Übung 3a
Kräftigung der Schulterblattmuskulatur:
In Bauchlage auf einer Bank
beide Arme mit Armbeugung nach
hinten oben führen.

Übung 3b
Kräftigung der Schulterblatt-
und Armmuskulatur: In Bauchlage auf einer
Bank die gestreckten Arme
langsam, seitlich nach außen
heben.

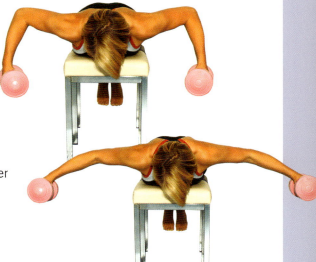

SOMMERTRAINING

Übung 4a

Kräftigung der Armstrecker mit der Kurzhantel: Aus dem stabilen Stand den nach oben gestreckten Arm mit Handgewichten beugen und strecken. Zur Gelenkstabilisierung den Ellbogen mit der anderen Hand fest umgreifen.

Übung 4b

Kräftigung der Armstrecker mit zwei Varianten des Liegestützes.

Übung 5

Kräftigung der Oberarm- und Schulterblattmuskulatur: Aus schulterbreitem Stand die gestreckten Arme seitlich bis zur Schulterhöhe langsam anheben (abduzieren).

Übung 6

Kräftigung der skilanglaufspezifischen Gesamtkörpermuskulatur: In Schrittstellung die Handgewichte im Diagonalrhythmus dynamisch nach vorn und hinten schwingen. Auf eine ausgeprägte Hüft- und Beinstreckung und Seitenwechsel achten.

Übung 7

Kräftigung der Wadenmuskulatur: Mit einer Zusatzlast auf dem Oberschenkel wird der Fuß explosiv gestreckt und langsam wieder gebeugt.

Übungen an Krafttrainingsgeräten

Übung 1

Kniestrecken am Beincurlgerät

Bei der isolierten Kniestreckübung ist darauf zu achten, dass die Drehpunkte der Knie und des Geräts übereinstimmen und die Kniekehle an der Sitzfläche anliegt. In der Ausgangsposition bilden Ober- und Unterschenkel einen Winkel von 90°. Bei der zügigen Streckbewegung wird nicht bis zur maximal möglichen Kniestreckung gearbeitet. In der Entlastungsphase wird der Unterschenkel langsam und dosiert zurückgeführt.

Übung 2

Kniebeugen am Beincurlgerät

Das Beincurlgerät ist so zu benutzen, dass sich die Drehachse des Kniegelenks mit der Drehachse des Geräts deckt. Beim zügigen Beugen des Unterschenkels ist auf ein aktives Fixieren der Hüfte zu achten. In der Entspannungsphase wird die Last langsam und kontrolliert bis zu einer leichten Beugestellung im Kniegelenk zurückgeführt.

SOMMERTRAINING

Übung 3

Hüftstrecken an der Kraftmaschine
Das Bein nach hinten führen bis zur vollständigen Streckung in
der Hüfte (Retroversion). Ein Widerstand an der Rückseite des
Unterschenkels erschwert die Hüftstreckung.
Muskulatur: Gesäßmuskel (M. glutaeus max. et med.),
Ischiocruralmuskulatur, Bauch- und Rückenmuskulatur

Übung 4

Beinstrecken
in der liegen-
den Bein-
presse Das
Kniegelenk
ist in der Ausgangsposition rechtwinklig gebeugt. Die Streckbewegung erfolgt zügig. Anschließend die
Last langsam und
kontrolliert in die
Ausgangslage
zurückführen.

Übung 5

Bein seitlich abspreizen (Abduktion)
Aus dem stabilen Einbeinstand (Sicherung
mit den Händen am Gerät) das Bein langsam abspreizen (abduzieren) und zum
Standbein kontrolliert zurückführen.

Übung 6

Bein heranziehen (Adduktion)
Aus dem stabilen Einbeinstand (Sicherung mit den Händen
am Gerät) das abgespreizte Bein langsam heranziehen (addu-
zieren) und kontrolliert wieder abspreizen.

9.3.3 Semispezifisches Krafttraining

Das Ziel des semispezifischen Krafttrainings besteht darin, die erworbenen Kraftfähigkeiten des Gerätetrainings auf die Bewegung des Skilanglaufs zu transferieren. Bei dieser Trainingsform werden an mehreren Stationen (6-12) mittlere Widerstände (30-65 % der Maximalkraft) bei hohen Wiederholungszahlen (> 20 Whlg. pro Übung) zügig überwunden. Die Anzahl der Serien nimmt von 2-3 in der Vorbereitungsperiode I auf 4-5 in der Vorbereitungsperiode III zu (s. **Abb. 9.4**). Die Pausendauer zwischen den Serien ist abhängig von der Anzahl der Stationen und der Gesamtbeanspruchung der Muskulatur. Bewährt haben sich Erholungszeiten von 5-10 Minuten.

Als semispezifische Trainingsmittel zählen u. a. das Rollbrett, das Zugseilgerät oder die speziellen Skitrainer. Bei geringem Widerstand pro Bewegungszyklus können hohe Wiederholungszahlen pro Übung (> 40) realisiert werden. Außerhalb des Kraftraums werden das Rollskitraining, die Stockläufe und -sprünge sowie andere Formen des Cross-Trainings als semispezifisches Krafttraining praktiziert.

Armkrafttraining mit dem Rollbrett

In Bauchlage auf einem Rollbrett zieht und drückt sich der Sportler zügig die Schräge hinauf. Krafteinsatz und Wiederholungszahl können durch die Neigung der Rollbrettbahn variiert werden.

Armkrafttraining am Zugseilgerät

Besonders eignet sich das Zugseil für das Heimtraining. Der Widerstand des Zugseils muss den Kraftfähigkeiten entsprechend gewählt werden. Die Armzugbewegungen können wechselseitig (vergleichbar dem Armeinsatz beim Diagonalschritt) oder gleichzeitig (vergleichbar dem Armeinsatz beim Doppelstockschub und den symmetrischen Skatingtechniken) durchgeführt werden. Die Bewegungsfrequenz sollte der natürlichen Langlaufbewegung angepasst werden.

Alternativ lassen sich die Übungen im Liegen auf einer Bank ausführen, um die stark beanspruchte Rumpfmuskulatur und die Wirbelsäule, insbesondere im Lendenwirbelbereich, zu entlasten.

Zugseiltraining am Kraftgerät

SOMMERTRAINING

Beinkrafttraining mit Schrittsprüngen und Sprungschritten

Lange Schrittsprünge eignen sich zur Entwicklung der Beinkraftausdauer. Bergan werden sie als Skiimitationsschritte mit Stockeinsatz gelaufen. Hierbei werden Strecken bis 200 m nach der Intervallmethode absolviert.

Sprungschritte werden explosiv mit hohem Kniehub zur Entwicklung der Schnellkraftausdauer der Beinmuskulatur durchgeführt.

Lange Schrittsprünge
(Jochen Behle, 1996)

Explosive Sprungschritte
(Jochen Behle 1996)

9.3.4 Periodisierung des Krafttrainings im Jahresverlauf

Über die Bedeutung und Gestaltung des Krafttrainings im Skilanglauf bestehen bei Trainern, Sportlern und Wissenschaftlern große Unsicherheiten, weil das richtige methodische Vorgehen von vielen Faktoren abhängt. So ist die Ansprechbarkeit des Athleten auf Krafttrainingsreize sehr unterschiedlich und steht im unmittelbaren Zusammenhang mit dem Muskelfaseranteil von langsamen und schnellen Fasern sowie dem hormonellen Status des Sportlers. Ferner treten immer wieder Probleme bei der sportartspezifischen Umsetzung der Kraftfähigkeiten auf.

Isoliert erworbene Kraftfähigkeiten werden für die komplexe Wettkampfleistung in der erwarteten Weise nicht leistungswirksam. Die Adaptations- und Transferzeiträume betragen bei einem (Maximal-)Krafttraining mehrere Wochen, sodass mit dem Krafttraining bereits mehrere Monate vor der Wettkampfsaison begonnen werden muss. Eine deutliche Erhöhung der Kraftleistung zeigt sich meist erst nach dem Absetzen des Belastungsblocks, also in der Erholungsphase. Von daher ist es beim Krafttraining äußerst wichtig, dass in Blöcken von mehrwöchiger Dauer mit anschließender Entlastungsphase trainiert wird. Der langzeitig verzögerte Trainingseffekt und die anfänglich sinkenden Kraftwerte stellen das gewählte Trainingskonzept schnell in Frage.

JAHRESPLAN FÜR DAS KRAFTTRAINING IM SKILANGLAUF

	Mai	Jun	Jul	Aug	Sep	Okt	Nov	Dez	Jan	Feb	Mär	Apr
Spez. Kraftausdauer					3 - 4 TE / Woche							
Semspez. Kraftausdauer	1-2 TE/Wo		2 TE/Wo	3 TE/Wo	3-4 TE/Wo							
Krafttraining an Geräten	1-2 TE/Wo MQ	2 TE/Wo MQ/IK	3 TE/Wo MQ/IK		1-2 TE/Wo IK	Erinnerungsreiz						
allgemeine Kraft	Allgemeine (Rumpf-) Kräftigungsübungen (2-3 mal pro Woche)											
Periode	VP I			VP II		VP III		WP				ÜP
Monat	Mai	Jun	Jul	Aug	Sep	Okt	Nov	Dez	Jan	Feb	Mär	Apr
Woche	18 19 20 21 22 23 24 25 26 27	28 29 30 31 32 33 34 35 36 37	38 39 40 41 42 43 44 45 46 47	48 49 50 51 52	1 2 3 4 5 6 7 8 9 10 11 12 13	14 15 16 17						

Abb. 9.4: Jahresplan für das Krafttraining im Skilanglauf

Im Jahresaufbau ist eine Periodisierungsreihenfolge von allgemeinem Kraftausdauertraining, Muskelaufbautraining, Maximalkrafttraining, reaktivem Krafttraining, Krafttraining mit semispezifschen und spezifischen Trainingsmitteln einzuhalten **(Abb. 9.4)**. Unberücksichtigt hiervon bleibt das Rumpfkrafttraining. Es wird ganzjährig durchgeführt.

9.4 Skiroller, Inlineskating und Nordic Blading

Das Skirollertraining ist seit vielen Jahren fester Bestandteil des Sommertrainings. Neue Varianten sind mit dem Inlineskating und Nordic Blading hinzugekommen und bieten damit zugleich mehr Abwechslung. Das Skaten mit diesen drei semispezifischen Trainingsmitteln ist bezüglich Anforderungsprofil und Bewegungsstruktur nahezu identisch mit dem Schlittschuhschritt im Skilauf und bereitet somit optimal auf die Wettkampfsaison vor. Mit diesen Trainingsmitteln kann der Skilangläufer seine Techniken bei attraktiven Events (Inlinemarathons) unter Beweis stellen. Das Sommertraining dient damit nicht nur als Vorbereitungstraining für den Winter.

Tab. 9.2: Semispezifische Trainingsmittel im Skilanglauf

	Inlineskating	Nordic Blading	Skirollertraining
Technik	Skating	Skating	Skating & klassische Technik
Ausrüstung	Skates Schutzausrüstung	Skates Stöcke Schutzausrüstung	Klassische Rollski Skating Rollski Stöcke Schutzausrüstung
Trainingsschwerpunkte	Beinkraft Schnelligkeit Kreuzkoordination	Arm- und Beinkraft Schnelligkeit Schnellkraftausdauer Arm-Bein-Koordination	Arm- und Beinkraft Schnellkraftausdauer (klassisch) Arm-Bein-Koordination

9.4.1 Das Skaten auf Rollen

Das Skaten mit Inlinern und Rollskiern ähnelt dem Skiskating und dem Schlittschuhlaufen sehr. Der Abstoß erfolgt jeweils wechselseitig vom gleitenden bzw. rollenden Gerät schräg zur Laufrichtung. Es sei hierzu auf Kapitel 5 verwiesen, in dem ausführlich auf die unterschiedlichsten Techniken des Skatens eingegangen wird. Alle Skatingtechniken können mit Inlineskates erlernt werden. Die Feinstruktur der Bewegungsausführung ist spezifisch für jedes Trainingsmittel. In **Tabelle 9.3** werden einige Unterschiede zwischen Inlinern, Skatingski und Skirollern aufgezeigt, aus denen sich trainingsmethodische Konsequenzen ableiten lassen. So bieten sich beispielsweise Inlineskates für das Frequenz- und Schnelligkeitstraining an.

Tab. 9.3: *Unterschiede zwischen Inlineskates, Rollski und Skatingski*

	Inlineskates	Skatingrollski	Skatingski
Gewicht	Leicht	Mittel	Leicht
Länge	30-40 cm	Ca. 70-80 cm	160-190 cm
Roll-/Gleitreibung	Sehr gering	Mittel	Mittel
Geschwindigkeit	Sehr hoch	Hoch	Hoch
Bewegungsfrequenz	Hoch	Gering bis mittel	Mittel
Anstiegsleistung	Mittlere bis starke Anstiege	Starke Anstiege	Starke Anstiege
Flexibilität	Sehr hoch	Mittel	Mittel bis hoch
Muskeleinsatz	(Arme), Rumpf, Beine	Arme, Rumpf, Beine	Arme, Rumpf, Beine

9.4.2 Technik- und Konditionstraining

Das Roller- und Inlinetraining ist fester Bestandteil des Sommertrainings eines jeden Skilangläufers. Bis zu 50 % des Trainings werden in den Vorbereitungsperioden (s. Kap. 10.2.6) absolviert. Als Trainingsstrecken bietet sich abwechslungsreiches Gelände (kupierter Rundkurs, Berg- und Flachstrecken) an. Der Belag darf nicht zu grob sein und verkehrsreiche Straßen sind möglichst zu meiden. Gut geeignet sind speziell zum Rollertraining angelegte Strecken, wie beispielsweise im thüringischen Oberhof.

Konditionelle Fähigkeiten und die verschiedenen Langlauftechniken lassen sich hervorragend mit diesen Trainingsgeräten erwerben. Die Anpassung an das Schneetraining kann von daher relativ problemlos erfolgen.

Rollerstrecke in Oberhof (Thüringen)

Für die Techniken im Skilanglauf benötigt der Sportler bestimmte Fähigkeiten und Fertigkeiten. Neben der allgemeinen und spezifischen Ausdauer, der Kraftausdauer, der Schnelligkeit und Beweglichkeit, sind es koordinative Fähigkeiten, die ein effektives Skaten auf den Skiern erst ermöglichen. Der Skilangläufer muss beispielsweise ein gut geschultes, dynamisches Gleichgewichtsvermögen besitzen, um lange Abdruck- und Gleitphasen bei hohen Geschwindigkeiten zu realisieren. Einige dieser Fähigkeiten lassen sich im Sommer hervorragend auf Inlineskates schulen.

Technik/Koordination

Die Entwicklung im Skilanglauf hin zu mehr Wendigkeit und hoher Bewegungsfrequenz lässt sich mit Nordic Blading gut vorbereiten. Die einzelnen Skatingtechniken werden auf Inlineskates mit Skistöcken erlernt und geübt.

Nordic Blading: Bildreihe vom symmetrischen Schlittschuhschritt

Die oben stehende Bildreihe zeigt das Nordic Blading in der 1:1-Technik (symmetrisch). Es wird deutlich, dass effektives Langlauftraining nicht nur im Winter möglich ist. Die mit Inlineskates erlernte Koordination, Gleichgewichts- und Rhythmusfähigkeit sowie das Körpergefühl für den Bewegungsablauf werden genutzt und auf die Ski übertragen.

Ausdauer

Inlineskating, Nordic Blading und das Skirollertraining eignen sich für die Entwicklung der Ausdauerfähigkeit hervorragend. Auf Grund des relativ geringen Rollwiderstandes der Skates sind hohe Laufgeschwindigkeiten erforderlich, um eine reizwirksame organische Beanspruchung zu erreichen. Hohe Geschwindigkeiten sind mit Speedskates (fünf

Rollen) leichter realisierbar. Die Roll- und Abdruckfläche ist verlängert, was nicht nur ein stabiles Fahrverhalten gewährleistet, sondern auch Einfluss auf die Abdruckgestaltung hat. Eine Trainingseinheit für die Grundlagenausdauerfähigkeit sollte mindestens 60 Minuten bei mittleren Herzfrequenzen im aeroben Stoffwechselbereich betragen.

Kraftausdauer

Die Kraftausdauer auf Rollen lässt sich differenziert trainieren:

a) Mit dem Doppelstockschub ohne Beinabdruck wird die Arm-, Schultergürtel- und Rumpfmuskulatur trainiert.

b) Mit Skatingschritten ohne Stockabdruck werden Beinkraft und die Kreuzkoordination trainiert.

c) Im Anstieg ist die gesamte Bewegungsstruktur gefordert. Die Kopplungsfähigkeit und Kraftausdauer von Armen, Rumpf und Beinen wird unter hohem Widerstand trainiert.

Die *aerobe Kraftausdauer* (KA 1) wird durch lange Abdruck- und Gleitphasen bei mittlerer Intensität und einer Dauerbelastung von mindestens 30 Minuten entwickelt. Die *anaerobe Kraftausdauer* (KA 2) trainiert die Intervallmethode mit kurzen, dynamischen Arm- und Beinabstößen. Die Intensität erhöhen Zusatzgewichte (Gewichtsweste, Rollwiderstandserhöhung) oder unterschiedlich steiles Gelände. Beispielsweise könnte ein 15-20 %iger Anstieg 6-8 x in 30-60 Sekunden mit hoher Intensität (Herzfrequenz > 160 Schläge/min) gelaufen werden. Die Pause sollte etwa drei Minuten betragen und die Herzfrequenz auf 120 Schläge/min bzw. unter 100 Schläge/min bei Hochleistungssportlern bis zur nächsten Belastung abfallen.

*Nordic Blading als
Kraftausdauertraining im Anstieg*

Schnelligkeit

Für das Schnelligkeitstraining der Schlittschuhschritte eignen sich Inlineskates. Inlineskates sind im Vergleich zu Ski und Roller relativ kurz, sodass zeitlich kürzere Impulse gesetzt werden, die ein verstärktes Frequenztraining ermöglichen. In der Ebene und im leichten Anstieg können die höchsten Bewegungsfrequenzen mit der symmetrischen 1:1-Skatingtechnik (auf jeden Beinabstoß erfolgt ein Doppelstockschub) erzielt werden.

Schnellkraftausdauer

An steilen Anstiegen trainiert der Athlet mit der gesprungenen Variante der asymmetrischen Skatinganstiegstechnik die Schnellkraftausdauer. Die Schnellkraftausdauer für die klassische Technik lässt sich mit Inlineskates nicht verbessern. Hierzu ist der Skiroller mit Rücklaufsperre gut geeignet, da der Kraftstoß des Diagonalschritts kurz ist. Das Training wird ohne Skiroller als explosive Stocklaufimitation durchgeführt. Für die Entwicklung der Schnellkraftausdauerfähigkeit wird die Methode der Kurzzeitintervalle angewandt.

9.4.3   Ausrüstung für das Skirollertraining

Im Oktober 1956 fand im schwäbischen Böblingen das erste Rollskirennen in Deutschland statt. Erfunden wurde das Gerät als Sommertrainingsmittel der Loipenasse in Skandinavien. Damals waren die Roller mit großen Gummireifen und einer Bodenzugbremse ausgerüstet. Damit konnte auch im freien Gelände abseits der Straße trainiert werden. Heute unterscheidet sich die Ausrüstung eines Rollskiläufers nicht prinzipiell von der eines Skilangläufers. Der Rollski wird in der Herstellung so entwickelt, dass er möglichst den spezifischen Bedingungen des Skilaufens entspricht. Dabei gilt es, dass in etwa die Geschwindigkeitsbereiche, die Bewegungsfrequenz und Dynamik, also das Lauf- und Fahrverhalten, sowie die Frage der Abdruck- und Gleitgestaltung dem des Skilaufens angepasst werden, um möglichst viele Transfereffekte aus dem Rollertraining für den Skilauf im Winter zu erzielen.

Für das Rollertraining können die gleichen Stöcke (klassische und Skatingstöcke) wie im Winter benutzt werden. Extra gehärtete Skistockspitzen garantieren einen sicheren und festen Arm-Stock-Einsatz. Die Schuhe und das entsprechende Bindungssystem entsprechen den im Winter verwendeten Materialien. Die Handschuhe (z. B. Radfahrerhandschuhe) im Sommertraining schützen bei eventuellen Stürzen und beugen bei warmen Temperaturen Blasenbildungen auf Grund der Reibung durch die Stockschlaufen an den Händen vor. Anfängern auf Rollski ist das Tragen von Ellbogen- und Knieschützern zu empfehlen.

Es werden wie beim Skilauf die klassischen von den Skatingmodellen unterschieden, wobei auch problemlos mit klassischen Rollern geskatet werden kann. Der Hauptunterschied der beiden Rollermodelle liegt darin, dass die klassischen Roller für die Abdruckgestaltung eine Rücklaufsperre besitzen, um sich vom stehenden Roller wie beim klassischen Ski abdrücken zu können. Bei den verschiedenen Rollermodellen sind die Unterschiede größer als bei Langlaufskiern und beziehen sich vorwiegend auf Bauweise, Geometrie und Laufverhalten (Rollwiderstand, Fahrkomfort). Die Fahreigenschaften des Rollers sollten denen der Ski sehr ähnlich sein.

Wettkampf auf Skiroller im klassischen Stil

9.4.4 Langlauftechniken auf Rollski

Für das Rollskilaufen gelten in etwa die gleichen Lehr-Lern-Strategien wie für den Ski-lauf. So können die dort genannten Prinzipien übertragen und für das Rollerfahren modifiziert werden. Der Einstieg sollte über eine Gewöhnung an Roller, Stöcke und Asphalt erfolgen. Der Einsatz von Gewöhnungsübungen und Spielen sowie Wettbewer-ben schafft für die Aneignung oder Stabilisierung skiähnlicher Bewegungen ein breites Erfahrungsfeld (s. Kap. 5.1).

Alle Lauftechniken sind mit den beiden Rollerskimodellen (klassisch/Skating) anwend-bar und umsetzbar. Gewisse Einschränkungen ergeben sich bei den Techniken des klas-sischen Laufens, da der Straße die führende Loipenspur fehlt, sodass die Skiroller-führung höherer Anforderungen bedarf. Auch die Bremstechniken (Brems-Gleitpflug oder Stoppschwung sind nicht möglich) und Richtungsänderungen verlaufen gerätebe-dingt anders als auf Skiern.

In diesem Kapitel wird auf das Anforderungsprofil, die Bewegungsstruktur und auf methodische Aspekte des Rollskilaufens nicht näher eingegangen. Anregungen hierzu können allerdings aus den entsprechenden Kapiteln zum Lehr- und Lernweg (Kap. 5) entnommen werden.

Klassische Techniken

Beim klassischen Laufen mit Rollski ergeben sich auf Grund der fehlenden Spur und der abdrucksichernden Rücklaufsperre einige Veränderungen im Vergleich zum Laufen mit Langlaufski. Dazu zählen:

- Die Veränderung der Anteile von Abdruck- und Gleitphasenlänge.
- Ein nahezu unbegrenzt langer Abdruck ist möglich.
- Die Körperschwerpunktverlagerung beim Abdruck spielt eine untergeordnete Rolle.
- Ein explosiver, kurzzeitiger Abdruck ist nicht notwendig.
- Eine Rückmeldung über den zeitlich richtigen Abdruck ist nicht vorhanden bzw. möglich.
- Die Beinmuskulatur muss verstärkt Gleichgewichts- und Balanceaufgaben übernehmen.
- Veränderte Anforderungen an die Gesamtkoordination.

Auf Grund dieser Veränderungen eignet sich der Skiroller für das Erlernen der klassischen Techniken nur bedingt. Bei vorhandener Technik stellt er jedoch ein hervorragendes Trainingsgerät zur Ausbildung der skispezifischen konditionellen Fähigkeiten dar und trägt zur Festigung der Bewegungsgestalt bei.

Diagonalschritt

Kennzeichen des Diagonalschritts ist der diagonale Arm-Bein-Rhythmus (Kreuzkoordination). Die abdrucksichernde Rücklaufsperre lässt nur eingeschränkt ein Techniktraining bzw. eine Abdruckschulung zu, da immer ein Widerstand für den Abdruck vorhanden ist. Somit kann im Prinzip ohne Zurückrutschen jeder Berg im Diagonalschritt bewältigt werden, was beispielsweise den (gesprungenen) Grätenschritt als Anstiegstechnik überflüssig macht.

Diese Bedingungen verursachen eine schlechtere Feinabstimmung auf die Gleit- und Abdruckphasen. Somit ist der Rollski gerade beim Diagonalschritt „ nur „ ein Trainingsgerät, aber kein Technikgerät.

Diagonalschritt – ein wesentliches Kennzeichen ist der diagonale Arm-Bein-Rhythmus (Kreuzkoordination).

Doppelstockschubtechniken

Der Doppelstockschub nimmt an Bedeutung im Skilanglauf zu (s. Kap. 5.3.3). Der Vortrieb erfolgt rein aus der Oberkörper- und Armarbeit bei parallel stehenden Beinen. Die Technik ist auf Rollski und Ski nahezu identisch. Beim Doppelstockschub mit Zwischenschritt, einer Synthese aus dem Beinabdruck des Diagonalschritts und des Doppelstockschubs (s. Kap. 5.3.3), gilt, wie beim Diagonalschritt, dass mit der Nutzung der Rücklaufsperre für die Abdruckgestaltung ein verändertes Abdruckverhalten einhergeht. Eine optimale Abdruckgestaltung wie auf Skiern ist nicht möglich. Ferner ändert sich auf Grund der fehlenden Spur und der Kürze des Geräts die skiadäquate Körperlage.

Skatingtechniken

Die Skatingtechniken (s. Kap. 5.4) lassen sich mit Skiroller und Inlineskates hervorragend erlernen und trainieren. Im Vergleich zu den klassischen Techniken auf Rollski sind hier bedeutend weniger Unterschiede in Bezug auf das spezifische Schneetraining zu verzeichnen. Krafteinleitung, Kraftaufbau, Erreichen des Kraftmaximums und Ende des Krafteinsatzes sind bei Ski und Roller gleich (vgl. Nietzsche, 1988, S. 146).

Wie beim Ski ist ein Abdruck vom seitlich ausgestellten Rollski schräg zur Laufrichtung erforderlich, welcher über ein Aufkanten während des Rollens erfolgt. Das Abdruckbein wird zum Gleitbein und umgekehrt. Die symmetrischen und asymmetrischen Bewegungsformen auf Rollski und Skates lassen auf Grund ihrer nahezu identischen Bewegungsstruktur die größten Transfereffekte auf den Ski zu.

Für das Erlernen der Skatingtechniken bildet das Laufen ohne Stockeinsatz, also im *Schlittschuhschritt*, eine Grundvoraussetzung (s. Kap. 5.4.1). Hierfür sollte das implizite und variable Lernen (Änderung der Parameter Zeit, Raum, Kraft und Gelände) mit Veränderungen von Schrittlänge und -frequenz, der Geschwindigkeit, des Geländeprofils u. a. m. eingesetzt werden, um eine hohe Bewegungsvariabilität zu erreichen und zu sichern. Das Anforderungsprofil des Schlittschuhschritts auf Rollski entspricht etwa dem auf Ski.

Die Skatingtechniken *symmetrisch 1:1* und *2:1* (s. Kap. 5.4.2 und 5.4.3), welche den Beinabstoß mit Doppelstockschub unterstützen, sind wesentliche Techniken im freien Stil und finden ihre Anwendung im leicht abfallenden Gelände bis zum mittelsteilen Anstieg. Bei der Technik symmetrisch 2:1 ist auf einen Seitenwechsel der stockunterstützenden Seite zu achten.

Der *Diagonalskatingschritt* ist eine symmetrische Aufstiegstechnik und wird im steileren Gelände bei niedriger Laufgeschwindigkeit angewendet (s. Kap. 5.4.4). Im Wechsel

*Schlittschuhschritt in leichter Abfahrt;
die Stöcke werden im diagonalen Armrhythmus mitgeschwungen.*

wird der Beinabstoß von einem gleichzeitigen Stockabstoß in Richtung Gleitbein unterstützt. Die Technik ist sehr leicht erlernbar und im Freizeitbereich sehr beliebt, wo sie durch den geringen Krafteinsatz einen bequemen Aufstieg sichert.

Die *asymmetrische Führarmtechnik* 2:1 bildet die Hauptaufstiegstechnik im Skating (s. Kap. 5.4.5). Sie findet allerdings auch ihre Anwendung in der Ebene und kann sehr kraftschonend gelaufen werden, was sie deshalb so attraktiv macht. Des Weiteren erfolgt im steileren Gelände eine sehr kraftvolle und dynamische Umsetzung dieser Technik als gesprungene Variante.

Richtungsänderungen, Abfahren und Bremsen

Das Beherrschen von Richtungsänderungen, des Abfahrens und Bremsens stellt eine wichtige Voraussetzung dar, um kupierte Streckenverläufe in hohen Geschwindigkeiten zu bewältigen. Dafür gibt es die unterschiedlichsten Techniken. Auf Grund der Gerätespezifik lassen sich allerdings nicht alle Schneetechniken auf Rollen umsetzen. Die Einschränkungen sind bei Rollski größer als bei Inlineskates (Brems- oder Gleitpflug, Stoppschwung).

Richtungsänderungen können auf Rollski durch muskuläres Drehen der Beine und entsprechende Gewichtsverlagerungen vollzogen werden, wodurch, je nach Krafteinsatz und Druckbelastung, größere und kleinere Kurven entstehen. Eine andere Art der Richtungsänderung bietet das passive und aktive Bogentreten (s. Kap. 5.4.7). Das passive

Bogentreten (= Umtreten) wird im klassischen Stil und im Skating angewandt und zeichnet sich durch aufeinander folgende Nachstellschritte aus. Das aktive Bogentreten erfolgt durch aktive, seitliche Beinabstöße mit unterstützenden Doppelstockschüben.

Das *Abfahren* im Langlauf kennzeichnen zwei Abfahrtstechniken (s. Kap. 5.5.1), nämlich die passive Abfahrt ohne zusätzliche, vortriebswirksame Gestaltung (Abfahrtshocke) und die aktive Abfahrt mit zusätzlicher Vortriebsgestaltung (z. B. durch unterstützende Schlittschuhschritte).

Rasante Kurvenfahrt auf Skiroller

Das *Bremsen* mit Skirollern stellt ein Problem dar. Ein schnelles Anhalten ist nicht möglich, was bei der Streckenauswahl zu beachten ist. Um die Fahrtgeschwindigkeit zu verringern, ist bei höheren Geschwindigkeiten zunächst der Luftwiderstand zu nutzen, was eine aufrechte Körperhaltung und die Ausbreitung der Arme (große Angriffsfläche für den Fahrtwind) ermöglicht. Zusätzlich nimmt der Athlet eine leichte Pflugstellung in breiter Beinstellung und nach innen gekippten Rollern ein. Der muskuläre Beineinsatz führt zu einem höheren Rollwiderstand.

Zum Bremsen kann auch der Straßenrand genutzt werden, um entweder einen Roller bei niedrigem Gras dosiert aufzusetzen oder um die unter den Arm geklemmten Stöcke, bei höherem Gras, schleifen zu lassen. Verlangsamt sich die Fahrt, ermöglicht slalomartiges Umtreten oder wechselseitiges Anheben mit kurzzeitigem Aufsetzen der Rollski schräg zur Laufrichtung ebenfalls eine Regulation der Geschwindigkeit und man gelangt in den sicheren Stand.

10 LANGFRISTIGER LEISTUNGSAUFBAU, TRAININGSPLANUNG UND BELASTUNGSGESTALTUNG

10.1 Langfristiger Leistungsaufbau (C. Ostrowski)

Weltstandsanalysen im Spitzensport zeigen, dass in vielen Sportarten die Leistungen weiter ansteigen und dass diese Entwicklung gleichzeitig zunehmend von immer mehr Nationen mitbestimmt wird (Martin et al., 1997). Die Analyseergebnisse der Olympischen Winterspiele von Salt Lake City 2002 belegen, dass sich die Zahl der Skilangläufer, die sich bei Olympischen Spielen in einem Abstand < 3 % zur Siegerzeit befinden, nahezu verdoppelt, bei den Damen sogar verdreifacht hat (Ostrowski & Bauer, 2002). Zugleich erfolgt eine rasante Steigerung des Renntempos der Weltspitze. Der in **Abbildung 10.1** dargestellte, mittlere Trend der Geschwindigkeit der Sieger auf den klassischen Skidistanzen bei Olympischen Spielen und Weltmeisterschaften hat eine jährliche Progression von 0,03-0,04 m/s.

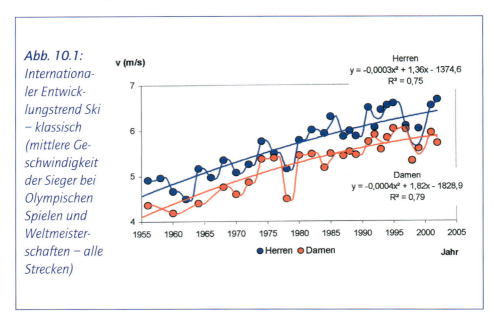

Abb. 10.1: Internationaler Entwicklungstrend Ski – klassisch (mittlere Geschwindigkeit der Sieger bei Olympischen Spielen und Weltmeisterschaften – alle Strecken)

Diese Leistungsprogression ist zu etwa 67 % auf materialtechnische Entwicklungen (Ausrüstung, maschinelle Streckenpräparation usw.) und zu ca. 33 % auf Training und damit auf die Verbesserung des physischen Leistungsvermögens der Athleten zurückzuführen (vgl. Ostrowski & Bauer, 2002).

Der Leistungstrend in der Entwicklung der Spitzenleistungen resultiert allerdings nicht allein aus der Steigerung der Trainingswirkungen im Hochleistungstraining, sondern gründet sich auch auf einem höheren Effekt des langfristigen Leistungsaufbaus in den Etappen des Nachwuchstrainings. Weltstandanalysen dienen daher nicht nur dem Aufstellen von Prognosen und Zielen für den Hochleistungsbereich, sondern sie bilden gleichzeitig den Ausgangspunkt für die Planung und Gestaltung des langfristigen Leistungsaufbaus.

Der *langfristige Leistungsaufbau* ist ein zielbestimmt gesteuerter Entwicklungsprozess der sportlichen Leistungsfähigkeit und der Leistungsbereitschaft vom Beginn des leistungssportlichen Trainings bis zum Erreichen sportlicher Höchstleistungen. Er wird als einheitlicher Prozess in inhaltlich akzentuierten und systematisch aufeinander aufbauenden Etappen sportartspezifisch konzipiert und realisiert (Schnabel, Harre & Borde, 1994, S. 404).

10.1.1 Struktur des langfristigen Leistungsaufbaus

In der modernen Trainingswissenschaft gibt es weit gehende Übereinkunft zum theoretischen Erkenntnisstand und zur Systematik des langfristigen Leistungsaufbaus. Das in **Abbildung 10.2** dargestellte Strukturmodell spiegelt dieses mehrheitlich anerkannte Gliederungssystem wider. Nach diesem Modell wird der langfristige Leistungsaufbau im Skilanglauf in die drei Abschnitte *allgemeine Grundausbildung, Nachwuchstraining und Hochleistungstraining* mit der weiteren Differenzierung des Nachwuchstrainings in die mehrjährigen Trainingsetappen *Grundlagentraining, Aufbautraining und Anschlusstraining* strukturiert.

Die einzelnen Ausbildungsetappen sind an bestimmte Altersbereiche/Altersklassen gebunden. Das Ziel jeder Ausbildungsetappe besteht in der Entwicklung ausbildungs- und altersentsprechender Leistungen und Leistungsvoraussetzungen, zu deren Realisierung bestimmte Aufgaben, Inhalte, Methoden, Belastungsanforderungen und organisatorische Lösungen umgesetzt werden müssen.

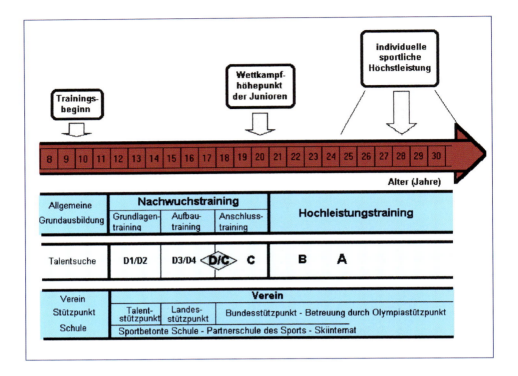

Abb. 10.2: *Struktur des langfristigen Leistungsaufbaus im Skilanglauf (modifiziert nach: Pechtl, Ostrowski & Klose, 1993)*

Der Beginn des systematischen Trainings erfolgt im Skilanglauf mit 8-10-jährigen Kindern. Bis zum Erreichen von Anschlussleistungen an die Weltspitze vergehen mindestens 10-12 Trainingsjahre. Die Mehrzahl der international erfolgreichen Skilangläufer erreicht ihre individuell höchste sportliche Leistungsfähigkeit erst nach mehr als 15 Trainingsjahren. Dieser Bereich der individuell höchsten sportlichen Leistungsfähigkeit wird als *Hochleistungsalter* bezeichnet.

10.1.2 Trainingsetappen

Die *allgemeine Grundausbildung* bildet die Vorbereitungsstufe für ein Training in einer Sportart. Sie ist gekennzeichnet durch eine weit gehend sportartübergreifende, allgemein-vielseitige Bewegungsschulung. Das Ziel der allgemeinen Grundausbildung besteht in der Entwicklung des sportlichen Interesses und in der Talentsuche.

Mit Beginn des Nachwuchstrainings erfolgt der Einstieg in das leistungs- bzw. spitzensportorientierte Training.

Das *Grundlagentraining* ist die erste Etappe des Nachwuchstrainings mit einer sport-
artgerichteten vielseitigen Grundausbildung. Dem Ausbildungsziel entsprechend, ist es
als Lern- und Talenterkennungstraining zu gestalten. Im Vordergrund steht die Herausbildung grundlegender sportartspezifischer Leistungsvoraussetzungen. Besonders gut
sind bewegungsregulierende (koordinative Fähigkeiten, technische Bewegungsabläufe)
und neuromuskuläre Leistungsvoraussetzungen (zyklische und azyklische Schnellig-
keits- und Schnellkraftleistungen) auszuprägen.

Das *Aufbautraining* stellt die zweite Etappe des Nachwuchstrainings mit einer vielseitigen sportartspezifischen Ausbildung (Anfangsspezialisierung) dar. Die Entwicklung der Leistungsvoraussetzungen muss darauf gerichtet sein, den Anpassungsspielraum des Organismus für das kommende, spezialisierte Training deutlich zu erweitern. Im Vordergrund steht die Ausprägung der energetischen Leistungsvoraussetzungen.

Das *Anschlusstraining* bildet die letzte Etappe des sportartspezifischen Nachwuchstrainings mit einer spezifischen Entwicklung der sportlichen Leistung (vertiefte Spezialisierung). Das Ziel besteht darin, den Anschluss an die sportlichen Leistungsvoraussetzungen des Hochleistungstrainings herzustellen; d. h., es sind jene Leistungsfaktoren zu entwickeln, die perspektivische Bedeutung für die Ausprägung der Spitzenleistung haben. Neben der weiteren Entwicklung der disziplinspezifischen Leistungsvoraussetzungen erfordert die Vorbereitung auf den internationalen Höhepunkt der Junioren, die Juniorenweltmeisterschaft (JWM), die Ausprägung wettkampfspezifischer Leistungsvoraussetzungen.

Am Ende des Anschlusstrainings müssen Leistungsvoraussetzungen und Belastungsmaße auf einem Niveau entwickelt sein, dass die Leistungs- und Trainingsanforderungen des Hochleistungstrainings bewältigt werden können. Alle charakteristischen Merkmale des Nachwuchstrainings werden abgelöst und es erfolgt der vollständige Übergang zu den Prinzipien des Hochleistungstrainings. Im Skilanglauf wird dazu nach Erreichen der JWM-Altersgrenze ein mehrjähriger Vorbereitungsprozess benötigt.

Das *Hochleistungstraining* ist die letzte Etappe im langfristigen Leistungsaufbau im Anschluss an das sportartspezifische Nachwuchstraining. Ziel des Hochleistungstrainings ist das Erreichen internationaler Spitzenleistungen. Die Trainingsgestaltung erfolgt individuell auf die höchstmögliche Ausprägung und richtet sich auf den Erhalt der sportartspezifischen Leistungsfähigkeit und deren Leistungsvoraussetzungen.

10.1.3 Organisationsstruktur und Fördersystem

Ein effizientes Trainingssystem ist an adäquate Rahmenbedingungen zur Sicherung der persönlichen, schulisch-beruflichen und sportlichen Entwicklung der besten Sportler gebunden. Aus dem in **Abbildung 10.2** dargestellten Strukturmodell für den langfristigen Leistungsaufbau wird ersichtlich, dass die steigenden Anforderungen der Trainingsetappen den Ausgangspunkt für eine aufsteigende Ordnung von Kaderbereichen, Organisations- und Fördermaßnahmen bilden.

Die Vielschichtigkeit der Anforderungen erfordert ein optimiertes Organisations- und Fördergefüge, das nach Martin et al. (1999)

- eine hohe Qualität des Trainings in den verschiedenen Trainingsetappen sichert.
- eine qualitativ hochwertige schulischen Ausbildung durch sinnvolle Abstimmung schulischer und sportlicher Anforderungen an geeigneten Fördereinrichtungen gewährleistet.
- eine flankierende pädagogische und soziale Betreuung beinhaltet.
- eine angemessene, prozessorientierte, wissenschaftliche Begleitung und Forschung impliziert und
- die sportmedizinische Fürsorge einschließt.

> **Die Organisationsstruktur beinhaltet das Zusammenwirken aller kooperierenden Organisationen und Institutionen, angefangen vom Spitzenverband, dem Deutschen Skiverband, den Landesfachverbänden bis zur Stützpunkt- und Vereinsebene und den verschiedenen Modellen der Kooperation zwischen Schule und Sport.**

Die Basis für das Sporttreiben ist der *Sportverein*. Im Vereinstraining erfolgt in Kooperation mit den Schulen die Sichtung talentierter Jungen und Mädchen.

Die Aufgabe des *Landesfachverbandes* besteht in der Sicherung eines vereinsübergreifenden Stützpunkttrainings für die talentiertesten Sportler sowie in der Berufung und Formierung eines Landeskaders (bis zum D-/C-Kader). Der Landesfachverband ist im Deutschen Skiverband wie im Landessportbund organisiert.

Der *Landessportbund* koordiniert die Talentsuche und -förderung auf Landesebene. Zur Führung des Prozesses beruft er den Landesausschuss Leistungssport (LA-L). Aufgabe dieses Gremiums ist die Durchsetzung des Gesamtentwicklungskonzepts für den Nachwuchsleistungssport, die Beratung und Kontrolle des Landesfachverbandes und die Bewertung der Sportart gegenüber dem Landesfachverband über Art und Umfang der weiteren Förderung (auf der Grundlage der „LA-L-Rahmenkonzeption zur Bewertung und Förderung von Sportarten ..."; Deutscher Olympischer Sportbund/Bundesausschuss Leistungssport, 1997). Eine wichtige Aufgabe besteht in der Zusammenarbeit mit dem für Sport und Schule zuständigen Landesministerium zum Auf- und Ausbau der Maßnahmen zur Talentsichtung und -förderung und der Verbundsysteme Leistungssport und Schule.

Der *Deutsche Skiverband* koordiniert, führt und fördert die Entwicklung der leistungsstärksten Sportler in so genannten *Bundeskadern* (C-, B- und A-Kader). Er trägt die Verantwortung für die Erarbeitung und Umsetzung des Rahmentrainingsplans, die Erstellung einer Gesamtkonzeption für den langfristigen Leistungsaufbau, die Bestimmung der sportartspezifischen Kaderaltersstruktur einschließlich der Erarbeitung der notwendigen Kaderkriterien; die Qualifizierung der Trainer und die Schaffung effektiver Arbeitsformen in der Zusammenarbeit mit den Landesfachverbänden.

Dachorganisation des Deutschen Skiverbandes und der Landessportbünde ist der Deutsche Olympische Sportbund (DOSB).

Der *Deutsche Olympische Sportbund* führt und koordiniert mit seinem hauptamtlichen Geschäftsbereich Leistungssport und dem Bundesvorstand Leistungssport die Entwicklung des Spitzensports in Deutschland. Die Zielstellung für den deutschen Spitzensport ist im „Nationalen Spitzensportkonzept" (DOSB, BAL) fixiert. Konzeptionelle Leitlinie zur Weiterentwicklung des Nachwuchsleistungssports ist das „Nachwuchs-Leistungs-sport-Konzept". Es bildet die Grundlage für die Nachwuchsförderung im Deutschen Ski-verband, in den Landesfachverbänden sowie in den Vereinen.

> **Das Fördersystem umfasst alle Maßnahmen der sozialen, schulischen und gesundheitlichen Unterstützung vom Trainingseinstieg bis zur Nationalmann-schaft.**

Weil vielfach Vereine auf Grund ihrer personellen, materiellen, konzeptionell-trainings-methodischen sowie Betreuungs- und Stützungsvoraussetzungen nicht in der Lage sind, ein leistungsorientiertes Grundlagen- und Aufbautraining zu realisieren, werden die ta-lentiertesten Sportler an so genannten *Stützpunkten* konzentriert. Ein Betreuungs- und Stützpunktsystem auf Bundes- und Landesebene sichert damit optimale Trainingsbe-dingungen für die jeweilige Ausbildungsetappe.

Der *Talentstützpunkt* betreut leistungsorientierte Trainingsgruppen des Grundlagen-trainings. Der Status als Talentstützpunkt wird Vereinen mit ausgezeichneter Nach-wuchsförderung durch den jeweiligen Landesfachverband zuerkannt.

Im *Landesstützpunkt* trainieren die besten Sportler, die das Grundlagentraining er-folgreich absolviert haben und sich im Aufbautraining befinden. In der Regel gehören diese Sportler dem D-Kader an. Der Status als Landesstützpunkt wird auf Antrag des Landesfachverbandes vom Landesausschuss Leistungssport zuerkannt. Die Trainingsor-ganisation erfolgt vereinsübergreifend durch den Landesfachverband unter Nutzung kommunaler oder vereinseigener Trainingsstätten.

Im *Bundesstützpunkt* trainieren die besten Sportler, die das Aufbautraining erfolg-reich bewältigt haben und sich im Anschluss- oder Hochleistungstraining befinden. Hauptsächlich wird ein qualitativ hochwertiges Training für Sportler des A-, B- und C-Kaders gesichert. Der Status als Bundesstützpunkt wird vom Deutschen Sportbund/Bundesausschuss Leistungssport und dem Bundesministerium des Inneren vergeben. Er ist eine Einrichtung des Spitzenfachverbandes.

Olympiastützpunkte sind Serviceeinrichtungen des Bundes (DOSB, BAL, BMI) für den Spitzensport. Sie haben die Aufgabe, eine umfassende Betreuung der Bundeskader, die im Bundesstützpunkt trainieren, zu sichern. Betreuungsbereiche sind Trainingswissen-schaft (Leistungsdiagnostik, Trainingssteuerung), Sportmedizin/Physiotherapie (leis-tungsphysiologische Diagnostik, Prävention und Prophylaxe, Rehabilitation) und Lauf-bahnberatung (soziale und berufliche Betreuung und Förderung).

Mit steigendem Lebensalter erhöhen sich nicht nur die Trainingsanforderungen, sondern nehmen auch die schulischen Beanspruchungen deutlich zu. Die Förderung und Betreuung von Talenten im schulpflichtigen Alter wird über ein nationales Netz von Leistungs-sport-Schule-Verbundsystemen in enger Bindung zu den Olympiastützpunkten gewährleistet. Vor allem die *sportbetonte Schule* mit eingegliedertem *Sportinternat* und das Sportinternat mit angebundener Partnerschule stellen derzeit effiziente Modelle dar.

10.1.4 Kadersystem

Das Kadersystem bildet die Grundlage für die Auswahl der Sportler für eine gezielte Förderung und beschreibt die verschiedenen Entwicklungs- und Förderstufen. Die Einstufung in einen Kader erfolgt auf der Basis bundeseinheitlicher Kaderkriterien, die durch den Deutschen Skiverband in Abstimmung mit den Landesfachverbänden erarbeitet werden. Voraussetzung für die Berufung in einen Kader ist ein systematisches, in der Regel mehrjähriges Training.

Die Berufungen erfolgen jährlich zu Beginn des neuen Trainings- und Wettkampfjahres für den Landeskader durch die Landesfachverbände und für den Bundeskader durch den Deutschen Skiverband. Das Verfahren zur Berufung oder auch Abberufung wird auf Landesebene in den Leistungssportkonzeptionen der Landesfachverbände, für Bundeskader in der Leistungssportrahmenkonzeptionen des Deutschen Skiverbandes geregelt.

Der *D-Kader* mit seiner Unterteilung in die Stufen D1-D2 (Grundlagentraining) und D3-D4 (Aufbautraining) bildet den Schwerpunkt der Landesförderung. Die Landesfachverbände fördern im D-Kader die talentiertesten Sportler des Grundlagen- und Aufbautrainings. Die Zugehörigkeit ist in der Regel auf 4-6 Jahre begrenzt.

Der *D-/C-Kader* ist der Übergangskader von der Landes- zur Bundesförderung. Er wird vom Deutschen Skiverband berufen, jedoch weiterhin in Verantwortung der Landesfachverbände trainiert und gefördert. Hinsichtlich der Leistung liegt der D-/C-Kader über dem D- und in Bezug auf das Alter unter dem bzw. im Altersbereich des C-Kaders. Er wird in zentrale Schulungsmaßnahmen des Deutschen Skiverbandes einbezogen. Die Zugehörigkeit ist in der Regel auf 1-2 Jahre begrenzt. Die D-/C-Kaderzugehörigkeit endet spätestens mit dem Erreichen der international geltenden Altersgrenze für Junioren.

Der *C-Kader* ist der Bundesnachwuchskader des Deutschen Skiverbandes. Er umfasst die besten Nachwuchssportler Deutschlands, die sich im Anschlusstraining auf internationale Juniorenhöhepunkte und auf den erfolgreichen Übergang zum Hochleistungstraining vorbereiten. Die Zugehörigkeit zum C-Kader endet mit dem Erreichen der international geltenden Altersgrenze für die Junioren.

Der *B-Kader* ist der Bundesentwicklungs- und -anschlusskader des Deutschen Skiverbandes, in dem Sportler im Hochleistungstraining zusammengefasst sind, die in ca. 3-5 Jahren den Anschluss an die Weltspitze schaffen können.

Der *A-Kader* ist der Spitzenkader des Deutschen Skiverbandes. In ihm befinden sich Sportler, die sich auf internationale sportliche Höhepunkte wie Olympische Spiele und Weltmeisterschaften vorbereiten.

Neben der Dimension des Förderzeitraums spielt für ein System der Talentförderung auch die Zahl der zu fördernden Kadersportler eine Rolle. Grundprinzip dabei ist, dass im Verlauf des langfristigen Leistungsaufbaus jede nächsthöhere Trainingsetappe einer quantitativ ausreichenden Untersetzung mit qualitativ gut ausgebildeten Sportlern bedarf. Hierfür wird der Begriff *Kaderpyramide* verwendet. Er verdeutlicht, dass jede Spitze eine breite Basis erfordert.

Als Orientierungsgröße für die Kaderpyramide fungiert die Zahl der möglichen Startplätze bei den internationalen Wettkampfhöhepunkten. Den Maßstab der Landesfachverbände für die Konzipierung der Nachwuchskaderkreise bildet also die Bundeskadergröße und der daraus resultierende Anteil des jeweiligen Landesfachverbandes, der für die Absicherung der Leistungsspitze im Bundesmaßstab erbracht werden soll. Aufgabe des Spitzenverbandes und der Landesfachverbände ist es, den Prozess der Kaderentwicklung anhand geeigneter Sichtungs- und Selektionsverfahren ständig zu kontrollieren, um die erforderliche Zahl von Kadersportlern zu sichern.

In **Abbildung 10.3** ist das Grundschema einer Kaderpyramide dargestellt. Die Kaderzahlen einer Kaderpyramide stellen damit im Talentfördersystem eine wichtige Planungsgröße.

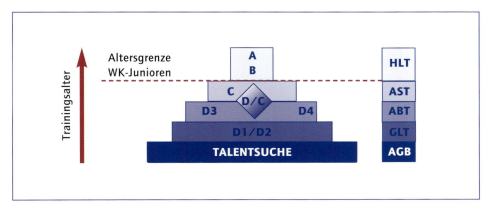

Abb. 10.3: Grundschema einer Kaderpyramide

10.1.5 Bestimmungsfaktoren für die Planung des langfristigen Leistungsaufbaus

Tendenzen im internationalen Spitzenbereich (Veränderungen im Regelwerk, Weiterentwicklung von Material und Ausrüstung, Einführung neuer Techniken usw.), durch den Leistungsprogress der Weltspitze bedingte Veränderungen der Leistungsstruktur, Altersgrenzen, in denen sportliche Höchstleistungen entwickelt und erreicht werden können und die Gesetzmäßigkeit zur Entwicklung der verschiedenen Komponenten der sportlichen Leistungsfähigkeit sind nach Harre (1986), Platonov & Sachnovskij (1988), Rost (1983) objektiv wirkende Faktoren, die bei der Konzipierung des langfristigen Leistungsaufbaus berücksichtigt werden müssen.

Den Ausgangspunkt bei der Planung bildet die Bestimmung der Altersgrenzen, in denen sportliche Höchstleistungen erwartet werden können und die Ausrichtung des langfristigen Leistungsaufbaus auf diesen Bereich. Im Skilanglauf liegt das so genannte *Hochleistungsalter* bei den Damen und Herren zwischen 25 und 31 Jahren. Wie **Abbildung 10.4** zeigt, hat sich dieser Bereich seit 1956 kaum verändert.

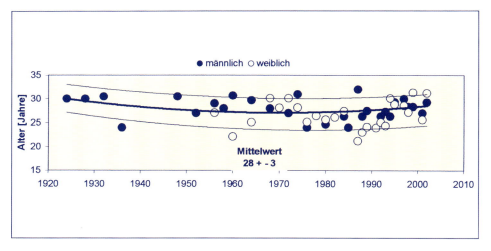

Abb. 10.4: Alter von Olympiasiegern und Weltmeistern im Skilanglauf

Allerdings gibt es hin und wieder Athleten, die Weltspitzenleistungen in einem Alter erzielen, welches zum Teil beträchtlich vom internationalen Hochleistungsalter abweicht. Als Beispiele hierfür seien Julija Tchepalova, Kristina Smigun, Evi Sachenbacher genannt, die bereits als ganz junge Athletinnen in die Weltspitze vordringen konnten. Bezogen auf das kalendarische Alter, erreichten Hilde Pedersen, Anita Moen, Ljubov Egorova, Jaak Mae, Frode Estil und Andrus Veerpalu relativ spät den Anschluss an die Weltspitze.

Retrospektive Analysen der Dynamik der langfristigen Leistungsentwicklung der besten Skilangläufer des Weltcups 2000-2002 auf der Basis von FIS-Punkten (Penaltyliste) (vgl. Ostrowski & Bauer, 2002) ergaben zunächst eine relativ große Individualität der Entwicklungsverläufe **(Abb. 10.5)**. Bei der Reduktion auf das Wesentliche wurde allerdings deutlich, dass einzelne Athleten zwar einen zeitlich versetzten Entwicklungsverlauf haben, nach dem Erreichen des internationalen Juniorenniveaus (35-Punkte-Linie) jedoch alle in ca. fünf Jahren zur Seniorenweltspitze aufschließen können. Unabhängig vom kalendarischen Alter bei Trainingsbeginn werden im Skilanglauf ca. 10-15 Trainingsjahre bis zum Erreichen der individuell höchsten sportlichen Leistungsfähigkeit benötigt. Wichtig dabei ist, dass das Erreichen der individuell höchsten sportlichen Leistungsfähigkeit mit dem Hochleistungsalter im Skilanglauf zusammenfällt. Bereits 1977 wiesen Plochoj, Siris & Cudinov auf diesen Zusammenhang hin.

Bei der Konzipierung des langfristigen Leistungsaufbaus sollten die Entwicklungsverläufe solcher „Ausnahmeathleten" jedoch nicht zum Maßstab des Vorgehens genommen werden. Die Orientierung am Trend, nach welchem die Mehrzahl erfolgreicher Athleten ihren langfristigen Leistungsaufbau vollzieht, sollte Orientierung für die Planung sein.

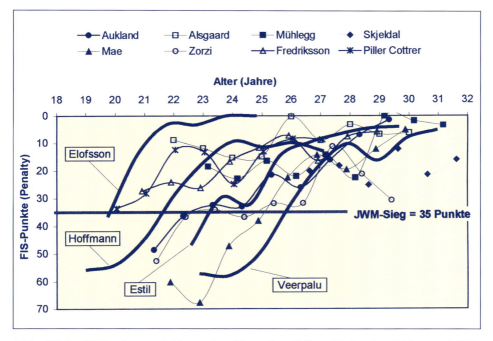

Abb. 10.5: *FIS-Punkteentwicklung der führenden Skilangläufer des Weltcups 2000-2002*

Eine Ursache für die relativ lange Zeitdauer vom Trainingsbeginn bis zum Erreichen von internationalen Spitzenleistungen im Skilanglauf, im Vergleich zu anderen Sportarten, bildet der anhaltende Leistungsprogress der Weltspitze. Das Hauptproblem, welches sich daraus für den langfristigen Leistungsaufbau ergibt, ist die Bewältigung der ständig zunehmenden Differenzen zwischen den Einstiegsleistungen bei Trainingsbeginn und den späteren Finalleistungen im Hochleistungsbereich. Bei relativer Konstanz des Hochleistungsalters muss im Nachwuchstraining in gleicher Ausbildungszeit ein immer höheres Niveau der disziplinspezifischen Leistungsvoraussetzungen entwickelt werden. Ein Leistungsniveau, welches im Skilanglauf beispielsweise 1980 zum Olympiasieg geführt hat, reicht 15 Jahre später nicht einmal mehr zu einer vorderen Platzierung bei den Juniorenweltmeisterschaften **(Abb. 10.6)**.

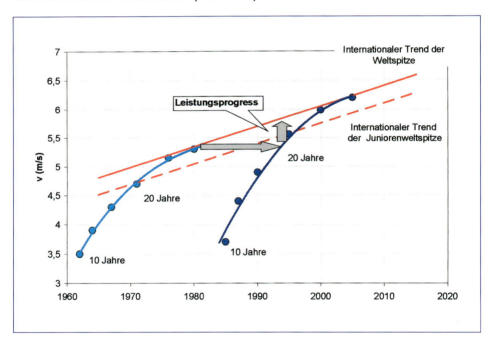

Abb. 10.6: *Verlauf der Leistungsentwicklung im langfristigen Leistungsaufbau – Damen (mittlerer Trend der Wettkampfgeschwindigkeit klassisch, bezogen auf die 10 km Distanz)*

Diese Problematik macht deutlich, dass das Erreichen der Weltspitze wesentlich vom Leistungsniveau im Juniorenbereich bestimmt wird. Erfolgsaussichten auf spätere Spitzenleistungen haben in der Regel nur die Athleten, die bereits im Juniorenalter leistungsauffällig sind und die Juniorenspitze mitbestimmen. Selbst unter diesen Voraussetzungen muss die Wettkampfleistung bis zum Erreichen der Weltspitze um weitere

3,5-5 % gesteigert werden. Dafür sind im Durchschnitt fünf Trainingsjahre erforderlich. Wie bereits vorhin festgestellt, schaffen nur wenige Spitzenathleten den Anschluss an die absolute Weltspitze in weniger als fünf Jahren.

10.1.6 Belastungsgestaltung

Eine ausführliche Beschreibung der Belastungsgestaltung erfolgt in Abschnitt 10.2-10.7. An dieser Stelle sollen dazu nur einige Hinweise aus der Gesamtsicht des langfristigen Leistungsaufbaus gegeben werden.

Prinzipiell sind modifizierte Entwicklungswege möglich, um höchste sportliche Leistungen zu erzielen. Individuell gestaltete Karriereverläufe verlaufen in der Regel aber nur dann erfolgreich, wenn die Systematik und Folgerichtigkeit des Trainings- und Leistungsaufbaus über alle Trainingsetappen gewährleistet wird und die erforderlichen physischen, technomotorischen und psychisch-affektiven Grundlagen bereits im Kindes- und Jugendalter gelegt werden. Das erfordert, die ontogenetischen Besonderheiten im Entwicklungsprozess der Kinder und Jugendlichen zu beachten. Bei der Konzipierung des langfristigen Leistungsaufbaus lautet deshalb die vordringliche Aufgabe, den Trainingsprozess systematisch und altersgerecht zu gestalten. Das heißt, Trainingsziele und Trainingsinhalte verändern sich im Verlauf der Ausbildungetappen. Die Anteile zwischen aufgabenbezogenem Voraussetzungstraining und komplexem, leistungsausprägenden Training verlagern sich, nach Martin et al. (1999), im Verlauf des langfristigen Leistungsaufbaus in Richtung eines komplexen, leistungsausprägenden Trainings mit zunehmendem Bezug zur sportartspezifischen Leistungsstruktur (Abb. 10.7).

In Abhängigkeit vom individuellen Vorbereitungs- und Entwicklungsstand, von der Zielstellung der Trainings- und Ausbildungsetappe und des jeweiligen Zyklus im Trainingsjahr können als Richtlinie die in Tabelle 10.1 fixierten Orientierungen gegeben werden.

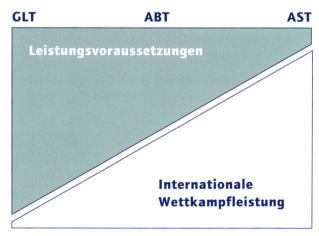

Abb. 10.7:
Veränderung der
Relationen zwischen
leistungsvoraussetzendem
und -ausprägendem
Training im langfristigen
Leistungsaufbau
(Martin et al., 1999)

LANGFRISTIGER LEISTUNGSAUFBAU

Tab. 10.1: Orientierungswerte für die Entwicklung der Hauptbelastungskennziffern im langfristigen Leistungsaufbau

	Allg. Grund-ausbildung	Nachwuchstraining			Hochleistungs-training
		GLT	ABT	AST	
Trainingswochen	40	44	46	48	50
Gesamttrainings-umfang (h)	-200	200-400	400-900	900-1.200	1.200-1.500
Trainingseinheiten pro Woche	1-2	2-4	4-6	6-10	10–14
Stunden pro Woche Spezielles Training:	2-4	3-8	8-12	12-20	20-30
Umfang (km)	Vielseitige Skiausbildung		1.200-4.000	4.000-7.000	7.000-1.0000
Anteil am Gesamttraining (%)		< = 50			> 50

10.2 Trainingsplanung und Belastungsgestaltung

10.2.1 Elemente der Trainingsstruktur

Nach der Wettkampfsaison müssen sich Sportler und Trainer mit der Planung des Trainings für das folgende Jahr auseinander setzen. Bevor neue Ziele formuliert werden, gilt es, das Training und die Wettkämpfe des letzten Jahres zu analysieren. Eine differenzierte Beurteilung des vorangegangenen Trainings bildet die Grundlage für die Festlegung der Trainingsziele, Inhalte und Methoden. Eine regelmäßig durchgeführte Wettkampfanalyse hilft, die Wirksamkeit des absolvierten Trainings einzuschätzen, Leistungsdefizite zu erkennen und mögliche Veränderungen in der Wettkampfstruktur aufzuhellen. Daraus lassen sich Konsequenzen für die weitere Gestaltung des Trainings ziehen.

Nach dem Prinzip der kontinuierlichen Belastungssteigerung im langfristigen Leistungsaufbau wäre für das kommende Trainingsjahr eine Umfangssteigerung zu planen. Kann der Sportler im Kindes- und Jugendalter seine Trainingsbelastungen von Jahr zu Jahr erheblich erhöhen, so sind Umfangssteigerungen bei Leistungssportlern nur noch in den ersten Jahren ihrer Karriere möglich.

Der Trainingsumfang kann nicht grenzenlos gesteigert werden. Die obere Belastungsgrenze liegt zwar nicht bei jedem Skilangläufer gleich hoch, doch im Mittel wird sie bei etwa 1.200-1.400 Trainingsstunden im Jahr erreicht. Das wichtigste Trainingsprinzip, die progressive Belastungssteigerung, kann also nicht uneingeschränkt zur Anwendung kommen. Und dennoch will jeder im Rahmen seiner Möglichkeiten jedes Jahr Topleistungen erbringen. Diese zeitlichen Einschränkungen erfordern ein intelligentes trainingsmethodisches Vorgehen in der Weise, dass bei gleicher Gesamttrainingsbelastung die Leistung erhalten oder sogar noch gesteigert werden kann. Dass dies möglich ist, belegten eindrucksvoll eine Reihe von Leistungssportlern, die über ein Jahrzehnt Weltspitzenleistungen in ihrer Sportart erbringen.

Für ein zielorientiertes und methodisch durchstrukturiertes Skilanglauftraining sind Trainingsbelastungen und Erholungsphasen optimal zu planen. Hierzu ist ein systematisches Vorgehen bei der Trainingsplanerstellung erforderlich. In **Abb. 10.8** werden die grundlegenden Bestimmungs- und Ausführungselemente zur Strukturierung des Skilanglauftrainings dargestellt. Das Training muss auf die aktuelle Wettkampf- und Leistungsstruktur der Skilanglaufdisziplinen (s. Kap. 6), die Leistungsvoraussetzungen des Sportlers, d. h. auf die individuelle Leistungsfähigkeit, Belastbarkeit und Trainierbarkeit sowie auf das Trainingsziel abgestimmt werden. Erst wenn hinsichtlich der einzelnen Elemente hinreichend Klarheit besteht, kann mit der konkreten Trainingsplanung be-

gonnen werden. Hierbei geht es dann um die Festlegung und zeitliche Anordnung der Trainingsmittel, der Trainingsbereiche, der Trainingsmethoden und der Belastungskenngrößen für einen bestimmten Trainingszeitraum. Bei diesem Planungsschritt wirken allgemeine Prinzipien des sportlichen Trainings unterstützend. Zur Kontrolle der Trainingsbelastungen sind Beanspruchungskenngrößen wie die Herzfrequenz heranzuziehen. Die wirksame Umsetzung der Trainingskonzeption hängt entscheidend davon ab, ob es gelingt, die Trainingskennziffern zielgerichtet auf das Leistungspotenzial des Sportlers abzustimmen.

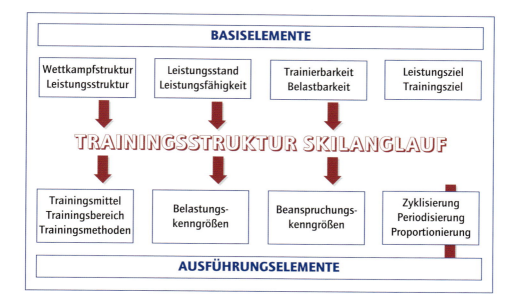

Abb.10.8: Elemente zur Strukturierung des Skilanglauftrainings

Sind die bestimmenden Elemente für die Trainingsstruktur erfasst und festgelegt, kann mit der konkreten Trainingsplanung begonnen werden, d. h. Trainingsmittel, Trainings-bereiche, Trainingsmethoden sowie Belastungs- und Beanspruchungskenngrößen wer-den definiert und zeitlich über den Trainingszeitraum angeordnet. Die zeitliche Anord-nung richtet sich nach den Terminen der Hauptwettkämpfe. Das Trainingsjahr wird in mehrere Perioden und unterschiedliche Zyklen gegliedert und ein erster Entwurf des Jahrestrainingsplans erstellt. Das Vorgehen wird in **Abb. 10.9** skizziert.

LANGFRISTIGER LEISTUNGSAUFBAU

Abb. 10.9: Vorgehen bei der Trainingsplanung

10.2.2 Planung von Belastung und Erholung

Trainingsanpassungen bzw. Verbesserungen der sportlichen Leistung können sich nur vollziehen, wenn auf eine Trainingsbelastung auch eine hinreichende Erholungsphase folgt. Dieser Wechsel zwischen Belastung und Erholung muss im Trainingsprozess vorausgeplant werden und darf nicht dem Zufall überlassen werden. Die Planung der Trainingsmaßnahmen ist insofern genauso wichtig für den Trainingserfolg wie die Planung der Erholungszeiträume. Insofern erfolgt die Planung des Trainings in Zyklen.

Ein Trainingszyklus beschreibt einen ziel- und aufgabenbezogenen Trainingsabschnitt über mehrere Monate (Makrozyklus), 2-4 Wochen (Mesozyklus) oder 2-10 Tage (Mikrozyklus), wobei in der Regel Wochenzyklen als Mikrozyklen eingesetzt werden. Nach jedem Belastungszyklus folgt eine Entlastungsphase. Der folgende Zyklus beginnt dann auf einem höheren Niveau. Die Dauer eines Zyklus steht in Abhängigkeit zur Belastbarkeit des Sportlers. Hochleistungssportler können längere Zyklen wählen als Leistungs- und Freizeitsportler. Im Ausdauertraining hat sich ein 2:1- und 3:1-Zyklus bewährt, d. h., es wird zwei bzw. drei Tage (Wochen) mit ansteigenden und danach ein Tag (eine Woche) mit reduzierten Trainingsbelastungen trainiert. Für Nachwuchsathleten gilt der 2:1-Zyklus. Dem Organismus soll in der Entlastungsphase (Erholungsphase) hinreichend Zeit zur Verarbeitung der Trainingsreize gegeben werden.

Um ein bestimmtes Trainingsziel zu erreichen, ist es notwendig, in einem Mesozyklus (Trainingsetappe) die Mikrozyklen mehrfach zu durchlaufen. Dies forciert die Wirkrichtung des Trainings und stabilisiert die Leistungsfähigkeit auf einem höheren Niveau. Nach einer Trainingsetappe mit mehreren Mikrozyklen ist eine Entlastungsphase von mehreren Tagen einzulegen.

Die inhaltliche Gestaltung des Mikrozyklus orientiert sich stets an den Zielen und Aufgaben, die in den Vorbereitungsperioden zu erreichen sind.

10.2.3 Periodisierung

Unter *Periodisierung* versteht man die mittelfristige Einteilung des Jahrestrainings in Perioden mit dem Ziel der Herausbildung der sportlichen Form. Im Leistungssport steuert die Periodisierung eine Topform an den Wettkampftagen an. Je nach Zielstellung und in Abhängigkeit vom Wettkampfkalender erfolgt die Herausbildung über eine einfache (Jahresvorbereitung zielt auf einen Höhepunkt), zweifache oder mehrfache Periodisierung. Im Skilanglauf wird in der Regel eine Einfachperiodisierung gewählt. Das Trainingsjahr wird in drei Vorbereitungsperioden, eine Wettkampfperiode und eine Übergangsperiode gegliedert. Die lange, etwa 20-wöchige Wettkampfperiode trifft nur den Spitzensportler, der an der Weltcupserie teilnimmt. Die ersten Wettkämpfe im Weltcup beginnen bereits in der 47. Woche. Um auch noch eine gute Form bei den letzten Rennen im April zu haben, wird die Wettkampfperiode in der Regel in mehrere Etappen mit unterschiedlichen Zielen eingeteilt **(Abb. 10.10)**. Bei Nachwuchsathleten fällt die Wettkampfperiode in der Regel kürzer aus. Auf Grund des relativ spät einsetzenden Schneefalls der letzten Jahre konnten die ersten Skirennen manchmal erst im Januar durchgeführt werden. Die Abhängigkeit vom Schnee erschwert erheblich die Jahresplanung.

Das neue Trainingsjahr beginnt nach einer drei- bis vierwöchigen Übergangsperiode etwa Anfang Mai mit der allgemeinen Vorbereitung I. In dieser Periode wird mit allgemeinen Trainingsmitteln die Basisausdauer erworben. Grundsätzlich trainiert man in den drei Vorbereitungsperioden vom Allgemeinen zum Speziellen bei zunehmenden Belastungsanforderungen. Während der Wettkampfperiode werden die Leistungen ausgeprägt und stabilisiert. Trainingsprogramme müssen auf die Wettkämpfe äußerst genau abgestimmt werden, um Leistungseinbrüche zu vermeiden.

Beliebt sind bei allen Skiläufern die großen Skiereignisse in Europa (Wasalauf, Engadiner Skimarathon, König-Ludwig-Lauf, Schwarzwaldmarathon, Braunlager Marathon, Rennsteiglauf, Gsiesertal-Marathon u. a.).

Tab. 10.2: Periodisierung im Skilanglauf

Periode	Monat	Woche	Dauer
Vorbereitungsperiode I	Mai-Juni	18-27	10 Wo.
Vorbereitungsperiode II	Juli-Sep.	28-37	10 Wo.
Vorbereitungsperiode III	Okt.-Nov.	38-45	8 Wo.
Wettkampfperiode	Dez.-März	46-13	20 Wo.
Übergangsperiode	April	14-17	4 Wo.

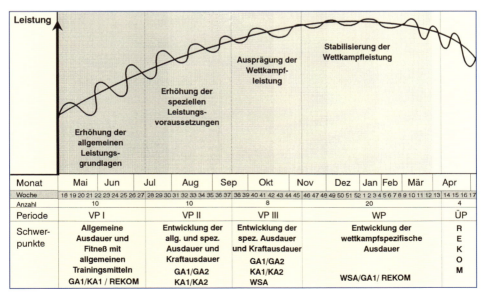

Abb. 10.10: Periodisierung im Skilanglauf

10.2.4 Trainingsmittel

Die Trainingsmittel haben im Jahresverlauf unterschiedliche Anteile. In der Vorbereitungs-periode I trainiert der Sportler etwa 80 % des Gesamttrainingsumfangs mit allgemeinen Trainingsmitteln (Mountainbike, Straßenrad, Cross-Lauf, Paddeln) und etwa 20 % mit semispezifischen Trainingsmitteln (Skiroller, Inlineskates, Zugseil, Rollbrett u. a.). In der Vor-bereitungsperiode II beträgt der Anteil der allgemeinen und semispezifischen Trainings-mittel jeweils etwa 50 %. Die Vorbereitungsperiode III setzt den Schwerpunkt mit etwa 65 % auf die semispezifischen Trainingsmittel.

Der Anteil des semispezifischen Trainings reduziert sich, sofern ein Schneetraining (Gletscher) möglich ist. Die allgemeinen Trainingsmittel weisen im Mittel einen Anteil von ca. 35 % auf. In der Wettkampfperiode wird der Ski als spezifisches Trainingsmittel mit 80 % des Gesamttrainingsumfangs genutzt. Semispezifische Trainingsmittel werden nur dann eingesetzt, wenn längere, schneelose Perioden überbrückt werden müssen. Allgemeine Trainingsmittel werden zur Kompensation, zur Aufwärmung und zur Regeneration genutzt. Sie stellen auch in der Übergangsperiode die Haupttrainings-mittel. **Abb. 10.11** gibt einen Überblick über die prozentuale Verteilung der Trainings-mittel im Jahresverlauf.

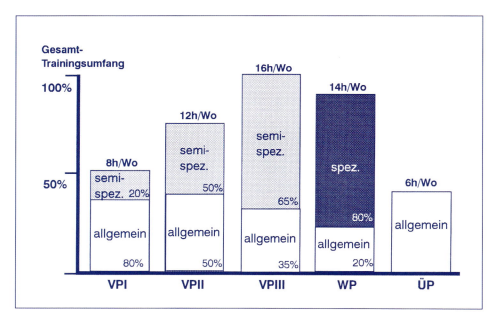

Abb. 10.11: Verteilung der Trainingsmittel (TM) im Jahresverlauf (allgemeine TM: Lau-fen, Rad fahren, Paddeln, Schwimmen, Große und Kleine Spiele, u. a.; semispezifische TM: Skiroller, Inlineskates, Zugseil, Rollbrett, Gleitboard u. a.)

10.2.5 Trainingsbereiche und Trainings- proportionierung

Die Gewichtung und Verteilung des GA-, KA- und WSA-Trainings im Jahresverlauf gehört zu den schwierigsten Aufgaben der Trainingsplanung. Allgemein gültige Angaben können hierzu nicht gemacht werden. Die Proportionen werden zwar primär von der Leistungsstruktur der jeweiligen Sportart bestimmt, müssen jedoch auf die individuellen Voraussetzungen des Sportlers, auf seine aktuelle Leistungsfähigkeit und seine sozialen Umweltfaktoren abgestimmt werden. Außerdem unterscheiden sie sich in den Trainingsperioden und -etappen **(Abb. 10.12)**.

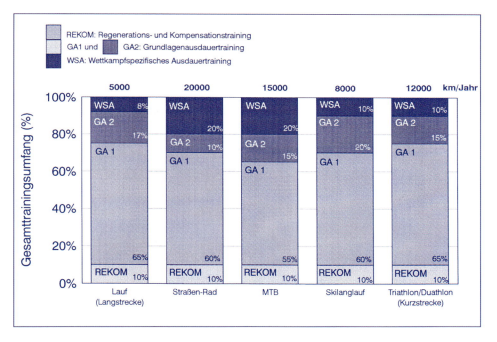

Abb. 10.12: Trainingsproportionen in Ausdauersportarten

In den Vorbereitungsperioden (VP) liegt der Schwerpunkt der Trainingsmaßnahmen auf der Entwicklung der Grundlagenausdauerfähigkeit.

In der VP I spielt das GA 1-Training mit allgemeinen Trainingsmitteln die dominierende Rolle. In den folgenden Vorbereitungsperioden nimmt der Anteil der semispezifischen Trainingsmittel und der des intensiveren GA 2- und KA 2-Trainings zu.

In der Wettkampfperiode erhöht sich der Anteil des WSA- und REKOM-Trainings, d. h., es wird häufiger mit höheren Intensitäten und auch häufiger im REKOM-Bereich trainiert. Der Trainingsumfang liegt etwa 10 % niedriger als in der VP III.

LANGFRISTIGER LEISTUNGSAUFBAU

In der Übergangsperiode gilt es, sich von den Wettkampfstrapazen zu erholen. Hier steht ein niedrig dosiertes Training im Vordergrund. Zusätzlich wird ein kompensatorisches Training in einer anderen Sportart durchgeführt.

Grundsätzlich sind ganzjährig alle genannten Fähigkeiten in unterschiedlichen Anteilen zu trainieren. Während einer Periode darf nicht ausschließlich eine Fähigkeit entwickelt werden. So sind beispielsweise bei einer Akzentuierung des Grundlagenausdauertrainings zur Durchbrechung sterotyper Bewegungsmuster kurze, intensive Belastungen (Sprints, Steigerungen) stets erforderlich.

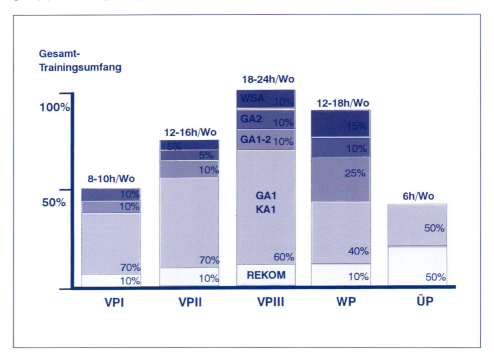

Abb. 10.13: *Mögliche Trainingsproportionen im Jahresverlauf bei Leistungssportlern*

10.2.6 Wochenplanung in den Trainingsperioden für ambitionierte Skilangläufer

Die Trainingsgestaltung ambitionierter Skiläufer wird im Folgenden anhand exemplarischer Wochentrainingszyklen aus den Vorbereitungs- und Wettkampfperioden erläutert. Um Grundstrukturen und Trainingsprinzipien eines Wochenzyklus klar hervorzuheben, wurde eine grafische Darstellungsform (Säulendiagramm) gewählt. Die Höhe einer Säule spiegelt dabei den zu erwartenden Beanspruchungsgrad einer Trainingseinheit hinsichtlich Umfang, Dauer und Intensität wider. So kann beispielsweise eine extensive GA 1-Trainingseinheit über mehrere Stunden vom Beanspruchungsgrad her genauso hoch sein wie ein kurzes, hochintensives Wettkampftraining (WA-Training).

Vergleicht man die Grafiken von der Vorbereitungsperiode I bis zur Wettkampfperiode miteinander, so werden wesentliche Grundprinzipien des Jahrestrainingsaufbaus (Zunahme der Trainingsbelastungen bzw. des Beanspruchungsgrades, Erhöhung der Anteile der semispezifischen und spezifischen Trainingsmittel) deutlich. Diese Prinzipien gelten für alle Sportler. Insofern können Sportler unterschiedlicher Leistungsfähigkeit von den Rahmenwochenplänen profitieren. Die methodischen Belastungsgrößen (Umfang, Dauer, Dichte, Intensität) muss der Sportler nach seiner Leistungsfähigkeit und seiner zur Verfügung stehenden Wochentrainingszeit selbst festlegen. Wichtig ist dabei, dass die Grundstruktur des Wochenprogramms und der Gesamttrainingsaufbau erhalten bleiben. Jede Trainingseinheit beinhaltet neben dem Hauptprogramm ein Warm-up- und Cool-down-Programm.

Training in den Vorbereitungsperioden

Das Ziel des Trainings in den Vorbereitungsperioden besteht in der Schaffung grundlegender und spezieller Leistungsvoraussetzungen für das Erreichen der Topform. Nach der Übergangsperiode wird das Training langsam wieder aufgenommen. Der Wiedereinstieg sollte höchstens bei zwei Drittel der Umfänge liegen, mit denen die Wettkampfperiode im März beendet wurde. Alle, die ihr Training nach Herzfrequenz- oder Geschwindigkeitsvorgaben steuern, müssten eine Neubestimmung der individuellen Werte vornehmen. Nach der Übergangsperiode haben sich die Intensitätsbereiche mehr oder weniger stark verändert. Ambitionierten Skiläufern ist nach einer etwa ein- bis zweiwöchigen Trainingsgewöhnungsphase zu empfehlen, eine leistungsdiagnostische Untersuchung durchzuführen, um den Leistungsstand genau zu bestimmen und die Eckwerte des Trainings festzulegen.

Rad fahren als allgemeines Trainingsmittel für Skilanglauf

Vorbereitungsperiode I (Mai-Juni)

Ziel der Vorbereitungsperiode I (VP I) ist die Schaffung allgemeiner Leistungsvorausset-zungen. Erreicht wird dies durch Fitness-, Kraft- und Grundlagenausdauertraining mit vorwiegend allgemeinen Trainingsmitteln. Dies erfordert eine sinnvolle Anordnung der Trainingseinheiten im Wochenzyklus (zwei Belastungsblöcke von je zwei Tagen) **(Abb. 10.14)**. Das Trainingsprogramm der 10-wöchigen VP I wird zyklisch gestaltet, d. h., nach 2-3 Trainingswochen mit ansteigenden Belastungen wird eine Entlastungswoche zur Regeneration mit etwa 60 % des Vorwochenumfangs eingelegt.

Aus inhaltlicher Sicht ist das Fitnesstraining vielseitig und auf die Entwicklung ko-ordinativer und konditioneller Fähigkeiten ausgerichtet (z. B. Skigymnastik, Ballspiele) und das Krafttraining zielt auf eine allgemeine Muskelkräftigung (Circuittraining) unter besonderer Berücksichtigung der Rumpfmuskulatur (s. Kap. 9.3.2). Zusätzlich kann 1x wöchentlich ein Gerätetraining zur Erhöhung der Maximalkraft (s. Kap. 9.3.2) wahrge-nommen werden. Der Schwerpunkt in der allgemeinen Vorbereitungsperiode (VP I) liegt hingegen auf der Entwicklung der Grundlagenausdauerfähigkeit mit allgemeinen Trainingsmitteln (MTB, Cross-Lauf).

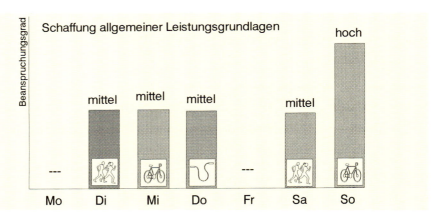

Abb. 10.14: Wochenzyklus in der Vorbereitungsperiode I (Mai-Juni)

Beispielprogramme (ohne Warm-up und Cool down)	
Mo.:	Fitness- und Kompensationstraining.
Di.:	Intensiver Dauerlauf (GA 1-2) 0:45-1:15 h im leicht profilierten Gelände.
Mi.:	Morgens: Armkraft: Intensives Rollerschieben im ansteigenden Gelände bis etwa 8 % (KA 2), z. B. 2-4 x über 2-3 km, aktive Pause 3-5 min.
	Nachmittags: Beinkraft: Extensive Mountainbikefahrt (KA 1) 1:30-2:30 h.
Do:	REKOM (Schwimmen, Wandern, Massage o. a.).
Fr.:	Krafttraining an Geräten.
Sa.:	Cross-Lauf (KA 1) 0:45-1:15 h im mittelprofilierten Gelände.
So.:	Extensive Radfahrt (GA 1) 3:00-4:00 h oder Paddeln 2:00-3:00 h.

Vorbereitungsperiode II (Juli-August)

Ziel der Vorbereitungsperiode II ist die Schaffung spezieller Leistungsgrundlagen. Dazu erhöht sich das Krafttraining sowie der Anteil semispezifischer Trainingsmittel. Der Gesamtbelastungsumfang nimmt weiterhin zu. Die Trainingswoche wird in zwei- bzw. dreitägige Belastungsblöcke eingeteilt. Nach jedem Belastungshöhepunkt folgt ein Tag mit regenerativen bzw. kompensatorischen Maßnahmen, um die Leistungsfähigkeit des Organismus wiederherzustellen und um Überforderungen zu vermeiden. Auch sollte, wie in der VP I, nach zwei 2-3 Trainingswochen mit ansteigenden Beanspruchungen eine Regenerationswoche eingelegt werden (Abb. 10.15).

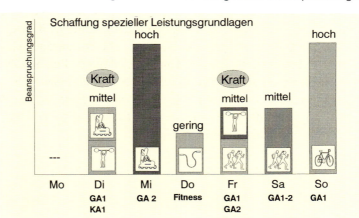

Abb. 10.15:
Wochenzyklus in der Vorbereitungsperiode II (Juli-August)

Beispielprogramme (ohne Warm-up und Cool-down)

Mo.: Fitness- und Kompensationstraining (etwa 1:30 h).

Di.: Morgens: Rollskilauf oder Inlineskating nach der Dauermethode:
    1. Armkraft (KA 1): Doppelstockschübe 20-30 min.
    2. Beinkraft (KA 1): Schlittschuhschritt ohne Stockeinsatz 30 min.
    3. Arme & Beine komplex (GA 1) 40-50 min.
    Abends: 1. Kraftausdauertraining (Arme) mit Zugseil bzw. Rollbrett
          (z. B. 4-6 x 5 min mit 2 min Pause).
          2. Krafttraining an Geräten (Beine).

Mi.: Abends: Intensives Training mit Rollski oder Inlineskates nach der Fahrtspielmethode (GA 2) 1:00-1:20 h.

Do. REKOM bzw. Fitnesstraining (etwa 1:30 h).

Fr.: Morgens: 1. Stockimitationsläufe: 3-5 x 100-200 m in Schrittsprüngen (KA 1); 4-6 x 20-30 Sprungschritte (KA 2), nach jeder Belastung Geh-/Trabpause über die zurückgelegte Distanz.
          2. Extensiver Dauerlauf (GA 1) 0:45-1:15 h.
    Abends: 1. Armkrafttraining mit Zugseil bzw. Rollbrett (z.B. 6-10 x 3 min mit 1 min Pause).
          2. Beinkrafttraining an Geräten.

Sa.: Nachmittags: Cross-Lauf (GA 1-2) 1:00-1:15 h.

So.: Extensive Radfahrt (GA 1) 3:00-4:00 h oder Paddeln 2:00-3:00 h.

Rollskilauf als semispezifisches Trainingsmittel für Skilanglauf

Vorbereitungsperiode III (Oktober-November)

Ziel der Vorbereitungsperiode III ist die Schaffung wettkampfspezifischer Leistungs-grundlagen. Während der Trainingsumfang mit semispezifischen Trainingsmitteln wei-ter ansteigt, wird das Fitness- und Konditionstraining sowie das Krafttraining an Gerä-ten zur Erhöhung maximaler Kraftfähigkeiten reduziert. Die organische Beanspruchung ist insgesamt höher als in der VP II. In dieser Periode trainieren ambitionierte Leistungs-sportler bereits auf Schnee (Gletscher), meist in Form von Wochen- oder Wo-chenendlehrgängen (Abb. 10.16).

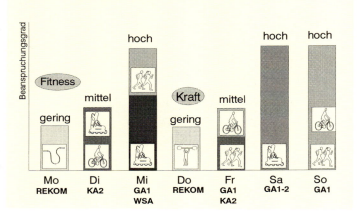

Abb. 10.16:
Wochenzyklus in der
Vorbereitungsperi-
ode III (Sept.-Okt.)

Beispielprogramme (ohne Warm-up und Cool down)

Mo.: REKOM bzw. Fitnesstraining (etwa 1:30 h).

Di.: Vormittags: Armkrafttraining (KA 2) mit Rollski oder Inlineskates nach der extensiven Intervallmethode im Anstieg, z. B. Doppelstockschübe 4-6 x über 1-2 km mit 3-5 min aktiver Pause.
Nachmittags: Beinkrafttraining (KA 2): Schlittschuhschritt ohne Stockeinsatz 3-5 x über 2-4 km.

Mi.: Abends: 1. Rollskilauf oder Inlineskating nach der intensiven Intervallmethode (WSA), z. B. 6-10 x über 1-2 km mit 3-5 min aktiver Pause.
2. Extensiver Dauerlauf (GA 1) 45-60 min.

Do.: REKOM und Krafttraining an Geräten.

Fr.: Morgens: 1. Stockimitationsläufe (s. Programm von Freitag in VP II).
2. Extensiver Dauerlauf (GA 1) 30-40 min.
Abends: 1. Armkrafttraining mit Zugseil bzw. Rollbrett (KA 1):
Umfang: 7-10 x 4 min mit 1-2 min Pause.
2. Beinkrafttraining an Geräten.

Sa.: Rollskilauf oder Inlineskating (GA 1-2) nach der Fahrtspielmethode, 1:15-1:30 h.

So.: Extensiver Dauerlauf (GA 1) 1:15-1:30 h.

Training in der Wettkampfperiode

Ziel der Wettkampfperiode ist die Ausprägung und Stabilisierung der wettkampfspezifischen Leistung. Eine hohe Leistungsstabilität hängt davon ab, ob der Sportler in den Vorbereitungsperioden durch hohe Trainingsumfänge im Grundlagenbereich eine gute Verträglichkeit intensiver Trainings- und Wettkampfbelastungen erworben hat. Aber auch eine stabile Grundlagenausdauerfähigkeit ist durch eine Überbetonung von hochintensiven wettkampfspezifischen Trainingsbelastungen stark gefährdet, was in der Folge zur Instabilität der Leistung führt. Dies gilt insbesondere dann, wenn mehrere Wettkämpfe in dichter Folge absolviert werden. Ein stabiles aerobes Leistungsniveau bildet die Grundvoraussetzung für eine hohe Wettkampfleistung im Skilanglauf.

Die Wettkampfperiode beinhaltet Maßnahmen der allgemeinen und speziellen Wettkampfvorbereitung, wobei unter Letzterer die unmittelbare Wettkampfvorbereitung (UWV) verstanden wird. Die UWV beschreibt den letzten Abschnitt (3-5 Wochen) des Trainings und die Umsetzung spezieller Anpassungsmaßnahmen vor entscheidenden Wettkämpfen.

Insbesondere für die allgemeine Vorbereitung auf einen Hauptwettkampf empfiehlt es sich, Vorbereitungswettkämpfe ohne Taperingphase, also ohne drastische Trainingseinschränkungen, wahrzunehmen. Dadurch wird eine frühzeitige Höchstleistung noch verhindert und die Möglichkeit der Superkompensation entscheidender Leistungsgrundlagen für den Hauptwettkampf in Reserve gehalten.

Über das Erreichen der Höchstleistung entscheidet die richtige Wahl und Folge der Trainingsmittel sowie eine entsprechende Dynamik der Trainingsbelastungen. In den letzten 1-2 Wochen vor dem Wettkampf wird die komplexe sportliche Leistung unter spezifischen Wettkampfbedingungen ausgeprägt. Zur optimalen Anpassung an die Wettkampfbedingungen sollten die letzten Trainingseinheiten am Wettkampfort absolviert werden. Besondere Bedeutung hat auch die Ernährungsgestaltung in der letzten Woche vor einem Hauptwettkampf und während des Wettkampfs (s. Kap. 11).

Eine Vorbereitung nach trainingsmethodischen Erkenntnissen kann in der Praxis nicht immer eingehalten werden. Als Störfaktoren bei der Gestaltung der unmittelbaren Wettkampfvorbereitung erweisen sich kurzfristige Änderungen der Wettkampftermine auf Grund klimatischer Bedingungen (Schneemangel). Diese erfordern dann meist Kompromisslösungen in der Wettkampfvorbereitung.

Die richtige Gestaltung des Trainings in der Wettkampfperiode erfordert sehr viel Erfahrung und Wissen. Denn das Training vor, nach und zwischen den Wettkämpfen hat unterschiedliche Ziele und Aufgaben. In Bezug auf die Trainingsstruktur werden vier Wochenzyklen voneinander unterschieden. Typische Wochenzyklen in der Wettkampfperiode:

Typ 1: Wettkampfwoche
Typ 2: Trainingswoche nach einem Wettkampf
Typ 3: Wettkampfwoche nach einem Wettkampf
Typ 4: Trainingswoche

LANGFRISTIGER LEISTUNGSAUFBAU

Typ 1: Wettkampfwoche

Optimal lässt sich das Training auf einen Hauptwettkampf planen, wenn mindestens zwei Wochen zuvor kein wichtiger Wettkampf absolviert wurde. Die Belastungsstruktur des Mikrozyklus in der Wettkampfwoche sollte so angelegt werden, dass ein optimaler Superkompensationseffekt am Wettkampftag erreicht wird. Dazu wird die Woche in zwei Phasen eingeteilt: In der ersten Wochenhälfte steigen die Belastungen mit einem Belastungshöhepunkt am Mittwoch an. In Abhängigkeit von der Terminierung des Wettkampfs im Saisonverlauf kann dies eine kurze, wettkampfspezifische oder lange extensive Trainingseinheit sein. Ist der Hauptwettkampf am Anfang der Saison, empfiehlt es sich, am Mittwoch eine kurze, wettkampfspezifische Belastung durchzuführen. Liegt der Hauptwettkampf hingegen am Ende der Saison und wurden bereits mehrere Wettkämpfe absolviert, kann am Mittwoch der Schwerpunkt auf eine mehr extensive Belastung gelegt werden **(Abb. 10.17)**.

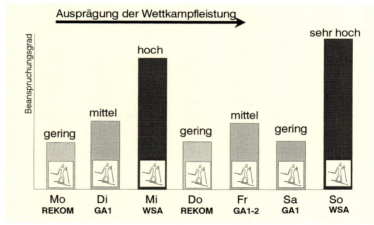

Abb. 10.17:
Wochenzyklus
in der Wett-
kampfperiode
(Typ 1: Wett-
kampfwoche)

Beispielprogramme (ohne Warm-up und Cool down)

Mo.: REKOM.

Di.: Extensiver Skilauf (GA 1) 2:00-3:00 h mit 8-12 Antritten und Steigerungsläufen.

Mi.: Am Anfang der Wettkampfsaison: Intensiver Skilauf (WSA) nach der Wettkampfmethode 3-5 km (oder Tempolauf 6-8 x über 60-90 s mit 3-5 min aktiver Pause).
Am Ende der Wettkampfsaison: Langer, extensiver Skilauf (GA 1) 2:00-3:00 h.

Do.: REKOM.

Fr.: Kurzer, extensiver Skilauf (GA 1) 0:45-1:15 h mit 4-6 Antritten und Steigerungsläufen.

Sa.: Kurzer, extensiver Skilauf (GA 1) 0:30-0:45 h mit 2-4 Antritten und Steigerungsläufen.

So.: Wettkampf.

Typ 2: Trainingswoche nach einem Wettkampf

Ziel der Trainingswoche nach einem Wettkampf oder nach einer Wettkampfserie ist es, die Leistungsfähigkeit möglichst schnell wiederherzustellen und günstige Leistungsvoraussetzungen für nachfolgende Wettkämpfe zu schaffen.

Die Woche wird dazu zweigeteilt. In der ersten Wochenhälfte stehen regenerative Maßnahmen (Massagen, warmes Vollbad, genügend Schlaf) im Vordergrund. In der zweiten Wochenhälfte können die Trainingsbelastungen ansteigen und finden ihren Höhepunkt am Ende der Woche (Abb. 10.18).

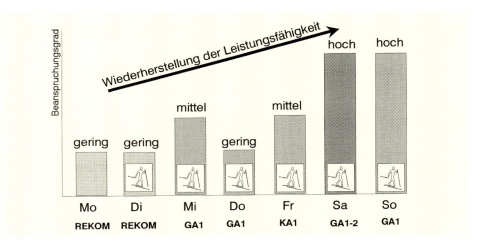

Abb. 10.18: Wochenzyklus in der Wettkampfperiode (Typ 2: Trainingswoche nach einem Wettkampf)

Beispielprogramme (ohne Warm-up und Cool down)
Mo.: REKOM.
Di.: REKOM.
Mi.: Extensiver Skilauf (GA 1) 1:30-2:00 h.
Do.: Kurzer, extensiver Skilauf (GA 1) 1:15-1:30 h.
Fr.: Spezifisches Kraftausdauertraining für die Arme (KA 1): Doppelstockschübe in der Ebene 3-5 x über 2-3 km mit einer aktiven Pause von 3-5 min.
Sa.: Intensiver Skilauf (GA 1-2) 1:15-1:45 h im profilierten Gelände.
So.: Langer, extensiver Skilauf (GA 1) 2:30-4:00 h.

Typ 3: Wettkampfwoche nach einem Wettkampf

In der Skisaison ergibt sich öfters die Situation, dass der Sportler in dichter Folge (von Wochenende zu Wochenende) an Wettkämpfen teilnehmen möchte. Die Planungen hierauf erfordern bereits eine Schwerpunktsetzung des Grundlagentrainings in den letzten Wochen vor der Wettkampfserie. Nur wenn eine stabile Leistungsfähigkeit vorhanden ist, wird der Sportler mehrere Wettkämpfe dicht nacheinander ohne Leistungseinbruch realisieren können. Die verschiedenen Maßnahmen zwischen den Wettkämpfen zielen primär auf eine schnelle Regeneration. Die Trainingseinheiten sind durch niedrige bis mittlere Umfänge und Intensitäten charakterisiert, die durch Antritte, Steigerungen und Sprints abwechslungsreich gestaltet werden können und somit der Wettkampfmotorik die entsprechenden Reize liefern. Hohe Trainingsbelastungen können zur Erzielung eines Superkompensationseffekts in die Wochenmitte gelegt werden, sofern der Sportler hinreichend regeneriert ist (**Abb. 10.19**).

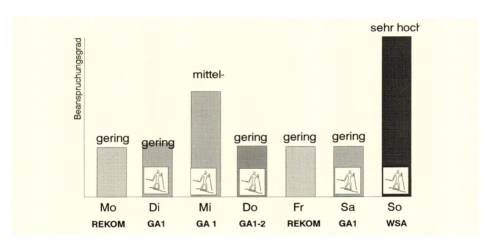

Abb. 10.19: Wochenzyklus in der Wettkampfperiode (Typ 3: Wettkampfwoche nach einem Wettkampf)

Beispielprogramme (ohne Warm-up und Cool down)	
Mo.:	REKOM.
Di.:	Kurzer, extensiver Skilauf (GA 1) über 0:45-1:15 h.
Mi.:	Mittlerer, extensiver Skilauf (GA 1) über 1:15-1:45 h.
Do.:	Kurzes, intensives Fahrtspiel (GA 1-2) über 0:45-1:15 h mit mehreren Steigerungen und häufigem Technikwechsel und Übergängen.
Fr.:	REKOM.
Sa.:	Kurzer, extensiver Skilauf (GA 1) über 0:30-1:00 mit 3-5 Antritten und Steigerungen.
So.:	Wettkampf.

Typ 4: Trainingswoche

Für eine individuelle Gestaltung des Trainings nach einem Wettkampf oder nach einer Wettkampfserie müssen zunächst die vorausgegangenen Trainings- und Wettkampfbelastungen genau analysiert werden. Besteht Zufriedenheit mit der Wettkampfform, so zielt das Training auf eine Stabilisierung der komplexen Wettkampfleistung hin. Werden Defizite in der Wettkampfanalyse erkannt, müssen entsprechende Maßnahmen daraufhin ausgerichtet werden.

Die Analyse kann beispielsweise ergeben, dass keine maximale Ausbelastung im Wettkampf erreicht wurde (nachweisbar durch niedrigere Wettkampfherzfrequenzen), sodass der Sportler nach dem Wettkampf das Gefühl hatte, die gleiche Strecke nochmals bewältigen zu können. In solch einem Fall müsste der Trainingsumfang reduziert und eventuell die Intensität mit Kurzzeitintervallen erhöht werden. Günstig ist meist eine Kopplung zwischen kurzen, hochintensiven Trainingseinheiten zur Entwicklung hoher muskulärer Mobilisationsfähigkeiten und extensiven Trainingseinheiten mittlerer Länge zur Stabilisierung der Leistung. Die extensiven Skilangaufeinheiten sollten außerdem mehrere Antritte (30 m) und Temposteigerungen (80 m) enthalten.

Steht die Trainingswoche am Anfang der Wettkampfsaison und es wurden noch keine oder nur wenige Wettkämpfe absolviert, so lautet das Ziel der Woche die Ausprägung der komplexen Wettkampfleistung. In diesem Fall können intensive Belastungen in das Wochenprogramm integriert werden **Abb. 10.20**.

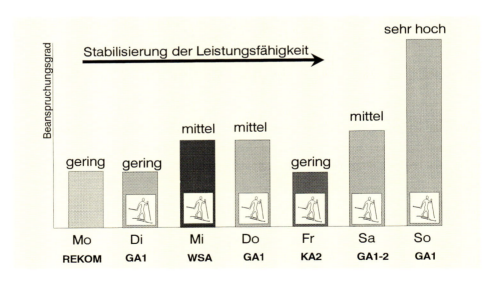

Abb. 10.20:
Wochenzyklus in der Wettkampfperiode (Typ 4: Trainingswoche)

Beispielprogramme (ohne Warm-up und Cool down)
Mo.: REKOM und Fitnesstraining.
Di.: Extensiver Skilauf über 1:45-2:30 h mit mehreren Antritten und Steigerungsläufen.
Mi.: Wettkampfspezifisches Skilaufen nach der Wettkampfmethode (WSA), z. B. 10-15 km.
Do.: Extensiver Skilauf (GA 1) über 1:00-1:15 h.
Fr.: Intensiver Skilauf im steilen Anstieg (KA 2), z. B. 4-6 x 300-500 m mit 2-3 min aktiver Erholung. Anschließend extensiver Lauf (GA 1) 40-50 min.
Sa.: Langer, extensiver Skilauf (GA 1) über 2:00-3:00 h.
So.: Ultralanger, extensiver Skilauf (GA1) 3:00-5:00.

Training in der Übergangsperiode

Ziel der Übergangsperiode ist es, sich vom Wettkampfstress zu lösen und Motivation, Ausdauer und Kraft für ein weiteres Trainingsjahr zu schöpfen. Das Training wird drastisch reduziert. Die sportliche Aktivität sollte natürlich nicht auf den Nullpunkt absinken, schon dem eigenen Wohlbefinden zuliebe. Allerdings sollte das Sporttreiben möglichst nicht mit spezifischen oder semispezifischen Trainingsmitteln durchgeführt werden. Andere sportliche Freizeitaktivitäten stehen im Vordergrund (Ski alpin, Ballspiele, Bergsteigen, Klettern, Rafting).

Nicht unbeachtet darf während der Übergangsperiode die Ernährung bleiben. Die deutlich niedrigeren Trainingsbelastungen verlangen natürlich eine Reduktion der täglichen Kalorienzufuhr. Ansonsten kann es sehr schnell zur ungewollten Gewichtszunahme kommen. Vor allem ältere Sportler (über 40 Jahre) haben dann meist Schwierigkeiten, das Körpergewicht nach der Übergangsperiode wieder zu reduzieren.

LANGFRISTIGER LEISTUNGSAUFBAU

11 ERNÄHRUNG

(G. Neumann)

D ie Ernährung wird ständig von Glauben, Philosophie, Mythos, Extremvarianten, Trends u. a. Faktoren beeinflusst. Auch die Ernährung im Sport ist nicht frei von diesen Einflüssen. Nachdem die Nützlichkeit einer betonten Kohlenhydrataufnahme im Leistungssport durch wissenschaftliche Daten bestärkt wurde, bekam dieser Aspekt eine gewisse Eigendynamik und Kohlenhydratprodukte wurden zahlreich für die Sportler industriell hergestellt. Inzwischen sind die angebotenen Kohlenhydratprodukte so zahlreich, dass sie kaum noch übersehen und differenziert beurteilt werden können.

Neuere Untersuchungen zum Ernährungsverhalten der Athleten bei mehrtägigen Extrembelastungen (z. B. Mehrfachlangtriathlon, Etappenlangläufe, Extremradfahrten u. a.) erbrachten ein überraschendes Ergebnis, nämlich dass natürliche Nahrungsmittel besser vertragen wurden als industriell zusammengesetzte Kohlenhydratpäparate. Demnach gehört zum Standard einer verträglichen Ernährung bei Langzeitbelastungen wieder ein ausgewogenes Verhältnis der Kohlenhydrat-, Protein- und Fettaufnahme, auch während der Belastung.

Vielstündige Extrembelastungen werden am besten durch die zusätzliche Aufnahme von fett- und proteinhaltigen Nahrungsmitteln, natürlich bei Dominanz der Kohlenhydrataufnahme, beschwerdefrei durchgehalten. Der obligate Trinkbrei mit Heidelbeeren, der bei skandinavischen Skilangläufern üblich ist, hat somit auch seine Berechtigung für andere Ausdauersportarten bestätigt. Inzwischen verzichten viele Dauerleistungsathleten weit gehend auf industriell hergestellte Kohlenhydratkonzentrate.

Ernährungsuntersuchungen bei einem Dreifachlangtriathlon ergaben, dass im Einzelfall eine große Spannbreite in der Aufnahme der Kohlenhydratanteile bestand, die individuell in der Energiebilanz zwischen 50-80 % schwankte.

In diesem Zusammenhang ist die Auswertung der Ernährung unserer Vorfahren in der jüngeren Steinzeit (vor 10.000 Jahren) von Interesse. Der in älteren Untersuchungen angenommene Proteinmangel unserer Vorfahren war ein Trugschluss, da schlichtweg der damals wichtigste Proteinträger, der Fisch, vergessen wurde. Die Ernährungsvergleiche der Steinzeitmenschen und Urvölker mit der heutigen Ernährung der Industrienationen ergaben, dass damals die Proteinaufnahme doppelt so hoch war wie heute und der Kohlenhydratverzehr aber nur halb so reichlich ausfiel wie heute. Da die damals aufgenommenen Kohlenhydrate aus Wildfrüchten mit vielen Ballaststoffen bestanden, wiesen sie einen niedrigen glykämischen Index auf. Ein niedriger glykämischer Index bedeutet einen verzögerten Blutglukoseanstieg mit geringer Insulinfreisetzung. Hingegen bewirken Kohlenhydratkonzentrate oder raffinierte Kohlenhydrate einen schnellen und hohen Anstieg des blutzuckersenkenden Hormons Insulin. Der Fettkonsum hat sich im Lauf der Entwicklungsgeschichte, abgesehen von regionalen Schwankungen der Fettaufnahmemöglichkeit, nicht wesentlich verändert. Er hat sich aber bei einem Teil der Menschen zum Hauptenergielieferanten entwickelt.

Die Spannbreite in der verträglichen Ernährung ist viel größer, als von so manchem Ernährungsexperten empfohlen wird.

Die Ernährung stellt für den Sporttreibenden ein wichtiges Bindeglied zur Sicherung seiner Belastbarkeit im Training und in der Regeneration dar. Das Wesen der Sporternährung besteht nicht allein in der Empfehlung von Nährstoffrelationen, d. h. in Angaben, wie viel an Kohlenhydraten, Proteinen und Fetten am Gesamtenergiegewinn (Energieprozente) nützlich sind. Wichtiger ist für den Sportler die bedarfsgerechte Ernährung (ausreichende Menge an Kalorien) und die Sicherung der Wiederbelastbarkeit (Regeneration) bei den vielfältigen Anforderungen der Sportarten.

Die Ausdauersportler benötigen die meiste Energie und sind bei einem Tagesbedarf von 4.000-6.000 kcal die besten Nahrungsverwerter. Im leistungssportlichen Training können nicht die üblichen Rituale in der Nahrungsaufnahme eingehalten werden, da die ablaufende Verdauung nach reichlicher Nahrungsaufnahme die Trainingsbelastung behindert.

ERNÄHRUNG

Um den qualitativen Ansprüchen in der Sporternährung besser gerecht zu werden, hat die Herstellung von Nahrungsergänzungsmitteln rasant zugenommen. Der Markt für den Vertrieb von Vitaminen, Mineralien und weiteren Wirkstoffen ist riesig. Da Nahrungsergänzungsmittel oder diätetische Lebensmittel nicht dem Arzneimittelgesetz unterliegen, gibt es derzeit große Freiräume für die Herstellung. Eine Verpflichtung zur exakten Deklaration der Inhaltsstoffe besteht nicht.

Unseriöse Hersteller vertreiben Nahrungsergänzungsmittel (meist über das Internet) und haben bewusst oder unbewusst diesen unerlaubte Substanzen beigemischt. Bekannt wurden diese Manipulationen durch die Häufung von Dopingfällen mit der Testosteronvorstufe Nandrolon bei Kaderathleten. Nach Lage der Dinge trägt der Leistungssportler selbst die Verantwortung für die erworbenen und aufgenommenen Supplemente. In den Sportverbänden sind entsprechende Warnungen ausgesprochen worden. Der Freizeitsportler unterliegt gegenwärtig keiner Reglementierung in der Zufuhr von Nahrungsergänzungsmitteln.

Die Berechtigung zur Aufnahme von Vitaminen, Mineralien sowie weiterer Wirkstoffe leitet sich von einer bestimmten Trainingsbelastung (> 10 h/Woche) ab. Der Grund dafür liegt im erhöhten Schweißverlust, im höheren Energieumsatzes und in der Zerstörung muskulärer Strukturen bei intensiven Belastungen im Leistungstraining.

11.1 Energiestoffwechsel

Die muskuläre Leistungsfähigkeit hängt bei längeren Belastungen von der ständigen Energieversorgung ab. Um sofort reagieren zu können, hat die Muskulatur eigene Energiereserven, die Energiespeicher **(Tab. 11.1)**.

Energiespeicher

Der Energiegewinn aus den Sofortenergiespeichern Adenosintriphosphat (ATP) und Kreatinphosphat (CP) ist für Dauerbelastungen unerheblich. Die ATP-Speicher reichen nur für wenige Muskelkontraktionen aus. Mit dem CP-Speicher sind maximale Schnelligkeitsleistungen bis 8 s Dauer möglich. Der Abruf der Energiespeicher erfolgt bei Belastungsbeginn in einer bestimmten zeitlichen Folge.

Tab. 11.1:
Verfügbare Energiesubstrate und Energieproduktionsrate (70 kg Körpergewicht und 28 kg Muskelmasse). Nach: Hultman & Greenhaff (2000)

Energiespeicher & Abbau		Verfügbare Energiemenge (mol)	Energiebildungsrate (mol/min)
ATP, PCr	ADP, Cr	0,67	4,40
Muskelglykogen	Laktat	6,70* (~ 1,6)	2,35
Muskelglykogen	CO_2	84	0,85-1,14
Leberglykogen	CO_2	19	0,37
Fettsäuren	CO_2	4.000*	0,40

* Diese Stoffwechselwege sind während sportlicher Belastung nicht voll nutzbar.

ERNÄHRUNG

Tab. 11.2: Nutzbare Energiespeicher bei Dauerbelastungen

Energiespeicher	Speichergröße (g)	Theoretischer Energiegewinn (kcal)
Glykogen (Muskel)	400	1.620
Glykogen (Leber)	120	492
Triglyzeride (TG) im Muskel	200-300	1.860-2.790
TG im Unterhaut- und Organfett	8.000	74.400

Mit dem Beginn der Muskelbelastung erfolgt zuerst der Abbau der energiereichen Phosphate (ATP, CP) und dann beginnt sofort der Glykogenabbau. Ist die Belastung intensiv, dann erfolgt der Glykogenabbau anaerob, d. h. mit Laktatbildung. Bei moderaten Dauerbelastungen (< 70 % der Leistungsfähigkeit) kommt es kaum zur Laktatbildung (Glykolyse). Das Glykogen wird dann aerob und mit höherem Gesamtenergiegewinn abgebaut.

Da die muskulären Energiespeicher begrenzt sind, ist bei längeren Belastungen die Zufuhr von Glukose aus dem Abbau von Leberglykogen und von freien Fettsäuren (FFS) aus den Speichern notwendig **(Tab. 11.2)**. Die Muskulatur hat noch ihren eigenen Fettspeicher, die Triglyzeride (Neutralfette). Der Abbau des Leberglykogens zu Glukose hält den Blutzuckerspiegel (Blutglukose) für längere Zeit auf einem Niveau von 4-5 mmol/l (72-90 mg/dl). Sind nach zwei Stunden Belastung die Reserven aufgebraucht, dann kann es zur Unterzuckerung (Hypoglykämie) kommen. Die ständige Aufrechterhaltung der normalen Blutglukosekonzentration ist für die Funktion von Großhirn und Kleinhirn notwendig.

Die dem Muskel angebotene Energie über Glukose und freie Fettsäuren kann nur zu 18-23 % in mechanische Arbeit umgesetzt werden. Der größere Teil (77-88 %) wird als Wärme frei und diese ist besonders für die Wintersportarten nützlich. Der Skilangläufer schwitzt bei entsprechender Bekleidung weniger als der Sommerathlet bei Hitze.

11.2 Energetische Sicherung der Muskelarbeit

Bei der Muskelkontraktion wird das energiereiche *ATP* in die energieärmere Phosphatverbindung *Adenosindiphosphat (ADP)* abgebaut. Die dabei frei werdende Energie wird für die Muskelarbeit genutzt. Für den Wiederaufbau (Resynthese) des ADP zu ATP stehen mehrere Möglichkeiten zur Verfügung. Bei den für die Resynthese vorhandenen Substraten handelt es sich um Kreatinphosphat, Glukose, freie Fettsäuren und einige Aminosäuren, die zu Glukose umgewandelt werden können.

Dauer und Intensität (Geschwindigkeit) der Muskelbelastung bestimmen, welche von den Substraten zur ATP-Resynthese genutzt werden.

Für die Skilanglaufwettkämpfe bis etwa 90 min Dauer stellt das Muskelglykogen das entscheidende Substrat. Der Energiegewinn kann mit und ohne Sauerstoff, d. h. aerob und anaerob erfolgen. Stabile Skilanglaufleistungen sind ohne eine kontinuierliche Sauerstoffversorgung nicht möglich. Mit Beginn der Muskelarbeit steigt der Sauerstoffbedarf stark an. Zum Ausgleich des Sauerstoffdefizits wird CP abgebaut. Sinkt der CP-Speicher nach 3-4 s auf 50 %, dann erfolgt der weitere Energiegewinn aus dem anaeroben Glykogenabbau.

Eine maximale Sauerstoffversorgung des Muskels ist erst nach ~ 90 s Belastung möglich. Diese Verzögerung kann durch die Vorstarterwärmung ausgeglichen werden. Die Vorbelastung bringt den aeroben Stoffwechsel auf den erforderlichen Betriebszustand. Die Energiebildung in der Zeiteinheit entscheidet, welches Substrat genutzt werden kann. Daraus ist abzuleiten, dass bei der aeroben Verbrennung von Glukose in der Zeiteinheit mehr Energie zu gewinnen ist als aus Fettsäuren. Die Fettsäuren sind aber das unentbehrliche Substrat für die muskuläre Dauerbelastung, weil ihre Menge praktisch nicht erschöpfbar ist (s. Tab. 11.2). Bei mehrstündigen Belastungen werden bis zu 70 % der Energie aus der Fettverbrennung gewonnen. Die Fettverbrennung benötigt aber im Vergleich zur Kohlenhydratverbrennung 10 % mehr Sauerstoff, ein Umstand, der beim Höhentraining an Bedeutung gewinnt.

Kohlenhydrate

Für Skilanglaufbelastungen von bis zu zwei Stunden Dauer ist das Glykogen das maßgebliche energieliefernde Substrat. Die Glykogenspeicher sind nach ~ 90 min Wettkampf oder ~ 120 min Training weit gehend erschöpft. Bei Fortführung der Belastung muss eine Kohlenhydrataufnahme von 30-50 g/h erfolgen. Ohne zusätzliche Kohlenhydrataufnahme käme es in kurzer Zeit zu Störungen im Energiestoffwechsel und zur drastischen Geschwindigkeitsabnahme.

Alle Zuckerformen, und auch das Glykogen, müssen vor der Verbrennung in den Mitochondrien („Energiefabriken des Muskels") zu Glukose umgebaut werden. Beim aeroben Glukoseabbau können längere Strecken mit hoher Geschwindigkeit bewältigt werden als beim anaeroben Abbau. Liegt der Anteil des anaeroben Glykogenabbaus zu hoch, dann kann es z. B. beim 30 km Skilanglauf im letzten Drittel zu drastischen Leistungseinbrüchen kommen.
Erfahrene Skilangläufer wissen, dass bei anaerob-aeroben Belastungen (Laktat 5-7 mmol/l) die Glykogenspeicher schneller erschöpft sind als bei überwiegend aeroben Belastungen (< Laktat 3 mmol/l).

Das leistungsorientierte Ausdauertraining erhöht die Muskelglykogenspeicher von 250 auf 400 g. Hinzu kommt eine Zunahme des Leberglykogens von 80 auf 120 g. Im Zustand der Superkompensation (Belastungsreduzierung und Kohlenhydratmast) können die Glykogenspeicher bis auf ~ 600 g ansteigen. Ohne Superkompensation liefern die Glykogenspeicher bei Trainierten eine Energie ~ 2.000 kcal.

Fette

Die Fette oder freien Fettsäuren (FFS) bilden neben den Kohlenhydraten den entscheidenden Energielieferanten bei mehrstündigen Belastungen. Der Abbau der Fettsäuren erfolgt nur aerob. Für intensive Belastungen (Skilanglaufwettkämpfe bis 15 km) sind die Fettsäuren unbedeutende Energielieferanten. Bei mehr als 7 mmol/l Laktat kommt es zur antilipolytischen Wirkung des Laktats, d. h., die Verwertung der FFS wird im Stoffwechsel blockiert.

Um den Fettstoffwechsel energetisch voll zu nutzen, muss eine Laktatkonzentration unter 3 mmol/l vorherrschen.
    Mit den Fettreserven in der Muskulatur und im Unterhautfettgewebe könnten theoretisch über 20 Skilangläufe von 50 km Länge gelaufen werden. Beim 50 km Skilanglauf und längeren Distanzen (z. B. Wasalauf über 90 km) bestreitet der Umsatz der Fettsäuren 60-70 % am Gesamtenergieaufkommen.

Der Fettstoffwechsel lässt sich trainieren. Voraussetzungen dafür stellen Skilanglauf-oder Skirollerbelastungen über 120 min Dauer. Diese Belastungsdauer ist notwendig, damit es zur Verminderung der Glykogenspeicher kommt und damit zum erhöhten Umsatz der FFS. Beim mehrstündigen Skilanglauftraining wird auf den muskulären und außermuskulären Fettspeicher zurückgegriffen. Diese beiden Fettspeicher werden etwa zu gleichen Teilen energetisch genutzt. Warum die muskulären Triglyzeride und die peripheren Fettspeicher gleichzeitig abgebaut werden, ist noch nicht ganz geklärt.

Bei Skilanglaufwettkämpfen bis zu 15 km kommt es ebenfalls zum Anstieg der FFS; hier handelt es sich aber um eine Stresslipolyse. Die Freisetzung der FFS in einer Stresssituation bei kurzen Belastungen hat mit einem Fettstoffwechseltraining nichts zu tun. Entscheidend für das Training des Fettstoffwechsels ist der Anstieg der Aktivität der Enzyme des Fettstoffwechsels (z .B. Lipoproteinlipase) durch eine längere aerobe Dauerbelastung. Erst die Zunahme der Lipoproteinlipase steigert die energetische Verwertung der FFS. Bei allen Langzeitbelastungen in aerober Stoffwechsellage steigen die freien Fettsäuren in Abhängigkeit von der Belastungsdauer an und dokumentieren so ihren erhöhten Umsatz (s. Kap. 6.1, S. 278).
  Begünstigend auf das Training des Fettstoffwechsels wirken Belastungen im Nüchternzustand (ohne Frühstück).

Der Fettstoffwechsel wird hormonell kontrolliert. Solange der Insulinspiegel hoch ist und das Glucagon niedrig, kommt es zu keiner Erhöhung der FFS am Energieumsatz. Wenn nach etwa 20-30 min Skilanglauf die Insulinkonzentration im Blut abnimmt, dann steigen die FFS an, d. h., der Fettumsatz nimmt zu. Mit der Abnahme des Insulins steigt der hormonelle Gegenspieler Glucagon an. Glucagon fördert die Glukosefreisetzung aus der Leber und erhöht dadurch den Blutzucker. Der Abfall des Insulins ist während der Belastung der hauptsächlichste Faktor für die Aktivierung des Fettstoffwechsels. Das Skilanglauftraining erhöht die Insulinempfindlichkeit der Muskelzelle.

Proteine

Die Proteine (Eiweiße) sind unentbehrliche Bestandteile in der Ernährung; ihr Mangel ist mit der Aufrechterhaltung der körperlichen Leistungsfähigkeit unvereinbar. Die tägliche Proteinaufnahme von 1-2 g/kg Körpergewicht ist für den Fitnesssportler und Leistungssportler normal. Während des Trainings erfolgt ein erhöhter Verschleiß an Muskelproteinen, die ausgetauscht werden müssen. Die tägliche Austauschrate der Aminosäuren kann 2-6 % betragen. Wird ohne Pausen, d. h. bei ungenügender Regeneration trainiert, dann beträgt die muskuläre Erneuerungsrate der Aminosäuren nur 2 %. Infolge einer regelmäßigen Belastungsverminderung steigt die tägliche Erneuerung verbrauchter Proteine bis auf 6 % an. Das bedeutet ein erhöhtes Regenerationspotenzial und im Endeffekt eine höhere Belastbarkeit im Training.

Im energetischen Notfall können bis zu 10 % der Proteine verstoffwechselt werden. Das betrifft besonders die verzweigtkettigen Aminosäuren (Valin, Leucin, Isoleucin) sowie das Alanin. Voraussetzung für den Aminosäurenabbau ist immer ein Kohlenhydratmangel bei Erschöpfung der Glykogenspeicher oder eine unzureichende Kohlenhydrataufnahme während der Belastung.

Tab. 11.3: *Proteinreiche Nahrungsmittel*

Nahrungsmittel	Proteine (g/100 g)	Kohlenhydrate (g/100 g)	Fette (g/100 g)	Energiegehalt (kcal/100 g)
Magerkäse	33,8	0	11,4	238
Erdnüsse	29,8	48	49,2	564
Fettkäse	21,7	0,1	27,1	314
Linsen	26,1	40,6	1,9	270
Bohnen (getrocknet)	21,9	42,1	1,7	269
Erbsen	22,9	41,2	2,1	271
Kalbfleisch (mager, Filet)	20,6	–	1,43	95
Schweinefleisch (Muskel)	24	–	2,8	105
Rindfleisch (mager, Filet)	21,2	–	4	121
Mandeln	22,1	5,36	55	583
Hering	19	–	14,1	155
Hühnerfleisch (fett)	18,2	–	11,2	173

Angaben nach: Souci, Fachmann & Kraut (2000)

Die Auswahl proteinreicher Lebensmittel und Nahrungsmittelkombinationen gleicht einen erhöhten Proteinbedarf auf natürliche Art und Weise aus (**Tab. 11.3** und **11.4**). Der Proteinbedarf steigt in der Regel mit der Vergrößerung der Energiezufuhr an. Bei einem Anteil der Proteine am Gesamtenergieaufkommen von 10-15 % ist im Leistungssport die Proteinversorgung weit gehend gewährleistet.

Tab. 11.4: *Biologische Wertigkeit von Proteinen und Proteinmischungen (Modifiziert nach: Kofranyi & Wirts (1994)*

Proteine	Biologische Wertigkeit (%)
Hühnerei	100
Rindfleisch	94
Thunfisch	92
Kuhmilch	88
Edamer Käse	85
Soja	84
Reis	81
Roggenmehl	76
Bohnen	72
Linsen	60
Mais	54
Proteinmischungen mit Lebensmitteln	
35 % Hühnerei und	109
65 % Bohnen	
78 % Rindfleisch und	114
22 % Kartoffeln	
76 % Hühnerei und	119
24 % Milch	
68 % Hühnerei und	123
32 % Weizenmehl	
75 % Kuhmilch und	125
25 % Weizenmehl	
36 % Hühnerei und	136
64 % Kartoffeln	

ERNÄHRUNG

Nur im Spezialfall ist in bestimmten Sportarten (großer Kraftausdauerumfang, Extrem-
ausdauerbelastungen) der Proteinbedarf deutlich höher und kann mit Nahrungsergänzungsmitteln oder Proteinpräparaten ausgeglichen werden.

Flüssigkeitsaufnahme beim Höhentraining

Die erste physiologische Reaktion beim Höhenaufenthalt (Gletschertraining) besteht in
einer deutlichen Zunahme der Atem- und Herzarbeit. Dieser Zustand hält 2-4 Tage an.
Um die Umstellung nicht zu behindern, sollte die Anfangsbelastung moderat gestaltet
werden. Die erhöhte Atemfrequenz und der erniedrigte Wasserdampfdruck in den Atem-
wegen führt zu einer höheren Abgabe von Flüssigkeit (Wasserdampf) mit der Atemluft. Die
Kälte und die Sonnenstrahlung tragen zu einem weiteren Wasserverlust bei. Die Mund-
trockenheit signalisiert den erhöhten Wasserverlust über die Schleimhäute und Haut.

Beim Höhenaufenthalt kommt es infolge des Sauerstoffmangels und einer veränderten Nierenfunktion zum Verlust an Ganzkörperwasser (Hoyt & Honig, 1996). Kennzeichen des Flüssigkeitsverlusts ist die gesteigerte Harn- und Natriumausscheidung
(Höhendiurese).

Der Wasserverlust über die Atemwege wird in moderaten Höhen (2.000-3.000 m)
durch die Wasserfreisetzung im Stoffwechsel (Kohlenhydrat-, Fett- und Proteinabbau)
weit gehend ausgeglichen. Mit steigendem Energieumsatz nimmt auch das Oxidationswasser im Körper zu. Bei 1 g Kohlenhydratoxidation entsteht 0,6 g Wasser, bei 1 g Pro-
teinoxidation 0,41 g Wasser und bei 1 g Fettoxidation 1,07 g Wasser. Da der Kohlen-
hydratumsatz doppelt so groß ist wie der der Fettsäuren, wird beim Fett- und Kohlen-
hydratabbau gleich viel Wasser im Stoffwechsel gebildet, d. h. 0,13 g/kcal und
0,15 g/kcal. Das bedeutet, etwa 600 ml Oxidationswasser bei einem Energieumsatz
von 5.000 kcal. Da der Proteinumsatz nur 15 % des Gesamtenergieumsatzes aus-
macht, werden hierbei pro Tag nur 50 g Oxidationswasser gebildet **(Tab. 11.5)**. Die
Schweißverdunstung (Evaporation) über die Haut ist ein weiterer realer Faktor für den
Flüssigkeitsverlust, der bei Sonnenstrahlung ~ 1,5 l/Tag oder bei Kälte nur 0,3 l/Tag
betragen kann (Hoyt et al., 1991). Die Wasserabgabe über die Atemwege steigt bei
Kälte an **(Tab. 11.5)**.

Tab. 11.5: Wasserverlust über die Atemwege (~ vier Stunden Training/Tag). Nach:
Freund & Yong (1996)

Temperatur (° C)	Luftfeuchtigkeit (%)	Wasserverlust in 24 Stunden
+ 25	65	~ 680 ml
0	100	~ 905 ml
- 25	100	~ 1.020 ml

Die Störung im Gesamtflüssigkeitshaushalt lässt sich am Hämatokrit ablesen. Wenn in mittleren und besonders in großen Höhen nicht bewusst und ständig getrunken wird, kommt es zur allmählichen Dehyd-ratation, die zum Leistungsverlust führt.

Deshalb gehört das tägliche Wiegen mit zum Höhentraining. Jede drastische Gewichts-abnahme ist ein sicherer Hinweis für die Störung im Flüssigkeitshaushalt (Berghold & Pallasman, 1983).

Neben der Gewichtskontrolle spielt die Farbe des Urins eine wichtige Rolle, um ein Flüssigkeitsdefizit zu erkennen. Der dunkle und hoch konzentrierte Urin ist ein Signal für den beginnenden Flüssigkeitsmangel. Mit dem Wasserverlust über die Atemwege gehen keine Mineralien verloren, sie werden nur über den Schweiß und den Urin ausge-schieden.

Erfolgt ein Flüssigkeitsersatz über den geschmolzenen Schnee, wie es bei Bergsteigern üblich ist, dann wird nur eine hypotone Flüssigkeit (destilliertes Wasser) aufgenommen. Im Höhentraining oder auch beim Höhenbergsteigen sollte auf die zusätzliche Aufnah-me von Multimineralpräparaten und besonders von Kochsalz geachtet werden. Der Kochsalzmangel beim Höhentraining führt zur Einbuße der Leistungsfähigkeit und be-günstigt bei Bergsteigern das Auftreten der Bergkrankheit.

ERNÄHRUNG

11.3 Kohlenhydrataufnahme vor, während und nach Belastungen

Eine Differenzierung der Kohlenhydrataufnahme zu unterschiedlichen Zeitpunkten der Belastung ist aus heutiger Kenntnis gerechtfertigt. Das betrifft den genauen Zeitpunkt, die Menge und die Zusammensetzung.

Kohlenhydrataufnahme vor Belastungen

Das körpereigene Glykogen sichert bei vollen Speichern alle Skilanglaufwettkämpfe und Trainingsbelastungen bis zu zwei Stunden Dauer ab. Das bedeutet, dass in diesem Zeitraum keine zusätzliche Kohlenhydrataufnahme notwendig ist. Das Training führt zu Einsparungen im Glykogenabbau. Mit der Zunahme der Leistungsfähigkeit kommt es zu einer geringeren Verbrennung von Glykogen, weil der Anteil der FFS am Energieumsatz ansteigt.

Prinzipiell können sportliche Belastungen auch im nüchternen Zustand begonnen werden, da die Energiereserven aus Glykogen insgesamt ~ 2.000 kcal liefern. Die meisten Athleten benötigen jedoch vor dem Training etwas Nahrung, weil sie sich mit völlig leerem Magen ungern belasten.

Wird 12-6 Stunden vor einem Start gehungert, dann kommt es zu keiner vollen Auffüllung der Glykogenspeicher oder ein bereits aufgefüllter Leberglykogenspeicher entleert sich wieder langsam. Die Glykogenspeicherdefizite lassen sich bis sechs Stunden vor einem Start korrigieren. Hierfür müssen gezielt kurzkettige Kohlenhydrate in Mengen von 200-350 g aufgenommen werden. Aus dieser Sicht sind Nudel- oder Kartoffelpartys nützlich. Diese unterstützen am Abend vor dem Wettkampf die Füllung der Glykogenspeicher. Bei frühzeitigem Trainings- oder Wettkampfbeginn ist eine andere Ernährungsgestaltung notwendig als bei spätem.

Jede Form der Nahrungsaufnahme hat vor langen Belastungen Vorteile, vorausgesetzt, der Füllungszustand des Magens behindert nicht das Training. Lebensmittel mit kurzer Verweildauer im Magen sind bei frühen Starts zu bevorzugen.

Die Aufnahme von Kohlenhydraten vor der Belastung zeigt zwei Wirkungen. Einmal wird bei gut Trainierten der Fettstoffwechsel unterdrückt und zum anderen kann es, abhängig von der zeitlichen Lage der KH-Aufnahme, zu einem Abfall des Blutzuckers kommen. Eine starke Unterzuckerung vor dem Wettkampf kann mit Sicherheit vermieden werden, wenn die Glukoseaufnahme (1 g/kg Körpergewicht) etwa 30 min vor dem Start erfolgt (Tomadikis & Volakis, 2000). Wird die Glukose 60-90 min vor dem Start aufgenommen, dann kann es am Belastungsanfang zu einem erniedrigten Blutzucker kommen (Blutglukose: ~ 3,6 mm/l bzw. ~ 65 mg/dl).

Die Risiken einer Unterzuckerung nach Glukoseaufnahme vor der Belastung sind für den Leistungssportler sehr gering, vor allem, wenn er den Zeitpunkt der Glukoseaufnahme beachtet (s. **Tab. 11.6**). Die Vorstartaktivität, die mit einem Anstieg der Stresshormone (Katecholamine) einhergeht, hebt ohnehin den Blutzucker an.

Tab. 11.6: Wirkung von Kohlenhydraten auf die Laufleistung

1. Kohlenhydrataufnahme Stunden vor der Belastung

Wenn spätestens bis 3-4 Stunden vor dem Skilanglauf noch 140-330 g Kohlenhydrate (KH) aufgenommen werden, dann reicht das noch zur Füllung des Muskel- und Leberglykogens. Gefüllte Glykogenspeicher steigern die Leistungsfähigkeit.

2. Kohlenhydrataufnahme unmittelbar vor dem Start

Am günstigsten ist die KH-Aufnahme (1 g/kg Körpermasse) etwa 30 min vor dem Start. Eine Glukoseaufnahme 90-60 min vor dem Start senkt geringfügig die Blutglukose. Die Vorstarterregung kompensiert aber diesen Zustand, indem die Stresshormone die Blutglukose erhöhen.

3. Kohlenhydrataufnahme während Belastungen bis 60 min Dauer

Erfolgt eine KH-Aufnahme in den ersten 60 Belastungsminuten, dann kann Glykogen gespart werden. Die aufgenommene Glukose wird bevorzugt verbrannt. Die KH-Aufnahme verringert den Transport langkettiger Fettsäuren in die Mitochondrien. Die Glukoseaufnahme in der ersten Belastungsstunde beeinflusst die Skilanglaufleistung nicht.

4. Kohlenhydrataufnahme während Belastungen über 60 min Dauer

Die Erschöpfung der körpereigenen Glykogenspeicher in der Vortriebsmuskulatur und in der Leber vermindert die Oxidationsrate der KH und das Lauftempo nimmt ab. Die Folge der Glykogenverarmung sind Ermüdung und Leistungsabfall bei Wettkämpfen über 90 min Dauer. Um die Laufgeschwindigkeit zu halten, müssen KH aufgenommen werden. Bei Wettkämpfen bis etwa drei Stunden Dauer sollte die erste KH-Aufnahme nach etwa 70 min und nachfolgend in jeder Stunde 30-50 g in kleinen Portionen erfolgen. Die zeitlich spätere KH-Aufnahme ermöglicht anfangs eine höhere Fettverbrennung und damit eine Glykogeneinsparung.

Der durch die Glukoseaufnahme vor dem Start provozierte Anstieg des Insulins tritt erst in seiner höchsten Konzentration nach 45 min auf. Damit liegt der Insulingipfel zu Wettkampfbeginn und kommt nicht mehr zur Wirkung. Wenn 30 min vor dem

Start Kohlenhydrate aufgenommen werden, dann würde sich der Insulingipfel innerhalb der ersten 20 min der Skilaufbelastung einregulieren. Da aber die Starterregung zu einem Adrenalinanstieg führt, kommt es, unabhängig vom Insulin, zur Erhöhung des Blutzuckers.

In der Skilaufpraxis ist zu Startbeginn kein echter Unterzuckerungszustand (Hypoglykämie) auf Grund von Nahrungsaufnahme bekannt. Manche Skilangläufer erleben ein kurzzeitiges, flaues Gefühl in den Beinen (Scheinkraftlosigkeit), welches sich aber nach den ersten Schritten und Stockbewegungen legt.

Kohlenhydrataufnahme während Training und Wettkampf

In zahlreichen experimentellen Arbeiten wurde belegt, dass die Kohlenhydrat-(KH) Aufnahme während der Belastung die Aufrechterhaltung der Laufgeschwindigkeit sichert und die Belastungsdauer verlängert. Insbesondere wirkt die zusätzliche Glukoseaufnahme im letzten Drittel einer Ausdauerbelastung leistungsfördernd (Coggan & Swanson, 1992). Eine dosierte Glukoseaufnahme während des Skilanglaufs führt zu keinem weiteren Abbau des Muskelglykogens. Die zugeführten KH erhöhen die Glukoseoxidationsrate und verschieben den Ermüdungszeitpunkt bei der gegebenen Laufgeschwindigkeit.

Im Skilanglauf sollten pro Stunde Belastung mindestens 30 g KH aufgenommen werden. Die Untergrenze der Glukoseaufnahme, die eine Unterzuckerung verhindert, liegt bei etwa 20 g/h.

Hingegen nimmt bei reichlicher KH-Aufnahme der Transport von langkettigen Fettsäuren in die Mitochondrien ab (Horowitz et al., 1997). Eine Glukoseaufnahme gleich in der ersten Belastungsstunde hatte keinen Einfluss auf die Leistungsfähigkeit (Marmy-Conus et al., 1996; Hargreaves, 1999).

Eine während der Belastung aufgenommene Glukosemenge (z. B. Traubenzucker) gelangt bereits nach etwa 7 min in den Energiestoffwechsel des Muskels. Komplexkohlenhydrate benötigen eine etwas längere Zeit. Die Kohlenhydrate beeinflussen ihrer Zusammensetzung entsprechend die Blutglukosekonzentration und den Energiestoffwechsel unterschiedlich. Glukose, Fruktose und Malzzucker bewirken einen nahezu identischen Anstieg des Blutzuckers. Allerdings benötigt die Fruktose längere Zeit, bevor sie im Stoffwechsel wirkt. Die Fruktose muss erst in der Leber zu Glukose umgebaut und dann über die Blutbahn zur Muskulatur transportiert werden.

Nicht alle Kohlenhydratlösungen sind gleich gut magenverträglich. Vor bedeutenden Starts sollten die bekannten und unbekannten Kohlenhydratgemische auf ihre Verträglichkeit geprüft werden. Im Vergleich zu Glukose und Fruktose ist der Malzzucker (Maltose) sehr magenverträglich. Die kleine Teilchengröße des Malzzuckers erlaubt eine schnelle Resorption im Darm und damit auch die Aufnahme von höher konzentrierten Lösungen (bis 15 %).

Die mehrfach gebundenen Zucker (Oligo- und Polysaccharide) haben gleichfalls Vorteile bei ihrer Aufnahme während der Belastung. Sie werden langsamer resorbiert und entfalten ihre Wirkung über einen längeren Zeitraum, weil sie erst zu Glukose abgebaut werden müssen. Diesen Anforderungen entsprechen alle trinkbaren Breizubereitungen (Haferflocken, Reis, Gries), die sich in der Verpflegungspraxis der Skilangläufer bewährt haben.

Die Kohlenhydrate können verteilt aber auch als Einmalaufnahme zugeführt werden. Die Aufnahme in kleinen Portionen sollte bevorzugt werden. In bestimmten Wettkampfsituationen ist aber auch eine Einmalaufnahme (z. B. vor Abfahrten) möglich, die eine Stunde vorhalten kann. Bei Belastungen von über einer Stunde Dauer sollten pro Stunde 32-48 g KH aufgenommen werden (Coyle et al., 1983; Ivy et al., 1983; Hargreaves et al., 1984 und 1987; Hargreaves, 1999; Neumann & Pöhlandt, 1994 u.a.).

Die Aufnahme von zu vielen Kohlenhydraten kann dazu führen, dass der Anteil des Fettstoffwechsels an der Energiegewinnung unterdrückt wird. Unabhängig davon existiert aber eine Grenze der Aufnahmefähigkeit für Kohlenhydrate im Darm (Resorptionsgrenze). Die KH-Resorptionsgrenze liegt während der Belastung zwischen 60-70 g/h.

Wird hingegen nur Tee oder Wasser aufgenommen, dann ist der Anteil der FFS am Energieumsatz höher als bei der Kohlenhydratzufuhr. Bei niedrigen Kohlenhydratmengen (bis zu 35 g/h) wird der Fettstoffwechselanteil nicht beeinflusst (Neumann & Pöhlandt 1994).

Die Aufnahme von 35-45 g Kohlenhydrate pro Stunde erhöht den Blutzuckerspiegel um 0,5-1 mmol/l (9-18 mg/dl). Im Vergleich zu ungesüßtem Tee oder Wasser verlängert sich die Belastungsdauer bei der Aufnahme von 30-40 g/h Glukose oder Polysacchariden in einem vorgegebenen Tempo um etwa 20 %.

Eine Unterzuckerung, hervorgerufen durch eine unterlassene Glukoseaufnahme, führt bei Belastungen von über zwei Stunden Dauer stets zum Leistungsabfall oder Leistungsabbruch. Der Gehirnstoffwechsel hängt von der Glukoseversorgung ab und braucht ständig Glukose zur Aufrechterhaltung seiner Funktionsfähigkeit.

Kohlenhydrataufnahme nach der Belastung (Regeneration)

Das Ziel der Kohlenhydrataufnahme sofort nach längeren Trainings- und Wettkampfbelastungen besteht in einer schnelleren Auffüllung der entleerten Glykogenspeicher in Muskulatur und Leber.

Unmittelbar nach der Belastung sind die Voraussetzungen für den Aufbau des Glykogens und die Einschleusung von Aminosäuren in die Muskelzellen am günstigsten.
Jede kohlenhydratbetonte Ernährung nach der Belastung ist gegenüber der Mischkost
von Vorteil. Eine gezielte Kohlenhydrataufnahme von etwa 6 g/kg Körpergewicht füllt
auch stark entleerte Glykogenspeicher nach 48 Stunden wieder auf. Voraussetzung
dafür ist, dass keine zerstörten Muskelstrukturen vorliegen.

Nach einem Marathonlauf oder einer ähnlichen Langzeitbelastung dauert die Wiederherstellung der Muskelglykogens mindestens vier Tage. Noch mehr Zeit nimmt der
Wiederaufbau des muskulären Kraftausdauerpotenzials in Anspruch; dieses ist erst
nach 8-10 Tagen voll verfügbar.

Kohlenhydrate mit hohen Anteilen an Glukose eignen sich für die Wiederauffüllung des Muskelglykogens am besten. Hingegen ist die Fruktose für den Wiederaufbau
des Leberglykogens günstiger.

In der ersten Phase der Wiederherstellung ist die *Nährstoffdichte* der Kohlenhydrate
oder deren *glykämischer Index* entscheidend. Der glykämische Index bringt die Wirkung der Kohlenhydrate auf den Anstieg der Blutglukose zum Ausdruck. Für Vergleiche
wird der Blutzuckeranstieg nach Glukoseaufnahme als 100 % angenommen. Demnach
verfügen Traubenzucker oder Fruchtzucker über einen deutlich höheren glykämischen
Index als Mehrfachzucker (z. B. Stärke in der Banane).

Die Einfach- und Zweifachzucker (Mono- und Disaccharide) erhöhen am schnellsten die Blutglukosekonzentration. Deshalb sollten diese in den ersten beiden Stunden
der Erholung bevorzugt werden. Die Aufnahme von ballaststoffreichen Nahrungsmitteln, die zugleich Vitamine und Mineralien enthalten (Gemüse und Obst), ist auf einen
späteren Zeitpunkt zu verlegen.

Wiederholte Skiläufe innerhalb einer Woche führen zu einem starken Regene-
rationsdefizit und die Glykogenspeicher werden nicht mehr unvollständig aufgefüllt.
Um den bei chronischem Glykogenmangel einsetzenden, starken Proteinabbau zu ver-
mindern, helfen Infusionen mit Glukoselösungen. Auf die Beschleunigung der Kohlenhydratzufuhr zum Glykogenaufbau sollte nur in Situationen objektiver Zeitnot zurückgegriffen werden.

11.4 Supplementation von Mineralien

Die Mineralien zählen zu den anorganischen Stoffen, die zur Aufrechterhaltung des Lebens unentbehrlich sind. Sie werden als Stütz- und Hartsubstanzen für das Wachstum
von Knochen, Zähnen und Geweben benötigt. Die Lebensfähigkeit ist an eine ausgegli-
chene Mineralstoffbilanz gebunden. Das leistungssportliche Training stört die Mineral-
bilanz und es kommt zur Unterversorgung mit einzelnen Mineralien.

Mit der Steigerung der Nahrungsmittelaufnahme wächst normalerweise die Mineralzufuhr an. Bedingt durch die modernen Anbaumethoden sind in den letzten Jahren weniger Mineralstoffe in den Nahrungsmitteln sowie in Obst und Gemüse festgestellt worden. Hinzu kommt die Verbreitung der Fastfoodernährung oder von Colagetränken, die eine geringe Nährstoffdichte besitzen. Ihr Kalorienreichtum und Geschmack wiegt den geringeren Gehalt an Vitaminen und Mineralien nicht auf. Der natürliche Orangensaft oder das Vollkornbrot weisen eine hohe Nährstoffdichte auf, weil sie reich an Vitaminen und Mineralien sind.

Im leistungsorientierten Training führt die ständige Schweißabgabe zum erhöhten Schweißverlust. Allein dieser Fakt rechtfertigt eine Supplementierung mit bestimmten Mineralien **(Tab. 11.7)**.

Tab. 11.7: *Bedarf an Mineralien und Spurenelementen*

Mineral	Tagesbedarf Untrainiert	Sportler	Minimale toxische Dosis
Kochsalz (NaCl)	8 g	15 g	> 100 g
Kalium	2,5 g	5 g	12 g
Kalzium	1 g	2 g	12 g
Phosphor	1,2 g	2,5 g	12 g
Magnesium	400 mg	600 mg	6 g
Eisen	18 mg	40 mg	> 100 mg
Zink	15 mg	25 mg	500 mg
Kupfer	2 mg	4 mg	100 mg
Jod	0,15 mg	0,25 mg	2 mg
Selen	70 µg	100 µg	1 mg
Chrom	100 µg	200 µg	2 mg

Natrium

Das Natrium ist hauptsächlich in Körperflüssigkeiten gespeichert und der Speicher beläuft sich auf etwa 80 g Natrium (23 mg Natrium entsprechen 1 mmol/l Natrium). Die Natriumkonzentration im Blut beträgt 135-145 mmol/l. Natrium übt vielseitige physiologische Funktionen aus und ist außerhalb der Zellen in höherer Konzentration

ERNÄHRUNG

vorhanden. Der Wasserhaushalt wird entscheidend vom Natrium aufrechterhalten. Die Natriumkonzentration in den Geweben und im Blut beeinflusst den Blutdruck, das osmotische Gleichgewicht, den Säuren-Basen-Haushalt sowie die muskuläre Erregbarkeit.

Beim Training findet über den Schweiß ein ständiger Natriumverlust in Form von Kochsalzausscheidungen (NaCl) statt. Das Kochsalz besteht zu 40 % aus Natrium und zu 60 % aus Chlorid.

Der Kochsalzverlust bei Training und Wettkampf kann nicht durch Leitungswasser kompensiert werden. Das Leitungswasser, welches sehr natriumarm ist, wird im Vergleich zu natriumhaltigem Mineralwasser oder salzhaltigen Getränken schlechter resorbiert.

Am besten werden isotone Flüssigkeiten aufgenommen, die 0,5-1,2 g/l NaCl enthalten. Bei dieser Salzkonzentration schmecken die Flüssigkeiten leicht salzig. Bei Skilanglaufbelastungen kommt es zu keinem Abfall des Blutnatriums unter 130 mmol/l, wie bei langen Hitzebelastungen bei 30° C Außentemperatur.

Der Organismus passt sich an Belastungssituationen an, bei denen viel geschwitzt wird. Er reduziert die Ausscheidung von Mineralien. Wenn ein touristischer Skiläufer mit 1 l Schweiß etwa 3,5 g Kochsalz ausscheidet, sind es beim Leistungsskilangläufer nur etwa 1,6 g/l.

Der trainierte Skilangläufer schwitzt bei vergleichbarer Geschwindigkeit weniger als der Freizeitskilangläufer und scheidet beim Schwitzen weniger Kochsalz und andere Mineralien aus. Ein typisches Kennzeichen eines Salzdefizits besteht darin, dass die Sportler danach bevorzugt salzhaltige Nahrungsmittel aufnehmen oder ihr Essen nachsalzen.

Das Auftreten von Muskelkrämpfen wird oft mit einem Natriummangel in Verbindung gebracht. Wahrscheinlich liegt dem Muskelkrampf eine örtliche Durchblutungsstörung mit einem Defizit mehrerer Mineralien zu Grunde, wie Magnesium, Kalzium und Natrium.

Kalium

Die Kaliumkonzentration ist in der Zelle 40 x höher als außerhalb. Die intrazelluläre Kaliumkonzentration beträgt 155 mmol/l und die extrazelluläre nur 4 mmol/l.

Kalium sichert die Zellmembranstabilität, die Nervenimpulsübertragung, die Muskelkontraktion und die Blutdruckregulation. Kalium ist an den Transportvorgängen im Kohlenhydrat-, Protein- sowie Fettstoffwechsel beteiligt. Der normale Blutkaliumspiegel beträgt 3,8-5,5 mmol/l.

Der intrazelluläre Kaliumgehalt beeinflusst den aeroben Energiestoffwechsel in den Mitochondrien. Der Austausch des Kaliums mit dem Zellaußenraum erfolgt über Kaliumkanäle, über die jede Zelle verfügt. Die Kalium- und Natriumkonzentration auf jeder Seite der Zellmembran repräsentiert das Membranpotenzial der Zelle. Da das Kalium sich stets bemüht, nach außen zu gelangen, muss es über die Natrium-Kalium-Pumpe unter Energieaufwand nach innen zurückgebracht werden.

Der Kaliumspeicher beträgt 140-150 g bei Männern und 90-120 g bei Frauen. Mit der Zunahme der aktiven Muskelmasse vergrößern sich die Kaliumspeicher.

Täglich sollten von Untrainierten 2-3 g und von Trainierten 3-4 g Kalium mit der Nahrung aufgenommen werden. Obst und Gemüse erfüllen diese Anforderung problemlos. Überschüssig aufgenommenes Kalium wird mit dem Urin ausgeschieden. Zu viel Kalium wirkt harntreibend.

Ergiebige Kaliumquellen sind Zitrusfrüchte, Bananen, Tomaten und Obst. Bei vegetarischer Ernährung werden täglich bis zu 10 g Kalium aufgenommen. Mit dem Schweiß wird, im Vergleich zu Natrium, bedeutend weniger Kalium ausgeschieden. 1 l Schweiß enthält 0,1-0,2 g/l Kalium.

Werden gezielt mehr Kohlenhydrate aufgenommen, dann steigt der Kaliumbedarf. Das bedeutet, dass kaliumhaltiges Obst oder Früchte immer mit zugeführt werden sollten.

Ein erhöhter Kaliumbedarf kann nach dem Cross-Lauf im Sommer entstehen, besonders beim Bergablauf, wo es zur Zerstörung von Muskelstrukturen auf molekularer Ebene kommt. Der Aufbau zerstörter muskulärer Strukturen benötigt verstärkt Kalium.

Magnesium

Das Magnesium ist ein unentbehrlicher Mineralstoff, der in einer Menge von 24-28 g (584-681 mmol/l) im Organismus gespeichert wird. Die normale Konzentration im Blutserum beträgt 0,8-1,3 mmol/l. Etwa 60 % des Magnesiumbestandes ist in den Knochen eingelagert und normalerweise nicht verfügbar. In den Muskelzellen befindet sich 39 % des Magnesiums. Der Rest von 1 % befindet sich im Blut und in den extrazellulären Flüssigkeiten. In den Erythrozyten ist 3 x mehr Magnesium vorhanden als im Serum.

Die große Bedeutung des Magnesiums zeigt sich darin, dass es in über 300 magnesiumhaltigen Enzymen wirkt.

Magnesium ist notwendig für die Energiebereitstellung, Energieübertragung, Signalübertragung bei der Muskelkontraktion, Muskelentspannung, Durchblutung, Hormonwirkung und weiteren anderen Funktionen.

Bei einer Unterversorgung mit Magnesium (Magnesiummangel) steigt die Durchlässigkeit von Zellmembranen an. Ein Magnesiummangel führt zur Abnahme der Dichte der Natrium-Kalium-Pumpen in den Zellmembranen. Die ATPase-Aktivität ist bei einer Magnesiumunterversorgung erniedrigt und damit eine allgemeine Leistungsminderung oder Muskelfunktionsstörung vorprogrammiert. Im Leistungstraining sind die Schweiß- und Urinausscheidung die hauptsächlichen Ursachen für den Magnesiumverlust.

Im Sommertraining sind 2-3 l Schweißausscheidung am Tag auch für den Skilangläufer normal; das bedeutet einen Verlust von 18-27 mmol/l (437-656 mg) Magnesium.

Die Bestimmung der Magnesiumkonzentration im Blut gehört zum Standard der Betreuung von Leistungssportlern. Eine *Unterversorgung* ist anzunehmen, wenn die Magnesiumkonzentration im Blut unter 0,74 mmol/l abfällt. Der Magnesiummangel ist meist mit einem Kaliummangel in den Muskelzellen verbunden. Der Abfall des Blutmagnesiums erfolgt zwei Monate früher als der zelluläre Magnesiumabfall.

Eine Unterversorgung mit Magnesium ist beim Training immer möglich.

Die Anzeichen der Unterversorgung bestehen in Muskelzittern, Wadenkrämpfen, Nervosität, Müdigkeit und nachlassender Leistungsfähigkeit. Im Training ist die Herzfrequenz in Ruhe und bei Belastung erhöht. Bei Verdacht auf Unterversorgung sollte die Magnesiumkonzentration im Blut bestimmt werden.

Bei festgestellten Mangelzuständen ist eine Magnesiumaufnahme von 0,5 g/Tag über einen längeren Zeitraum notwendig. Gleichzeitig ist Kalium über Obst und Südfrüchte aufzunehmen. Die Magnesiummenge ist in den Medikamenten oder Nahrungsergänzungsmitteln durch die Bindung an Stabilisatoren unterschiedlich. Magnesiumhaltige Nahrungsmittel und stark magnesiumhaltige Mineralwässer sind zu bevorzugen **(Tab. 11.8)**.

Kalzium

Der Kalziumspeicher des Organismus beträgt 1.000 g und befindet sich zu 98 % in den Knochen. Die Festigkeit der Knochen und der Zähne hängt vom Kalziumgehalt ab. Im Blutserum sind 2,3-2,7 mmol/l (92-108 mg/dl) Kalzium enthalten. Der Kalziumspiegel wird hormonell reguliert. Nur die Hälfte des Kalziums befindet sich in aktiver physiologischer Funktion; der Rest ist an Plasmaproteine gebunden. Intrazellulär ist bedeutend weniger Kalzium eingelagert als extrazellulär.

Kalzium dient als ein wichtiger Kofaktor für Enzymreaktionen. Kalzium ist erforderlich für die neuromuskuläre Signalübertragung (Neurotransmitterfunktion), die Durchlässigkeit von Zellmembranen, die Energiefreisetzung und für die Blutgerinnung.

Ein erhöhter Kalziumbedarf kann über das Parathormon gesichert werden. Dieses aktiviert die Osteoklasten in den Knochen.

Normalerweise führt ein Training zu keinem Kalziummangel. Eine Ausnahme ist der Östrogenmangel bei jungen Sportlerinnen, der zu einer Entmineralisierung der Knochen führen kann. Die hormonbedingte Knochenaufbaustörung ist eine Ursache für das Auftreten von Ermüdungsbrüchen (Stressfrakturen), besonders bei jungen Läuferinnen. Als Ursache für die Stressfraktur gelten Hormonmangel (meist Östrogene) und eine unzureichende Kalziumaufnahme über eine längere Zeit. Die Entmineralisierung der Knochen stellt eine Vorstufe einer sich später entwickelnden Osteoporose dar, d. h. eine Verminderung der Knochenmasse.

Wichtige Kalziumquellen stellen Milch, Milchprodukte und Gemüse **(Tab. 11.9)**. Der tägliche Kalziumbedarf liegt bei 900-1.200 mg. Mehrere Faktoren können jedoch die Kalziumaufnahme behindern. Resorptionsbehindernd wirken der hohe Proteingehalt in der Milch, die Phytate, die Oxalate und die Phosphate (Coca-Cola®).

Mit dem Schweiß wird auch Kalzium ausgeschieden, die Verluste werden unterschiedlich angegeben, sie schwanken zwischen 5-50 mg/l.

Tab. 11.8: *Magnesiumhaltige Nahrungsmittel. Angaben in mg pro 100 g. Modifiziert nach: Holtmeier (1995)*

Kakaopulver	414
Weizenkeime	336
Sojamehl	235
Bierhefe	231
Erdnüsse	182
Mandeln (süß)	170
Haselnüsse	156
Haferflocken	139
Bohnen (weiß)	132
Walnüsse	129
Reis (unpoliert)	119
Erbsen (geschält)	116
Schokolade	104
Linsen	77
Knäckebrot	68
Nudeln	67
Rosinen (getrocknet)	65
Heringsfilet	61
Weizenvollkornbrot	59
Roggenvollkornbrot	45
Banane	36
Kartoffeln	25
Mineralwässer	20-160 mg/l

Tab. 11.9: *Nahrungsmittel mit hohem Kalziumgehalt (Menge in 100 g).*
Modifiziert nach: Holtmeier (1995)

Sprotten (geräuchert)	1.700
Parmesan	1.290
Magermilchpulver	1.290
Emmentaler (45 % Fett; Trockenmasse)	1.159
Schnittkäse (20 % Fett; Trockenmasse)	978
Weitere Käsesorten	125-820
Ölsardinen	330
Kondensmilch (10 % Fett)	315
Sojamehl	195
Vollei (getrocknet)	195
Magermilch	123
Buttermilch	129
Weizenvollkornbrot	95
Magerquark	92
Haferflocken	54

Tab. 11.10: Hauptsächliche Unterversorgung mit Mineralien im Leistungstraining

Mineral-unterversorgung	Anzeichen der Unterversorgung	Empfohlene Nahrungsmittel
Magnesium Serumkonzentration < 0,74 mmol/l	Wadenkrämpfe, Nackenschmerz, Kribbeln (Parästhesien) in Händen und Füßen, vagotone Funktionsumstellung, Herzrhythmusstörungen, Organ- und Gefäßkrämpfe	**Medikamente:** 0,3-0,5 g/Tag Magnesiumpräparate; Aufnahme magnesiumhaltiger Nahrungsmittel (Sojabohnen, Milchschokolade, Haferflocken, Vollkornbrot, Milch, Fisch); Mineralwässer
Eisen **Serumferritin:** < 12 µg/l Eisenspeicher erschöpft 12-15 µg/l verminderte Eisenspeicher 35 µg/l unterer Normalwert Männer (M) 23 µg/l unterer Normalwert Frauen (F) **Hämoglobin:** < 12 g/dl (F) < 13 g/dl (M) **Serumeisen unsicher** < 60 µg/dl /< 11 µmol/l (F); < 80 µg/l /< 14 µg/l (M)	Müdigkeit, Zunahme des Anstrengungsgefühls, nachlassende Ausdauerleistungsfähigkeit bei höheren Geschwindigkeiten, Verzögerung der Erholung, Anämie	**Medikamente:** 1-2 Monate Eisenaufnahme von 100-200 mg/Tag (möglichst zweiwertiges Eisen und magenverträgliches Präparat). Eisenhaltige Nahrungsmittel (Leber, Nieren, rotes Fleisch, Hülsenfrüchte, Schokolade, Vollkornbrot, Leberpaste, Nüsse)
Zink Serumkonzentration < 12 µmol/l	Geschmacks- und Geruchsstörungen, Appetitlosigkeit, Gewichtsabnahme, Müdigkeit, Hautveränderungen, deutliche **Zunahme von Infekten**	**Medikamente:** Zinkpräparate 15-20 mg/Tag; zinkhaltige Nahrungsmittel: Käse, Vollmilch, Fleisch, Eier, Austern. Zink in Hülsenfrüchten und Getreide ist durch enthaltene Phytate schlecht verwertbar.
Kalium (Serumkonzentration < 3,5 mmol/l)	Muskelschwäche, nachlassende Reflexantwort, Durchfälle, Müdigkeit und Trainingsunlust, Herzrhythmusstörungen	**Medikamente:** Kalium-Magnesium-Aspartat (50-100 mmol/l Kalium); kaliumhaltige Nahrungsmittel: Obst, Gemüse, Getreideprodukte, Fleisch

Tab. 11.11: Nahrungsmittel mit erhöhtem Eisengehalt

Nahrungsmittel	Eisen (mg/100 g)
Leber (Schwein)	22
Hefe (trocken)	17
Kakao	12
Sojabohnen, Linsen, weiße Bohnen (Hülsenfrüchte)	7-9
Haferflocken, Weizenkeime	5-8
Petersilie, Spinat	4-8
Mandeln, Haselnüsse, Sonnenblumenkerne	3-7
Aprikosen, Feigen (getrocknet)	3-5
Vollkornprodukte	3-4
Rindfleisch, Kalbfleisch	3
Schokolade	3

Eisen

Das Körperdepot des Spurenelements Eisen beträgt 3-5 g. Davon befinden sich 70 % im Hämoglobin (roter Blutfarbstoff) als Hämeisen gebunden. Eisen ist Bestandteil aller sauerstoffübertragenden Verbindungen, wie im Hämoglobin, Myoglobin (Sauerstoffspeicher im Muskel) und in Enzymen des aeroben Stoffwechsels (Zytochrome, Katalasen, Peroxidasen).

Die funktionellen Eisenreserven verteilen sich auf 2,3 g im Hämoglobin, 0,32 g im Myoglobin und 0,18 g in eisenhaltigen Enzymen. 12 % des Eisenbestandes ist das Funktionseisen im Blut. Die restlichen 18 % sind als Eisenspeicher fest gebunden (700 mg als Ferritin und 300 mg als Hämosiderin). Der größte Eisenspeicher ist die Leber. Die Serumkonzentration des Eisens beträgt 0,6-1,45 mg/l (10,7-26 µmol/l) bei Frauen und 0,8-1,68 mg/l (14,3-30 mmol/l) bei Männern.

Der Normalbereich des Ferritins im Blut beträgt 30-400 µg/l bei Sportlern und 30-150 µg/l bei Sportlerinnen. Die Ferritinkonzentration im Blut steht mit den Eisenspeichern in den Geweben in einem engen Zusammenhang. Bei Sporttreibenden ist eine mittlere Ferritinkonzentration von 30-150 µg/l anzustreben.

Eine Eisenunterversorgung liegt bei Sportlern vor, wenn die Ferritinkonzentration unter 30 µg/l abfällt. Näheres zur Eisenversorgung siehe in **Tab. 11.10**. Da das Serumferritin eng mit dem Gewebseisen korreliert, gehört es zum Standard bei der Beurteilung einer Eisenunterversorgung von Leistungssportlern.

Das Ausdauertraining im Skilanglauf führt jeweils zu einer Zunahme der flüssigen Blutbestandteile, der Hämatokrit sinkt. Das Plasmavolumen nimmt um 10-20 % zu. Die Zunahme flüssiger Blutbestandteile führt zu einer Scheinabnahme des Hämoglobins um 1-2 g/dl. Diese Pseudoanämie, die auf einer Hypervolämie beruht, darf nicht zur Fehldiagnose eines Eisenmangels verleiten. Mit dem Hämoglobinwert muss gleichzeitig der Hämatokrit beachtet werden. Dieser ist bei Athleten, besonders Ausdauersportlern, immer erniedrigt. Bei normalem Hämatokrit darf das Hämoglobin bei Skilangläufern nicht unter 13 g/dl und bei Skilangläuferinnen nicht unter 12 g/dl abfallen (**Tab. 11.12**).

Tab. 11.12: Normale Blutwerte und Abweichungen durch Ausdauertraining

Normalwerte	Männer	Frauen
Hämatokrit (%)	46 (39,8-52,2)	40,9 (34,9-46,9)
Hämoglobin (g/dl) *	15,5 (13,3-17,7)	13,7 (11,7-15,7)
Serumferritin (µg/l)**	30-400	30-150
„Sportleranämie"		
Hämatokrit (%)	< 40	< 35
Hämoglobin (g/dl)	< 13	< 12
Serumferritin (µg/l)	< 30	< 20

*   *Hämoglobin g/dl x 0,6206 = mmol/l*
**   *1 µg/l Serumferritin entspricht 8-10 mg Speichereisen.*

Zur Entstehung eines niedrigen Ferritinniveaus tragen bei:

1. Trainingsbedingte Blutverdünnung (Hämodilution).
2. Anstieg des Myoglobins im Muskel.
3. Anstieg der Erythrozytenmasse im Blut.
4. Unzureichende Eisenaufnahme (Fleischverzicht).
5. Mikroblutungen im Magen-Darm-Trakt.
6. Eisenverlust über den Schweiß (~ 23 µg/l).
7. Eisenverlust über den Urin (Erythrozytenaustritte über Nieren).
8. Größere Eisenspeicherung in der Leber.
9. Menstruationsblut bei Frauen (15-30 mg/Zyklus).
10. Einseitige pflanzliche Ernährung (Vegetarier).

In der mechanischen Zerstörung der Erythrozyten in den Fußsohlen bei Laufbelastungen wird eine Hauptursache des Eisenverlusts, besonders bei Läufern in der Leichtathletik, gesehen. Der Störfaktor liegt im Laufen auf hartem Untergrund. Im Skilanglauf kommt hier der Cross-Lauf als begünstigender Faktor für den Eisenverlust in Frage. Die Gleitbewegungen auf dem Schnee vollziehen sich ohne größere Stauchungen.

Im Leistungstraining beträgt der tägliche Eisenverlust etwa 2 mg. Deshalb sollte auf die natürliche Eisenaufnahme mit der Nahrung geachtet werden (Tab. 11.11).

Das in der Nahrung enthaltene Eisen wird bei normaler Mischkost nur zu etwa 10 % vom Darm aufgenommen. Bei vegetarischer Kost beträgt die Resorption des Eisens nur 3-8 % im Vergleich zur Fleischnahrung von 15-22 %. Um den Verlust von 2 mg Eisen auszugleichen, ist eine Zufuhr von 20 mg/Tag notwendig.

Hält die Eisenunterversorgung längere Zeit an, dann sind die Eisenspeicher nach 5-8 Monaten erschöpft. Die Abnahme von 1 μg/l Serumferritin entspricht dem Verlust von etwa 10 mg Speichereisen. Um den Ferritinwert deutlich ansteigen zu lassen, ist eine zwei- bis dreimonatige Aufnahme von 100-200 mg/Tag an zweiwertigem Eisen notwendig.

Hinweise für eine Eisenunterversorgung sind ungewohnte Müdigkeit, vorzeitige Erschöpfung, mangelnde Intensitätsverträglichkeit, ausbleibende Leistungsentwicklung, verstärkte Atmung bei Belastungen und die Häufung von Infekten der oberen Luftwege.

Zink

Der Körper speichert 1,3-2 g Zink in Knochen und Muskeln. Nur eine kleine Menge befindet sich im Blut (4-7,5 mg/l oder 61-114 mmol/l). Davon sind 90 % in den Erythrozyten enthalten und für Stoffwechselprozesse verfügbar. Im Serum beträgt die Zinkkonzentration 9-18 μmol/l (0,6-1,2 mg/dl).

Zink hat zahlreiche bedeutende Funktionen und ist Bestandteil in über 200 Enzymen. Während der Belastung geht Zink über Schweiß und Urin verloren. Bei vielseitiger Ernährung hat der Leistungssportler normalerweise keine Probleme mit der Zinkversorgung, der Bedarf beträgt 10-15 mg/Tag. Mit zunehmender Nahrungsaufnahme steigt der Zinkkonsum (Tab. 11.13).

Tab. 11.13: Nahrungsmittel mit erhöhtem Zinkgehalt

Nahrungsmittel	Zink (mg/100 g)
Weizenkeime	12
Fleisch (Schwein, Rind)	3,6-4,3
Hülsenfrüchte (Linsen, Bohnen)	3-5,5
Getreideerzeugnisse (Nudeln, Vollkornbrot, Haferflocken)	1,6-4,4
Geflügel (Pute)	1,8
Fisch (Forelle, Hecht)	0,5-1,1
Gemüse (Rosenkohl, Broccoli, Mais, Erbsen)	0,9-1
Milchprodukte (Joghurt, Buttermilch, Käse)	0,4-1

Die normale Zinkversorgung des Sportlers sichert seine Belastbarkeit und beugt Muskelkrämpfen vor. Zink wirkt auf das Immunsystem stabilisierend. Gerade die Förderung der Reaktivität im Immunsystem hat die ausreichende Versorgung mit Zink in den Mittelpunkt der Infektvorbeugung gerückt. Zink fördert auch die Proteinsynthese. Eine verminderte Proteinsynthese verlangsamt den Muskelaufbau. Vegetarisch eingestellte Sportler sind meist mit Zink unterversorgt. Eine Zinkaufnahme von 20-30 mg/Tag reicht im Leistungssport aus.

Spurenelemente

Die Spurenelemente sind eine Gruppe von Mineralstoffen, die in geringen Mengen im Körper vorkommen und aufgenommen werden. Die Unterscheidung zwischen Mineralien und Spurenelementen liegt in den geringen Mengen (10-1.000 mg) begründet, die im Organismus vorkommen. Zu den Spurenelementen zählen Mineralien, die in Mengen von unter 20 mg/Tag aufgenommen werden. Von den 14 bekannten, essenziellen Spurenelementen stehen Eisen, Kupfer, Zink, Selen, Chrom und Vanadium in Beziehung zur körperlichen Belastung **(Tab. 11.14)**.

Tab. 11.14: Spurenelemente im menschlichen Organismus

Lebensnotwendig (essenziell)	Nichtessenziell	
Chrom	Aluminium	Quecksilber
Eisen	Antimon	Rubidium
Fluor	Arsen	Silber
Jod	Barium	Strontium
Kobalt	Beryllium	Tellur
Kupfer	Blei	Thallium
Mangan	Bor	Titan
Molybdän	Brom	
Nickel	Kadmium	
Selen	Zäsium	
Silizium	Edelgase	
Vanadium	Gold	
Zink	Lithium	
Zinn	Platin	

Fett gekennzeichnete Spurenelemente stehen in Beziehung mit körperlicher Belastung.

Kupfer

Zu den kupferreichen Nährstoffen gehören Leber, Fische, Nüsse, Kakao und Hülsenfrüchte.

Kupfer ist für den Organismus lebensnotwendig. Eine Unterversorgung führt zu gesundheitlichen Beeinträchtigungen, Störungen im Gewebeaufbau und Einschränkungen von Enzymaktivitäten. Kupfer ist Bestandteil von 16 Metalloproteinen. Die Bildung von Bindegewebe, die Funktionen des Zentralnervensystems sowie die Blutbildung sind ohne Kupfer nicht möglich. Die Kupferaufnahme sollte dosiert erfolgen. Die gleichzeitige Aufnahme von reichlich Eisen oder Zink kann die Kupferresorption im Darm behindern.

Selen

Das Selen gehört zu den essenziellen Spurenelementen und muss in Mengen von 20-100 µg/Tag aufgenommen werden.

Funktionell ist Selen von zentraler Bedeutung bei der antioxidativen Abwehr. Als Bestandteil der Gluthadionperoxidase entfaltet Selen eine stark antioxidative Wirkung, synergistisch mit Vitamin E. Ein Selenmangel ist gleichbedeutend mit einer Jodmangelsymptomatik. Die durch Selenmangel bedingte Jodunterversorgung ist durch Kälteempfindlichkeit, niedrigen Blutdruck, Gewichtszunahme, Haut- und Haarveränderungen sowie Kropfbildung gekennzeichnet.

Lebensmittel, mit denen Selen aufgenommen wird, sind: Meeresfische, Fleisch, Leber, Getreideprodukte, Hefen und Nüsse. Selenhefen helfen bei gezielter Versorgung. Der Selenbedarf wird in Europa mit 50-100 µg/Tag angenommen. Eine Selensupplementation von 180 µg/Tag kann zum Anstieg der antioxidativen Kapazität führen.

Chrom

Chrom wirkt im Kohlenhydrat-, Protein- und Fettstoffwechsel und potenziert die Wirkung von Insulin bei der Stimulierung der Aufnahme von Glukose, Aminosäuren und Triglyzeriden in die Zelle (Anding et al., 1997). Die Speicherung des Glykogens wird durch Chrom gefördert. Kommt es zur Chromunterversorgung, dann steigt das Insulin und dies führt zu hypoglykämischen Zuständen. Bei der Aufnahme von Chrompicolinat (200 µg/Tag) konnten keine Leistungsverbesserungen (Zunahme der Muskelkraft) belegt werden. Die Chromaufnahme als Supplement sollte zwischen 50-200 µg/Tag liegen. Die Aufnahme größerer Mengen von Chrom kann die Leber schädigen.

Jod

Jod wirkt als Bestandteil der Schilddrüsenhormone. Mit Jod wird das Prohormon Thyroxin (T4) zum aktiven Schilddrüsenhormon (T3) umgewandelt. Das hierfür entscheidende Enzym (Jodthyronindejodase) enthält Jod und Selen.

Das Joddepot im Körper beträgt 10-20 mg, davon befindet sich die größte Menge in der Schilddrüse (8-15 mg). Bei einer empfohlenen Jodzufuhr von 200 µg/Tag werden in 24 Stunden 15 % von der Schilddrüse aufgenommen. Sinkt die Jodzufuhr, dann steigt selbstregulierend die Jodaufnahme in der Schilddrüse an. Überschüssiges Jod wird ständig über den Urin ausgeschieden. Deutschland zählt zu den Jodmangelgebieten mit einem Nord-Süd-Gefälle. Ein Jodmangel führt zur Vergrößerung der Schilddrüse (Kropf).

Die tägliche Jodzufuhr sollte mindestens 2 µg/kg Körpergewicht betragen. Die Versorgung mit Jod hängt vom Jodgehalt der Böden ab und dieser hat Auswirkungen auf das Getreide und Fleisch.

Leistungssportler haben potenziell einen erhöhten Jodbedarf. Besonders in den Trainingsregionen in Süddeutschland sollte jodhaltiges Salz regelmäßig benutzt werden. Zusätzlich werden wöchentliche Fischmahlzeiten (Seefisch) empfohlen. Die Obergrenze der Jodzufuhr sollte 500 µg/Tag nicht überschreiten.

ERNÄHRUNG

11.5 Supplementation ausgewählter Wirkstoffe

Neben der Aufnahme von Vitaminen und Mineralien werden im Leistungs- und Freizeitsport zunehmend weitere Wirkstoffe aufgenommen. Die zusätzliche Aufnahme von Wirkstoffen wird kontrovers beurteilt.

Viele Wirkstoffe werden in Form von *Nahrungsergänzungsmitteln* aufgenommen. Entsprechend der Richtlinie der EU sind Nahrungsergänzungsmittel isolierte, meist chemisch definierte Stoffe oder Stoffgemische, die Nährstoffcharakter oder physiologische Wirkungen hervorrufen. Sie haben aber keine pharmakologische Wirkung. Die Wirkung bezieht sich auf Vitamine, Mineralien oder Schutzstoffe (sekundäre Pflanzenstoffe) u. a. Ein Arzneimittel darf nach deutschem Lebensmittelrecht kein Nahrungsergänzungsmittel sein.

Die *Arzneimittel* sind Stoffe und Zubereitungen aus Stoffen, die dazu bestimmt sind, durch Anwendung am oder im menschlichen Körper Krankheiten, Leiden, Körperschäden oder krankhafte Beschwerden zu heilen, zu lindern, zu verhüten oder zu erkennen. Sie beeinflussen die Beschaffenheit, den Zustand oder die Funktion des Körpers oder seelische Zustände.

11.5.1 Aminosäuren

Im Organismus kommen 20 proteinbildende Aminosäuren vor **(Tab. 11.15)**.

Tab. 11.15: Aminosäuren in der Nahrung, unterteilt in entbehrliche (nichtessenzielle) und unentbehrliche (essenzielle) Aminosäuren

Entbehrliche (Eigensynthese möglich)	Unentbehrliche (Zufuhr notwendig)
Alanin	Histidin*
Arginin*	Isoleucin
Asparagin	Leucin
Asparaginsäure	Valin
Cystein/Cystin*	Lysin
Glutamin	Methionin
Glutaminsäure	Phenylalanin
Glyzin	Threonin
Prolin/Hydroxiprolin	Tryptophan
Serin	(Taurin)**
Tyrosin*	

* Teilweise entbehrlich, gelten als semiessenziell.
** Aminosäurennähnliches Abbauprodukt aus Cystein und Methionin.

Die Eigensynthese reicht für manche Aminosäuren nicht aus, sodass eine zusätzliche Aufnahme notwendig wird; das trifft für Stresssituationen, Erkrankungen oder bei hohen Belastungen für Glutamin, Cystein, Tyrosin und Alanin zu.

Proteinaufnahme

Die mit der Nahrung aufgenommenen Proteine werden im Magen-Darm-Trakt zu Aminosäuren und kurzkettigen Peptidketten aufgespalten und resorbiert. Die Aufnahmekapazität von Proteinen beträgt 600 g/Tag. Die Leber eliminiert 60 % der mit dem Blut antransportierten Aminosäuren und baut diese ab oder um. Die verzweigtkettigen Aminosäuren Valin, Leucin und Isoleucin, im englischen Schrifttum als BCCA bezeichnet, werden überwiegend der Muskulatur zur energetischen Verwertung zugeführt. Überschüssig aufgenommene Proteine werden in der Leber oxidiert. Im Muskel gibt es nur eine kleine Aminosäurenreserve (Aminosäurenpool), die etwa 120 g beträgt. Die Gesamtkörpermasse besteht zu 17 % aus Proteinen. Die Muskelmasse macht 40-45 % der Gesamtkörpermasse aus und besteht aus durchschnittlich 7 kg Proteinen.

Proteinstoffwechsel

In allen Körperorganen werden ständig Proteine ab- bzw. umgebaut.

Die widersprüchlichen Positionen zum täglichen Proteinbedarf leiten sich aus dem physiologischen Befund ab, dass 65 % der abgebauten Proteine wieder im Stoffwechsel verwendet werden können. Die Hormone Insulin, Testosteron und STH (Wachstumshormon) haben eine proteinaufbauende Wirkung, d. h., sie wirken anabol. Hohe Cortisolkonzentrationen, die bei Stress oder Wettkampfbelastungen entstehen, wirken proteinabbauend (katabol).

Aminosäurenaufnahme im Leistungssport

Die hauptsächliche Bedeutung der Proteine bzw. Aminosäuren im Sport bezieht sich auf die Muskelbildung (Muskelhypertrophie) und die muskuläre Regeneration nach hohen Beanspruchungen. Die tägliche Erneuerungsrate verschlissener Strukturproteine in der Muskulatur beträgt 2-6 %. Die Belastungsintensität im Training beeinflusst die Proteinsyntheserate deutlich.

Der erhöhte Proteinbedarf im Spitzensport ist wahrscheinlich vordergründig ein qualitatives Problem, da mit der normalen Ernährung und auch mit steigender Kalorienzahl durchschnittlich 12 % Proteine aufgenommen werden. Die durch die Trainingsbelastung angeregte Proteinsynthese kann nur zunehmen, wenn die Verfügbarkeit bzw. der Antransport von Aminosäuren in die Zellen ansteigt.

Werden deutlich über 2 g/Tag Proteine aufgenommen, dann werden die überschüssigen oxidiert, d. h. energetisch verwertet.

Tab. 11.16: Supplemente in der Sporternährung*

Aminosäuren & Wirkstoffe	Wirkprinzip	Ernährungsziele	Sportarten	Nutzen für Sportler
Arginin, Ornithin, Tryptophan	Optimierung der Proteinsynthese	Erhöhung der biologischen Wertigkeit aufgenommener Proteine	Kraft- und Gewichtssportarten	Sicherer Muskelaufbau, Förderung der Regeneration nach Training
Verzweigtkettige Aminosäuren (Valin, Leucin, Isoleucin/ BCCA), Glutamin, Arginin, Ornithin	Gezielter Aminosäurenersatz	Ausgleich des durch Trainingsbelastung entstandenen Aminosäurendefizits	Kraftsportarten, Ausdauersportarten (Leistungssport)	Förderung der Muskelregeneration, gezielter Muskelaufbau, Erhalt der Immunkompetenz
Hydroxymethylbutyrat (Leucinabbauprodukt/ HMB)	Stoffwechselzwischenprodukt mit anaboler Wirkung	Minderung der Proteinkatabolie ohne erhöhte Proteinzufuhr	Kraft- und Kampfsportarten, Ausdauersportarten	Förderung der Regeneration, Stützung des Muskelanabolismus
Guarana (Coffein)	Pflanzeninhaltsstoff mit aktivierendem Einfluss auf Fettstoffwechsel und Hirnfunktion	Aktivierung des Fettstoffwechsels, allgemeine Aktivierung und Antriebssteigerung	Sportarten mit hohem Energieverbrauch, Langzeitausdauersportarten, Spielsportarten	Steigerung des Fettstoffwechsels, Entmüdung, zentrale Aktivierung
Kreatin, L-Carnitin, Co Q 10, Liponsäure, Linolsäure	Sonderbedarf an Nährstoffen	Förderung spezifischer Leistungsfähigkeit	Kurzzeit- und Schnellkraftsportarten, Ausdauersportarten	Alaktazide Leistungssteigerung, Stützung der Immunkompetenz und Regeneration
Vitamin C, E, Betakarotin, Folsäure, Ubichinon (Co Q 10), Selen	Antioxidanzien	Stabilisierung des antioxidativen Zellschutzes	Sportarten mit intensiver Muskelbeanspruchung	Erhalt von Zellstrukturen und Stützung der Immunkompetenz

*   Im Handel angebotene Substrate, von denen nur teilweise wissenschaftliche Belege zur Wirkung vorliegen oder von denen eine Wirkung angenommen wird.

Eine praktische Kontrolle über das Ausmaß des Proteinkatabolismus ist durch Messungen des Serumharnstoffs möglich. Reizwirksame Trainingsbelastungen zeichnen sich durch eine Serumharnstoffkonzentration zwischen 5-7 mmol/l aus. Bei Überlastung im Training steigt die Serumharnstoffkonzentration auf 9 mmol/l an. Bei Extrembelastungen sind Serumharnstoffanstiege zwischen 14-18 mmol/l möglich.

Muskelaufbau

Zu den Aminosäuren mit besonderem Einfluss auf den Muskelproteinstoffwechsel gehören Arginin, Ornithin, Glutamin, Tryptophan und die verzweigtkettigen Aminosäuren. Diese Aminosäuren wirken proteinaufbauend. Eine gezielte Proteinaufnahme von 1,4-2,0 g/kg Körpergewicht pro Tag fördert die Zunahme der Muskelkraft. Ein betontes Krafttraining und der Muskelaufbau benötigen mindestens 1,4-1,8 g/kg Körpergewicht pro Tag. Im Skilanglauf dürfte eine Proteinaufnahme von 1,2-1,4 g/kg Körpergewicht pro Tag ausreichen.

Zur Sicherung einer erhöhten Proteinzufuhr sind geeignete Proteinhydrolysate oder Aminosäurengemische notwendig. Bevorzugt muskelaufbauend wirken die verzweigtkettigen Aminosäuren (BCCA). Die BCCA-Aufnahme wirkt auch auf das Immunsystem und vermindert die Infektanfälligkeit. Für den Skilangläufer ist von Bedeutung, dass die stabile Kohlenhydratversorgung während des Langzeittrainings stabilisierend und leistungsfördernd auf das Immunsystem wirkt.

Regeneration

In der Regenerationsphase geht es um die Förderung der Proteinsynthese, die für den Wiederaufbau zerstörter Strukturproteine notwendig ist. Die Aufnahme von Proteinen, Aminosäuren oder Proteinhydrolysaten (0,4 g/kg Körpergewicht) beschleunigt die Glykogenresynthese. Auch fördert die Zufuhr von 5-10 g Glutamin den Aufbau der Glykogenspeicher. Bei der Beschleunigung der Regeneration wirken die BCCA. Aminosäurengemische und vorverdaute Proteine (Proteinhydrolysate) werden schneller aufgenommen als die strukturgebundenen Proteine im Fleisch oder im Eiweiß. Zur Sicherung der Regeneration und zur Sicherung des Muskelaufbaus können verschiedene aminosäurenhaltigen Supplemente aufgenommen werden (Tab. 11.16).

11.5.2 L-Carnitin

Das L-Carnitin wird körpereigen gebildet. Die Eigensynthese deckt 25 % des täglichen Bedarfs. Ohne L-Carnitin als Carrier können die langkettigen Fettsäuren nicht in das Zellinnere gelangen oder energetisch verwertet werden. Je mehr freies L-Carnitin im Serum ist, desto höher ist die Aufnahmekapazität für die Muskulatur.

ERNÄHRUNG

Insgesamt sind etwa 20 g Carnitin in der Muskulatur gespeichert. Um den Körpervorrat an L-Carnitin aufrechtzuerhalten, müssen täglich mit der Nahrung 50-100 mg ergänzt werden.

Die überwiegende Aufnahme erfolgt über Fleisch, Milch sowie Milchprodukte. Pflanzliche Nahrungsmittel enthalten nur wenig oder kein Carnitin. Die Leistungssportler, die sich bevorzugt vegetarisch oder fleischarm ernähren, haben eine Defizitsituation in der L-Carnitinversorgung. Sportliches Training erhöht den L-Carnitinbedarf. Das L-Carnitin fördert den Fettsäurenabbau und spart dadurch Glykogen. Die Oxidation des Pyruvats über den Zitratzyklus wird durch L-Carnitin kontrolliert. Durch die Wirkung auf die Acylgruppen wird das L-Carnitin zum Fänger freier Radikale und schützt so die Membranen und Zellen vor Zerstörung durch freie Radikale.

Die membranstabilisierende Eigenschaft des L-Carnitins und die Immunstimulation sind bedeutende biologische Funktion des L-Carnitins. Eine direkt leistungssteigernde Wirkung des L-Carnitins ist nicht belegt.

Über den Nutzen der zusätzlichen Aufnahme von L-Carnitin existieren unterschiedliche Meinungen. Eine regelmäßige L-Carnitinaufnahme verhindert die Verminderung des Carnitinspeichers im Muskel bei Ausdauerläufern. Falls keine ausreichende L-Carnitinaufnahme erfolgt, ist der muskuläre L-Carnitinspeicher in 50 Tagen zur Hälfte entleert.
    Bei einer Trainingsbelastung von über 15 Stunden/Woche kann eine Supplementation mit L-Carnitin nützlich sein. Als übliche Dosierung in Hochbelastungsphasen werden 1-2 g/Tag empfohlen. Zur Sicherung der Belastbarkeit und der körpereigenen Vorräte können 0,3-1 g/Tag L-Carnitin aufgenommen werden.

Eine L-Carnitinüberdosierung ist nicht gesundheitsschädlich, da der Körper die Ausscheidung selbst reguliert. Längere Einnahmepausen regen die Bildung von L-Carnitinrezeptoren in der Muskulatur wieder stärker an.

Ein reichlich verfügbares L-Carnitin beeinflusst die Voraussetzungen für hohe sportliche oder körperliche Leistungen positiv. Dazu zählen die Erhöhung der Belastungsverträglichkeit, die Steigerung des aeroben und anaeroben Energiedurchsatzes, die Stimulierung des Immunsystems und die Stabilisierung der Immunabwehr, die antioxidative Wirkung sowie der erhöhte Zellmembranschutz und die Beschleunigung der Regeneration.

Das breite Wirkungsspektrum des L-Carnitins auf den hochbelasteten Muskel wird von keinem anderen bekannten biologischen Stoff erreicht. Die Aufnahme von L-Carnitin gilt nicht als Doping.

11.5.3 Coffein

Das *Coffein* ist ein Wirkstoff, der in Kaffee, Tee, Kakao, Guarana, Coca-Cola® und De-signergetränken vorkommt.

Der Gehalt an Coffein ist in den einzelnen Genussmitteln unterschiedlich und hat im Leistungssport praktische Bedeutung. Bei Überschreiten einer bestimmten Menge an Coffein im Urin (> 12 µg/ml Urin) wird die Aufnahme als Dopingvergehen geahn-det. Vor einem kürzeren Skilanglaufwettkampf sollten nicht mehr als 3-4 Tassen Kaffee getrunken werden. Vorsicht ist bei der Aufnahme von *Designergetränke*, wie z. B. Red Bull® oder Flying Horse®, geboten. Die in Deutschland hergestellten Produkte enthalten in 1.000 ml (4 x 250 ml Dosen) 320 mg Coffein, d. h. die Menge von 80 mg Coffein in einer 250 ml Dose. In Österreich ist die zugelassene Coffeinkonzentration in diesen Getränken höher.

Tab. 11.17: *Coffeingehalt in Getränken**

Getränk	Maßeinheit je Tasse (ml)	Coffeinmenge je Tasse (mg)	Coffeinmenge je Liter (mg)
Kaffee	125-140	65-115	465-822
Schwarzer Tee	125-140	20-50	160-400
Kakao	125-140	2-4	10-32
Cola-Getränke	Glas (200 ml)	30-40	150-200
Designergetränke	Büchse, Flasche (~ 250 ml)	80 in 250 ml	320

*   Die anregende Wirkung wird von der Geschwindigkeit der Coffeinfreisetzung in den Getränkearten bestimmt.

Der Kaffee ist das bevorzugte Mittel gegen Alltagsmüdigkeit. Das Coffein aktiviert das Zentralnervensystem und das sympathische vegetative Nervensystem.

Bei einer Coffeinaufnahme von 5 mg/kg Körpergewicht kommt es bei Ausdauerbe-lastungen zu einer Zunahme der Lipolyse. Dieser Effekt kann im Training genutzt wer-den, indem im nüchternen Zustand und bei Aufnahme von etwa 200 mg Kaffee die Trainingsbelastung begonnen wird. Die volle Wirkung des Coffeins im Kaffee wird 30-60 min nach der Aufnahme erreicht. Chronische Kaffeetrinker reagieren geringer auf die Kaffeeaufnahme. Coffein wird zu den ergogenen Substanzen gezählt, weil es nachweisbar die sportliche Leistungsfähigkeit erhöhen kann. Neben der Freisetzung von freien Fettsäuren und dem Glykogenspareffekt bewirkt Coffein eine Verbesserung der Leistungsfähigkeit bei niedriger und mittlerer Intensität. Die Aufnahme von 5-6 mg Coffein/kg Körpergewicht führte in Experimenten zur Verbesserung von Mittel- und Langzeitausdauerleistungen. Die Coffeinwirkung erfolgt bei Langzeitbelastungen, demnach auch im Skilanglauf, hauptsächlich über die Stoffwechselbeeinflussung. Der Anteil des Fettstoffwechsels steigt und die Kohlenhydratoxidation ist vermindert. Hier spielt die aktivierende Wirkung auf das Zentralnervensystem und die muskuläre Signalübertragung eine entscheidende Rolle für die Leistungsverbesserung.

11.5.4 Kreatin

Kreatin ist ein körpereigener und physiologischer Wirkstoff, der für die Muskelkontraktion in Form des Kreatinphosphats unentbehrlich ist. Über die Nahrungsmittel Fleisch und Fisch wird täglich etwa 1 g Kreatin aufgenommen. Die Kreatinaufnahme ist bei Vegetariern vermindert, weil die Pflanzen kein Kreatin bilden.

Der tägliche Umsatz des Kreatins beträgt durchschnittlich 2 g. Zum Tagesbedarf tragen die Aufnahme mit der Nahrung und die körpereigene Bildung etwa je zur Hälfte bei. Mit einer fleischorientierten Ernährung können täglich etwa 3-4 g Kreatin aufgenommen werden. Bei Kreatinüberschuss erfolgt eine Ausscheidung über die Nieren.

Im Körper sind 120-140 g Kreatin gespeichert, davon 95 % in der Muskulatur. Nur 30 % des muskulären Kreatins ist frei verfügbar, da der überwiegende Teil des Kreatins (70 %) in den Energiespeicher Kreatinphosphat (CP) eingebaut ist.

Durch die gleichzeitige Aufnahme von Kohlenhydraten mit Kreatin steigt die Kreatinaufnahmekapazität der Muskulatur an. Das bei der Muskelkontraktion verbrauchte Kreatin wird dehydriert und als Kreatinin über die Blutbahn zur Niere transportiert und dort ausgeschieden.

Kreatinsupplementation

Die Aufsättigung der Kreatinphosphatspeicher führt bei den meisten Sportlern zu einer Zunahme der Schnellkraftleistung in Training und Wettkampf (Tab. 11.18). Durch die Füllung des Kreatinphosphatspeichers in der Muskulatur erhöhen sich die energetischen Voraussetzungen für die alaktazide Leistungsabgabe in verschiedenen Sportarten. Gefüllte Kreatinphosphatspeicher haben eine Bedeutung für den Zwischen- und Endspurt, auch in den Skilanglaufdisziplinen und besonders bei den Sprintstrecken.

Die positiven Einflüsse des Kreatins auf die alaktazide Leistungsfähigkeit rechtfertigen auch im Skilanglauf eine zusätzliche Kreatinaufnahme.

Aufgefüllte Kreatinphosphatspeicher fördern die muskuläre Kurzzeitleistung sicher, nicht aber die gleichmäßige aerobe Dauerleistungsfähigkeit.

Neben der Zunahme der Kreatinphosphatspeicher unterstützt das Kreatin, wie bereits erwähnt, die Proteinsynthese.

Zur Förderung der Regeneration ist eine längere Kreatineinnahme von 1-2 g/Tag sinn-voll, die aber durch Pausen unterbrochen werden sollte. Die Regenerationsförderung erfolgt über die Proteinsynthese, die durch den schwach anabolen Effekt des Kreatins effektiver ablaufen kann.

Prinzipiell wirkt das Kreatin im Sport nur muskelspezifisch über den Trainingsreiz.

Tab. 11.18: Leistungssteigernde physiologische Substanzen (mit wissenschaftlich nach-gewiesener Wirkung)

Substanz	Wirkung	Dosierung	Bemerkung
Kohlenhydrate (KH)	Energieträger, sichern Glukose-spiegel während Langzeitbelastung	30-60 g/Belas-tungsstunde, zusätzlich 30 min vor Langzeitwett-kampf bis 50 g	Komplex-KH werden besser vertragen.
Coffein	Zentralnervale Erregung, Steige-rung der Lipolyse (FFS-Freisetzung)	200-500 mg vor Wettkampf und/oder während Langzeitwettkampf	Bei 9 mg/kg Körper-gewicht ist Doping-grenze erreicht. Cof-fein ist auch in Cola-Getränken und Designergetränken enthalten.
Kreatin (CR)	Zunahme der Krea-tinphosphatspei-cher um 20 % und damit der alaktazi-den Leistungsfähig-keit, Steigerung der Proteinsynthese	Speicherfüllung in 5-7 Tagen mit 7-20 g/Tag. Bei Niedrigdo-sierung (1-2 g/Tag) Förderung von Regeneration und Steigerung der Proteinsynthese	Einnahme auch vor dem Training (Wettkampf) möglich. Einige Athleten reagieren nicht auf CR (Nonresponder).
Aminosäuren	Zunahme der Muskelkraft, Steigerung der Proteinsynthese, Energiesubstrat	8-12 g Arginin, Ornithin, > 10 g BCCA (Valin, Leucin, Isoleucin), Glutamin	Einnahme meist abends, BCCA während Belastung; um Verunreinigungen auszuschließen, ist eine sichere Bezugsquelle zu wählen.

ERNÄHRUNG

11.5.5 Mittelkettige Fettsäuren (MCT)

Die MCTs werden schnell resorbiert und sofort dem Energiestoffwechsel zugeführt. Energetisch liefern die MCTs doppelt so viel Energie wie Kohlenhydrate. Im Gegensatz zu den langkettigen Fettsäuren benötigen sie nicht das L-Carnitin als Transportsubstanz durch die Zellmembran. Zur Sicherung der Gesamtenergiebilanz bei Langzeitbelastungen sind MCTs nützliche Zusatznährstoffe, zumal eine kleinere Menge mitgeführt werden muss. Die MCTs können Probleme im Verdauungstrakt (Durchfall) bewirken, falls der Sportler sich nicht an deren Aufnahme angepasst hat. Daher sollte bei beabsichtigter Aufnahme im Wettkampf zuvor im Training die Verträglichkeit ausprobiert werden. Für die Gesamtenergiebilanz können die MCTs nur 3-7 % beigetragen. Die höchste Wirkung erzielen die MCTs, wenn sie zusammen mit Kohlenhydraten aufgenommen werden.

ANHANG

Literatur

100 Jahre Alpiner Skilauf. In: Ausstellungskatkalog der Internationalen Ausstellung Tourismus-Cara-
van-Autovision „Reisen 96" Hamburg 1996.

Altvater, G. (1991). Komm mit in den Schnee – Spiele auf Skilanglaufskiern. *Sport Praxis 32*, 5, 29; 6,
28-30.

Anding, J. D., Wolinsky, I., & Klimis-Tavantzis, D. J. (1997). Chromium. In I. Wolinsky & J. A. Driskell
(eds.) *Sports Nutrition. Vitamin and Trace Elements.* Boca Raton: CRC Press.

Anding, J.D., Wolinsky, I. & Klimis-Tavantzis, D.J. (1997). Chromium. In I. Wolinsky & J.A. Driskell (eds.):
Sports Nutrition: Vitamin and Trace Elements. Boca Raton: CRC Press.

Asensio, P. & Hampel, B. (2002). *Aufmüpfig für die Umwelt. Projekte, Spiele und Aktionen mit Zwölf-
bis Fünfzehnjährigen.* Lauf: Bund Naturschutz-Service.

Asmus, S.-A. (1991). Physische und motorische Entwicklung im Kindes- und Jugendalter – eine sport-
wissenschaftliche Betrachtung von Ergebnissen und Theorien. In P. Kaul, K.-W. Zimmermann
(Hrsg.), *Psychomotorik in Forschung und Praxis 8.* Kassel. Gesamthochschul-Bibliothek.

Assmusen, E. (1964). Groth and Athletic Performance. *FIEP 34*, 22.

Bateson, G.(1981, engl. 1972). Eine Theorie des Spiels und der Phantasie. In: Bateson, G.: *Ökologie des
Geistes.* Anthropologische, psychologische, biologische und epistemologische Perspektiven, Frank-
furt/M., Suhrkamp, 241-261.

Becker, P. & Fritsch, U. (1998). *Körpermarkt und Körperbildung. Zur Entwicklung eines bewegungs-
pädagogischen Konzeptes.* Frankfurt a. M.: Fachhochschulverlag.

Becker, P. (2000). Vom Erlebnis zum Abenteuer. In J. Schirp & Brandenburgische Sportjugend (Hrsg.),
Abenteuer – ein Weg zur Jugend?

Berghold, F. & Pallasman, K. (1983). Aspekte der Höhenanpassung und der akuten Adaptations-
störung beim Bergsport in extremen Höhenlagen. *Dtsch. Z. Sportmed. 34,* 237-244).

Bianchi, P. (Hrsg.) (1998). *Lebenskunstwerke* (LKW). In Kunstforum International. Band 142.

BKJ (Hrsg.). (1997). *Ästhetik in der kulturellen Bildung – Aufwachen zwischen Kunst und Kommerz.*
Remscheid.

Blanke, R. & Petanjek, H. (2000). *Snowmotion-Alpin mit Carven zum Erlebnisskilauf.* Weißenfels: Si-
mon-Werbung.

Boal, A. (1992). *Theater der Unterdrückten. Übungen und Spiele für Schauspieler und Nicht-Schauspie-
ler.* Frankfurt a. M.: Suhrkamp.

Böhme, G. (1985). *Anthropologie in pragmatischer Hinsicht.* Frankfurt: Darmstädter Vorlesungen.

Bourdieu, P. (1982). *Die feinen Unterschiede. Kritik der gesellschaftlichen Urteilskraft.* Frankfurt: Suhrkamp.

Bourdieu, P. (2001). *Wie die Kultur zum Bauern kommt. Über Bildung, Schule und Politik.* Hamburg:
VSA-Verlag.

Bucher, W. (Hrsg.). (1992). *1017 Spiel- und Übungsformen in Skifahren und Skilanglauf.* Schorndorf:
Hofmann.

Bucher, W. (Hrsg.). (1994). *1018 Spiel- und Übungsformen auf Rollen und Rädern.* Schorndorf: Hofmann.

Buhr-Franzke, C. (1989). Spielesammlung für Winterspiele auf Eis und im Schnee. *Sport Praxis 30*, 5, 15-17.

Bunsak, E., Kehrer, J. & Klein, C. (1981). *Der Iglu mit dem roten Punkt.* Tübingen.

Caillois, R. (1982, frz. 1958). *Die Spiele und die Menschen. Maske und Rausch*, Frankfurt/M. u.a., Ullstein

Cereghini, M. (1955). *5000 years of winter-sports.* Milan.

Coggan, A. R. & Swanson, S. C. (1992). Nutritional Manipulation Before and During Endurance Exercise. Effects on Performance. *Med. Sci. Sports Exerc., 24*, 331-335.

Coyle, E. F., Hagenberg, J. M., Hurley, B. H., Martin III, W.H.,Ehsani, A. A. & Holloszy, J. O. (1983). *Carbohydrate Feeding during Prolonged Strenous Exercise Can Delay Fatigue. J. Appl. Physiol., 15* (466-471).

Deutsche Gesellschaft für Ernährung (Hrsg.) (1992). *Empfehlungen für die Nährstoffzufuhr.* Frankfurt/a.M.: Umschau.

Deutsche Schell (Hrsg.) (2000). *Jugend 2000. Bd. 1 und 2*. Opladen: Leske + Budrich.

Deutscher Sportbund & Bundesausschuss Leistungssport (1997). *LA-L-Rahmenkonzeption. Rahmenkonzeption zur Bewertung und Förderung von Sportarten und Disziplinen durch die Landesausschüsse für Leistungssport.* Frankfurt/M.: DSB.

Deutscher Sportbund & Bundesausschuss Leistungssport (1997). *Nachwuchsleistungssport-Konzept* (Leitlinien zur Weiterentwicklung des Nachwuchsleistungssports). Frankfurt/M.: DSB.

Deutscher Sportbund/Bundesausschuss Leistungssport (1997). *Nationales Spitzen-sportkonzept.* Frankfurt/M.: DSB.

Deutscher Verband für das Skilehrwesen e.V. (Hrsg.) (1984). *Ski-Lehrplan Bd. 4. Skilanglauf. Technik – Methodik – Praxis.* München: BLV.

Deutscher Verband für das Skilehrwesen e.V. (Hrsg.) (1984). *Ski-Lehrplan Bd. 5. Skilanglauf. Technik – Ausrüstung – Mechanik.* München: BLV.

Deutscher Verband für das Skilehrwesen e.V. (Hrsg.) (1994). *Ski-Lehrplan Bd. 1*. München, Wien, Zürich: BLV.

Dunning, E. & Elias, N. (1990). *Sport im Zivilisationsprozeß. Studien zur Figurationssoziologie.* Münster: Lit, (o. J.).

Eckern, M. & Lindner, M. (1997). Lernen im Abenteuer – Lernen aus Erfahrung. In P. Becker & J. Schirp (Hrsg.). BSJ-Handbuch (S. 115-123). Butzbach-Griedel.

Falkner, G. (1989). *Von den Anfängen des Frauenskilaufes. Körpererziehung, 39*, 12, 536f.

Falkner, G. (1990). *Zur Entwicklung des Skilaufs. Körpererziehung, 40*, 1, 480-482.

Freiwald, J. (1991). *Aufwärmen im Sport.* Reinbek bei Hamburg: Rowohlt.

Freund, B. J. & Yong, A. J. (1996). Environmental Influences on Body Fluid Balance During Exercise. Cold Exposure. In E. R. Buskirk & S. M. Puhl (eds.), *Body Fluid Balance. Exercise and Sport.* (pp. 183-196). Boca Raton Boson: CRC Press.

Frey, G. & E. Hildenbrandt (1994). *Einführung in die Trainingslehre. Teil 1. Grundlagen.* Schorndorf: Hofmann.

Frey, G., Hildenbrandt, E. & Kurz, D. (1990[2], 1992[3]). *Laufen, Springen, Werfen.* Reinbeck bei Hamburg: Rowohlt.

Friedrich, G., Herwig, H., Hildenbrandt, E. & Scherer, H.-G. (1984a). Blinde Schüler lernen Schifahren. *Sportunterricht, 33*, 11, 425-432.

Friedrich, G., Herwig, H., Hildenbrandt, E. & Scherer, H.-G. (1984b). Blinde Schüler lernen Schifahren. Methodische Aspekte aus dem Marburger Projekt. *Lehrhilfen für den Sportunterricht, 11.*

Fritsch, U. (1999). *Tanz, Bewegungskultur, Gesellschaft. Verluste und Chancen symbolisch-expressiven Bewegens.* 4. Auflage. Frankfurt: AFRA-Verlag.

Fuchs, V. & Reiß, M. (1990). *Höhentraining.* Münster: Philippka.

Gass, M. & Priest, S. (1993). Processing adventure experiences. *Journal of Adventure Eduacation and Outdoor Leadership, 10,* 3, 23-25.

Gattermann, E. & Janda, H.-W. (1992). Individualisierung und spezielle Zielsetzungen beim Skifahren am Beispiel der Bewegungsästhetik. *DSLV-Magazin Sonderausgabe 2. Für den Praktiker.* München: BLV.

Gebauer, G. & Wulf, C.(1998). Spiel, Ritual, Geste. *Mimetisches Handeln in der sozialen Welt,* Reinbeck bei Hamburg

Geiß K.R. & Hamm, M. (1992). *Handbuch Sportler Ernährung.* Reinbek bei Hamburg: Rowohlt.

Geißlinger, H. (Hrsg.). (1999). *Überfälle auf die Wirklichkeit. Berichte aus dem Reich der Story Dealer.* Heidelberg: Carl-Auer-Systeme.

Gierer, F. (1992). *City Bound – ein Konzept für erlebnis- und handlungsorientierte Pädagogik in der Stadt.* In Aktion Jugendschutz.

Giesel, K. & De Haan, G. & Rode, H. (2002). *Umweltbildung in Deutschland.* Berlin: Schmidt.

Gilli, G. (1995). Wohin steuert die Langlauftechnik? *Läufer ,12,* 4, 76.

Gilsdorf, R. & Kistner, G. (1995). *Kooperative Abenteuerspiele. Praxishilfe für Schule und Jugendarbeit.* Band 1 und 2. Seelze-Velber: Kallmeyer.

Göhner, U. (1979). *Bewegungsanalyse im Sport.* Schorndorf: Hofmann.

Granlund, E., Lundquist, A., Zettersten, A. & Berg, G. (1950). *Finds of Skis of Prehistoric Time in Swedich Bogs and Marshes.* Stockholm.

Gudjons, H. (1986). *Handlungsorientiert Lehren und Lernen.* Projektunterricht und Schüleraktivität. Bad Heilbrunn: Klinkhardt.

Gundlach, H. (1980) *Zu den Strukturmerkmalen der Leistungsfähigkeit, der Wettkampfleistung und des Trainingsinhaltes in den Schnellkraft- und Ausdauersportarten.* Dissertation B. Leipzig: DHfK.

Güthler, A. & Lacher, K. & Kreuzinger, S. (2001). *Landart mit Kindern. Fantastische Kunstwerke in und mit der Natur.* Hilpoltstein: Landesbund für Vogelschutz.

Hamm, M. & Weber, M. (1988). *Sporternährung praxisnah.* Weil der Stadt: Hädecke.

Hargreaves, M., Costill, D. L., Coggan, A. R., Fink, W. J. & Nishibata, I. (1984). Effect of Carbohydrate Feedings on Muscle Glycogen Utilization and Exercise and Performance. *Med. Sci. Sports Exerc., 16,* 219-222.

Hargreaves, M., Costill, D. L., Fink, W. J. King, D. S. & Fiedling, R. A. (1987). Effect of Pre-exercise Carbohydrate Feedings on Endurance Cycling Performance. *Med. Sci. Sports Exerc., 19,* 33-36.

Hargreaves, M. (1999). *Metabolic Responses to Carbohydrate Ingestion. Effects on Exercise Performance.* In D. R. Lamb & R. Murray (Eds.). *The Metabolic Basis of Performance in Exercise and Sport.* Carmel (USA) (pp.93-124) Cooper Publ. Group. 12.

Harre, D. (1986). *Trainingslehre. Einführung in die Theorie und Methodik des sportlichen Trainings.* (10. überarb. Aufl.) Berlin: Sportverlag.

Hellwing, W. & Kuchler, W. (1991). *Skiwandern.* Reinbek bei Hamburg: Rowohlt.

Herrmann, O. (1902). *Knochenschlittschuhe, Knochenkufen, Knochenkeitel. Beiträge zur näheren Kenntnis von prähistorischen Langknochenfunden. Mitteilungen der Anthropologischen Gesellschaft in Wien.* Band 32, 217-238.

Hiegemann, S. & Swoboda, W. H. (Hrsg.). (1994). *Handbuch der Medienpädagogik.* Opladen: Leske + Budrich.

Holtmeier, H.-J. (1995). *Gesunde Ernährung von Kindern und Jugendlichen.* 3. Auflage. Berlin: Springer.

Holzbrecher, A. (1997). *Wahrnehmung des anderen. Zur Dialektik interkulturellen Lernens.* Opladen.

Hoos, O. & Hottenrott, K. (2002). *Ein Messplatz zur Technikanalyse im Inline-Skating.* In Abstractband, 5. Gemeinsames Symposium der DVS-Sektionen Biomechanik, Sportmotorik und Trainingswissenschaft. 19.-21.09.2002. Leipzig.

Horowitz, J. F., Mora-Rodriges, R., Byerley, L. O. & Coyle, E. F. (1997). *Lipolytic suppression Following Carbohydrate Ingestion Limits Fat Oxidation During Exercise. Am. J. Physiol., 273,* E768-E775.

Hottenrott, K. (1993). *Trainingssteuerung im Ausdauersport.* Ahrensburg bei Hamburg: Czwalina.

Hottenrott, K. (1995). *Duathlontraining.* Aachen: Meyer & Meyer.

Hottenrott, K. & Zülch, M. (1998). *Ausdauertrainer Laufen.* Reinbek bei Hamburg: Rowohlt.

Hottenrott, K. & Zülch, M. (1998). *Ausdauertrainer Radsport.* Reinbek bei Hamburg: Rowohlt.

Hottenrott, K. & Sommer, H.-M. (2001). Aktivierung des Fettstoffwechsels in Abhängigkeit von Nahrungskarenz, Kohlenhydratkost und Ausdauerleistungsfähigkeit. *Dtsch. Z. Sportmedizin, 52,* Sonderheft, 7-8.

Hoyt, R. W. & Honig, A. (1996). *Environmental Influences on Body Fluid Balance During Exercise. Altitude.* In E. R. Buskirk & S. M. Puhl (Eds.), Body Fluid Balance. Exercise and Sport. (pp. 183-196). Boca Raton Boson, CRC Press.

Hoyt, R. W., Jones, T. E., Stein, T. P., Mcanich, G., Libermann, H. R., Askew, E. W. & Cymerman, A. (1991). *Doulby Labeled Water Measurement of Human Energy Expenditure During Strenuous Exercise.* J. Appl. Physiol., 71, S. 16-22.

Hultman, E. & Greenhaff, P. L. (2000). *Carbohydrate metabolism in Exercise.* In R. J. Maughan (Ed.). Nutrition in Sport . (pp. 85-96). Oxford, Blackwell Science.

Huth, K. & Kluthe, R. (Hrsg.). (1988). *Lehrbuch der Ernährungstherapie.* Stuttgart: Thieme.

Ikai, M. (1967). *Trainabiliy of muscular endurance as related to age.* In Ichper Int. Congress, Vancouver, p. 29-35.

Ivy, J. L., Miller, W., Dover, V., Goodyear, L. G., Sherman, W. H.& Williams, H. (1983). *Endurance Improved by Ingestion of a Glucose Polymer Supplement. Med. Sci. Sports Exerc., 15,* 466-471.

Jakowlew, N. N. (1978). *Ermüdung im Sport. Grundlagen und Bedeutung.* In Leistungssport 8, 6, 513-516.

Janda, H.-W. (1995). *Biomechanik des Schwingens. Skilehrer-Magazin. Deutscher Skilehrerverband e.V.,* 16-23.

Janda, V. (1986). Manuelle Muskelfunktionsdiagnostik. Berlin: *Volk und Gesundheit*

Joss, U., Mörgeli, T. & Hirschi, G. (1986). Spielbetontes Skifahrenlernen mit Lernhilfen. In A. Hotz (Hrsg.). *Faszination „Ski" – auch in der Schule.* Offizielles Organ des Schweizerischen Verbandes für Sport in der Schule SVSS.

Jungk, R. (1983). *Zukunftswerkstatt – mit Phantasie gegen Routine und Resignation.* München: Heyne.

Karvonen, J., Chwalbinska-Moneta, J., Pekkarinen, H., Kangas, J. & Keltto, H. (1982). Die Belastungsintensität während Lauf- und Rollerski-Training bei Skilangläufern. *Schweiz. Ztschr. Sportmed., 30,* 30, 101-105.

Keul, J., Huber, G., Schmitt, M. & Kindermann, W. (1984). Belastung von Kindern beim Skilanglauf. Herzfrequenz und blutchemische Größen in einer Längsschnittbeobachtung über vier Jahre. *Dtsch. Z. Sportmed., 35,* 1, 5-14.

Klupp, A. (1992). *Planen-Managen-Trainieren* (S. 98-105). München: Fachhochsch.-Schr. Sandmann.

Knebel, K.-P. (1994). *Funktionsgymnastik.* Reinbek bei Hamburg: Rowohlt.

Koch, J. (1994). Abenteuer und Risiko als pädagogische Kategorien. *Sportpädagogik, 5.*

König, O. (1996). *Macht in Gruppen* (S. 148-166). München: Pfeiffer.

König, W. & Berauer, G. (1943). *Handbuch des Schilaufs.* Innsbruck: Deutscher Alpenverlag.

Kofranyi, E. & Wirts, W. (1994). *Einführung in die Ernährungslehre.* Frankfurt: Umschau Braus GmbH.

Konrad, B. (1992). Kinderskilauf. Spiele am Übungshang. *Sport Praxis, 33,* 2, 26.

Kuchler, W. (1985). Die Elementarschule im Skilauf. Im Auftrag des Deutschen Verbandes für das Skilehrwesen. *Lehrhilfen für den Sportunterricht, 35,* 2, 188-189.

Kuchler, W. (1986). Die Elementarschule im Skilauf. Im Auftrag des Deutschen Verbandes für das Skilehrwesen. *Lehrhilfen für den Sportunterricht, 1,* 10-12.

Kunz, H.-R., Schneider, W., Spring, H., Tritschler, T. & Inauen, E. U. (1990). *Krafttraining.* Stuttgart, New York: Georg Thieme.

Kurz, H. (1999). *Bewegungstechnik und Bewegungskoordination im Skilauf. Produkt- und Prozessorientierte Analysen der Skatingtechnik.* München: Nordic.

Lagerström, D. (Hrsg.), Schmagold, J. & Graf, J. (1987). *Fit durch Skilanglauf. Sport und Gesundheit.* Erlangen: Perimed Fachbuch-Verlagsgesellschaft-Verl.-Ges.

Lebus, K.-J. (1997). *Von der Höhlenmalerei zur ökologischen Kunst.* Kurze Einblicke in das Verhältnis von Mensch und Natur in der Bildenden Kunst. In A. Pallenberg (Hrsg.). *Art d´Eco. Kunst als Medium der Umweltbildung* (16-31). Bonn: Wissenschaftsladen.

Leist, K.-H. & Loibl, J. (1984). Aufbau und Bedeutung kognitiver Repräsentationen für das motorische Lernen im Sportunterricht. In D. Hackfort (Hrsg.). *Handeln im Sportunterricht / psychologisch-didaktische Analysen* (265-300). Köln: bps-Verlag.

Lindinger, S. & Müller, E. (1995). Biomechanische Beschreibung ausgewählter moderner Skatingtechniken im Skilanglauf. *Leistungssport, 25,* 2, 45-49.

Luther, C. J. (1942). *Bilderbuch der alten Schneeläufer.* München.

Magnus, O. (1567). *Historien der mittnächtigen Länder* (deutsch). Basel: Petri.

Markow, L. N. (1987). Medizinische Aspekte der Anwendung des Schlittschuhschrittes im Skilanglauf. *Leistungssport, 17,* 1, 33-36.

Markwart, J. (1924). *Ungar. Jahrbücher,* Berlin IV.

Marmy-Conus, N., Fabris, S. Proietto, S. E. & Hargreaves, M. (1996). P*reexercise Glucose Ingestion and Glucose Kinetics during Exercise. J. Appl. Physiol., 81,* 853-857.

Martin, D. (1988). *Training im Kindes- und Jugendalter.* Schorndorf: Hofmann.

Martin, D. (Red.), Carl, K. & Lehnertz, K. (1991). *Handbuch Trainingslehre.* Schorndorf: Hofmann.

Martin, D. (Red.), Karoß, S., König, K. & Simshäuser, H. (1994). *Handbuch – Vielseitige sportartübergreifende Grundausbildung. Trainingsmodelle für alle Talentaufbaugruppen.* Wiesbaden: Hessisches Institut für Bildungsplanung und Schulentwicklung (HIBS).

Martin, D., Nicolaus, J., Ostrowski, C. & Rost, K. (1999). *Handbuch Kinder- und Jugendtraining* (Beiträge zur Lehre und Forschung im Sport; 125). Schorndorf: Hofmann.

Martin, D., Rost, K., Krug, J. & Reiß, M. (1997). Das nationale Nachwuchstrainingssystem – programmatische Ansätze zur Weiterentwicklung. *Schriftenreihe zur Angewandten Trainingswissenschaft, 2*, 17-48.

Mathys, F.-K. (1974). *4000 Jahre Wintersport.* Basel.

McArdle, W. D., Katch, F. I. & Katch, V. L. (1985). *Exercise Physiology. Energy Nutrition, and Human Performance.* Philadelphia: Lea & Febiger.

Mehl, E. (1964). *Grundriß der Weltgeschichte des Schifahrens* (Schigeschichte). I. *Von der Steinzeit bis zum Beginn der schigeschichtlichen Neuzeit* (1860). Schorndorf: Hofmann.

Meusel, H. (1988). Skigymnastik – individuell dosiert. *Sport Praxis, 5*, 41-42.

Nansen, F. (1890). Pas ski over Gronland. Kristiania.

Neumann, G. & Hottenrott, K. (2002). *Das große Buch vom Laufen.* Aachen: Meyer & Meyer.

Neumann, G. & Pöhlandt, R. (1994). Einfluß von Kohlenhydraten während Ergometerausdauerleistung auf die Fahrzeit. *Schriftenreihe Angewandte Trainingswissenschaft, 1*, 7-26.

Neumann, G., Pfützner, A. & Berbalk, A. (1995). *Optimiertes Ausdauertraining.* Aachen: Meyer & Meyer.

Neumann, G. & Berbalk, A. (1991). Umstellung und Anpassung des Organismus – grundlegende Voraussetzungen der sportlichen Leistungsfähigkeit. In P. Bernett & D. Jeschke (Hrsg.), *Sport und Medizin – Pro und Contra* (415-419). München: Zuckschwerdt.

Neumann, G., Pfützner, A. & Hottenrott, K. (2000). *Alles unter Kontrolle.* 2. völlig überarb. Neuauflage. Aachen: Meyer & Meyer.

Neumann, G. & Schüler, K. P. (1989). *Sportmedizinische Funktionsdiagnostik.* Leipzig: J. A. Barth

Neumann, G. & Schüler, K. P. (1994). *Sportmedizinische Funktionsdiagnostik*. 2. Aufl. Leipzig: J. A. Barth

Neumann, G. (1984). Sportmedizinische Grundlagen der Ausdauerentwicklung. *Med. u. Sport 24*, 6, 174-178.

Neumann, G. (1994). Sportmedizinische Standpunkte zur Wettkampfvorbereitung in Ausdauersportarten. *Leistungssport, 24*, 1, 49-52.

Neumann, G. & Feyerabend, D. (1995). *Einfluß von Sporttextilien auf die Herzschlagfrequenz- und Lactatregulation im Laufband-Stufentest.* Vortrag beim 34. Deutschen Sportärztekongreß in Saarbrücken.

Niedermair, B. (1991). Skigymnastik. *Sport Praxis, 32*, 1, 53-54.

Nitsche, K. (Hrsg.). (1998). *Biathlon. Leistung , Training, Wettkampf.* Wiesbaden: Limpert.

Nitzsche, K. (1989). *Biathlon.* Berlin: Sportverlag.

Noakes, T. (1992). *Lore of Running.* 3. Aufl. Oxford: Oxford University Press.

Oberholzer, A. (1935). *Geschichte des Skilaufs.* Wien, Leipzig.

Ostrowski, C. (1993). Aspekte der erfolgreichen Gestaltung des langfristigen Leistungsaufbaus im Skilanglauf. In Deutscher Sportbund/Bundesausschuss Leistungssport (Hrsg.). *Beiträge zur Förderung im Nachwuchsleistungssport* (100-118). Frankfurt.

Ostrowski, C. (1990). Höhere Vortriebswiderstände im Ausdauertraining – ein Weg zur Leistungssteigerung in den Ausdauersportarten. *Training und Wettkampf, 28*, 5, 107-125.

Ostrowski, C. (2002). *Leistungsdiagnostik im Aufbau- und Anschlusstraining von Skilangläufern – Verfahren und Ergebnisse.* 17. Internationaler Workshop „Talentsuche und Talentförderung". Sportgespräch am 27. + 28. Mai 2002 in Bochum.

Ostrowski, C. & Bauer, S. (2002). Entwicklungstendenzen im Skilanglauf – Auswertung von Ergebnissen der Olympischen Winterspiele 2002 in Salt Lake City. *Zeitschrift für Angewandte Trainingswissenschaft, 9*, 1, 78-91.

Ostrowski, G. (1982). *Zur Struktur der prognostizierten Siegerleistung im Skilanglauf und ihren motorischen, funktionellen sowie energetischen Grundlagen.* Forschungsbericht. Leipzig: Forschungsinstitut für Körperkultur und Sport.

Pechtl, V., Ostrowski, C. & Klose, S. (1993). *Positionen zur Erstellung bundeseinheitlicher Kaderkriterien.* In Deutscher Sportbund. *Beiträge zur Förderung des Nachwuchsleis-tungssports.* (7-30). Frankfurt am Main: Bundesausschuss Leistungssport.

Pfützner, A. (Hrsg.). (1990). *Zu grundlegenden Problemen der Erhöhung der Leistungswirksamkeit des DDR – Vorbereitungssystems im Skilanglauf.* Ein Beitrag für eine auf Weltspitzenleistungen gerichtete Entwicklungskonzeption. Promotion B, Leipzig.

Pfützner, A. & Neumann, G. (1995). Skilanglauf – idealer Ausdauersport für den Winter. *TW Sport + Medizin, 7,* 1, 34-43.

Pfützner, A. & Neumann, G. (1995). Skilanglauf – eine leistungstrukturelle Betrachtung. In J. Nicolaus & K. W. Zimmermann (Hrsg.). *Sportwissenschaft interdisziplinär. Festschrift für Prof. D. Martin.* Kassel: Gesamthochschulbibliothek Universität Kassel.

Pickenhain, L., Neumann, G. & Scharschmidt, F. (1993). *Sportmedizin.* Bern. Hans Huber.

Platonov, V. N. & Sachnovskij, K. P. (1988). *Podgotovka junogo sportsmena.* Kiev.

Plochoj, V. N., Siris, P. Z. & Cudinov, V. J. (1977). *Lyznye gonki. Vozrast i dostizenija.* Moskva: Lyznyi Sport-Ezegodnik.

Pockert, W. (1995). Der Laufski – Möglichkeiten und Grenzen für die alpine Ausbildung. *Körpererziehung, 2,* 63-67.

Polednik, H. (1969). Weltwunder Skisport. 6000 Jahre Geschichte und Entwicklung des Ski-Sports. Wels: Welsermühl

Rehm, M. (1997). Didaktische Analyse zu Spielen und erlebnispädagogischen Aktionen. *e & l, 3 & 4,* 36-38.

Reichert, F. & Lorenz, S. (1972). *Skilanglauf.* Berlin: Sportverlag.

Reiners, A. (1992). *Praktische Erlebnispädagogik.* München: Fachhochschulschr. Sandmann.

Rohnke, K. (1995). *Quicksilver.* Dubuque, Iowa: Kendall/Hunt Publishing.

Rosini, S. (1996). *Erwachsenengerechtes Lernen in der Gruppe.* Nürnberg: emwe-Verlag.

Rost, K. (1983). *Zu Grundfragen der Erhöhung der Wirksamkeit des Anschlusstrainings im langfristigen Aufbau sportlicher Höchstleistungen.* DHFK, Diss. B. Leipzig.

Rostock, J. (1992). Gewöhnungsübungen und Skispiele – unverzichtbares Mittel für den Skiunterricht. *Körpererziehung, 2,* 66-70/75.

Rostock, J. (1995). Möglichkeiten und Grenzen der Individualisierung im Skiunterricht. *Sport Praxis, 36,* 2, 3-6.

Scharfenberg, A. & Neumaier, A. (1993). Messungen am Skiroller. *Leistungssport, 23,* 5, 43-45.

Scheller, J. G. (1748). Reisebeschreibung nach Lappland und Bothien. Jena: Crocker.

Scherer, H.-G. (1986). Die Suche nach Aufgabenstellungen und lernrelevanten Informationen beim motorischen Lernen mit blinden Schülern. In H. Melching, D. Schmidtbleicher & S. Starischka (Hrsg.). *Aspekte der Bewegungs- und Trainingswissenschaft. Motorisches Lernen – Leistungsdiagnostik – Trainingssteuerung, Nr. 22* (89-98). Clausthal-Zellerfeld: DVS-Protokolle.

Scherer, H.-G. (1990a). *Schilauf mit blinden Schülern.* Konstruktion und Evaluation eines Lernangebots. (Diss. Marburg 1989). Frankfurt/M.: Harri Deutsch.

Scherer, H.-G. (1990b). Schwingenlernen auf Schi – Erfahrungen und Hintergründe. *Sportunterricht, 39,* 3, 94-106.

Scherer, H.-G. (1993). *Analysen und Perspektiven des Theorie-Praxis-Problems in der Sportpädagogik am Beispiel des Anwendungsbezugs bewegungswissenschaftlicher Forschung.* Marburg: Habilitationsschrift (unveröffentlicht).

Scherer, H.-G. (1994). *Eine Methode zum Erlernen des Schilaufens und -fahrens.* Marburg: Praxisbegleitendes Papier für die Schiausbildung – unveröffentlicht.

Scherer, H.-G. (1994). *Funktionale Elemente des Schwingens auf Schi.* Marburg: Praxisbegleitendes Papier für die Schiausbildung – unveröffentlicht.

Schipperges, H. (1988). *Die Regelkreise der Lebensführung. Gesundheitsbildung in Theorie und Praxis.* Köln: Dt. Ärzte-Verlag.

Schmid, W. (1998). *Philosophie der Lebenskunst. Eine Grundlegung.* Frankfurt: Suhrkamp.

Schnabel, G. (1975). Leistungsstruktur als Kategorie der Trainingsmethodik. Theorie und Praxis. *Leistungssport, 13,* 7, 128-156.

Schnabel, G. (1981). Leistungsstruktur, Trainingsstruktur und ihr Zusammenhang. *Med. u. Sport, 21,* 9, 257-260.

Schnabel, G. (1981). Leistungsstruktur, Trainingsstruktur und ihr Zusammenhang. *Med. u. Sport, 21,* 10, 318-320.

Schnabel, G., Harre, D. & Borde, A. (1994). *Trainingswissenschaft.* Berlin: Sportverlag.

Schnabel, G. & Thieß, G. (1993). *Lexikon der Sportwissenschaft.* Berlin: Sportverlag.

Schnabel, G., Thieß, G. & Borde, A. (1997). *Trainingswissenschaft.* Berlin:Sportverlag.

Schöllhorn, W. (2003). *Eine Sprint- und Laufschule für alle Sportarten* (S. 40-62). Aachen: Meyer & Meyer.

Schott, W. (1865). *Über die ächten Kirgisen.* Abhandl. d. Berliner Akademie d. Wissenschaften phil.-hist. Klasse, Nr. 6 (S. 429-474). Berlin.

Schulz von Thun, F. & Ruppel, J. & Stratmann, R. (2000). *Miteinander reden. Kommunikationspsychologie für Führungskräfte.* Hamburg.

Schulz von Thun, F. (1981). *Miteinander reden. Störungen und Klärungen.* Hamburg.

Skatingtechniken im Skilanglauf (1995). Leistungssport. *Zeitschrift für die Fortbildung von Trainern, Übungsleitern und Sportlehrern, 2,* 45-49.

Souci, S. W., Fachmann, W. & Kraut, H. (2000). D*ie Zusammensetzung der Lebensmittel. Nährwerttabellen.* 6. Aufl. Stuttgart: Medpharm Scientific Publishers.

Toko (1994). Wax Manuals. Schweiz: Toko AG.

Tomakidis, S. P. & Volakis, K. A. (2000). Pre-Exercise Glucose Ingestion at Different TIME Periods and Blood Glucose Concentrations During Exercise. *Int. J. Sports Med., 21,* 453-457.

Trommer, G. (1994). Umringt von Umweltbildung. *Intern. Schulbuchforschung, 16,* 269-281.

Tuckman, B. (1965). Developmental Sequence in Small Groups. *Pssychological Bulletin, 63,* 384-399.

Ulmrich, E. (1979). *Skisport und Theorie der Ausbildung.* München: BLV Verlagsgesellschaft,

Ulmrich, E. (1982). *Gleiten und Schwingen.* Bad Homburg: Limpert.

Ulmrich, E. (1994). Dichtung und Wahrheit in der Skigeschichte. *Freunde des Skisports im DSV. Fachzeitschrift für den Skisport, 1,* 35-44.

Umminger, W. (1990). *Die Chronik des Sports.* Dortmund: Chronik-Verlag.

Zacharias, H. (2001). *Kulturpädagogik – Kulturelle Jugendbildung. Eine Einführung.* Opladen: Leske + Budrich

Zdarsky, Mathias (1897): Lilienfelder Skilauf-Technik: Eine Anleitung für Jedermann, den Ski in kurzer Zeit vollkommen zu beherrschen. Hamburg: Verlagsanstalt und Druckerei AG.

Danksagung

Bedanken möchten wir uns bei allen Sportstudentinnen und Sportstudenten, die an der Erarbeitung/Erprobung der Lehr- und Lernwege mitgewirkt haben. Ganz herzlich danken wir Axel Herbst, der zur bildlichen Aufbereitung der Skilanglauftechniken wesentlich beigetragen hat und der Firma Fischer, die uns umfangreiches Material zum Testen zur Verfügung gestellt hat. Für die Beratung in speziellen Fragen zum Skimaterial und der Skipräparation sei Thomas Drindl und Marko Glöckner herzlichst gedankt. Wir danken Jochen Behle für seine vielfältigen Anregungen rund ums Training. Unserer weiterer Dank gilt Susanne Rossmann, Gisela Peschke, Sonja Lange, Franca Hofmann und Martin Zülch, die bei den Fotoaufnahmen mitgewirkt haben.

Sachwortverzeichnis

ANHANG

ANHANG

Bildnachweis

Adidas: 345, 346, 348u, 405u.

Andreas Berthel: 327, 330-333, 336, 339u, 340, 341

Christian Starck: 82, 91, 94

Dirk Gantenberg: 376

Erik Hoffmann: 298, 381

FISCHER: 27, 32, 36, 39, 40, 41, 42, 44, 45, 47, 48, 50, 52, 53, 60, 62, 71, 87, 93, 94, 99, 101, 102, 108, 124, 129, 133, 134, 139, 146, 149, 151, 153, 155, 156, 157, 164, 173, 174, 176, 179, 187, 191, 194, 196, 201, 204, 207, 215, 218, 221, 232, 234, 240, 241, 242, 254, 261, 268, 295, 296, 297, 300, 307, 309, 321, 359o, 362, 430

Georg Neumann: 35, 167, 397, 402, 419, 421

Jens Herber: 97u.

Kuno Hottenrott: 26, 30, 38, 49, 57, 76, 77, 78, 79, 80, 81, 85, 86, 88, 97o., 101, 107, 113, 119, 127, 130, 131, 136, 138, 140, 143, 146, 155o, 160, 161, 162, 167, 169, 170, 182, 199, 200, 206, 211, 212, 223, 226, 228, 233, 234, 246, 249, 249, 250, 252, 260, 265, 302, 305, 315, 319, 321, 342, 347, 348o, 349, 351, 352, 354, 355, 359u., 362, 370, 371, 384, 394, 405o.

Laura Hottenrott-Freitag: 213, 257

Matthias Kuch: 261

Mountain Attack (NMC): 37

Namara Freitag: 41

Panthermedia: 392

Polar-Deutschland: 308, 313, 315, 386

Steffen Kiesling / Axel Herbst: 150, 163, 168, 183, 195, 202, 208, 214, 219, 235, 262, 267

Veit Urban: 92, 95, 97u., 131

Wiebke Fisser: 337, 338, 339o

Umschlaggestaltung: Sabine Groten

Umschlagfotos: Fa. Fischer

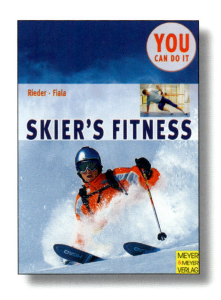
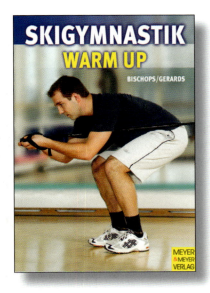